JN069442

鈴木敏夫×押井守 対談集

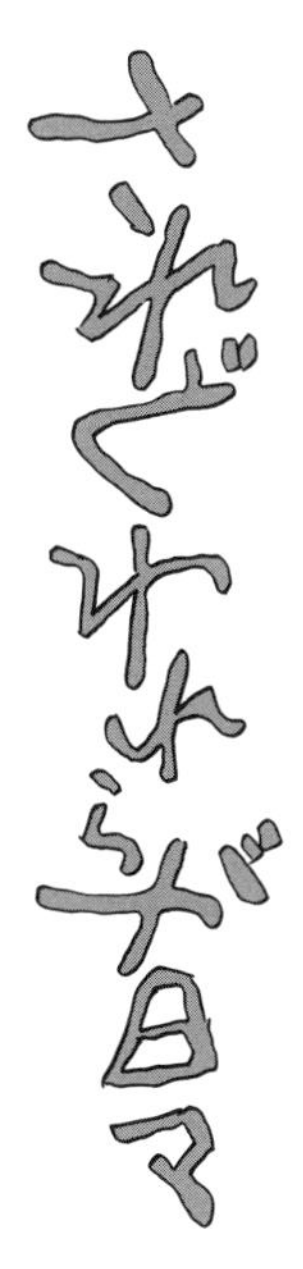

Photo by Noboru Ishikawa

はじめに。
あるいは、この本の企画者として

鈴木敏夫

押井守とは40年以上の付き合いがある。
そして、ある時を境に公的な場でも、ふたりで話をするようになった。
対談をしたり、ぼくのラジオ番組「ジブリ汗まみれ」に出演してもらったり。
その記録をまとめて一冊の本にするのはどうかと、ふと思った。
ぼくにしても、こういう関係を持ち続けたのは、人生の中で押井守ただひとりだ。

それらを振り返ることで、歴史上の自分に対面してみたい。そう考えた。
何が起きたのかは、分かっている。そうじゃない。
そのとき、自分がどういう気持ちだったのか、
それを知りたいし、味わいたい。
そのためには、タイムスリップすることが必要だ。
この時点で、ぼくはまだゲラに目を通していない。
ゲラは目の前にドカンと置かれている。
ドキドキ、心臓が鼓動を打つ。
さて、ぼくは、期待と不安……の旅に出る。

目次

序　若き日――「アニメージュ」の時代

鈴木敏夫と、押井守。日本のアニメーション史・映像史に足跡を刻む両氏は、徳間書店の月刊誌「アニメージュ」を通じて出会った。

１９８１年ごろのこと。鈴木氏は、同誌（78年創刊）の副編集長。押井氏は、同年10月に放送開始したＴＶアニメ『うる星やつら』で頭角を現す新進気鋭のアニメ監督。若き二人は、のちに、毎週末、大量のみかんを食べながら徹夜で語り合うことで親睦を深めたが、公の場での「対談」は、２００３年（本書・第１章）まで待たねばならない。

しかし、それに先立つ「アニメージュ」誌上には、押井氏本人と、周囲の人々の貴重なコメントが数多く掲載されている。本文の対談を読んでいただくためのガイドとして、その一部を記しておきたいと思う。

当時、編集者として〝黒子〟に徹していた鈴木敏夫氏の名は、編集後記に（敏）名義で登場するくらいだが、雑誌の方向性を決め、大胆なアイディアを次々に投入、新橋の〝不夜城〟といわれた雑誌づくりの現場で采配をふるうキーマンは、まぎれもなく鈴木氏だった。

当時の誌面を見ると、アニメの人気キャラクターや声優（つまりは売れ筋）に限らず、監督（演出）・作画・美術・撮影といったスタッフ陣に対して、実に細かく取材、紹介していることがわかる。

82年１月号（81年12月発売）の記事「'82年に飛躍する若きアニメ・ホープたち」では、押井氏を、顔写真とともに、生年月日、出身地、出身大学の学部から、業界入りの動機、好きなアニメ作品にいたるまで、小さなスペースながら詳しく紹介。将来手がけてみたいものとして、「まだやったことがない分野の作品。アクションもの、メカもの、少女ものをやってみたいですね」という、今考えると予見的なコメントも掲載されている。

そうした誌面づくりは、むろん、多士済々の編集スタッフがいたからこそだが、当時、「アニメージュ」という雑誌全体に、何か〝読みやすさ〟と〝読みごたえ〟が感じられたのは、「きれい好き（整理整頓好き）」で「人間好き」

という鈴木氏の性格と、徳間での他誌編集部時代に身につけた「取材と表現のツボ」のたまものではなかっただろうか。同誌のテキスト表記を統一するために、緻密な「文字校正統一マニュアル」（KADOKAWA「ALL ABOUT TOSHIO SUZUKI」に再録）を作り、配布していたことは、そのわかりやすい一例だろう。

48年・名古屋市生まれの鈴木氏は、親の要望で選んだという慶應義塾大学に入り、67年に上京。映画、文学、音楽、アルバイトなどにいそしむ学生生活のあと、徳間書店に入社。「週刊アサヒ芸能」「コミック&コミック」「テレビランド」の編集を経て、「アニメージュ」の創刊に尽力した。

一方の押井氏は、51年・東京都生まれ。「学費が安いから」という理由で東京学芸大学に入学。年間1000本も観る筋金入りの映画青年で、16㎜の自主映画を3本演出したという。卒業後、ラジオの深夜番組のディレクターを経て、竜の子プロダクション（以下、タツノコプロ）に入社。そのきっかけは、たまたま同社の前を通りかかって募集の貼り紙を見、面接を受けて即採用。配属された演出部で初日からコンテを描きまくる〝特例コース〟を経て、のちにスタジオぴえろに移籍――という、いわば異色の人生航路が、「アニメージュ」各号の情報から読みとれる。

押井氏が「うちの師匠」と仰ぐ鳥海永行監督（タツノコプロとスタジオぴえろで師事）は、当時、こう語っている。「（押井氏が）演出家としていちばんいいことは、全体を見わたせる能力があり、こまかい計算までキチッとできるということです。全体の流れをしっかり把握しているので、決して大ざっぱな仕事をしません。これはたいへん大切なことで、あとで作業をするスタッフも仕事をやりやすいと思います」（82年1月号）

また、ギャグの演出については、「ややもすると、多少ひとりよがりになる面もあります。観客を意識した客観性を身につければ、もっとよくなるはずです」（同号）とも。

タツノコ時代に押井氏を育てた笹川ひろし監督は、「昔から他人とはひと味ちがった、なにかがあって、どの作品にも押井流の味付けをしてしまう人だった。ギャグひとつ作るにも彼の場合は、計算しつくし、理屈を通して作る、そんなところがありましたね。（中略）新しい時代の人が新しい感覚のものを作る――ぼくはとてもいいことだと思う」と、30歳になった押井氏にエールを贈った（81年11月号）。

もちろん、押井氏本人のコメントも頻繁に登場する。たとえば、TV『うる星やつら』については――

「従来のギャグアニメのように、人間の感覚で見せるのではなく、人間と人間の関係で見せるギャグを作りたいですね。当人たちにしてみればまじめにしているふつうのことが、人と人とのちょっとしたすれちがいで、とてもコッケイに見えてしまうことがありますよね。そんなところを徹底して追求し、（中略）人間というものをとらえてみたいですね」「従来のギャグアニメは、メチャクチャにしたら、最後には必ず後かたづけをしなくてはならなかった。しかし､この作品はもとがナンセンスギャグ。自分の作ったギャグに責任をとる必要はないわけです」（81年11月号）

記事の〝地の文〟には、「東京都下、武蔵小金井にあるスタジオぴえろ。その第3スタジオにある押井守さんの机のまわりにはマンガやアニメに関する本はあまり見あたらない。写真や映画、美術関係の本がまず目につく」（82年4月号）と、リアルな周辺スケッチもある。

『うる星やつら』の劇場版第1作『オンリー・ユー』が、83年2月に東宝邦画系で全国一斉公開。それに先立つ82年10月号では、描き下ろしカラーイラスト（原画・遠藤麻未）が表紙を飾り、「映画化決定記念前夜祭　かる～く大研究20ページ！」のキャッチコピーが躍ったが、その密度は、「かる～く」では、まったくない。

続く82年11月号で、押井氏は、「アニメーションという形式はひどく微妙なもので、その作品にかけられた情熱に正直に反応するものです（べつにアニメーションにかぎらないかもしれませんが）。その作品にいくら人間を動員したかとか、あるいはどれだけの時間と資金を投入したかというようなこととはまったく別個に（それも大事ですが）、あくまで実際に現場で手をふれる人間の思い入れのあり方が、その作品の水準を決定するものです」と語っている。

83年2月号での、高畑勲監督と押井氏の「初対面対談　演出家の視点」では、一部にデリケートな内容もあったそうだが、誌面では、良い対話部分を抽出。

一方、宮崎駿監督と押井氏の対談や座談会は、83年5月号を皮切りに複数回を掲載。『ルパン三世　カリオストロの城』（79）の取材時に、宮崎監督と鈴木氏が信頼し合える間柄になっていたことは、今ではよく知られている。

「アニメージュ」での漫画連載を機に映画化が実現した宮崎監督の『風の谷のナウシカ』（84）、その公開を翌年春に控えた83年11月号の表紙は、王蟲の幼虫をかたわらに、向かって左側を向いたナウシカの立ち姿の描き下ろし（原画・宮崎駿、背景・中村光毅）。そこに、「この表紙のイラストが映画用ポスター第1弾です」とコピーが入る。

一枚の絵を世に出すにあたって、「ここまで徹底して、（表紙を含めた）誌面全部を活かしきるのか……」と、旧来の映画雑誌などにはない、〝新手〟の挑発、意気ごみを感じたものだった。

公開に向けて着々と準備されてゆく「映画」。表紙・背・扉・本文・付録といったパーツを備えた「雑誌」。その二つを、立体的に、有機的にクロスさせようとする手法――その根っこにあるのは、一方通行の情報発信ではなく、常に「双方向的」であろうとする鈴木氏（とスタッフ諸氏）の意識のように思える。そしてそのことが、ひいては、アニメの作り手、雑誌編集サイド、アニメファンの読者、将来の映画観客の4者を、うまく繋いでいたのだった。

押井監督による劇場版第2作『うる星やつら2　ビューティフル・ドリーマー』（84）の公開に先立つ84年3月号では、『うる星やつら』最後の大特集 24ページ」を展開。そのトップページのキャッチコピーは、

「ラムよ帰れ、わが胸に…」。

この、やや古風なフレーズは、名匠ビリー・ワイルダー監督の喜劇映画『恋人よ帰れ！　わが胸に』（66）、もしくは、ビリー・ホリデイの歌唱で知られる名曲「恋人よ、我に帰れ（ラヴァー・カムバック・トゥ・ミー）」の〝もじり〟なのか？　あるいは、押井氏が大ファンだというジャズ歌手、ヘレン・メリルの持ち歌「ユード・ビー・ソー・ナイス・トゥ・カム・ホーム・トゥ」にちなんだものか……？　今となってはわからないが、そうした由来探しは、実は、重要ではない。「元ネタがわからなくても、何だか愉しそう」という、いい意味での趣味性に溢れているのが、当時の「アニメージュ」誌の魅力であり、大人っぽい余裕、優雅さでもあった。

同号の特集内で、押井氏は語る。

「（ＴＶシリーズと、その延長線上で作られた劇場版第1作に対して、今回は）〝連続性〟をとりこんで、密度のあるドラマ作りをやってみたかった。それで舞台も限定し、キャラもしぼりこんでみたんです」「（〝連続性〟とは）以前、高畑（勲）さんと話をしたときから考えていたことなんです。あるキャラクターの行動をえんえんと追いつづけることで、作品世界にねばっこさがでてくる」

前述の高畑監督との対話が、劇場版1作目から2作目への作風の変化に寄与していたとは、意外である。

そして、同号で一番のサプライズは、「同世代対談・押井守 v.s. 大森一樹もついてます」だろう。

神戸出身の大森一樹監督は、森田芳光、石井聰亙らと並び、撮影所経験を踏まずに自主映画畑から出てきた期待の若手。東宝邦画系公開の『ビューティフル・ドリーマー』は、当時の興行の慣例として2本立てであり、相方は、大森監督の青春映画『すかんぴんウォーク』（吉川晃司の映画デビュー作）。「もついてます」という力の抜けた言い回しが微笑ましく、一見アニメ誌には〝場違い〟に思えるこのセッション、なかなかに興味深い。

大森　「（2本立てと聞いていたから）『うる星やつら』のお客を意識してね。世代が一世代ちがう人たちにむかって作るわけでしょう（後略）」

押井　「前回の『オンリー・ユー』のときは、（ティーンエイジャー向けという意識が）そうとうあったことはたしかですね。だから併映の『ションベン・ライダー』という相米（慎二）さんの映画を劇場でみて、びっくりしたんだけど、自分の作ったものと、あまりにも対象も傾向もちがうし（後略）」「アニメーションといえども同じ映画であるはずなのに、どうしてこうもちがうのか、その作り方のあまりの落差にショックをうけたのね。むこうはかなり奔放にやっているのに、こちらはテレビの作り方の延長線上でやらざるを得なかったし、そういうものも要求されたし。だから、今回は逆に、こちらも思いきってやらせてもらおうという決心は、あのときついたわけでね」

つまり、押井氏は、前回の併映の相米作品に刺激を受け、プロとしての何かに開眼。そして今度は大森監督が、相方の押井作品を意識しつつ、自作を作る……。本来は、興行上の都合にしか過ぎない「2本立て」のカップリング、しかも、かたやアニメ、かたや実写という畑違いの作家と作品が、そんなふうに影響し合い、リレーされてゆくという小さな映画史を、この「おまけ」めいた対談を通じて、読者は知ることができる。

誌面と作品、作り手と観客。そして、作品のゴールである映画興行でさえも、ここでは、「双方向的」に機能している。

この対談の収録日は、「東京では16年ぶりという大雪がようやく降りやみ、久しぶりに快晴となった（84年）1月20日」で、「対談は、東宝本社の応接室でおこなわれた。かなり暖房がよくきいた部屋だった」。本来、歳月の中に埋もれてしまうであろうそうした〝状況〟も、キャプションがきっちり押さえてくれている。いわば、ドキュメント（実録）の精神。

2作品の公開初日（2月11日）も、東京・日比谷映画街は雪だった。

そうしたものごとの連鎖、人間的な〝ねばっこさ〟は、雑誌「アニメージュ」の本領と言えるが、渦中の人である鈴木氏は、雑誌の内容、スケジュール、売れゆきに副編集長として責任を持ち、宮﨑・高畑両氏の新作アニメ（この時期では『風の谷のナウシカ』）を手がけ、さらにその上で、押井作品もプッシュしていたのである。

本書の対談内で何度か語られている連載漫画「とどのつまり…」（原作・押井守、作画・森山ゆうじ）について、鈴木氏は、連載開始の前号（84年7月号）の編集後記で、こう書いている。

「次号より連載開始の『とどのつまり… 1．アリス症候群』。押井守・森山ゆうじの『うる星』コンビによるオリジナル作だが、ちょっと変わっているのがその描き方。まず原作の押井氏が絵コンテを描き、それを森山くんが工夫しつつ清書するという新形式。コンテを読んだ当方、久々におもしろいものに出会った実感がありました。（敏）」

この「おもしろい」が、当時も今も最重要のキーワードらしく、「おもしろいと思える何か」をやるのが大好きだと、鈴木氏はしばしば語っている。

『ナウシカ』の公開（ファースト・ラン）がほぼ終わった、84年の秋。10月号の表紙は、「'85夏は映画『ルパン三世』に大期待！」と、押井氏の次回予定作を早くも煽（あお）る。劇場版『ルパン三世』第3作の監督に、宮﨑監督と鈴木氏の周辺から、押井氏が推挙されたのだ。

同号では、大量のカラーページを使った企画紹介に加えて、「押井さん、がんばって！座談会／〝時代〟に斬り込む『ルパン』を作りたい」と題して、宮﨑駿・大塚康生の両氏が押井氏を激励する座談会を掲載。同年12月号からは、文・押井守、カラーイラスト・天野喜孝による「映画『ルパン三世』制作おぼえがき」を新連載。「〈映画〉の為に塔を建てるのではなく、塔の上に立つ為にこそ人は〈映画〉という方便を信じてみせるのかもしれない。虚構か現実か。メリエスかリュミエールか」「『われわれが生きたと信じる現実の世界は、われわれの回想の中で幻影の世界といりまじるのである』（ルネ・クレール）」――と、いささか抽象的に、押井氏は創作意欲を記している。

諸般の事情でルパンの企画がボツになるや、鈴木氏はすぐさま、押井氏によるＯＶＡ（オリジナル・ビデオ・アニメ）『天使のたまご』を起案。「アニメージュ」の尾形英夫編集長、徳間康快社長のバックアップを受け、徳間書店・徳間ジャパン（音楽）の製作、スタジオ・ディーンの制作という布陣で歩を進める。

85年4月20日、東京・武道館（レストラン武道）で、「第7回アニメＧＰ（グランプリ）」の開始前に、マスコミ１００人を集めて製作発表記者会見を開催し、それを、同年6月号のカラー記事で紹介。記事内には、「80分カラー／35ミリ・ビスタビジョン／１２８００円／11月末、徳間コミュニケーションズより発売予定」とある。

続く各号でも、『天使のたまご』の紹介記事を大きく掲載。押井氏は、〝天使の化石〟という設定をルパンから流用したと述べ、「この企画以前のものが、すべて現実の日本を舞台にした企画だったんだけど、（『ルパン』も含めて）それがすべてつぶれてしまった」と内情を語った（85年12月号付録「天使のたまごＧＵＩＤＥ ＢＯＯＫ」）。

ビデオリリースの記念イベントとして、押井監督の母校での学芸大学祭と、東大文化祭・駒場祭での上映を予定。いずれも、押井氏の講演付き。また、〈完成記念イベント〉を、大阪、横浜、仙台、高崎、福岡、広島の各地で、アニメイトや東映系劇場と組んで開催し、こちらも舞台挨拶を予定――という、実に手厚いフォローぶり。いち雑誌媒体の領域を大きく超えた、これら一連の動きとスピード感を、仕掛け人の〝反射神経〟と呼ばずに、なんと言うか。

粛々と進む企画・プロデュースと、表向きの誌面展開が両輪となって支え合うスタイルは、同誌発祥の『ナウシカ』でも、押井作品でも同じで、そこには、プロによるアニメビジネスというよりも、どこかほわっとした理想主義的なアマチュアリズム、「良い」と思えるものへの無垢で力強い支援という、ファン気質の残り香が感じられた。若者向けアニメが〝儲かるビジネス〟として、とうに社会に認知、重宝される時代になっているにもかかわらず……

80年代後半。『天空の城ラピュタ』（86）に続いて、『となりのトトロ』（88）と『火垂るの墓』（同）が2本立てで公開され、『魔女の宅急便』（89）が記録的大ヒット。鈴木氏は「アニメージュ」を離れ、スタジオジブリの専任となる。一方、押井氏は、アーティスティックで抽象的な『天使のたまご』以来、仕事のオファーが途絶えて苦しい時期が続くが、ＯＶＡと、劇場版2作品（89・93）に携わった『機動警察パトレイバー』シリーズで、新たな人気を得る。

続く90年代。スタジオジブリ作品には、国民的な評価がすっかり定着。『おもひでぽろぽろ』（91）『紅の豚』（92）『平成狸合戦ぽんぽこ』（94）『耳をすませば』（95）を経て、『もののけ姫』（97）の爆発的大ヒットで、一つの頂点に達する。押井氏も、95年の『GHOST IN THE SHELL／攻殻機動隊』でアニメの映像表現に新たな地平を切り拓き、ジェームズ・キャメロン、ウォシャウスキー姉妹といった世界第一線級のクリエイターに影響を与えた。

そして迎えた21世紀初頭――押井氏のアニメ大作『イノセンス』（04年公開）をきっかけに、２００３年11月、鈴木・押井両氏の、公の場での「初対談」が行われたのだった。

（文・本書編集者）

第1章

初対談
この時代に、何を作ったらいいか？
「人間」を描くのがむずかしくなってきた

1980年代初頭より親交を深めてきた
鈴木敏夫、押井守の両氏だが、
公式に記録された「対談」は、これが初となる。

2004年3月公開の押井守作品『イノセンス』は、
『GHOST IN THE SHELL／攻殻機動隊』（95）の続編。
巨額の製作費が投じられ、より広い観客層を狙うべく、
鈴木氏が宣伝プロデューサーとして参加した。

「読売新聞」をメインに企画されたこの対談は、
映画の完成が迫る2003年11月に行われた。

司会＝原田康久

鈴木　何をしゃべったらいいか、むずかしいなあ……
　皆さんのいらっしゃる所で、押井さんと二人でしゃべるなんて、恥ずかしいからやだな（笑）

――お二人の対談は、初めてなんですか？

押井　今まで20年間、死ぬほどしゃべってるけど、対談は初めて。

鈴木　実はですね、最近『風の谷のナウシカ』（84）を20年ぶりに観たんですよ。本当はあんまり観たくなかったんだけど。いまだに、あそこのシーンは誰が描いたとか、いろんなこと覚えてるので。
　なにしろ『ナウシカ』はね、風の谷のためっていうか、傷ついた地球をたった一人で救おうとした女の子の話でしょう？　背中に背負ったものがどでかい。ふと思うと、すごい大層なテーマで映画を作っていたんだなあって。

押井　あの当時のアニメって、みんな、「地球の運命」とか「人類の運命」を背負ってたんだよね。普通の学園ものみたいなＴＶシリーズでも、〝映画〟っていう舞台になると、突然、「地球だ人類だ」になっちゃう。宮さん（宮﨑駿）が『ナウシカ』をやってたころ、ぼくは『うる星やつら』（＊１）のＴＶシリーズと映画版をやっていて、そのことがすごく嫌だった。やたら「地球だ人類だ」って言うけど、（登場人物たちは）だいたいろくなことをしない。

移りゆく時代とテーマ

鈴木　自分たちが関わった作品の感想を述べるのは、非常にむずかしいんだけど……『もののけ姫』（97）のときにね、「宮さん、ずいぶん変わったな」って思ったんですよ。『もののけ姫』には、『ナウシカ』と同じように、ある村があって、そこを旅立つシーンがある。
　かたやナウシカは、村の運命を背負って出ていき、いろんなことが起こる。それによって観客はナウシカに感情移入し、「がんばれ！」って言いたくなる。ところが、あのアシタカっていう『もののけ姫』の主人公は、村の運命を背負っていないんだよね。腕にアザができて、それを何とかするために西に行かなくてはならないという、非常に個人的な理由で旅立つ。

考えてみると、『ナウシカ』だけじゃなくて、『宇宙戦艦ヤマト』(77) とか当時のアニメ映画はみんな、地球の運命を背負うとか壮大なテーマがあった。ところがその後は、非常に個人的な理由が映画のテーマを支配している。

ようするに、「その時代におけるテーマ」っていうのは、映画だろうが小説だろうが漫画だろうが、大きく言うと一つなんだなって思う。

それが今、どうなって来ているのか……? それを押井さんに訊くことで、今度の『イノセンス』(04) の秘密に迫れるのかなって思う。

押井 秘密なんて、何もない。昔、「地球だ人類だ」って言ってたおじさんたちって、本当は何も考えてなかったんだと思うよ。ある時期まで——『ヤマト』や『(機動戦士) ガンダム』(79-80) あたりまでに関して言えば、わりと本気で「地球だ人類だ」っていうのがあったと思う。多少そこに商売っ気があったとしてもね。

鈴木 本当は〝国〟だったくせに、〝地球〟に置き換えて言う人もいたよね。

押井 気がついたら、実は自分の身の周りのことだったりするわけだけど、建前上、「地球だ人類だ」っていう話に持っていっちゃう。

でもそれは、「もともと救えるわけないんだ」っていう観点からすると、なんとなく、うさん臭くなっていく宿命にある。

ぼくよりも下の世代——『ヤマト』や『ガンダム』を観ていた中高生が、10年経ってアニメ制作の現場に入って、演出家になったりアニメーターになったりしてるけど、彼らはそれを、もろに信じてたわけだよね。そして、それを模倣した。そういうものが、今でも綿々と続いているわけだ。「地球だ人類だ」っていうのをやらないとドラマにならないんだろうなと、ぼくは思ってる。

でも一方で、ものすごく小さなこと、「あの女の子を好きなんだけど、どうしてもこっち向いてくれない」というのも多くあって。ギャップが激しいというか、その両極端しかないんだよね。中間の部分が空っぽというか、何もない。実際の自分の生活や人生以前のところから、ものを作り始めちゃう。アニメとか漫画って、そういう部分があるわけ。

時代によってテーマが変遷しているようにも見えるけど、「そもそも最初からテーマがあったのか?」って。ぼくからすれば、けっこう怪しいんじゃないかと思う。だから、「地球だ人類だ」っていうのに、ものすごい抵抗感があるんですよ。そんなに無邪気に、主人公が地球や人類を背負っていいのかと。

ナウシカという女の子は、結果的には地球や人類を背負った立場にあったのかもしれないけど、彼女がそういう自覚を持っていたわけでは、おそらくないんだよね。

作ってる宮さんにはあったのかもしれないよ。でも、彼女に自覚があったわけじゃない。少なくとも、そういう構造があったわけでしょ？　登場人物と作る人間はイコールではないっていう構造が。大きな物語を作る人間が、テーマとして、ある一つの世界観なり思想なりの中で、主人公をどう転がすか。それが時代とともに変わっていって、主人公と宮さんの語ることが、限りなく一致してきた。それは、『もののけ姫』だけじゃなくて『紅の豚』（92）だって、まさにそのとおり。どっからどう見たって、あの豚（ポルコ・ロッソ）は宮さん自身とイコールじゃないか、と（笑）

作者が何本かものを作っていくと、作っている者の本質が、あからさまに見えてくることがあったりするんだよね。自分の本音みたいなものがさ。そういう繰り返しの中で、自分の中に「煮詰まってくるもの」が見えてきたりもする。

鈴木　ぼくが訊きたかったのはね、もし、「時代のテーマ」というものがあるとしたら、現代において何を作るべきか。その答えがあるのかなっていうこと。

押井　それはあると思うよ。〝時代性〟というものはたしかにあるんだけど、それとものを作る人間の意識は必ずしもイコールではないし、イコールであってはいけない。むしろ、個人としてどうやってそれに抵抗するのかっていうこと。そこを根拠にしないと、ぼくは、映画を作る根拠を持てないんじゃないかと思う。あるかないかもわからない「自分の視点」って何なんだ？……って。

ぼくがいつもやってきたのは、基本的にそれ（時代性）を信じられないというか、それに「反問」すること。そういうことだけを根拠に、ものを作っていた時期があった。何かに疑義を呈するっていうか、アンチテーゼなだけ。結論なんかない。そのほうがより誠実であると思っていたわけ。

そうこうしてるうちに、ぼくのほうがだんだん歳をとってきて、頭で考えることと身体で考えることが、だんだん一致しなくなってきた。自分が生理的に求めているものと、自分が今まで作ってきた映画の延長線上に見えてくるものは、どうやら違うんじゃないかって思えてきた。

鈴木　たとえば黒澤明監督の場合、簡単に言っちゃうと、描いてきたテーマは、戦後の日本における「貧乏の克服」だったと思うんですね。彼の映画の主人公はみんな、ひたむきで、一所懸命で、けなげで一途。そういう人物が、自分を取り巻く状況をがんばりによって打ち破っていくといった物語を、一貫して描いてきたと思う。あの時代は、多かれ少なかれ、ほかの監督たちも同じようなテーマで映画を作っていた。つまり、人間が生きていく上で大事なのは「衣食住」。ぼくが子供のころは、本当に貧乏な人がいっぱいいて、当然、映画も、貧乏を大きなテーマにせざるを得なかったんですよ。

ところが、高度経済成長時代にものが行き渡って、衣食住がこと足りるようになった。そのとたん、黒澤明が持っていたテーマは意味を失い、彼はファンタジーとしての貧乏を描き始めるんですよ。『赤ひげ』（65）がそうだと思うんだけど。しかも、そうした状況で映画を作ることに苦しむわけ。

じゃあ、貧乏を克服したあとに、何が問題になったか？　たとえばセーターとかコートとか、冬になって寒さをしのぐものが手に入らなかった時代が、ついこの間まであった。でも、それがみんなに行き渡ったとたん、今度は自分に似合うか似合わないか、そういう付加価値が重要になってきて、さらにはそれが、個人の幸せか不幸かの基準になり始めたわけですよ。

そんな時代にあって、宮﨑駿は、『ナウシカ』で自然の問題を取り上げた。みんな一所懸命に働いて、貧乏は克服したかもしれないけれど、その結果として何が起きたのか。人間と自然のバランスを崩したじゃないか、ということで、それをテーマに新しい娯楽映画を作り、結果として多くの人に影響を与えたんですね。

ところが気がつくと、今度はその宮さんが、非常に個人的なテーマで作るようになってきた。主人公の中に眠っていた力が呼び覚まされるという『千と千尋の神隠し』（01）が、すごく象徴的だと思うんだけど。

でも、押井さんはずっと、人類や地球とは無縁のところで作ってきたわけですよね。それはなぜなんだろう？

押井　「地球だ人類だ」という考えかたは、ようするにイデオロギーですよね。上の世代の人たちを見ていて、イデオロギーや宗教は信じられないということに、高校生のころ目覚めちゃったんですよ。

鈴木　昔、押井さんが言ってたことを思い出しましたよ……。つまりね、ぼくは団塊の世代で、大学闘争を経験している。押井さんはその時代に高校生だったわけだけど、当時は大学生がビラを配ったり、大規模な集会やデモを組織しても、それを社会が許す環境にあった。ところが、高校生が同じことをやると違っていて、その差は決定的だったと。その恨みを、ずっと抱き続けてるようなところがありますよね？

押井　あのころ、大学生と高校生の違いは大きかったから。上の世代は信用できないというか、共感みたいなものが全然ない。それでずっと、アンチテーゼを描き続けているんです。

「情緒」は、なぜ危ういか？

鈴木　ちょっと、悪い冗談言っていいですか……？（笑）

正確な言葉を覚えてなくて申し訳ないんだけど、「熱風」っていうジブリで毎月発行している雑誌（非売品）の中で押井さんが言うには（＊2）、「人間」を描くことには興味がないんだ、おれは「人類」を描くんだって。

押井　人間という「現象」や「存在」……人間という「できごと」みたいなものには興味がありますよ。「人間とはどういうものなのか？」「なぜ人間は、こんなふうになっちゃったのか？」っていうようなことにはね。世の中の仕掛けも含めて。

だけど、個々の人間同士の感情の軋轢（あつれき）とか、心理的な葛藤とかについては、「そういうのは映画じゃなくて文学にまかせとけ」と思う。

鈴木　だから押井さんは、小津安二郎の映画なんて全然評価してないよね。たとえば、小津映画に杉村春子が出てくる。あの人は芸達者だから、ある気分というか感情を非常にうまく表現していて、ぼくは大好きなんだけど、「そういうことにこだわってるから、新しい映画作りに関われないんだ」って、押井さんに批判されたのを覚えていますよ。

でもぼくは、どちらかというと、そうやって感情を描くのが映画の基本だと思う。それがたぶん、「人間を描く」っていうことなんですよ。

ところが押井さんは、「人類を描くんだ、歴史を描くんだ。

それを丸ごと」とかなんとか、過激なことを言ってたでしょ。さっき「悪い冗談」って言ったのはね、もしかしたら『ナウシカ』っていう作品は、「人類」や「歴史」を描いてるわけでしょ？　それを押井さんはどう思い、どう観たのかなって、ちょっと気になったんですよ。

押井　でも、結果的に、お客さんはナウシカっていう女の子を見てるわけでしょ。映画の仕掛けとしてはそうなっている。そういう映画の構造自体が嫌なんだ、ってことなんだよね。映画を通じて、たとえば歴史なら歴史、人間なら人間そのものが見えてくる映画が、なぜないんだろう……？

　平たく言っちゃえば、「情緒」だよね。ナウシカという女の子が、喜んだり悲しんだり叫んだり怒ったりっていう感情を通してそういうテーマに近づいていくっていうこと自体に、一種の危うさがあると思う。

　ジブリの試写室で『千と千尋』の試写を観たあと、上の階に上がってタバコ吸ってるときにさ、某アニメーターが、「あんたにはこういう映画は絶対できないよな」って言うんだよ。「あんたの映画に出てくる人間は、みんな感情がない、情緒がない」って。感情がない女を主人公にしてるって。『攻殻』（『GHOST IN THE SHELL／攻殻機動隊』95）のときも、『アヴァロン』（01）のときも言われた。そのとおりだよ。それのどこが悪いんだ？

鈴木　ひとつ、わかりやすい例を出すとね……ぼくは押井さんに頼まれて、恥ずかしいんですけど、映画に1本出たわけですよ。あまり世間から注目されない『KILLERS』（03、＊3）っていう映画なんですけど。

　ついでに言っちゃうと、ぼくは小学校のころからシナリオを書くとか芝居を作るとかに興味があったんだけど、自分がそこに演技者として登場することはなかった。それが歳をとって、演技者として出なきゃいけない羽目に陥ったわけなんです。

　でも、一応、やるからにはね、ささやかに「演技」をがんばってみたんですよ。カメラマンと話したら、非常にうまくいったと。いいショットがいっぱいある。そしたら押井さんは、編集するとき、ぼくの名演技を全部カットするんですよね（笑）。カメラマンが「いい」って言ったショットを、全部カットする。つまり、そこに（観客が）目を奪われないような映画にするんですよ。では、何をやろうとしてるかっていうと、「押井守」を目立たせようとしてる。

ぼくにはそれが、非常に疑問でね……

押井　本人が主観的に名演技だと思ってるだけで、単に、看護婦の姉ちゃんをベタベタ触ってただけですよ（笑）

鈴木　だから、押井さんがさっき言いかけたことなんですよ。「それ（情緒）に目を奪われるのは危ういんじゃないか」っていうこと。

ぼくは、『天使のたまご』（85、＊4）っていう押井さんの映画に関わりながら本当に驚いたんですが、この映画は「観念の具体化」なんだと思ったんですよ。そんなものは、かつて世界で誰も作ったことがない。なぜみんな作らなかったかというと、不可能だからなんですよ。その不可能への挑戦が、あの作品にはあった。それが成功したかどうかは、あえて言いませんけどね。

――なるべく情緒を排除して、観念を具体化する。

鈴木　情緒が「ない」んですよ。男女二人が出てきながら、いっさい官能性がない。危ういところがまるでない。非常に珍しい映画ですよね。なぜって、登場人物ひとりひとりが「観念」だから。「そう考えると面白いですよ」っていう映画になっている。

――すると、今度の『イノセンス』もその方法論で作られているんですか？

押井　さっき言ったように、自分の生活の実感の中で、あるとき突然、「頭から下」、つまり「身体」が気になり始めたんですよ。今まで「そんなのどうでもいい」と思っていたけど、今になって、実感みたいなものがけっこう生々しく湧いてきた。歳のせいもあるかもしれないけど。

宮さんの作品が変わってきたというのは、一つには歳をとったからですよ。特にアニメーションの場合、作っている人間の意識がわりと表に出やすい。何でもかんでも手作りで、テーブルの上で作っちゃうわけだから。実写と違って、映画を作る過程で、ほかのいろんな要素が外から入り込んでくる余地がほとんどない。自分が思ったことしか描けないし、語れないんですよ。ぼくの作品を振り返ってもそうだけど、結果的にほとんど、あからさまに見えてきちゃう。アニメがそういう性質のジャンルであることは間違いないですよ。

鈴木　これは、宮さんが聞いたら怒るだろうけど……『ナウシカ』のころは自然を大事にするのがいい人で、それを破壊する人は悪い人という、単純明快な論理で一本の映画を作ればよかった。でも、『もののけ姫』は、それだけじゃ整理できない。「もう無理なんだ」っていうことを、作る本人が自覚した。そういう宮﨑駿の悩みを全面的に訴えた映画なんです。だから、みんなが共感してくれたと思うんですよ。

押井　そのぶんあの映画には、宮﨑駿だけが持っていたある種の爽快感がない。「それは違うんじゃないか」って、ぼくは思う。そういう悩みを忘れたいから、みんな宮さんの映画を観に行くのであってね。

「身体」を失うということ

鈴木　ちょっと違う方向から話しますね……。一枚の紙っぺらに描いたトトロの絵の、お腹を押したら凹みそうでしょ。そういう「感じ」を出すのが宮さんは得意なんですよ。それが彼の身上であり、持ち味としてずっとやってきた。ところが、最近のアニメーター、特に若い人たちはそれを描けない。

先般、こういうことがあったんですよ。

ジブリ美術館で、みんなで餅をつこうってことになった。実を言うと、餅をつくのはぼくも初めての経験だったんだけど、どうやったら餅をつけるかって、何となくわかる。腰の入れかた、腕の上げかたとかね。ところが、若い人はそれができない。腕だけに力が入ってたり、腰にうまく力が入らなかったり。で、その人たちがアニメの絵を描き、動きを作るわけでしょう。その「気分」とか「感じ」が出ないんですよ。だから宮さんは、毎日、そのことでイライラしてる。「みんな描けない」って。

つまるところ、現場で何が起きてるかっていうと、若い人たちに動きを描いてもらうんだけど、宮さんは、「違う」と言っては毎日のように自分で描き直してるんですよ。そういうエピソードを話したら、押井さんは、「そんなの、今までわかってなかったのか」って言う。「今の若い人たちは、もうとっくにそうなってる。だからぼくは『イノセンス』を作るんだ」って言い出したんですよ。

押井　まさに、「頭から下」。ぼくも含めて、敏ちゃんもそうなんだよ。この時代の日本という環境に住んでいると、自分の身体って、ほとんどないも同然っていうかね。

感覚だけは広がってるんですよ。携帯電話だのなんだの、感覚の延長線にあるものは膨大に広がっている。でも、頭から下、いわば「身体」と言われる部分を意識する瞬間が、はたしてどれだけあるのかっていうこと。

鈴木　この『イノセンス』という作品に自分が関わることになったとき、最初に何が面白かったかというと、登場人物に、手や足、身体全体が……完全な人間がいない。厳密に言えば、いわゆる人間の肉体を持った人は登場しない。主人公のバトーに至っては、脳みそだけが残って、あとは機械。これは面白いなと思ったんですよ。ほかの登場人物たちも、大雑把に言えばそうでしょう。

そしたら押井さんが、「じゃあ、そういう人たちの挙措や動作は、どういうふうになるのか」と言う。端的に言えば、生気がない。そこらへんの設定がね、面白いなと思った。そこは押井さんが言ったことに賛同するんですけど、まさに現代の「人間」ですよね。

――そういう意味では、押井さんも、時代の空気を作品に取り入れようとしている？

押井　それは、今までにもやってきたことなんですけどね。もちろん、電車の中で見かける若い子がどうだとか、ぼくの周りの現実も入ってきているかもしれないけど、何よりも切実に、自分の問題なんです。やっぱり、自分の身体が衰えてきたとたんに、意識し始めるんですよ。元気いっぱいだったころは、お腹が空いたり、足が折れちゃったときにしか、自分の身体を意識できない。

自分の存在ってさ……どうしても最終的には頭、脳みそだと、みんなそう思うんだろうけど、脳みそも身体の一部、「端末」に過ぎないんじゃないか。人間というか自分の存在とは、指先に至るまで、もっと一体感があるものじゃないだろうかと。

なぜそう思うかというと、犬と暮らし始めたからなんです。

犬って、寒くなるとあったかいし柔らかいし、ぼくなんか毎晩抱いて寝てるんだけど、すごく「命」を感じるんですよ。腕の中に命が、奇跡のようにある。コットンコットンコットン、コットンコットンって。犬の心臓って慢性的に不整脈で、人間みたいに規則正しく動いていない。ココココって動くと、またコトッ……とかね。いつ止まるんだろうと、ヒヤヒヤするわけ。「この子は死んじゃうんじゃないだろうか」とかさ。命って、それ自体が奇跡のようにあるわけだよね。子犬や子猫は、手のひらに乗るわけだから、ちょっと力を入れればすぐに死んじゃう。そういう、非常にせつないものなんだと……

この10年くらい、ようやく念願叶って犬と暮らし始めて、一番感じたのはそういうことなんですよ。「これが命なんだ」と、それまで自分の身体で感じたことがなかった。さっきも言ったように、風邪ひいて寝てて苦痛だとか、お腹が空いたとかいうことを契機にする以外はね。

今、自分の身体がここにあって、鼓動してて、歩いてる、立ってるっていうこと自体に、喜びが生まれてこない。だから感動もない。「いつからそういう人間になっちゃったんだろう？」って思い始めたわけです。

そのことを一番意識していないのは、実は、子供なんですよ。命の価値なんかわからない、意識する必要がないくらい生命感にあふれているから。歳をとって、身体の特権性みたいなものを失ってくると、あっちが痛い、こっちが痛いという形で、否が応でも感じるようになってくるのであってね。

鈴木 今、一番問題になっているのは、子供たちのことなんですよ。

子供というのは、幼児のころは一人で立って歩こうとしてもバランスが取れないから、前のめりか、後ろのめりで歩き始める。それを毎日繰り返していくうちに、自分でバランスを取って、まっすぐ立って歩けるようになる。

ところが今は、子供が少ない時代だから、親が過保護になってそれを支えてしまう。で、どういうことが起きるかというと、自分でバランスを手に入れられない子供が増え、やがて青年になる。それがさっきの、餅つきができないというところに結びつくわけですよ。

押井 人間のありかたとして、かなりいびつになっていることは間違いないですね。特にアニメーターとは、絵で感覚を再現する人たちだから、そういう兆候が表れやすいのかもしれない。

鈴木 「もとになる感覚」がないんですよ。『踊る大捜査線（THE MOVIE）』（98）を観たとき本当にびっくりしたんだけど、あれはそういう、感覚を失っている若者たちの映画だと思った。あの映画の登場人物は汗をかかない。普通だったら、相手の胸ぐらをつかんで殴らなきゃいけないシーンでも、冷静に話し合っている。これはまさに、現在の若い人を等身大で描いた映画だと思った。アニメーションで「感覚」をうまく表せない絵が出てきてるのと同じで、実写の役者たちの演技もずいぶん変わってきたなっていう気がしているんです。

押井　監督の意識もそうですよ。ある編集マンに言われて気がついたんだけど、最近の日本映画、特に若い監督の映画から、食事のシーンが消えている。ぼくは食べるシーンが好きだから、無理やりでも、アニメだろうが実写だろうが必ず入れるんです。無意味であってもね。人間がものを食べるという表現の中に、何か引っかかるものを感じるから。

鈴木　いちばん人間らしい行為だものね。セックスだって排泄だって、みんなそうですよ。でも、今の若い監督はそれを描かないわけでしょ？

押井　食事のシーンも消えたけど、それ以外のものも消えたんですよ。ある中年の女性が言ってたんだけど、最近の日本映画に出てくる若い女の子は、みんな幽霊みたいだっていってさ。いつどこで寝て食べて生活してるのか全然わかんないって。とりあえず、名前はある。顔もあるんだけど、なんか特定しにくい。監督が好んでそう描いてるとしか思えない。ようするに「身体」がない。人間の底が抜けつつあって、ダバダバと漏れちゃってる。

――かつて押井さんがやったようなことを、ほかの監督が無意識にやり始めているということですか？

押井　いや、ぼくは意識的にやってきたつもりなんだけど……とにかく、それを聞いて、けっこうショックだった。一瞬、くらっときたんだよね。

鈴木　『マトリックス』（99）とか観てても、それを感じる。キアヌ・リーブスって、いかにも汗をかかない主役でしょ。象徴的だと思うんですよ。

昔だったら、ああいう映画の主役って、それこそひたむきに、一所懸命、けなげに一途に……汗かいて匂いがしてきて……それで、あることを達成する。ところが彼は、まるで汗をかかない。みんなそれを観て、「いい」と思ってるわけでしょう？

押井　アニメーションでは、もともと、汗をかいたり匂い立つような表現ってむずかしいよ。記号として描くことのほうが得意。着てる服が青かったら彼だとか、こういう顔をしてたら彼女だとか、基本的には、そういう記号的な了解のもとで成立してるんです。汗とかの表現は、そこに上乗せしているだけ。

だから、あらかじめ作り手が「こういうふうに見せよう」と思っている情緒しか出てこない。それがアニメーション本来の特質であって、キャラクターを抽象化しやすいし、

「状況」そのものを浮かび上がらせやすいんだけれども。

……で、本来、そういう抽象的な表現がベースにあるのに、最近のアニメは逆なんですよね。宮さんはその典型で、アニメのキャラクターであるにもかかわらず、怒ったり泣いたり笑ったりする情緒的な存在として、一所懸命に描こうとする。

たとえばアニメでは、「歩く」という動き一つとっても、放っておくと、ただ歩いてるようにしか見えない。喜んで歩いてるのか、悲しそうにとぼとぼ歩いてるのか、それとも威嚇するようにノシノシ歩いてるのか。何か「上乗せ」するものがない限り、描きようがないんですよ。「無意識に歩いている」なんて言っても、そもそも恣意的に描かれるアニメの演技において、無意識なんて存在しないわけだから。そういう意味で言うと、実写とアニメでは、微妙に逆転している部分がありますね。

ものを作る人間もこの世の中で生きてるわけだから、いくら絵で描くアニメとはいえ、生活実感というのは必ず作品のベースにあって、無意識的に出てくる。実はそれ、まずいことなんじゃないかと、ぼくは思うわけ。

鈴木　そういうことでいうと、押井さんの時代が来たっていうことなのかな。

失った者なりの「獲得」

――でも、そこで押井さんは、ご自分の路線を変えようとしているんでしょうか。

押井　それは違うんだけど、だからといってすぐ「外に出て走り回れ」とか、「山に登れ」「海で泳ぎまくれ」ってことではないんですよ。身体を失ったのなら、失った場合の人間のありかたがきっとある。それを考えようと思った。『攻殻機動隊』を作ったとき、まさにこの鈴木敏夫って男が、ぼくになんて言ったかというとさ……

鈴木　忘れた（笑）

押井　それこそ細かい言いかたは別として、ぼくは覚えてるんだよ（笑）

「コンピューターと結婚する姉ちゃんの話なんか、本気で信じてるのか。そんなことあるわけないだろう」「まじめにやれ、信じてもいないことをやるな」って、はっきりと言ったんですよ。ぼくは大まじめだった。大まじめ。そして、その先に、何かがあるはずだった。

人間って、従来のありかたに回顧していくことのほうが、生理的に理解しやすいんですよ。「昔は良かった」というのは人間の思考系統の基本だから。「昔は良くて、今はどんどん悪くなる」っていう考えかたのほうが馴染みやすい。宮さんの作品に、ことごとくある種のノスタルジックな匂いがするのは、それがあるからだよね。で、宮さん本人もやっぱり「昔は良かった人間」の一人なんだよ、ぼくから言わせると。

それはちょっと違うんじゃないかと思うけど、そういうことをいくら語っても、今は、人間の蓋が外れ、底が抜けて中身がドボドボこぼれちゃってる時代でしょ。そういう状況に対して問題提起しても、なにも寄与しないよ。

「じゃあどうしたらいいのか」という結論はぼくにも見えてこないんだけど、「外に出て走り回ればいい」っていうのは――そこまで単純に歪曲するのは良くないかもしれないけど――ちょっと違うと思う。

そのへんの葛藤というか、わけのわかんないイライラが非常によく出てるよ、最近の宮さんの作品には。たぶんあの人自身、どうしていいかわかんないんだよ。

ぼくに言わせると、身体を失った人間には、失った人間なりの新たな人間の「獲得」というものがあるんじゃないかと。だから、コンピューターと結婚する女の話を作った。ネットに融合して、人間という存在を離れて上部構造にシフトする……新たな存在になるんだと。それは、生物学的な意味での進化とは全然違うんだけどね。

「言葉」が身体を作る

――では、若いアニメーターが人間を描けないんだったら、それはそれでしょうがないという感じですか？

押井　ロボットは描けるんだから。だったら、サイボーグなら描けるんじゃないのっていうこと。

――それは、人間を描かせるほうが間違ってるということですか？

押井　たとえば宮さんは、（キャラクターが）高いとこから飛び降りて、ドーンとものすごいショックがあってね、下からジワ～ッとしびれが来てとかいうのを克明に描くわけだよね（＊５）。実感を含めて、本当に痛そうに。「すごい高い所から飛んだんだな」と。昔、宮さんとそういう話をしたことがあって、自分で描いたこともあるんだけど……ぼくには、それは無理だった。
宮さんなら描ける。だけど、今のアニメーターにどう描かせるかっていうと、1トンぐらいの塊が落っこってきたという表現なら描けるでしょう。サイボーグだから重たい。ドーンと落ちた瞬間に、(地面の) 鉄板がめくれ上がる。そういうやつだったら描ける。
で、それが妄想の身体であっても、やっぱり人間の身体なんだよ。いったん失われた身体は決して戻らない。人間が人間である限りね。

鈴木 押井さんは、諦め過ぎなんじゃないかな……

押井 諦めが早いんじゃないの！ (笑) たぶん人間ってのは、そういう方向でしか生きていけない存在なんだよ。

——そうすると宮﨑さんは、人間回復をまだ信じてるというか。

鈴木 というか……本人が元気なんですよね。

押井 あの根拠のない元気さっていうのが、そもそもうさん臭いんですよ (笑)。なんでそんなに元気なんだって。

鈴木 押井さんは引用が得意だから、ぼくも真似するとね

——たとえば三島由紀夫って人は、太宰治を評して言ったんだよね。「太宰が朝早くちゃんと起きて、ちゃんと運動して、健康な生活を送っていたら、こんな小説は書かなかっただろう」(＊6) みたいなことをね。

押井 そういう三島由紀夫だって、ボディービルやって、軍隊の行進の真似ごとやって、なんてことしなければ、腹は切らなかった。同じこと言ってるんだよ、それは。
ようするに、人間の身体って、「言葉」(概念) から生まれてくるんだよ。言葉が人間の身体を作った。いつの時代でも、たぶんそうなんだよ。

鈴木 (言葉に) 支配されるんですよね。

押井 言葉、つまり、「名づけられたもの」としてしか意識されない。だから、名づけられる以前の身体ってのが、本当の身体なんだよ。でも、それをどうやって取り戻そうっていうの？　この、言葉しかない時代にさ。

鈴木 つまり、そうやって自分の肉体を定義づけしているんだよね。そして、その定義に支配される。押井さんの場合は、今、「おれはもうヨボヨボだ」って定義してるわけでしょ。でもぼくは、まだそうじゃないから (笑)

押井 そういうフリをしてるだけでしょ (笑)
人間の身体が老いるのは自然過程。油が切れてあちこち動かなくなるのは当然なんだけど、その自然過程を認めた

くないという風潮自体が問題なんですよ。

鈴木　それを、映画の話に引き戻して言うと、さっき話に出た黒澤明と小津安二郎。僕は両方とも好きで観てきたわけだけど、二人の決定的な違いは晩年にあるんです。実は、最後まで元気だったのは小津安二郎。彼は一度たりとも、自分が枯れようなんて思わなかった。最後まで自分のスタイルを頑固に守って映画を作り続け、その間、ずっと自分の肉体に対する不信を持っていないんですよ。

ところが黒澤は違っていて、あの人は80歳を過ぎても映画を撮り続けたけど、あるときから……具体的に言うと『影武者』（80）から、ある種の耽美主義に傾いて、ようするに枯れようとしたんです。そこから彼の作る映画がややこしくなっていくんですね。

何しろ、アクション映画が得意だった人が、枯れる映画を作るわけですから、相当に悩んだと思うんですよ。非常に象徴的なんだけど、彼は『影武者』の中で、さあこれから合戦だっていうときに、そのシーンを描かなかった。それで批判されたでしょ。映画ファンが黒澤に期待していたのは、やっぱり戦いなんですよ。それを生き生きと描いてほしいと。それで、次の『乱』（85）では合戦シーンを入れたんだけど、そこに流した武満徹の音楽は、「戦いは虚しい」というテーマだったんですね。

……で、ぼくが何を言いたいかというと、やっぱり黒澤も、自分で自分を定義づけしている。歳をとったからこうだと決めちゃってる部分があったんじゃないか、ってことなんです。自分で自分の肉体の限界を決めて、それに支配されたから、作風も変わった。そうやって弱っていった黒澤が、最後に描いたのが『まあだだよ』（93）。ひたむきで、けなげで、一所懸命な主人公が歳をとったらどうなるかという映画を作ったわけですよ。アニメの「段取り」みたいな芝居が多い映画で、ぼくには非常に面白かったんですけどね。

それと同じように、今度の『イノセンス』は、押井さんの肉体が衰えたことによって発想された映画ですよね。押井さんにしてみれば、周りの若い人たちを見ても、みんな若年寄りになっていて、自分と同じようなガタの状態じゃないかと。だったら、これは現代の映画として描けるんじゃないかってことでしょ？　そういうふうにぼくは理解したんです。その上で、「この映画を作り終わったあと、押井さんはどうなるんだろう？」「これで少しは気分が晴れて、次はまるで違うものを作るのかなあ」なんて思った。

押井　わからないですよ。作ったあとのことなんか考えてないんだから（笑）

さっきも言ったけど、「語られる前に存在する身体」なんてないんだよ、今の人間には。もしかしたら、歴史を遡っても、昔からなかったのかもしれない。

じゃあ、「語られる前に存在する身体」はどこにあるんだっていうと、それはたとえば、犬のことだと。動物の世界。動物はそれこそ、「語られない身体」なんですよ。「犬」と名前をつけて呼ぶから犬なのであって、「ただの犬」なんていう動物はいないわけでしょ。自分で飼ってみれば、すぐわかる。うちの子がいて、隣の家にも、横町のあの家にもいて、みんなそれぞれ匂いも違うし、抱き心地も違う。当たり前ですよね。鳥でも魚でもいいんだけど、一番納得できるのが犬だった。抱けるし、温かいし、いい匂いがする。猫は抱いても、実感する前にすぐ逃げちゃう……

まあ、犬というのは一つの例えだけど、その身体は、たしかに人間の外側にある。「なぜ、これに注目しないんだろう？」「ペットブームと言われて、今の人たちが犬や猫を飼いたがるのはどうしてなのか？」ぼくは、漠然とそういうことを思うんだよね。

――『イノセンス』には、重要な役割で犬が出てきますね。

押井　失われた身体の代替物なんだよね、おそらく。

鈴木　押井さんは、やっぱり「外部装置」が好きなんですよね（笑）。たしか『攻殻機動隊』の中のセリフに、こんなのがあったんですよ。

人間と動物の決定的な違いは「記憶」だろうと。コンピューターは、それを外（外部）に置いておけるわけでしょ。そうすると、それによって新しい「人間像」ができる、みたいなことを言っていたような気がする。それと同じことですよね、今の発想って。「自分の肉体はこの犬（外部）が持っていればいい」と。

押井　そういうこともあり得るんじゃないかって。

鈴木　「シミュレーション」ですよね、現実で起きていることの。それはぼくも認めますよ。なぜぼくがペットを好きかっていうと、それなんですよ。でもそのとき、人間のほうにつきまとう孤独って、なんか寂しいですよね。

押井　だから、もう一つの身体が今度の映画に出てくる。それが「人形」なんだよ。人間が作り出した「観念としての身体」。犬と人形、その二つが並んで出てくるから、『イノセンス』はドラマ足り得るんであってさ。それがないと、「犬は素晴らしい」「いつも犬と一緒に生きるべきだ」って映画にしかなりようがない。で、失われた人間の身体がどうにかなるわけでもない。あくまで代替物なんだから。

でも、ぼくはさ、犬の向こうには、もっと違うものがあるんじゃないかとも思っているわけ。単なる自分の「失われた身体の代替物」にとどまらない、何かがあるんじゃないかと……。背後に、膨大な無意識の……意識化され得ない世界があるんじゃないかと。それもまた、たぶん人間の可能性の一つだと。

人間は、「それ」とうまく接する方法を、全然学んでこなかった。人類が犬とつき合って10万年とか１万年とか言われてるけど、少なくとも、動物とそういう交流を持ってはこなかった。利用することに終始して、動物から何も学ばなかった。

――そこで、『イノセンス』（無垢）というタイトルとコピー（「イノセンス　それは、いのち。」）が、うまくはまってくるわけですね。

押井　たしかに命というのは、それ自体が無垢なものだと思う。いや、何も「動物は悪と無縁だ」とか、宗教まがいのことを言ってるんじゃないですよ。罪とか罰とかいう以前の存在として、イノセンスというものがあるとすれば、そういうことだろうと。

――『イノセンス』というタイトルを考えたのは、鈴木さん。やっぱり鈴木さんは、最大の理解者だったということですよね。

押井　言われてみて、今、気がついた。そこはね、この男とつき合うことの面白さ。ほとんど唯一と言ってもいい。

鈴木　唯一……（苦笑）

「語る」とは「名づける」こと

押井　褒めるところがあるとすれば、そこだけ（爆笑）。つまり、作った当人が考えている以上のことを引っぱり出そうとするよね。

――作り手よりも深く考える。

押井　ある意味ではね。映画を作る人間って、どこかしらみんな無意識でやってる部分があるから、それを言葉にするっていうのは一つの才能ですよね。

――「意義づけ」してくれるわけですか。タイトルをつけ

鈴木敏夫氏の手描きによる、『イノセンス』宣伝用アートワークのラフ。
斜体が印象的なタイトルロゴとキャッチコピーも、鈴木氏によるもの。
同作品では、スタジオジブリが「製作協力」でクレジットされている。

るって、編集者の唯一の仕事ですよね。

押井　映画ってさ、語られたとき初めて映画になるわけでしょ？　ぼくは、いつもそう言ってる。「観る」ことで映画になるって言う人がいっぱいいるけど、実は「語られる」ことで初めて映画になるんだよ、と。

「語る」とは、「名づける」ってこと。ある映画を何と呼ぶか。最近、記憶力が悪くなってるから、「あの役者の出てるアレだよ」って言いかたもするけど（笑）、端的に言えば、映画を語るときにタイトルを呼ぶでしょ？　「あの監督の何本目の映画」なんて誰も言わない。『ナウシカ』だ『もののけ姫』だって言う。そのとき初めて、その映画は「存在」する。そういう意味では、映画を語るって重要な仕事だし、敏ちゃんは稀（まれ）なる素質を持っていると思う。

鈴木　ありがとうございます。

押井　ただし、ほんとは映画のことは全然わかってない（笑）。少なくとも映像人間じゃない。ドラマ（物語）にしか興味がないでしょ。だから、今回の映画に関する敏ちゃんの功績は、『イノセンス』っていう題名を命名したことと、主題歌（伊藤君子「Follow Me」）を持ってきたことだよね。偉大な功績と言ってもいい。

鈴木　ぼくはこれ、よく例に出すんですけど、昔、映画の『座頭市』シリーズってあったでしょ。こういう名コピーがあったんですよ。

シリーズがずっと続いてきて、ある作品のとき（『座頭市海を渡る』66）、新聞広告にデカデカと書いてあった。「市が斬られた！」って。どんなお話が待ってるか。やっぱりワクワクしますよね。忘れもしない、ある世代の人にとって、あのコピーはすごいインパクトがあった。

やっぱり、タイトルとコピーって大事だなと。その二つが決まれば、映画というのはだいたい決まったようなものですよ。

押井　そこが問題なんですよ。映画を語るということは、その映画を決定づけちゃうことに等しいんだけど、同時に映画は、決定づけられちゃいけないものなんだから。敏ちゃんはさ、今みたいに、いろんな例を出しながら、自分の話したい方向に合わせて、ものごとを決定づけていくわけですよね。そこには強烈な意図があって、乗せられると危ないんです。ものを作ることの主客が転倒する。

――今回、ご自分の映画を鈴木さんに語られてしまったわけじゃないですか。そのことによって、ダメになったという印象はないんですか？

押井　いやあ……これからの勝負でしょ。そう思っているけど。ただ、この映画は本当に「どっちに転ぶか」ってとこに来ている。ちょっとしたニュアンスの変更で、違う映画になっちゃうところまで来ているんですよ。

――作品が、という意味ですか？

押井　作品そのものが。映画って、そういう時期があるんですよ。どっちに転ぶのかなっていう時期に、こういう男がそばにいると、指標になる反面、あまりにもわかりやすいほうに行くと、必ず違うものになっちゃう。それが怖い。

アプローチは違えども……

――ところで、押井さんは、今度の宮﨑監督の『ハウルの動く城』（04）をどう見ているんですか？

押井　宮さんの話し相手をするときに少しずつ聞いてるくらいで、内容は断片的にしか知らないんですが、久しぶりに「観たいな」って思いましたね。

鈴木　ぼくは今回、いろんな経緯で『ハウル』と同時に『イノセンス』のプロデューサーもさせていただいたんですけど、両方のラッシュを観てると面白いですよ。第一には、さっき話に出た、演技の違い。これがまず、露骨に面白い。押井さんは、現実の現場の状況を踏まえた上で、演技をアニメーターに要求しながら、背景を非常に豪華にして、その中で何をやるかっていうやりかたを採っている。

一方で宮さんは、やっぱり喜怒哀楽を思いきり表現するのが人間が本来持ってる力だろうと。それを、アニメでなんとかやろうと努力している。

……でもね、根っこにあるものが何か似てるなって、実は感じているんですよ。それぞれアプローチは違うんだけど、根っこにあるのは、「これから人間はどうやって生きていったらいいの？」ってことですよね。

ただ、表現する方法論が違う。「バトー」という主人公を見ていて、いったいこの人は何のために戦ってるんだと思った。で、いろいろあって、彼自身は犬と一緒に暮らす生活を選択するわけ。

宮﨑駿のほうは、ソフィーっていう女の子が18歳で登場するんだけれど、魔女に90歳のおばあちゃんにされちゃって、ハウルという青年に恋をする。いろいろある中で、だんだん若返っていくという話。原作とはずいぶん違うんですけどね。

最初にいきなり90歳になって、背中が曲がり、腰が曲がって背が低くなり、手足はしわくちゃ。声も、もしかしたらしわがれ声。そんなになった人が、何かの拍子に、気がつくと背中がまっすぐになる。70歳になり、60歳になり、40歳になる。だんだん若くなる中で、最初はおばあちゃんに過ぎないのが、あるときはハウルのお母さんになり、ある時は妻になり、あるときは女になる……なんていう、すごいのを作ってるんですよ。

それで、彼女の最後の選択は、「人間は他者とどういう関係を持ってやっていくのか」というところに結びついてくる。

二つの作品で、演技そのほかはずいぶん違うし、元の題材が違うはずなのに、なぜか、ぼくにとっては共通するものがある。アプローチが違うだけ。非常に楽しい思いをさせていただいております。

押井　根っこが一緒というのは、何となくわかる。ただ、宮さんから聞いた印象では、ずいぶん艶（つや）っぽい話だなって思った。なんか色っぽいというか、昔の宮さんの作品に比べたら手が込んできた感じがする。以前は、男女が出会った瞬間に、いきなり問答無用で相思相愛の関係になってたのが、今度のはもっと段階があって、そこに年月を感じます。いろんな葛藤とか煩悩（ぼんのう）とか、じたばたしたあげくにそうなったんじゃないですか。それは、とてもよくわかる。

家と家族のゆくえ

鈴木　昨今、新聞の見出しとかを見てると、幼児虐待、夫婦別姓の問題も含めて、家族の崩壊っていうことが世の中を騒がせてるでしょ？　今でこそみんな「家族を大事にしなきゃ」なんて言ってるけど、日本という国の歴史の中で、「家族」がいつ誕生したのか。ある人の説によると、家制度その他も含めて、起源は室町時代だそうですね。それまでは「通い婚」その他だったりして、今の形態とずいぶん違っていたらしい。つまり、日本での家族の歴史たるや、実は５００年間くらいに過ぎない。それが今、崩壊しようとしている。そして新しい時代を迎えるのは当たり前のことだろう、というんです。

だから、新しい家族のありかたを模索するのも当たり前のことで、「いろんな人を巻き込んで一緒に暮らしちゃおうよ」っていうのが宮さんであり、「相手が人間じゃなくて犬だっていいだろう」っていうのが押井さん。雑に言うとこういうことかな、なんて気がしてるんですけどね。

押井　だいたい、そういうことですよ。あまりにも雑な言いかただけど(笑)、間違ってないと思うよ。

――宮﨑さんも押井さんも、「家族」を描いている。アプローチは違うけれども。

押井　それはあると思いますよ。

鈴木　「家族」って言葉がふさわしいかどうか、わからないですけどね。「いったい誰と一緒に暮らしていくのか」という問題ですよ。

押井　ぼくの言葉でいうと、それは「他者」ってことだよね。

鈴木　やっぱり人間は、一人では生きられないんですよ。誰かが必要なんです。

押井　たださ、宮さんは、いろんな人間を巻き込んで、みんなでお城に住んでどっか行っちゃうとか、そういうことでもいいんだろうけど、ぼくは、誰かと関係を取り結ぶために、むしろ積極的に独りになるべきなんじゃないかと思う。独りになれない人間が、他人と関係を結べるわけないというのかな。

で、「独りになるためにはどうしたらいいか」「人間が人間と暮らす意味って本当にあるんだろうか」と考えてるわけですよ。

鈴木　押井さんは、「関係性」が好きなんですよ。ここにAという誰かがいて、もうひとりBという人がいたら、その間に存在するものが好き。それは昔から一貫してる気がする。

押井　というより、積極的に独りになることに意味があると思っているわけ。敏ちゃんが例に出したことや、引きこもりの問題なんかも含めて、今、世の中で起こっているいろんなことは、たしかに、変化していく過渡期の時代の産物というか、試行錯誤の表れだとは思うけど、そうじゃない例もあるはずなんです。

ぼくの周りを見渡しても、40歳を過ぎて一人で暮らしてる奴はごまんといる。結婚する必要のない若い男が山ほどいるし、男と暮らすことが至上命題じゃない女の人もいるわけですよ。今は、それができる時代だから。

鈴木　それは、古くて新しいテーマですね。昔、ある人が象徴的に言ってたんだけど、みんなに愛されたいといっても、それはとても無理なわけ。でも、その無理なことを望んでいるのが現代の人。だけど、一人の人に愛され、それ以外を全部敵に回すほうが、実は、関係が深いってことでしょ？

押井　他人と友だちになるとか親密な関係を築くことが、直ちに良いことではないかもしれない。自分ひとりで「拠(よ)って立つもの」をまず見つけるべきで、その過程で必要になってくるのが他人なんだと思う。

――それは、最初に出てきた「人類を救う」ということとは、次元の違うテーマなわけですね。

押井　最終的には同じようなものなんでしょうけどね。

映画には二種類しかない

鈴木　じゃあ、この時代に、何を作ったらいいんですかね？　押井さん。

押井　え……？　ぼくが教えてほしいくらいだよ（笑）

少なくとも映画っていうものには、今自分が生きてる時代が必ず入り込んできますよ。

鈴木　「時代の洗礼」ってものがあるんですよね。そこから、誰も逃れることはできないんです。

押井　それにどう対処していくのかっていうこと。言ってみれば、それが、映画を作ってる監督の個性とか作風とか言われるものの正体だと思いますよ。

ただ、いちいちそういうことを考えながら作っているわけじゃなくて、本能的にものを作りたい、絵を描きたい、こういう構図の画面を撮りたい、といったようなことが先行してるんですけどね。

鈴木　まあ、いろいろなことを言ってるけど、押井さんは、昨今珍しいくらいまじめに映画を作っている人だよね。

押井　それは、最小限の褒め言葉ですね（笑）。とりあえず今は、早く『イノセンス』の仕事を終わらせて家に帰りたい、それだけでがんばってるわけですけど。

――すでに『イノセンス』の次のことも考えているんですか？

押井　とてもそんな余裕はないですよ。とりあえず今回は、いいかどうかは別として、「この方法論でやるしかない」っていうところで作っています。その先どうなるかなんてわからないし、どこかしら自分が作ったものには必ず支配されますからね。

ただ、けっこうね……今回はいいとこ行ったんじゃないかって気がしてる。我ながら。意外とまっすぐ弾が飛んでるっていうか、正しいターゲット（観客）を選んでもらったという感じ。今やれることの中では、いちばん実感の部分に近いものを作ってると思います。

コンピューターと結婚する女の話というのは、たしかに突拍子もないかもしれないけど、それを実感するとどうなるのか。出来上がった映画が、そこまで行けるかどうかですね。

鈴木　ようするに〝古典〟ですよね。今どき、「人間とは何か」という映画を作ってるわけだから。実写映画ではもうとっくに放棄しちゃった人が多い中で、そういう世界を信じるアニメが二つ、同時進行している。これは非常に面白いことですよ。

全部わかっちゃう映画っていうのはね、つまんないですよ、ぼくに言わせると。映画には二種類しかなくて、一つは、全部を見せてくれる映画。もう一つは、自分で観ながら考えることによって初めて面白くなる映画。大きく言えばこの二つしかないんだから。

後者の場合、わかるところはわかる、わかんない部分はそのまま残しといて、自分の中で反芻すればいいんです。そうすればその映画は、もっと豊かなものになるから。ぼくはそう思います。

押井　なんかね……大正論だね。普段、そんなこと言ったことないもんね。（ジブリのプロデューサーとして）「わからなきゃいけないんだ」っていう立場なんじゃないの？

鈴木　ぼくは違うんですよ。押井さんに、初めてこういう姿を見せる（笑）

2003年11月26日（水）
東京・小金井　スタジオジブリにて。
司会＝原田康久（読売新聞社・当時）

第1章・注

＊1＝『うる星やつら』：高橋留美子の人気漫画のアニメ化。押井守は、ＴＶシリーズの初期（81―84）でチーフディレクターを、映画版2作品『うる星やつら　オンリー・ユー』（83）『うる星やつら2　ビューティフル・ドリーマー』（84）で監督を務めた。

＊2＝「熱風」２００３年2月号、「人形の旅　映画『イノセンス』のキーワード①」押井氏は、「ラッキイなことにあまり文学的な人間ではなかった僕の興味は『人間』よりは『人類』だったり、個別的状況より普遍的状況だったりしたので……（後略）」と書いている。

＊3＝『KILLERS』：東宝製作・２００３年公開、５名の監督によるガンアクション・オムニバス映画。鈴木敏夫は、押井守監督によるエピソード『.50 Woman』に、女性スナイパーに射殺される悪徳プロデューサー役で出演した。

＊4＝『天使のたまご』：徳間書店製作・１９８５年発売のＯＶＡ作品。廃墟のような世界で少年と少女が織りなす耽美的ファンタジーアニメ。脚本・監督・押井守、アートディレクション・天野喜孝、作画監督・名倉靖博、美術監督・小林七郎。徳間書店「アニメージュ」編集部時代の鈴木敏夫が企画をバックアップした。

＊5＝宮﨑駿の初演出作であるＴＶシリーズ『未来少年コナン』（78）の第6話で、ヒロインのラナを抱いたコナンが、太陽塔から飛び降りるシーンでの描写。

＊6＝若き三島由紀夫が、ただ一度邂逅した太宰治に「太宰さんの文学は嫌いなんです」と直言したことは、日本文学史上の一事件として知られている。また三島は、「太宰のもっていた性格的欠陥は、少くともその半分が、冷水摩擦や器械体操や規則的な生活で治される筈だった」（出典：「小説家の休暇」55）と書いている。

第2章

道端（みちばた）には自由があった

「食べもの」から見たニッポン戦後史

2006年4月に公開された、押井守監督の異色作『立喰師列伝』。
「スーパーライヴメーション」という新手法で制作された同作品に、
鈴木敏夫氏は、人物写真として〝出演〟。

本章は、作品完成前の2005年10月、
東京国際映画祭のアニメイベントで行われた対談である。

押井監督は、なぜ鈴木氏を〝役者〟として起用し続けるのか——?
その意外な理由が、ここに明かされている。

司会＝野田真外

――押井監督ご自身、この『立喰師列伝』のプロモーションビデオを観るのは初めてということで、感心しながらご覧になっていましたが……どういう映画なんですか？

押井　まだ、全然わかんない（笑）。戦艦大和とかB－29とかは、本当に出てきます。一所懸命、３D－CGで作ったんですよ。太平洋戦争や朝鮮戦争、ベトナム戦争といった戦争も、この映画の一つの背景になっているので。

最初は、アーカイブ（既存映像）を使おうと思っていたんです。記録フィルムを借りてきて。ところが、使用料が高くて借りられない。しょうがないから、全部、三次元（３D）で作ることにした。東京オリンピック（１９６４年）の場面なんかも、ほとんどそうだよね。そういう、けっこうまじめな〝戦後の歴史〟っていうのが背景にある作品なんです。やってることはドタバタ喜劇なんだけど。

けっこう、いろんなことをやらなきゃいけない現場だった。撮影現場では、登場人物のスチール写真をたくさん撮っているんです。３万枚くらい撮ったのかな。それを、デジタルを使って動かしてアニメーションを作る……という映画なんですよ。

――紙に写真を貼ったようなものがペコペコ動いて、という解釈でいいんですよね？

押井　専門的には、「ペープサート」（＊１）っていうんだけど。パタパタだよね、ようするに。板に絵が描いてあって、パタッとひっくり返すと違う絵になるっていう、一番原始的なアニメーション。そのスタイルをベースにしつつ、一つ違うのは、それを三次元で撮影したってこと。

基本的には、『ミニパト』（02、＊２）っていう短編をやったのがきっかけになっているんですよ。あの作品では、アニメーターの西尾鉄也が全部絵を描いたんだけど、そのとき、「これは、実写でやったら、もっと面白くなるだろう」と思った。

あと、この『立喰師列伝』という話（モチーフ）は、普通のアニメーションではやりたくなかった。各時代の風俗みたいなものを生々しく出したかったので、実写撮影のほうが雰囲気を伝えやすい。「方法論的に、これしかないな」と思ったのと……何より決定的だったのは、とにかくお金がない。低予算で可能な方法論を見つけ出さないと、映画化不可能だと。その意味では、すごくいいタイミングで映像化できたと思いますね。

「立喰師」の定義とは？

——鈴木さんは今回、「冷やしタヌキの政」という立喰師の役でご出演なんですが、演じてみていかがでしたか？

鈴木　実は、よくわかってないんですよ（笑）。ぼく、押井さんの作品で役者をやるのは、今回で二度目でしてね。簡単に言うと、制作費がなくてプロの役者が使えない（笑）。だから、押井さんがぼくのところに頼みに来るんだろうと。そういうとき、ぼくはシナリオをいっさい読まない。「役作り」とか期待されても無理ですからね。

……と言いつつ現場に行って、今回も一所懸命がんばりました。はい。

ぼくが今日、一番訊きたいのは、「これはいったいどういう映画なんですか？」ということ。それを訊いた上で、話に参加させていただこうと思っていた。押井さん、どういう映画なんですか？

押井　むずかしいの、説明が。「立喰師とは何か？」っていうパンフレットを作ろうかと思ってるくらいでさ。

立喰師というのは、ぼくの妄想の中に登場する、一種の業師（わざし）というか、詐欺師なんです。立喰い蕎麦屋とかカレースタンドとか牛丼屋とかに現れて、いろんなうんちくを展開しては店主をだまくらかし、金を払わないで帰っちゃう。そういう、立喰いに特化した詐欺師。

ぼくはアウトサイダーがすごく好きなんだけど、暴力を売りものにするんじゃなくて、「口八丁・手八丁」で言えば「口八丁」。つまり、しゃべることで相手をその気にさせるという、非常に知的で、ある種〝技がある存在〟が特に好きなんですよ。その意味で、立喰師というのは、ぼくのあこがれの職業。立喰い蕎麦を食べるたびに、「立喰いのプロになりたいな」って、けっこう本気で思ってたの。そしてそれを、いつか映画にしたいと、ずっと思い続けていて……

そういう、架空の職業である詐欺師たちの群像を描くことで、日本の戦後史を自分なりに総括してみたい。日本の戦後史に関しては、いろんな人がしゃべったり本を書いたりしてるけど、ぼく自身が見て体験してきた範疇で、食べものを中心に日本の戦後を語ってみたいって、常々思っていたんですよ。

ぼくにとって、〝戦後〟って何だったのか？　何が獲得されて、何が失われていったのかを、きっちり映画にしておきたかった。誰もやってないし、誰かがやるべきだと思ったし、自分はそれをやるのにふさわしい人間だという、ある種、根拠のない自信があったので、やることにした。

もちろん、突然思いついたわけじゃなくて、20年近く前から考えていたんですよ（＊３）。タツノコプロで『タイムボカン』シリーズとかをやってるころから、〝立喰いのプロ〟をときどき作品に登場させて、そのうち、だんだんと本気になっていった……とまあ、これ以上は説明のしようがない。

ぼくが『イノセンス』の公開後に出した「立喰師列伝」っていう小説があるんですけど、それを読んでいただくのが一番早い。その小説を書いたのも、映画にするための伏線だったんですけどね。まあ、本は本で書きたかったんだけど、原作本さえあればいつか映画にできると思っていたので。今回、映画が成立した一番大きい要因は、その本を書いたことだと思っています。

失われた道端の「食」

鈴木　押井さんが「立喰い」にこだわるのは、なぜなんですか？　そのあたりに、おそらく、この映画のヒントがあると思うんですよ。

押井　人が道端でものを食べてる時代というのが、かつてあったんですよ。今みたいに、ハンバーガーを歩きながら食べるのがかっこいいとか、そういうもんじゃなくて。道路工事のおじさんが道端にしゃがんでお弁当食べてたりとか、子供がおにぎりを食べてて、そのかたわらを野良犬がうろうろしてたりとか、そういう風景を、ぼくは子供のころにずいぶん見てきた。

家がけっこう厳しかったんで、ぼく自身は歩きながら食べるとか、道端でご飯を食べたりはできなかった。怒られるから。で……道端でおじさんがご飯食べてるのが、すごくおいしそうに見えた。自分もいつかは道端でご飯を食べる仕事に就きたいなって、長いこと思っていて。だから、立喰い蕎麦屋とかが世の中に出てきたとき、すごく嬉しかった。

立ったままご飯を食べるってね、おおげさに言うと、世界が変わって見えるんですよ。同じようなことを、映画の撮影現場でも体験した。実写映画の現場って、ご飯食べてる暇もなかったりするので、道端でお弁当を広げたりする。本当に、ごく普通の歩道にしゃがんで食べるんです。そのとき、やっぱりね、世界が違って見える。

今ある風景が全部ウソで、昔、ぼくが子供のころに見た風景……日本中が貧乏で埃だらけで、食べるだけで精いっぱい、そういう時代が、一瞬だけ甦るような気がするわけ。学生のとき、たとえば日比谷の大通りを、旗竿持って車道の真ん中を行進してるような解放感を感じるんですよ。車道の真ん中を人が歩くような、混乱した時代。ものがなくて、道端でお弁当を食べる、そういう時代のほうが、いまだに真実味がある気がする。

つまりね、ぼくにとっての〝戦後〟とは、「そういう解放感が失われていく過程」だった。ものが増えて便利になって、見かけ上は街もきれいになって、「貧しい日本からこれで逃げ出せる。そういう時代がようやく来たんだ」って、子供だったぼくはとても嬉しかった。だけど、その一方で、どんどんどんどん窮屈な時代になっていって、大事なものが失われていくなと、ずいぶん長いこと感じていたわけです。

鈴木　それこそ、ぼくらが若いころ、うどんとか蕎麦の立喰いのお店がいっぱいできて、いまだに街のそこかしこに若干残ってるんですけど、それが現在、風前の灯にある。それに対して押井さんは、今、何を感じてるんですか？

押井　だからもう、本当に崖っぷちという感じ。今ぼくらがいる、この六本木ヒルズという建物自体がその象徴なわけだけど。ここに来てご飯食べようと思っても、食べるところがなかったりする。しょうがないから、さっき、地下でサンドイッチ買って食べたんだけど、なんかねえ……。「食べる」という行為が成立しないというのかな。「食事」はできるんだけど。

鈴木　細かいことを聞くんですけど、今はたとえば、マクドナルドのようなファストフードの類い、それからコンビニがいっぱいあって、おにぎりとかを売ってますよね。それを買って、歩きながら食べることもできるわけだけど、押井さんが言う「立喰い」と、ファストフードやコンビニで買って食べることとの決定的な差って、何なんですかね？

押井　なんて言うんだろう……「食べる」ことと「お腹を満たす」っていうのは違うと思う。以前、赤坂を歩いてるとき、ネクタイをしめた若いサラリーマンが、歩きながらカップ焼きそば食べてるのを見たことがある。コンビニで焼きそば作って、それを食べながらＴＢＳの前を歩いていくのを見て、愕然としたんだよね。そういう行為は平気なくせにさ、逆に、じゃあ、今の時代の人が道端でお弁当開けるかっていうとね……

ぼくにとって、道端でご飯を食べるっていうのは、プライベートな世界とパブリックな世界との、境界線上での行為だったわけ。でも今は、それがないんだよね。ハンバーガーを歩きながら食べても、それは一種のファッションだったり、便利だから、時間がないからそうするとか、外部的な要請で容認されている。ここの建物の地下にも、スナックみたいのがたくさんあるけどさ、「便宜上、そういうのがあったら便利だ」ってことで、可能な限りきれいにしようとするじゃない。清潔で、時間もかからず、値段もそこそこ、とかね。

そういうことじゃなくて、「ものを食べる」というプライベートな行為――自分の家の居間や、学校の教室でものを食べたりすることが、街にはみ出していく。街の中に、自分の生（なま）な、「生きる」という行為そのものがはみ出していく……そういう時代が、かつて、たしかにあったんだ。それはある種、世の中が混沌としてることの証拠だったという気がしてるよ。その痕跡がかろうじて現在に残ってるのが、立喰い蕎麦屋なわけで。

鈴木　こういうことをしゃべらせたら、押井さんは、あと１時間でも２時間でも延々と話してくれるだろうけど、今日はちょっとね……（笑）

ようするに、時代が生んだ立喰師、そういう職業がかつてあった。それは、もしかしたらウソかもしれないけど、自分の中でははっきりあったんだ、と。たぶんそこらへんが、この映画を作る上での大きな動機なんでしょうね。

愛のある酷使

鈴木　ぼくは、押井さんの映画の特徴って、誤解を恐れずにひとことで言うと、「つまんない」ことだと思うんですよね（笑）。これはまあ、半分冗談ですけど、半分真剣なんですよ。

映画には、大きく言うと、「面白い映画」と「つまんない映画」とがあって、面白い映画のほうは、あれこれ考えちゃいけない。それこそダーッと観るのが面白いんですよ。

ところが、つまんない映画には、おそらく「つまんないように見せる理由」があって、その理由を自分なりに探ろうとすると、面白くなる。いや、ぼくも、そういう「つまんない映画」が嫌いなわけじゃなくて、いろいろ観てきたんですけど、押井さんのはかなり念が入ってるというか、そこに大きな特徴がある。

何を言いたいかっていうと、押井さんの映画における「役者の位置づけ」ですかね。

ぼくは、今回の『立喰師』の前に、『KILLERS』っていう映画に出てましてね。そのときは、押井さんがどういう実写映画を作るのか、また、自分が何を要求されているのか、前に『紅い眼鏡』（87、＊4）とかを観てたわりにはわかっていなくて、素人なりに、ものすごく（演技を）がんばったんですよ。本当に。

押井さんって人は、見かけによらず、素人のぼくにいろいろと要求するわけです。「彼女の手を強く握れ」だとか、テストを何度も要求されてね。そうやっていくうちに、どう撮られてるのか、ぼくも気になってくる。今の映画の現場には便利なもの（ＴＶモニター）が置いてあって、ビデオですぐ繰り返し観ることができる。それを観て、カメラマンの方（間宮庸介）が褒めてくれたんですよ。「鈴木さん、いいカットが撮れた。これとこれ、ちょっと観て」って。

それでまあ……こういうときはバカですね、ぼくも自分の演技に惚れ惚れした（笑）。「うまくいってる」ってね。映画にどう使われるのか、こちらとしては当然、関心があるわけです。

で、出来上がった映画を観て、かなり大きなショックを受けました。なぜショックを受けたかと言えば、下手だったんです。ここがポイントなんですよ。だって、そのカメラマンが「ここはいいよ」って言ってくれたカットは……いいですか、一か所も使われていないんですよ。ワンカットも！

つまり、役者の演技の下手なとこばっかりを使っている。これはどういうことかというと、今回の『立喰師』もおそらくそうだと思うけど、押井さんは、役者の演技がもし上手だったら――プロの役者を使ったら、それだけの演技力は当然あるわけですけど――「それに目を奪われたら困る」という立場だと思うんですよ。だから素人の役者を使うし、その素人がやった熱演をね、排除していく。まあぼくは、「二度と出るまい」と思っていますけど（笑）

押井　それは、ようするに素人なんだからさ、素人で可能な役を考えたわけでね。アニメのプロデューサー役しかできるわけないんだから。アニメのプロデューサーで、世間が思ってるとおりの〝鈴木敏夫〟にしたわけ（笑）。でかい金を横領してるんじゃないか、それを追及されたら病院に逃げ込むんじゃないか、とかさ。

……で、殺すことは真っ先に決めていた。言ってみれば、それがぼくにとっての友情の証なんだよ。鈴木敏夫って男は、いわゆる悪党だけど、「殺されたい」っていう願望が間違いなくある。自殺だけは絶対しないと思うんだけどさ。ただ、殺されてもしょうがないことをさんざんやってきたし、「いつかどこかで殺されたい」っていう願望が、本人の中に絶対あるんだよ。

鈴木　（司会者に）そろそろ、次の話に行かなきゃいけないんですよね？

押井　……その願望を、映画で満たしてあげることが、ぼくの、鈴木敏夫っていう男に対する愛情表現なんだよね。だから今回の『立喰師』でも、蕎麦のどんぶりで殴り殺してあげたんだけど、非常にいいシーンになっている。見事に頭蓋骨を粉砕してるんだけど、言ってみれば、ぼくが鈴木敏夫の願望を代行してあげてるんだ。

たぶん、死にたがってると思う。間違いなく。しかも、相当ひどいやりかたで虐殺されたがってる。そうすることでしか、精神の均衡が取れないはずであって。それを本当にやっちゃうわけにはいかないから、映画の中で実演させてあげてる。それって、ぼくが鈴木敏夫に対して行える、唯一の愛の証であってさ。

まあ、彼をどこかで憎みながらも、どこかで愛してるから。「たぶん、この男がいなくなったらさみしくなるだろうな」って想いはある。そうでないと……

鈴木　あの……押井さんって、実は友だちがいないんですよね。これ、本当なんですよ。だからぼくは、『イノセンス』の共同プロデューサーの話があったときも、実は悩んだんです。ぼくが悩んだのは、ただ一点。これを断るとね……彼、ぼくという友人を失う。まあ、歳とったときのことも考えなきゃいけないでしょ。孤独になって、独りで老いさらばえていく。そのときの話し相手の一人として、やっぱ

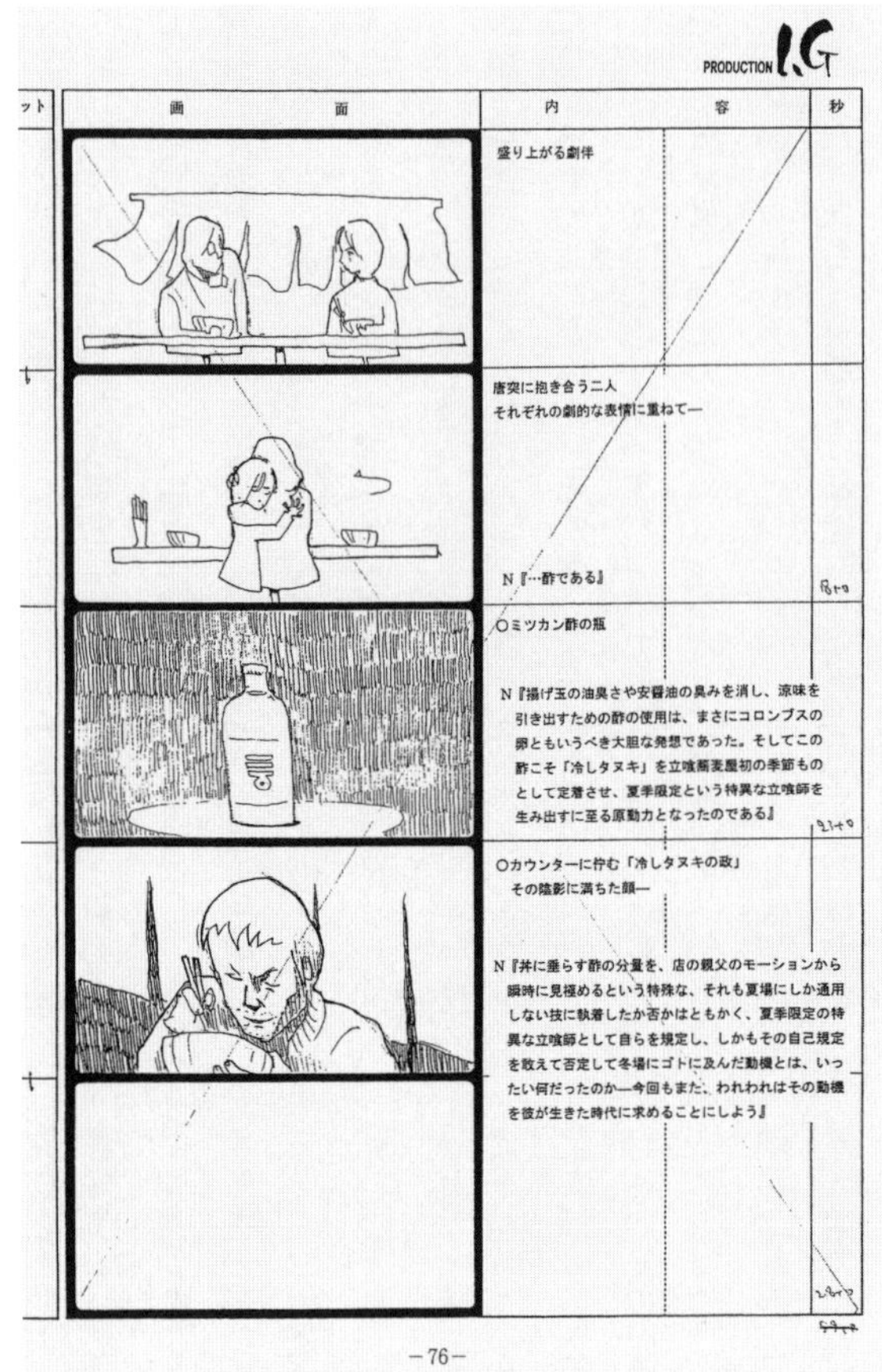
PRODUCTION I.G
ット
画面
内容
秒
盛り上がる劇伴
唐突に抱き合う二人
それぞれの劇的な表情に重ねて―
N『…酢である』
○ミツカン酢の瓶
N『揚げ玉の油臭さや安醤油の臭みを消し、涼味を引き出すための酢の使用は、まさにコロンブスの卵ともいうべき大胆な発想であった。そしてこの酢こそ「冷しタヌキ」を立喰蕎麦屋初の季節ものとして定着させ、夏季限定という特異な立喰師を生み出すに至る原動力となったのである』
○カウンターに佇む「冷しタヌキの政」
その陰影に満ちた顔―
N『丼に垂らす酢の分量を、店の親父のモーションから瞬時に見極めるという特殊な、それも夏場にしか通用しない技に執着したか否かはともかく、夏季限定の特異な立喰師として自らを規定し、しかもその自己規定を敢えて否定して冬場にゴトに及んだ動機とは、いったい何だったのか―今回もまた、われわれはその動機を彼が生きた時代に求めることにしよう』
−76−

押井守・筆＝『立喰師列伝』絵コンテより、「冷しタヌキの政」パートの未制作シーン。ミツカン酢を利用して涼味を引き出す“夏季限定”のゴト（詐欺）が、韓流ドラマ仕立てで描かれる予定だった。

○カウンターに佇む「冷しタヌキの政」
その陰影に満ちた顔―
N『丼に垂らす酢の分量を、店の親父のモーションから瞬時に見極めるという特殊な、それも夏場にしか通用しない技に執着したか否かはともかく、夏季限定の特異な立喰師として自らを規定し、しかもその自己規定を敢えて否定して冬場にゴトに及んだ動機とは、いったい何だったのか―今回もまた、われわれはその動機を彼が生きた時代に求めることにしよう』

カウンターに佇む（たたず）「冷しタヌキの政」、その陰影に満ちた顔――という説明文を添えて、ニヒルに、入念に描かれた鈴木敏夫氏の似顔。対談での発言とはうらはらに、この「政」というキャラクターへの、押井監督の屈折した思い入れが感じられる。

りいたほうがいいかな……とか、そういうことを考えたんですよね。本当に。

押井　それは、自分のことでしょ？　鈴木敏夫って男には、宮﨑駿とか高畑勲とか、そういうおじさんたちがいつもついて回ってるけど、たぶん友情だとか、そういう類いの人間関係はありえない。ぼくもたぶん友人がいない男だけど、今並べた三人のオヤジは、全員が共通してるんだよね。「友人がいない」ってことにおいてさ（笑）

やっぱり、やりたいことをやろうとすれば友人も失うしね。もっと言えば、「だから一緒に仕事しないんだ」って、ぼくは頑なに決めてきたわけ。『天使のたまご』以来、「鈴木敏夫とは一緒に仕事をしない」と決めた。一緒に仕事をすれば間違いなく喧嘩するだろうし、そうすると、つき合えなくなる可能性がある。それは、けっこうさみしいことかもしれない。

「映画を語る相手」としてはなかなか面白いし、そばで見てるぶんには「非常に興味の尽きない他人」なわけだよね。もうちょっと見ていたい他人。それがいなくなっちゃうと、さみしい。だけど、「いなくなりたい」「消え去りたい」という願望が、もし、本人の中にあるとしたら……

実は、今あげた三人のオヤジの中で、ぼくが鈴木敏夫っていう男を唯一評価できるのは、そこなんだよね。あとの二人は、すごく自己肯定的で、最終的に自分のやることはすべて肯定できるっていう人間であって……

鈴木　押井さん、もう残り、一時間を切っちゃったよ。

押井　なぜ、ぼくが『KILLERS』のとき、宮﨑駿の頭を吹っ飛ばさないで鈴木敏夫の頭を吹っ飛ばしたかというと、二つ理由がある。

一つは、宮さんはすごく勘のいい男で、自分がどんな目に遭わされるか事前に察知して、すぐ逃げるんですよ（笑）。映画としては、宮﨑駿のあのでかい頭を吹っ飛ばしたほうが、絶対インパクトがある。でも宮さんは、事前に察知して逃げちゃった。一応、話はしたんだよね。「宮さん、映画に出ません？」って。そしたら、「どうせひどい目に遭わせるんでしょう。ぼくは絶対いやです」と。それが理由の一つ。

もう一つはね、「真に殺すべきは誰なのか」ということ。それはやっぱり、映画監督じゃないんだよ。映画監督にとって真に殺すべき相手は、プロデューサー以外にありえないよ。うん。

ぼくには、石川（光久、＊5）というプロデューサーもいるんだけど、石川を殺すわけにいかないから（笑）。それで鈴木敏夫を殺すことで、とりあえず手を打とうと思った。

『KILLERS』は5本のオムニバス映画で、ぼくはそのうちの1本『.50 Woman』を作ったんだけど、実は5本のうち、唯一この作品だけが映倫の審査に引っかかった。信じられなかったね。「女スナイパーがあんパン食いながら、病院から出てくる車を待ち構えて、プロデューサーの頭を吹っ飛ばす映画のどこが悪いんだ？」って訊いたら、映倫のおじちゃんが言うには、「鈴木敏夫は殺しちゃいけないんだ。鈴木敏夫は公人である」と。

鈴木 ぼくも本当にびっくりした。なぜかって、ぼくは「いい」って言ったんですよ。そしたら、本人がよかろうがなんだろうがいけないんですね、あれって。

押井 本人が承諾してるからいいじゃないか、って言ってもダメ。やっぱり、世の中の良風美俗に反する、風俗を攪乱するから。ようするに、鈴木敏夫って男は、世の中では〝偉い男〟になってると。「教科書に載ってもいいような人を殺しちゃいけない」って言うんですよ。そんなはずないだろう。「ぼくが知る限りあんなに悪い奴はいないのに、なんで殺しちゃいけないんだよ！」って、すったもんだしたんだよね。

鈴木 今日はぼく、ちょっと不利ですね……不利。

押井 実は劇中で、『千と千尋の行方不明』とか、いろいろ言ったのも良くなかったんだけど。「三鷹の森病院」ぐらいはアリだとしても、どうも『千と千尋の行方不明』が引っかかったらしい。で、そういうところは全部変えて、鈴木敏夫に関しては、「もう一回観てくれよ」って、粘り強く交渉をしてさ。

実は、映倫の人は、まじめに試写を観ていなかった。脚本は読んでいたけど。脚本に「鈴木敏夫の頭が吹っ飛ぶ」って書いてあるから、びっくりしちゃったらしいんだよね。実際に観てもらったら、「ああ、こういう映画だったんですか。まじめな映画だと思ってました」って。まじめな映画作ってるんだよ、こっちは。でも、「こういう映画だと思わなかった。これなら、もちろんOKですよ」っていうオチがついた。

鈴木 知らなかったです。

押井 ぼくは、「そうだったのか！　鈴木敏夫って、もう天皇陛下に近い存在なんだ。本人がどうあろうが、人格がどうあろうが、個人の人権の範囲を超えて、〝公〟の人間なんだ」って、初めて知った。それで、宮﨑駿の頭吹っ飛ばしたらどうなってたんだろう、とも思った。そしたら……もしかして、『KILLERS』って映画はヒットしたかもしれない。「やっぱり鈴木敏夫の頭吹っ飛ばす程度じゃ、もう一つ話題にならなかったな」っていう反省がある。

だから、今回の『立喰師列伝』では、鈴木敏夫クラスの有名人をぞろぞろ動員することにした。ぼくの交友関係を総動員。「これでダメなら諦めるしかない」と言ってね。もちろん、ほかの人間は殺したわけじゃないけど、鈴木敏夫は、もう死ぬしかないから。

もう一つ言えばね、しょせん、素人役者なんだから……鈴木敏夫は、実は、自分の演技に絶大な自信を持ってる。実際、見てらんないんだよね。カメラマンが何を言ったか知らないよ。あの人はすごく気を使う人だから。優しいし……

鈴木　（司会者に）このまましゃべらせといちゃダメ！　どうでもいいことばっかりしゃべってるんだから（笑）

押井　だから、死体の役を選んだんですよ。ただ寝てればいいんだもん。

鈴木　（客席に）また会えるね、みなさん！

押井　ただね、もう一回くらいは殺してあげるよ。

鈴木　とにかく、『立喰師列伝』、よろしくお願いしま～す！

〝鈴木マジック〟の手の内

――じゃあ、強引に話題を変えましょうか（笑）

先ほど押井監督は、『天使のたまご』を最後に、もう鈴木さんとは仕事しないようにしようとおっしゃっていましたけど、『イノセンス』で再びご一緒するわけです。そのへんの、心境の変化を。

押井　ぼくは、最後まで反対したんだよ。ただ、プロデューサーの石川が、「どうしても組みたい」って言うからさ……。鈴木敏夫が広告とか宣伝をやることで映画がヒットするんだったら、まあいいやって思ったんだよね。

あと、もう一つ。世間で言うところの〝鈴木敏夫マジック〟――ジブリ作品をことごとく大ヒットさせたマジックの手の内を、いい機会だから拝見しようと思ったわけ。自分の作品、自分の仕事で組まない限り、永遠にわかんないから。ぜひそれを勉強させてもらおうということで、組むことに決めた。

その手の内なるものは、全部拝見しました。あらためてわかったのは、鈴木敏夫ってのは、すごくマメで、実はすごく正統派のまじめな男なんだよね。（自身が）悪であるのは、「売る」という目的があるからであって。映画にとって宣伝がいかに大切なのか、あらためてとても勉強になった。これは本当に、まじめな話。

たしかにぼくは、今まで、鈴木敏夫が言うところの（お客に）「観られたくないような映画」を作ってきた。くやしいんだけど。自分の理屈で武装するだけで、お客さんをいかに動員するかってことに関しては、ある意味、何もしてこなかった。映画監督には、作品を作るだけじゃなくて、その作品を世の中に送り出していく過程においても、ある種の責任があるんだっていうことを、『イノセンス』の仕事の中で学ばせてもらった。まあ、本人がいる前で言うのもなんだけど、ちょっと見直した部分がある。

同時にね、これほど悪辣（あくらつ）なことをやってるとも思わなかった。でも映画にとっては、たぶんこういう男が必要なんだろうと。じゃあ、また組みたいかっていうと、一考を要するというか……ヘタすると、映画そのものを乗っ取りかねない男だから。

鈴木　今度やるなら、企画段階から一緒にやりましょう。

押井　うーん……『イノセンス』は、企画から一緒にやらなかったから良かったんだよね。（組んだ時点で）すでにコンテが上がって、レイアウトもほぼ上がっててさ。ぼくは、「中身に関しては絶対に変えない」と宣言して組むことに決めたわけだから。でも実際には、二つか三つ、鈴木敏夫の言うことを聞いたんですよ。

主題歌を作ること。タイトルを決めさせたこと。そしてもう一つ、これは、ささやかながらかなり本質的な部分だったんだけど、バトーのセリフを、彼の意見をとり入れて一か所だけ変えた。

その三つに関しては、かなり言うことに従った。ほかのところは、最後まで自分のやりたいようにやった。

そういうことで言うと、「貸し借りちょうどゼロ」ぐらいかなと思ってる。３００万人動員するとか豪語した結果がああだから、ぼくの作品の中身に責任があるんだってことを含めて、監督とプロデューサーとしては「貸し借りなし」だと思っているんです。

鈴木　ぼくも、本当に勉強になった。何がというと、すでにコンテができて作画に入ってる――ようするに、やることがすべて決まっている段階から作品に入るのはしんどいと、あらためて知ったわけです。実はそのことを、最初は考えていなかった。むしろ、「作者がやりたいことがはっきりしてるんだから、それを元に（宣伝を）やればいい」と思っていたんだけど、あらためて、自分のやるべきことがよくわかりましたね。

やっぱりねえ……作品づくりって、当たり前かもしれないけど、企画段階から関わっていくほうが面白いんだなと。これはまじめに、そう思いました。

――鈴木さんから見て、押井監督と久しぶりに組んでみていかがでしたか？

鈴木　まあ、押井さんは押井さんでしたよ、本当に（笑）『イノセンス』は、いろんな意味で面白かった。ただ、ぼくは、いつもそうなんだけど、そうやって終わったことをいろいろ振り返るよりも、今現在のことを考えるほうに興味があるんですよ。

変わりゆく街と人

鈴木　「今」のことを言うとね……実はここにきて、スタジオジブリの若いスタッフたちがみんな結婚し始めたんですよ。で、結婚すると、当たり前なんでしょうけど、みんなどんどん妊娠していく。なぜこんなことを話すかというと、３年くらい前に宮﨑駿と二人で、少子化問題というのを話題にしたことがある。まあ、ぼくらが話すわけだから、非常に庶民レベルでしゃべったんですけどね。

「これからどんどん少子化が進んで、ジブリでも誰も結婚しなくなるだろう」なんて、宮さんが言うわけですよ。ぼくはそのとき、根拠があるわけじゃないけど、「いや、違う気がする」と言った。

その後、実際に社内で結婚する人が増えたし、子供ができるようにもなった。そしたら、宮﨑駿って人は根深く覚えていてね、「鈴木さんの言ってたとおりになった」って、非常にくやしがっている。ぼくは単に、不景気になればみんな結婚するんじゃないかなって思っただけなんですけどね。

実は、さっきも控え室で押井さんと、「それはなぜなんだろう？」と話していたんです。それこそ、今後の作品の企画に関わる問題なんですけど……ぼくが思うに、これまで映画に限らず小説や漫画といったいろんな創作物が、「人が自己確立する」とか「自分探しをする」といったテーマで右往左往してきたけど、ここにきて、そういうブームが沈静化しつつある。つまり、いくら自分を探したって、「そういう自分はいなかった」と。みんなそれがわかったとたん、何が起きたかっていうと、「結婚」ということにむりやり結びついちゃった気がする。……どうですかね、押井さん？

押井　その話は、『イノセンス』のときにけっこうした気がするんだよね。「自分探し」の物語や映画が、なんでこんなに流行（はや）るんだろうって。ぼくはそのとき、たしかこういうふうに言った気がするんだけど――「どうせ自分なんていやしないよ、いくら探したって。自分を探す行為そのものが幻想なんだ。自分なんて、誰かと深く関わることによって、誰かと関わる瞬間にしかありえないんだよ」とね。で、そのとおりになった。だけどその結果が、結婚して子供を作ることなのか、というと……

鈴木　一方でね、ぼくは立場上、いろんな方とお話ししたり仕事したりするんだけど、大きな会社では、今、こういうことが起きてるんですよ。

新聞紙上でも騒がれてるけど、個人情報保護法が導入された。たとえば某広告代理店では、個人情報が流出しちゃいけないというので、仕事が終わって会社から出るとき、机の上に置いてあったものを、重要度でA・B・C・Dと分けて、共通の鍵付きロッカーの中にしまわなきゃいけない。で、ぼくが驚いたのは、本当に机の中に重要なものが混じっていないか、定期的にチェックされるらしいんですよ。あげくの果てに、机の上に、自分がもらった名刺を一枚置いておくだけでも、罰則規定があって処罰される。個人情報の流出なんですって。「へえ」なんて思ってね。そんなことが起きてるのかと。

それから、労働時間の問題。労働基準法に従って、組合と36協定（サブロク）を結んでる会社が多いんだけど、いろんな会社の話を聞いていると、それを遵守しようという動きがすごく増えている。ある部署で働いてる人たちが規定から外れると、まず最初に厳重注意があって、二度目に注意されると、その上司が人事異動の対象になるとか、そんなことが起きてるんですよ。

もう一つ、最近気になってるのは、押井さんもそうだけど、ぼく、タバコを吸うんです。あるときから禁煙ブームっていうのが始まったんだけど、ぼくら（スタジオジブリ）のいる中央線の東小金井駅の周辺は、歩いててタバコが吸えないんですよ。道路の標識にそう書いてある。これはいったい何なんだろうな、と。

そういうことが最近、身の回りにいっぱい出始めて、ちょっと気になっている。なにか、「押井さんが映画で描いてたようなことが、本当に起き始めてるのかなあ」って。素朴な言いかたをするとね。

押井　なんて言うんだろう……さっきの「立喰い」とも関係あるんだけど、街が、やさしくなくなった。誰に対してやさしくないかというと、規範から外れようとする人間に対して。世の中には、鈴木敏夫みたいに、ベンチを見たらすぐに横になりたがるようなオヤジがいるわけですよね。ところが、「それ、絶対にさせないぞ」と。横になってほしくないところには、変な形のイボイボ（突起）がついていたりとかね。

街は、たしかに今、変わりつつある。『（機動警察）パトレイバー』（88、＊6）のころ、ぼくは、「東京の街から野良犬が消えた」って繰り返し言ってた。あと、「最後にはカラスと人間の戦争になるよ、必ず」って。まあ、カラスとの戦争も着々と進んでるらしいんだけど。

街からそういう異分子を排除しようという〝見えざる意志〟は、露骨に感じますよ。じゃあ、どういう基準で排除される人間を決めるのかというと、「喫煙者」がそうであり、「住所不定者」がそうであり、「時間外にうろつく人間」がそうであり……。タバコだって、今度からはＩＣカード（ｔａｓｐｏ）がないと買えなくなるんだよ。そのかわり、自動販売機で夜間でも買えるようになるんだけど、そのカードを使わないとタバコが買えない。

そうやって、どんどん規制をかけて、どういう世の中にしようとしてるのか。それとまったく対極にあった時代が、ぼくにとっては〝戦後〟なんでね。

鈴木　ちょっと話が古くなっちゃったけど、ぼくは、こないだの選挙、非常に印象的だったんです。小泉（純一郎）さんが郵政民営化に賛成か反対か、なんてやってね。みなさんご承知のように、結果は自民党の圧倒的勝利。起きた事実はそうなんだけど、けっこう気になったことがあるんですよ。

選挙に行く人たちが――なんて言うのかな、ちょっとうまい言いかたができないけど――自分たちも〝為政者〟の一人だと考えてるような、そんな気分が出始めたなって感じた。象徴的な言いかたをすれば、「日本から庶民が消えた」。これがぼくの感想です。この国がどちらへ向かっていったらいいのか、どうすればいいのか、そういう考えで、みんながいろんなことを決めてる。そんな気がしてしょうがないんですよ。

本来、庶民っていうのは――ぼくはその時代のことは実際に知らないけど、たぶんそうだったんじゃないかって思うのは――戦争で日本がアメリカと戦うとき、息子を戦地へ送らなきゃならないおふくろさんが、「天皇陛下万歳」じゃなくて、「ちゃんと生きて帰ってらっしゃいよ」って言ったのが、庶民の知恵。ところが、こないだの選挙を見てると、みんなが為政者になった気分でいろんなものを選択していく。憲法改正の問題にも、そんな気分が見え隠れしてる。それで、どういう世の中ができようとしているのか……

押井 それ、否定的に言ってるわけ？

鈴木 まだ、考えてる途中なんです。だから、押井さんの意見を聞いてみたい。

押井 ぼくは、選挙行かないもん。生まれてこのかた選挙行ったことは一回もないですけど、ぼくは民主主義者じゃないよ。それどころか、ヒューマニストですらない。野良犬が消えるような街になんの未練もない、さっさと滅んじまえってのが基本的な立場。もちろん、実際には滅ばないんだけどさ。だから、映画の中で滅ぼしてやるんだっていうね。

ぼくは、映画っていうのは、基本的にはそういう仕事だと思ってる。で、それを観て何か考える人間は、きっといるだろう。「なぜかたわらに犬がいないんだろう？」ってことに疑問を持たなくなったら、それは本当に、世の中として終わったも同然なんであって。

ぼくが言いたいのは、余分な人間がいることを許容できない世の中ってのは、最悪の世の中であってさ。「役に立たない人」っていうけど、「じゃあ、役に立つ人間ってのは、誰の役に立つんだ？」という話でしょ？

「考えてる途中」とか言ってるけど、なんとなく結論は見えてるわけでしょ？　ぼくに言わせれば、すでに見えてるんであってさ。

鈴木　憲法改正賛成派が、60パーセントいるわけですよね。そうじゃない人は30パーセント。おそらくこの60パーセントが、あの選挙で自民党を選んだ人たちだと思うんですよ。ところが、その結果を受けて自民党は、消費税を上げよう、ついには12パーセントとまで言ってますよね。

本来、選挙でそういう選択をすれば、自分たちにお鉢が回って首が絞まることになるはずなのに、誰もそのことを怒ってはいないでしょ。「なぜなんだろう？」って、気になってしょうがない。

さっき言った個人情報保護法にしても、３６協定にしても、「人間が立派である」ことが前提で、ようするに、それ(規範)を全員に当てはめようとしてるってことですよね。じゃあ、なぜそれが気になるかと言うと、ぼく自身がそんなに立派じゃないからなんですよ(笑)。たぶん。正直に言えば。

最近、生誕１００年ってことで、成瀬巳喜男監督の映画を、ＮＨＫのＢＳで毎日ばんばんやってる。たしか25本ぐらい一気に放送したと思うんですけど、成瀬さんの映画って、時代は違えどテーマは必ず一つなんです。何かというと、「人間はだらしがなくて、いいかげんで、ろくでもない。でも、けっこういいもんだよ」っていうのが、あの人の映画の主張。人間の〝向上心〟ってものを認めていないんですよね。

ところが今、現実に世の中で起きてることは、そうじゃないでしょ。「向上心を持て」「立派な人になれ」って、そこかしこで押しつけられて。その中で、それに当てはまらない人はどうしてんのかなあって思う。

だから、ぼく自身、これからの世の中がどうなるのか、そこからはじき出された人はどうなるのか、そして自分はどうなるのか、ってことが気になっているんですよ。たぶんそういうことが、これからの映画の企画にも関係してくるのかなって気がしてる……。それを言いたかったんです。

押井　だからさ、『立喰師』を観てよ。ようするに、そういう映画なんだよ。よく言ってくれたよ。偶然だろうけどさ。あてずっぽうで言ったんだろうけど、よくぞ言ってくれたよ。そういうことを問うてる映画なんですよ。本当、まじめな話。

人間ってのは立派なものじゃないんだってことは、みんなある程度わかっていながらさ、でも民主主義だ選挙だっていうのは、人間が立派なものだっていうことを前提に成立してるわけでしょ。多数派は、少なくとも正しい判断をすると。でもそれって、どこに根拠があるんだよ。ぼくは選挙に行かないし、ようするに、民主主義っていうのは、人間にとっては立派過ぎるんであってさ。むしろ、それが世間を誤らせたりする。

ぼくに言わせれば、大多数の人は、必ず誤った判断を下す。歴史がそれを証明している。そのために歴史ってのはあるんだよ。歴史の本、読んでる？　読んでないでしょ。そうだよ、本当に。ルーズベルトもヒトラーも、選挙で選ばれてるんだから。

遠い声への鎮魂

鈴木　ちょっと映画の話になるんですけど、『スター・ウォーズ　エピソード3／シスの復讐』(05)。あの映画、ぼくには非常に印象が深かったんです。内容が『ハウルの動く城』と似てたんですよね。

さっきの押井さんの主張と関係あるんですけど、ようするに、あらゆる政治体制を主人公が信じないっていうところ。これがポイントの一つ。

もう一つは、主人公の男が女性のために生きる。なんて言ったらいいかな……宮﨑駿っていう人は今64歳で、かたや（ジョージ・）ルーカスは61歳でしたっけ。そうすると、「西の果てと東の果てで、ちょうど同じころにそういうものを作ってるって、何なんだろうな？」って、ある種の感慨に襲われたんですよね。

あの二人って、いろんな映画を作っていく中で、大きく言えば「希望」を語ってきたとぼくは思う。そういう人たちが今、ああいう映画を作っちゃったのは、何なんだろうなあ……。自分の中で結論が出ないから、こうして押井さんと話してるんですよ。

押井　もう一つ付け加えると、（スティーヴン・）スピルバーグの『宇宙戦争』(05)、あの映画もそうだよね。国のために戦わない。自分の家族のためには大奮闘する。家族のためにとことん逃げる……そういう主人公なんだよ。

鈴木　ちょっと観てなかったです。

押井　実はぼく、今話に出た3本の映画、まだ1本も観てないんだけどさ（笑）。ルーカスもスピルバーグも、肯定的な映画を作ろうという志があった人間だよね。うんと若いころは別として、売れ始めて大作とよばれる映画を作るようになってからは、人間とか人生とか、もっと言えばアメリカという国もだけど、そういうものを「肯定していこう」としてきた。それが今、功成り名を遂げて、自分の好きなものを作れるようになって、何を選んだかというと、さっき言ったような映画を作った。これはかなり意図的に作ってるよ、間違いなく。ぼくにとって、それはすごく自然なことで、映画っていうのは、作れば作るほど自分にウソがつけなくなるんですよ。

鈴木　押井さんの『立喰師列伝』は、そういうところ、どうなんですか？

押井　映画の中で結論なんか出してないよ、例によって。「かつて、こういう人間たちがいた。みんな姿を消した。そのあと、今に繋がるぼくらの時代が始まったんだ」というところで終わる。

鈴木　それじゃあ、面白くないね。

押井　面白くない。でも、そうすることでしか……。逆に、「今」という時代を映画の中でどう語るかを、真正面から見すえるとどうなるか。『スター・ウォーズ　エピソード3』もしくは『宇宙戦争』になるんだよ。だって、それしか選択肢がないんだもん。

「自分にとって信じられるものは何か？」っていう、さっきの話に戻るけど、「やっぱり家族なんだ、親子なんだ、自分が一番愛してる人間だけが根拠なんだ」って（それらの映画は）言う。でも、その人間を愛せなくなるとどうなるんだ？　子供は、いずれ親に歯向かってくるだろう。夫婦だって、永遠のものかわからないですよ。

……結局、元に戻るんですよ。何も選択できなかったんだよ、結論から言えば。一番大きな選択をしなければいけなかった時期は、ぼくにとっては終わってるんですよ。日本って国にとっても、おそらく終わってる。

その時期とは、平成が始まったときなのか、東京オリンピックがそうなのか……。ぼくにとっては、東京オリンピックがまさにそうだった。日本って国は、あとに戻れなくなったんだ。大きな選択をしたんだ。道端でメシを喰うという貧しさから逃れるために、一番大事なものを切ったんだ。

そのために、東京オリンピックの前の年から、街中の野良犬を全部狩りだした。これ、事実としてあるんだから。天皇陛下崩御（89年）のときもそうだよ。新しい天皇陛下が即位するとき、真っ先に何をやったかっていうと、野犬狩りなんだよ。象徴的に、必ずやられることなんだよ。

じゃあぼくらは、どちらの立場に立つのか。追われる側の野良犬なのか、野良犬を追う側なのか。選択っていうのはいつもそういうもので、「あれかこれか」の一番大事な選択を、ぼくらの世代は――たぶん、敏ちゃんの世代もそうだけど――しちゃったんだよ。団塊のオヤジたちが、それをしちゃった。

だってそうでしょ。団塊のオヤジたちがこの日本を作ったんだもの。それを受け入れたんだもの。貧しさから逃れるために。

若い人たちはわからないかもしれないけど、日本って国は、昔、ぼくが子供のころは、本当に貧しかった。ここからどうにかして逃れたい、アメリカのような国になりたい、それだけを目指してお父さんたちは働いてきた。で、子供たちは一所懸命に勉強した。あげくの果てに、こういう国を作っちゃった。

いつかそういう話をしたじゃない、「今の若い人たちに対して、どう責任とるんだよ?」って。今の若い人たちは、これからどうやって生きていくんだ、こんな息苦しい国を作っちゃって。道端でメシ喰うことも、たぶんできない。コンビニのおにぎりを立喰いしたり、マクドナルドのハンバーガーを道端で食べることはできてもさ……

鈴木　(そのへんで)よしてくれる?

押井　道端で座ってお弁当広げたら、許されるのか。立喰い蕎麦屋もどんどん消えていくだろうね。ぼくが愛していた三鷹の立喰い蕎麦屋も、じきに消える運命らしい。駅ビルが建つんだよ。で、「駅ビルの中に立喰い蕎麦屋はどうも予定されてないらしい」って噂を聞きつけてね。「なくなるんだ」って。

鈴木　押井さんがやればいいじゃない、そういう店を。

押井　そういう問題じゃない。ぼくは実践する人間じゃないんだから。

鈴木　ダメだなあ……

押井　ぼくが立喰い蕎麦屋をやったって、何にもならないよ。そういう「鎮魂の想い」を込めて作ったのが、この映画なんだよ。もう手遅れなんだよ、はっきり言えば。手遅れなんだけど、じゃあ諦めるのかと言ったらそうじゃなくて、今でも、どこかの地方都市の小さな路地には、もしかしたら野良犬がいるかもしれない。「その野良犬の遠い声に、耳をすましてくれ」っていう映画なんだよ。

だから、ものすごくまじめに作った。かつてないぐらいまじめに。ただの悪い冗談で作った『KILLERS』なんかどうでもいいぐらい、まじめに作ったんだよ。

「オンリーワン」の映画に

鈴木　……で、面白いの？

押井　面白い。絶対、面白い。ぼくにとっては珍しい経験なんだけど、スタッフにやたら評判がいい。いつもはメチャクチャ言われるんだけど。

鈴木　それ、本編じゃなくて、予告編を観たからじゃない？

押井　違う違う！

鈴木　（客席に）今日観ていただいたもののほかに、もう１本、ＳＦ大会用に作られた予告編があるんですけど、たしかに面白そうなんですよ。ぼくはそれを観て、「絶対、本編はこうならないな」って（笑）

押井　いつも一緒に組んでる演出の西久保（利彦）が言ってたんだけど、「お前とずいぶん長い間コンビを組んでやってきたけど、久しぶりに面白い。昔、『うる星やつら』のＴＶシリーズやってたときのようなテイストを感じる」ってさ。自分でもそれを感じるんだよ。けっこうドタバタやってて、久しぶりにギャグがいっぱい入ってる。

鈴木　たしかに、ギャグは久しぶりですね。

押井　ギャグ満載なんだよ、実は。そのギャグの中に鈴木敏夫っていう男のじたばたも入ってるんだけど。自分でも驚くぐらい、今回は力がみなぎっている。

鈴木　スチール（静止画）で延々見させられるわけでしょう。飽きない？

押井　だから動かしてるんだってば、ちゃんと。スチールショットの映画を作ってるんじゃないんだよ。中には、スチールショットもあるんだけど。

鈴木　心配でねえ……

押井　ちゃんと動いてるって！

鈴木　長さは？　尺は？

押井　１００分ぐらい。

鈴木　１００分？　あ、短くなったのね。

押井　短くした。思いっきり切った。

鈴木　それは賢明だね。

押井　全スタッフに言われたのよ。もっと切れってさ。

鈴木　当たり前じゃない。

――押井さんの映画で１００分（完成尺は１０４分）って、

長いほうですよね。

押井　本当は、映画は90分が理想だと思ってる。2時間超える映画に傑作はないっていう主義。最近のジブリの映画は、みんな2時間超えてるよね。2時間で語れないことは、4時間、5時間かけても語れるわけないんだよ。『立喰師』は、最初117～118分あったけど、アフレコやったあとで思いっきり切った。かなりの英断をしたんだよ。

鈴木　アフレコがあったの？

押井　あったよ、もちろん。

鈴木　おれのこと、呼んでくれなかったじゃない。

押井　セリフなんかないじゃない。何言ってんだよ。すぐに死んじゃったくせに。アフレコといっても、本当に声優さんを呼べたのは、榊原良子、山寺宏一、兵藤まこ、あと若い声優さんが二、三人ぐらいかな。それだけ。山寺宏一が、しかたないから、一人20役ぐらいやったんだから。

——それは見ものですね。

押井　山寺宏一っていう男を抜きでは、この映画はありえなかった。彼は、だいたい8通りくらいの声を出すし、20役ぐらいは演じわけてみせるんだけど、それは彼の欠点でもある。彼自身の声を記憶できないんだよね。あまりにもうまいんで、「役の声」は記憶できるけど、「山寺の声」っていうのは聴く側の印象に残らない。今回はその能力をフルに使ってもらった。ナレーターだけでも3パターンか4パターンを使いわけた。そのへんも、楽しんでもらえるかもしれない。やたらナレーションが多いので、その収録だけで三日かかった。

——全編、ほとんどナレーション？

押井　そう。たしかに、兵藤まことかも「ケツネコロッケのお銀」役で現場に呼んだんだけど、セリフは、ひとことかふたこと。

——それだけのために？

押井　それだけでも、やっぱり必要だから。榊原良子さんにはいっぱいしゃべってもらったけど、90パーセント以上は山寺がしゃべってる。ナレーションを入れてみて、切れるところがいっぱいあるとわかった。今までのぼくだったら、全部残していたと思うよ。さっき鈴木敏夫が言った、「つまらない」っていうか「面白くない」映画を作るために。でも、心を入れ替えて、17～18分切った。それが良かったかどうかは、完成してみないとわからないけど。

　川井（憲次）君の音楽も、今回は100分中、90分くらい流れてる。ほぼ「ベタづけ」。川井君が「本当にやるんですか？」って。10分くらいの長さの曲がボコボコあるんだもん。で、音楽作るのに二か月かかることが判明した。

――それはかかりますね。

押井　制作に、こんなに長くかかることになっちゃった最大の理由はそれだもん。音楽が多すぎる。でも今回は、音楽を使う以外に方法が見つからなかった。川井君には申し訳ないけど、「泣いてくれ、作ってくれ」って。そういう意味じゃ、サントラ的にはお得かな。普通のサントラの倍くらいの分量があるから。

――CD１枚には収まらないんじゃないですか？

押井　まあ、２枚組でもいいんだけどさ。ただ、延々と繰り返し続く悪夢のような曲が、おそらく半分くらい。トラックダウンで３分くらいに整理しちゃうんで、アルバムには必ず収めるけど。

そういう、かなり特異なスタイルではあるけど、それでもなぜスタッフに評判がいいかって言うと、ようするに面白いからだよ。面白い。勢いがあると思った。あと一つには、今回のスタッフ。メインスタッフはぼくを入れて５、６人しかいないけど、あとは学生さんにやってもらっているんだよ。

――木船さん（＊7）の大学の学生さんですね。

押井　造形大（東京造形大学）と工芸大（東京工芸大学）の学生さん40人ぐらいを動員して、彼らに（ペープサートの）動きを全部つけてもらった。これがもしかしたら、大きかったかもしれない。怖いもの知らずだしね。ぜんぶんに動かしてくれた。ぜひ期待してほしい。

ただね……完成した画面を観ると、『ミニパト』と全然違うんだよ。

――どうして、そう思われたんですか？

押井　生っぽい。ぐた～っとしてる。なんていうんだろう……妙なタイミングっていうか、明らかにアニメーションには見えない。

鈴木　人間だからじゃないの？　扱ってる対象が。

押井　違う違う違う！　実写でも、あんなこと絶対ありえない。

――普通に、割り箸に写真をくっつけて動かして。

押井　たしかに、割り箸に絵柄をつけて動かして、小さな芝居、つまり「演技」をつけてるんだけど、妙に、ぬとぬと～ってくるんだよね。けっこう生々しい。それが、予想外に面白くて。ぼくが考えてる、「情報量が極端に制限されている実写映画」という感じに近いと思った。「生々しいテクスチャーをともなったアニメーション」。これが、意外にぼくの理想に近いのかなと。うん。

これだけ安い予算で作ったにもかかわらず、『イノセンス』であれだけの予算をかけて、ある種、到達できなかったものが、今回はできてるかもしれないと思った。

鈴木　ちょっとおおげさじゃない？

押井　そうじゃないって。ホラ吹いてるんじゃなくて、スタッフがみんなそう言ってるんだよ。

——さっき楽屋で、「これは映画史に残る作品だ」とおっしゃっていたのは、それが理由なんですか。

押井　そうそう。この作品のテーマとか中身の評価がどうであれ、フィルムとして、映像としては、確実に映画史に残せる。だって、誰もやってないんだもん。

——それは間違いなくそうですね。

押井　そしてたぶん、今後も誰もやらないだろう（笑）

せめて言わせてもらうと、「オンリーワン」かもしれない。エポックであることは間違いない。それは保証する。

鈴木　普通、実写映画の何が面白いのかっていったら、やっぱり情報量の多さなんですよ。これは、アニメーションが逆立ちしたってかなわない。その情報量をわざわざ減らしてるわけでしょ？　そうすると、前提からもう「つまんない」ですよね。

押井　それこそ、素人の考えでさ。映像のこと何にも知らないで、平気でプロデューサーを20年もやってるから言えるんだよね。

「見立て」に自信あり

鈴木　誰もまだ完成した映画を観てないから、それを武器に、ペラペラペラペラしゃべってますけどね……。ただぼくもねえ、今日は協力しようと思ってここに来たんで、ちょっとだけ映画の宣伝をいたします。

この映画に出るにあたって、押井さんがぼくに、二つやってほしいことがあると。一つは、髪の毛を黒く染めること。もう一つは、ひげを全部剃れと。ようするに、30代の設定でやるというんですね。ぼくは、そんなこと無理に決まってると思った。なにしろぼく、今57歳ですからね。でも、実際に髪の毛を黒くしてひげも剃ってみて、そのとき出会った自分にちょっと驚いたんですよ。なんかぼく自身がタイムスリップして、昔の自分に戻ったような気持ちになって。「あ！　こんなにいい男だったんだ、おれは」って……これは冗談ですけど（笑）

撮影のとき、そばにいた人が写真をいっぱい撮ってくれたんですよ。ぼくもそういう遊びが好きだから、会社の自分の部屋に、そのときの写真をでっかく伸ばして貼っておいた。皆さんどういう反応するかと思ったら、いろんなお客さんが、「鈴木さん、これいくつのときの写真なんですか？」「10年前かな、20年前かな？」って。中には、「鈴木さん、原田芳雄が好きなんですか？」って言うから、何かと思ったら、「原田芳雄と間違えた」とか、そういうことでしばらく会話が持ったんですね。

ようするに、押井さんは普段のぼくを見て、そういうことを考えていたのかと。髪の毛の色とひげだけで過去に戻るなんて、そんなにうまくいくわけないと思ってたんだけど、これは良かった。押井守って人とつき合って何年になるか数えたことないけど、初めて彼に才能を感じましたね。『立喰師列伝』で、ぜひ、それを観てください！

押井　別に、鈴木敏夫の若返りを観てほしいわけじゃないんだよ（苦笑）

ただ、なぜ、今回知り合いを大勢動員したのかというと、もちろんお金がないのが最大の理由だけど、実はぼく、つき合ってる人間たちを、いつもそういう目で見ていた。「このオヤジの髪を染めてひげを剃れば、若かったころ、ジャンパーを着てろくでもないことやってたころの鈴木敏夫が再現できるかもしれない」「警官に殴り殺される男を演じられるんじゃないか」とかね。

その「見立て」には、絶対の自信がある。今回は８人の立喰師が出てきて、兵藤まこを除けば全員が演技の素人なんだけど、ぼくの見立てに間違いはないと思う。河森正治（＊８）のインド人「中辛のサブ」とか、絶妙ですよ。

――それはもう、写真を見ただけで絶妙ですよね。

押井　実際はもっとすごいからね。寺田克也（＊９）の「フランクフルトの辰」とかもさ。言ってみれば、〝野良犬系〟の人間を集めたわけ。それでわかったんだけど、ぼくがつき合ってきた人間って、実はみんな野良犬系だったんだ。それが一番面白い発見だった。

鈴木　おれは犬じゃない。

押井　この人たちに割り箸をつけて動かしたら、絶対面白いはずだ。そういうことが、この作品を作るきっかけになったことは間違いない。その意味で、とても感謝しています。これまでいろんな人間とつき合ってきたけど、今回ほどありがたいと思ったことはなかった。で、みんな快く出演を承諾してくれた。抵抗した人間もいたけどさ。

——どなたですか?

押井　誰とは言わないけど、まあ石川とかは、半ば義務として出てもらったの。だって、自分の会社(Production I.G)の作品なんだもん、出るのは当たり前じゃん。河森正治が意外に抵抗するかなと思ったんだけど、喜々としてインド人やってくれて。「自分のインド放浪時代にも、日本人に見られたことは一回もない」とか言ってね。

その意味で言えば、ぼく自身は今まで非常にいい人たちとつき合ってきたし、そのおかげでこの映画を作れたことは、この際、謙虚に認めちゃおうって。自分ひとりでふんばってきたわけじゃなくて、いろんな人間が周りにいたことで、今まで仕事ができた。それは思いました。けっこうまじめに感謝してる。

その感謝の表れとして、思いっきり(各キャラクターを)いじりました。いじり倒すことが、さっきも言ったように、ぼくにとっての愛情表現。そのことが、初めてわかった。そういう意味では、ぼくもすごく自己肯定的な人間で、鈴木敏夫と同じタイプの人間なのかもしれない。

ただし、ぼくにはモラルがある。そのモラルの範囲の中で、8人のキャラクターに異常に感情移入しちゃうわけ。「愛しい存在」として描きされたな、と、今は思っています。

だからこそ「つまんない」って言う人もいると思うよ、絶対。いるに決まってる。どんな映画だってそうなんだから、別にそれはいいんだよ。ぼくからすれば、しょせん犬の遠吠えみたいな映画なんだから。

ただ、その遠吠えに振り返ってくれる人が、どれだけいるんだろう?　1000人でも2000人でもいてほしい。

ぼくは今回、久々に謙虚な気持ちで作ったんです。単に遊び倒しただけじゃない。これから最後の仕上げをやるんだけど、今回の映画に関しては、特別な想いがあります。

たぶんこういう作品は、しばらくはやらない。次はもっとまじめな、正統派のドラマを一度やってみようと思っているんだけど、この作品をやることで、いろんな意味で、自分の中でふんぎりがつきました。自分のことをいくら語ってもしょうがないかもしれないけど、こういう機会だから、ぜひ、これは伝えておきたい。

＊

押井　……まあ、当人がここにいるけど、あえて言うとね、鈴木敏夫という男に今までつき合ってきて、やっぱり面白かったよね。とにかく面白かった。同時代人にこういう男がいるってことが、ぼくにはラッキーだったと思う。

さっきも言ったけど、本当にこの男が殺されちゃったら、たぶん、さみしいだろう。「悲しい」と思うかどうかはわからないけど、きっとさみしい。そういう人間が同時代に何人いるかで、その人の人生ってずいぶん違ったものになるはずだと思う。たまにしか会わないし、たまに会ってもどうせお互いに憎まれ口しか叩かないけど、今後もつき合っていくだろうし、また映画に出すつもりです。

彼の持っているある種のキャラクターには、間違いなく、役者の存在感以上の何かがあるんだよ。だからまた機会があれば、映画の役者としてつき合おうという気は、もちろん、ぼくにはある。ただし、プロデューサーとしての彼と一緒に映画を作るかどうかは定かじゃない。……という感じで締めたいと思います。

鈴木　まあ、押井さんとは、おそらく死ぬまで腐れ縁でつき合っていくと思いますので、よろしくお願いします！（笑）

２００５年10月30日（日）
東京　六本木ヒルズ森タワー49Ｆ・
アカデミーヒルズタワーホール
第18回東京国際映画祭　animecs TIFF
「Production I.G スペシャル」イベントにて。
司会＝野田真外（映像ディレクター）

第2章・注

＊1＝ペープサート：「Paper Puppet Theater」を語源とする和製英語で、絵柄を描いた紙に棒を付けて操る、素朴な紙人形劇のこと。本来、「アニメーション」とはカテゴリーが異なる表現技法。

＊2＝『ミニパト』：『機動警察パトレイバー』からパロディー的に派生した、フルCG短編アニメ3部作（02年に劇場公開）。制作・Production I.G、監督・神山健治。押井守は、脚本・音響プロデュースなどで参加した。

＊3＝立喰師の各キャラクターは、『ヤットデタマン』『逆転イッパツマン』『うる星やつら』『紅い眼鏡』『機動警察パトレイバー』などの押井作品にしばしば登場。本作『立喰師列伝』以降も、『女立喰師列伝』（06）『真・女立喰師列伝』（07）と派生作品が生まれた。

＊4＝『紅い眼鏡 The Red Spectacles』：押井守が原作・共同脚本・監督を手がけた、初の長編実写映画。プロテクトギアという強化武装スーツが登場するシリーズ「ケルベロス・サーガ」の第1作。87年公開、35㎜、パートカラー。

＊5＝石川光久：プロデューサー、実業家。タツノコプロ出身。Production I.G を創立し、『機動警察パトレイバー2 the Movie』『GHOST IN THE SHELL／攻殻機動隊』『人狼 JIN-ROH』『イノセンス』『立喰師列伝』などの押井守監督作・関連作を多数プロデュースするほか、国際的に活躍。現・Production I.G 代表取締役会長。

＊6＝『機動警察パトレイバー』：88年のOVA以来、押井守が参加した近未来SFシリーズで、原作はヘッドギア。OVA、コミック、TVアニメシリーズ、劇場版アニメ、ゲーム、実写版シリーズなど多数のメディアミックス作品がある。

＊7＝木船徳光、園子：東京造形大学出身のCGクリエイターとして『イノセンス』などの押井作品に関わる。『立喰師列伝』の制作当時、徳光氏が東京造形大、園子氏が東京工芸大の講師を務めていた縁から、両校の学生がCGの実作で同作品に寄与した。

＊8＝河森正治：メカニックデザイナー、アニメーション監督。『超時空要塞マクロス』シリーズ、『機動警察パトレイバー2 the Movie』『GHOST IN THE SHELL／攻殻機動隊』などのメカデザインで知られる。80年代、中国とインドに一人旅をした。

＊9＝寺田克也：イラストレーター。押井守が企画協力した『BLOOD THE LAST VAMPIRE』（00）にキャラクターデザインで参加。

第3章

監督とプロデューサー、お互いの縄ばり
「やっちゃいけないこと」は何？

『立喰師列伝』の翌年（２００７年）、
押井守監督の新作アニメ映画
『スカイ・クロラ The Sky Crawlers』（08）の
プロモーションがスタートしていた。

二人のつき合いは、このときすでに20数年。
「今日は、おれ、〃誰も知らない押井守〃を解明したいんだよ」
鈴木敏夫氏が、そう意気込みを語ったこの対談は、
短いながらも本質を突く、貴重なセッションである。

司会＝「アニメーションノート」編集部

――「監督」と「プロデューサー」、それぞれの立ち位置を、お二人はどのように考えられているのでしょうか？

押井　この二人は、基本的には監督とプロデューサーに違いないけど、敏ちゃんは、プロデューサーらしからぬプロデューサーなんだよね。かなり監督的な側面に立ち入るし……。出来た作品も、実は自分が作ったと思っているんだよ（笑）

鈴木　おれは、何もしていないよ（笑）

押井　で、ぼくは、プロデュース的なところに立ち入る監督なので、そういう意味では、二人をどちらにも分けられないんだよね。

「演出」談義

――お二人が一緒の作品に携わるときの、役割分担はあるのでしょうか？

押井　『イノセンス』で来てもらったときは、すでに作業に入っていて、コンテも描き終わり、作画に入ってる段階だった。だから敏ちゃんは現場に立ち会えなかったんだけど、こちらも、「立ち入らせない」という条件で組むことにしたので。

敏ちゃんは、ジブリの経営者だし親分だけど、『イノセンス』は、スタジオの枠を超えた特殊なケース（＊１）だった。敏ちゃんに〝経営者〟という自覚があるのかどうかは別だけど。

鈴木　最近、『フラガール』（06）を観て、いい映画だしいい話だったんだけど、それよりも気になったのが、舞台となる常磐ハワイアンセンターの「その後」についてなんだよね。「このあと、本当にうまくやっていけるんだろうか？」とか、「ハワイアンセンター以外に村おこしの方法はなかったんだろうか？」とか、そういうことを考えていた。そこで初めて、自分の中に経営者的な論理があることに気づいた。

押井　今まで、そういう自覚なかったの？

鈴木　うん。なかった（笑）。逆に、押井さんは監督として普段どんな仕事をしているのか教えてよ。

押井　毎日スタジオ行ってるよ。

鈴木　でも、3時間でしょ？　スタジオにいるのは。

押井　長くて3時間。

鈴木　どうしてそんなに短い時間で終わるんですか？　昔は、現場にべったりついていたよね。

押井　TVの『うる星やつら』のときは、作打ち（作画打ち合わせ）から絵コンテ、原画チェック、撮出し（撮影出し）にいたるまで見ていた。

鈴木　最初のころは、まじめにやってたんでしょ？

押井　まじめにじゃないよ。最初のころは、しかたなくそうやってたんだよ。システムが出来上がるまでには、時間がかかった。

鈴木　今は、原画まで見てるの？

押井　いや、見てない。

鈴木　見ないのは、なんでなの？

押井　見ないことに決めたの。

鈴木　決めた理由は何なの？

押井　見てるとキリがないから。

鈴木　なんで押井さんは、演出に興味なくなったの？

押井　興味ないことないよ。今でも演出、大好きだよ。

鈴木　でも、原画を見ないと、アニメーションの場合、演出にならないでしょ？

押井　そんなことないよ。レイアウトの段階で、演出は、ほぼ終わってる。

そもそも、原画チェックをやめた理由は、音楽や音響を作る仕上げ作業に立ち会えなくなるからなんだよ。絵が100パーセント上がってから音楽や音づけなんてできない。絵は、必ず遅れるから。昔は、ミックスしてる現場に原画を持ってこさせてチェックしてたんだけど、双方とも中途半端になってしまう。

最終的にアニメーションを一番効率よく演出するためには、仕上げに加担するのが一番良い、ということが判明したの。

鈴木　作品を作るのはいいけれど、瞬く間にそのカットが出来上がるわけじゃないから。

今の押井さんの話だと、それ（原画チェック）に最後までつき合ってると、仕上げのための時間を割かなきゃいけなくなると。じゃあ、もし、仕上げのスケジュールがたっぷりある場合は、原画チェックに立ち会うの？

押井　立ち会わない。

鈴木　それでも立ち会わない？　さっき言ったことと矛盾がある（笑）

押井　「最初はそうだった」ってこと。「でも、そういう契機で、そういうふうにした」と。そうすることがいいと判明したので、それを固定化した。それは、昔、宮さん（宮崎駿）ともさんざん話しあったことだよ。「なんで原画を見ないのか」ということをね。

＊

鈴木　実写の映画では、役者に演技指導することによって監督は〝演出〟に立ち会っているわけだけど、そこに興味はあるの？

押井　興味ない。実写を撮るときでも、演技指導しないもの。興味のポイントが違う。

鈴木　『KILLERS』に出て、よくわかったよ（笑）。ぼくが何度も演技して、いいカットもあったのに、そういうものは全部外すんだよ。

押井　もともと、そういうものを要求していないんだよ。要求してないのにやるから、切ってるだけであって。「鈴木敏夫が誰かを演じる」ことは要求してないの。「鈴木敏夫を殺そう」と思っただけなんだからさ（笑）

鈴木　でも、監督によっては、その部分（演技指導）に命をかける人もいるじゃない。監督がアニメーター出身かどうかが関係してるのかな？

押井　たぶん、関係あるだろうね。ぼくは自分で（作画や演技を）変えられるわけじゃないから、必要以上に作品に立ち入らないで演出してきたので。

どこまでがプロデューサー権限？

鈴木　『イノセンス』では、脳以外は機械化されて、肉体が存在しないキャラクターが出てくる。だから「動き」も、それまでの人間のものとは違う、生気のないものだろうと思っていた。でも、最後のアクションシーンで、手前に向かって走ってくるバトーの動きに愕然とした。それまでのシーンと違って、元気がいい。「押井さんはどう思うんだろう」と気になっていたんだけど、それは問題ないの？

押井　あのシーンを描いてるのは、「動き」に特徴のある、特殊なアニメーターだからね。普通の動きにはしないといいうか、作画監督も、その人に原画を頼んだということは、はじめから直すつもりはないということなんだよ。ノーマルの動きに合わせるんだったら、そもそも、その人を選ばない。アニメーションの演技指導にあたる部分は、アニメーターを選ぶ段階で、ある程度完了してるんだよ。

鈴木　でも、冷静に見たら、キャラが変わってるよね。ぼくから見たら、その許容範囲を大きく逸脱しているように思えた。

押井　そう思ってるのは敏ちゃんだけ。ぼくは、逸脱してるとは思ってないよ。

鈴木　だから……実を言うとね、そのことを感じたのは効果音を入れてる現場だったんだけど、音響さんも、その動きに合わせて派手な音づけをしていたんだ。でも、その現場に押井さんがいなかった。だから、ぼくの判断で音を変えようとしたんですよね（笑）

押井　だから、それが一番初めに言った「プロデューサーがやっちゃいけないこと」なんだよ！（笑）そういうことを思いついてやっちゃうとか、そもそもプロデューサーじゃないんだって。

鈴木　なんでー!?　それは、プロデューサーがやることなんじゃないの？

押井　プロデューサーにできるのは、監督を解任させることだけ。自分の主観を作品に反映させちゃってどうするのよ！（笑）

監督は、批評家でもあるべき

鈴木　押井さんの言う〝監督像〟というのは、かなり特殊だと思うわけ。

たとえば、『天使のたまご』は「観念の具現化」に挑んだ映画だったんだけど、世に映画監督は山のようにいれども、そういう作品は、普通では成立し得ない。

そのことと、「演出に立ち会わない」というのは、関連してるのではないかと思っているんですよ。

押井　（関連が）「ない」とは言えないよね。

アニメーションでは、動画でキャラを動かすことによって、観る人のエモーションを喚起させることが〝演出〟だと思ってる人が、いっぱいいるんだよね。お客さんに感情移入させて、キャラと同じように泣いたり笑ったりするということがさ。言ってみれば、宮さんがやってることだよね。

でもそれは、アニメーションとして相当ハードルが高いわけ。江守徹とか、ああいう役者を使って映画を作るようなもので、ぼくから言わせるとクセがありすぎるというか、「自分の演技にしか興味ない」というような達者な役者に、映画が支配されてしまう。

森田芳光監督の『３９ 刑法第三十九条』(99) みたいなもので、主役の鈴木京香を、江守徹と樹木希林が完全に食っちゃってた。

鈴木　押井さんと森田芳光監督も、関係あると思うんですよ。

森田監督の初期作『の・ようなもの』(81) は、「落語家のタマゴとは、こういう感じだろう」という部分に全精力を注いで描き出して成功した作品なんだけど、森田監督はそのために、こと細かに演技指導していたはずなんですよ。でなきゃ、あんな映画はできない。でも、評判になった『家族ゲーム』(83) なんかでは、彼は、そういったところにタッチしていない。

押井　タッチしてないんじゃなくて、そういうふうに作っちゃったんだね。

鈴木　つまり、役者が勝手に演技するわけ。その場合、大事なのはシナリオなんですよ。森田監督ははじめから「引いた場所」にいて、役者たちの間で何が行われてもいいように、あらかじめ作品の骨格が崩れないように作ってある脚本だったんだね。

で、そういった部分が、押井さんのやってきたことと関連性があるように思う。押井さんが原画も見ていたというTVシリーズのころの作品には、『の・ようなもの』のような感じがするんですよ。

お客さんも、そういった部分を期待していたのだろうと思うし……。でも、押井さんは、途中からそういった方法論を放棄した。

押井　結局、『うる星』みたいな「動かすこと」で作りこんでいくアニメーションのスタイルは、TVシリーズでは成立しても、映画の中では、中身の構造がさっぱり見えなくなってしまう。

『うる星やつら　オンリー・ユー』(83、＊2) でそのことを痛感したし、大反省した。当時はべったり現場にくっついてて、何ができたかといえば、「映画」の構造のかけらもない、「大きなTV」を作っただけだった。

だから、次の劇場作の『(うる星やつら2) ビューティフル・ドリーマー』（84、＊3）では、作画監督のやまざきかずお君に任せたんだ。コンテまでをみっちり作りこんだあとは、ラッシュが上がるまで、やまざき君に任せてしまった。

鈴木　ガラッと変わるよね。

押井　あの芝居づけは、やまざき君の芝居づけなんですよ。芝居というのは曖昧なものだから、ぼくは要求しなかったんだよ。

鈴木　そこにおいて、押井さんは映画監督でありながら評論家になっているんですよ。「ここはうまくいった」とか「いってない」とか言うね……

監督でありながら、同時にそれを楽しむ。そういう監督になった。

押井　そう。監督は批評家でもあるべきなんだ。少なくともアニメにおいてはね。

映画と肉体のシンクロ性

鈴木　押井さんとつき合ってきて何が面白いかっていうと……ここにきて、空手をやって身体を鍛えてるそうだけど、何もね、最近始まったことじゃないんですよね、それ（笑）。そのときどきで、痩せたり太ったりを、ずーっと繰り返してきたんですよ。ずーっと。で、繰り返してきて、そのときに（ぼくらが）出会う作品は、その肉体と常に関係があったの。……ね？

押井　それは否定しない。

鈴木　『イノセンス』のときなんか、太ってただけじゃなくて肉体的な衰えも感じて、なにしろ人生の折り返し地点を過ぎて、もう、老年にさしかかっていたわけでしょ？「自分の肉体が役に立たない」っていう、あきらめの状態にあったから。

押井さんの面白いところはね、「その瞬間は、それを信じることができる」ことなんですよ。だから思いつくわけでしょ、「自分の身体を機械化してみたらどうなるんだろう？」って。そのときは、そういう映画を撮る。で、撮り終わると、飽きちゃうんですよ。それが終わったから、「今度はそうじゃない健康的なものを作ろう」って決めたわけでしょ？

どうせ、この映画（『スカイ・クロラ』）が終わるとね、また太るのよ。わかってるんだもん。……ね？

押井　太んないよ。

鈴木　押井さんはね、実人生と映画の人生は似ているけど「片方は2時間で終わる」ということを、よく知ってる人なんですよ。

押井　そのとおり。

鈴木　だから、映画が終わると、飽きてやめちゃうんです。今自分が信じていることを、ある期間、一貫して言う。ところが、ある映画が終わって次になると、まるで逆のことを言い出す。だから、それにいちいちつき合う人たちは大変なんですよ（笑）

一人の監督って、一生かかって作るものがあるとしても、大局的に言えばテーマは一つで、それをずっとやっていくわけでしょ。それで完成点に近づこうとする、とかね。

そういう人も、歳をとるとたいがい何か一つ新しいことに挑戦しようとして、失敗して、「それで終わり」っていうことも、けっこう多かったりする。

ところが押井さんの場合は、毎回、その主張を変えたりするわけですよ。これね、監督としても珍しいんですよ。どっちかって言うと、それは、プロデューサーにありがちなことで。

でも、たぶんね、そうなるのは押井さんという人が、一つには、痩せたり太ったりが平気な人である、という性格に起因している。

それともう一つには、やっぱり高校時代に柔道をやってたことも関係あるのよ。ようするに、「自分の肉体は自分でどうにでもできるんだ」っていう自信がある。そこにすごい関係あるんですよ。……ね？

押井　うん、否定はしない（笑）

そのときどきでテーマは変わってもいいと思うんだよね。自分にとって「映画とはこういうものだ」という思い、映画に対しての主張だけ変わらなければ。

――押井監督から見て、鈴木プロデューサーの仕事ぶりはどう感じられますか？

鈴木　優秀ですよね！（笑）

押井　半分はね……。作品に対しての客観性は持っているし、作品を世の中にどう伝えていくかという仕事っぷりは優秀。そして大事なのは、「ウソは言わない」ということ。でも、本当のことも言ってない。それが宣伝というものなんだし、『イノセンス』で組んで、彼から唯一学んだことでもある。問題なのは、監督をマインドコントロールしよ

うとするところだよね（笑）

——お二人は、観客をどのように意識していますか？

押井　ぼくは、具体的なお客さんのことを考えない。それは、あってないようなものだし、今の時代というもののほうを考えています。

鈴木　そのへんは、押井さんの、監督としての出自に関係があると思う。

宮さんも、高畑（勲）さんも、お客さんがいったいどういうものを観たがっているのか、それを考えること自体が趣味になっている。好きなんですよ。理屈じゃなくてね。

押井　でもね、映画のお客さんは同時代の人だけじゃないんですよ。10年後のお客さん、10年前のお客さんもいる。ぼくらだって、昔の映画を観てきた。学生時代、ヌーヴェル・ヴァーグも観れば、当時の東映任侠映画だって観ていた。映画は、公開されたあとにも残るんだから。

で、映画には、人間と同じように「寿命」ってものがある。ぼくは、自分の映画の寿命を延ばしたいと思っているだけ。映画は、いつか消滅してしまうんだよ。

鈴木　映画は、今、もうすでに「別のもの」になってしまっているよね。形を変えて生き残っているというか……

押井　そう。「二度と作れない種類の映画」というのは、たしかに存在する。そういったものは、過去の作品であっても、今観ても面白いしね。それに対して、今の映画は、〝コピーのコピー〟を作ってる感じがある。

「フィルムは溶けてなくなる」という有名な言葉があるけど、「そうあってほしい」というロマンチシズムはあるかな。

２００７年10月25日（木）
東京・小金井　スタジオジブリにて。
司会＝「アニメーションノート」編集部

第3章・注

＊1＝『イノセンス』（04）は、制作：Production I.G、製作：イノセンス製作委員会、製作協力：スタジオジブリ、プロデューサー：石川光久・鈴木敏夫、脚本・監督：押井守、という異色の座組み。前作『GHOST IN THE SHELL／攻殻機動隊』よりもはるかに多くの観客を狙った鈴木氏は、『攻殻機動隊２』といった続編的な題名表記をあえて避け、『イノセンス』とタイトルをつけた。

＊2＝『うる星やつら　オンリー・ユー』：83年公開、押井守監督による同シリーズの劇場用第1作。スラップスティック・アクションとナンセンスギャグに満ちた作風だが、公開当時、押井監督は、宮﨑駿監督との対談で作品の弱点を指摘された。

＊3＝『うる星やつら2　ビューティフル・ドリーマー』：84年公開、押井監督による劇場用第2作。前作とうって変わって、シュールで哲学的なＳＦテーマを持ち込んだ意欲作。いわゆる「アニメファン」以外の層からも注目された。

第4章

変わりゆく二人の作風

宮崎駿『崖の上のポニョ』vs 押井守『スカイ・クロラ』

宮﨑駿監督の『崖の上のポニョ』と、
押井守監督の『スカイ・クロラ The Sky Crawlers』。
２作品が公開された、２００８年夏の対談。

お互いの新作を、ここまでフランクに論じ合えるのは、
鈴木・押井両氏の間柄だからこそ。

日本テレビ（当時）の奥田誠治氏と
『スカイ・クロラ』のプロデューサー・石井朋彦氏も同席、
鈴木氏の隠れ家「れんが屋」で、話は弾んだ。

司会＝金澤誠

鈴木　まあ、座って座って……どこいくの？
押井　トイレ。
鈴木　ああ。トイレ、長いんだよね（笑）
　最初にね、押井さんと二人でにっこりして仲良くしてるところを、写真に撮らなきゃいけないから。
押井　気持ち悪いな……
鈴木　おれが言ってるんじゃないの！（笑）
奥田　鈴木さんと押井さん、なんでそんなに嬉しそうなんですか？（笑）

それぞれの「老境」？

鈴木　『スカイ・クロラ』（08）、良かったですよ。押井守に「老境」を見た。
――老境……
押井　その根拠は？
鈴木　「空がいい」って言ってる。
――空がいいと老境なんですか？（笑）
鈴木　そう。空に行くと、元気になるんですよ。
　それでね、「ぼくは今、娘に伝えたいことがある」っていうメッセージ（＊１）……日本一の親バカ映画（笑）
押井　あー……そっちの『（崖の上の）ポニョ』（08）には、伝えるべきものが何もないってことでしょ？
鈴木　似たようなもんよ。かたや空、かたや海でね。
押井　それがそもそも大間違いだっていうのが、昨日、『ポニョ』を観てわかったよ。だってさ、あれ、海も陸もへちまも関係ない映画じゃない。「それらを同じにしちゃいたい」って映画じゃん。（世界観の）区別が全然ない。
鈴木　その前に……『インディ・ジョーンズ（／クリスタル・スカルの王国）』（08）、観た？
押井　ううん。
鈴木　評判悪いけど、ぼくは面白かった。
押井　「まだまだやるぞ」って映画でしょ？
鈴木　全然そうじゃない、「これで終わり」っていう映画。アクションなんて関係ないの。で、何をやっているかというとね、ハリソン・フォードの主人公が若いときにチョメチョメしてできた子供が、知らないうちに大きくなってて仰天するっていう話なのよ。……あれ？　押井さん、動揺してるじゃない？（笑）

押井　動揺してないよ（笑）

鈴木　何でみんな、「親と子」が出てくるの？　宮さん（宮﨑駿）のも、押井さんのも、『インディ・ジョーンズ』も。

この3本を評論家ふうに言っちゃうと、かたや海、かたや空、かたや秘境へ行く。それで、今ある「ここ」は関係ない。それが面白かった。……面白いでしょ？

押井　それはいつもの、鈴木敏夫の詭弁（きべん）の最たるもんでさ（笑）。自分ひとりで感心してみせてさ。

鈴木　感慨があったの、感慨が。

押井　感慨なんて……作り手が歳とったんだから、親と子の話になるのは当たり前じゃん。

鈴木　そう！　そのとおり。「三人とも、還暦を過ぎるとこうなるのか」って、しみじみしたんですよ（笑）。宮さんが67歳でしょ。（スティーヴン・）スピルバーグっていう人は、62歳？　63？

押井　そのぐらいだね（注・対談時で61歳）

鈴木　で、押井さんは58だっけ？

押井　57！

鈴木　みんなが、そういうことをやってる。細かいことはいろいろあるけど、ちょっとびっくりした。

押井　（『スカイ・クロラ』は）親子の話じゃないってば。

鈴木　いや、そうじゃなくて、とにかく親と子が出てくるの。そこが面白かった。

押井　親子の話じゃなくて、男と女の話だってば。

鈴木　「男と女」、「親と子」、「自分とおふくろ」だとかが、みんな絡んでくるんですよ。

押井　どんな映画だって、だいたい、そのどれかが絡むじゃない。

鈴木　それでね、海だとか空だとか秘境だとかっていうのが、みんな共通項。全部、「あの世」だということ。

押井　「あの世」であることは否定しないよ。50を過ぎてさ、作る映画の中にあの世が出てこないほうがどうかしてる。

妄想と、構造と

押井　『ポニョ』を観て、はっきりわかったよ。「この映画、鈴木敏夫は何もしてないんだ」って。１００パーセント宮さんの映画だということがね。

鈴木　それは、そのとおりです。

押井　指一本触れてないっていうか、触れさせてもらえなかったんだよ、きっと。

だから、映画になってないもんね。今まで宮さんの映画が映画たり得てたのは、どこかで鈴木敏夫がいたり、高畑勲がいたからなんだよ。そういう「映画として回収する装置」が、今回なかった。妄想の羅列だもん。もっと言えば、「願望炸裂映画」。『紅の豚』(92)よりひどいじゃない。『豚』は言いわけ映画だったけど、今度のは、居直り映画でしょ？

鈴木　……いいよ、しゃべって。最初にしゃべらせておいてから、こちらがいくから。

押井　「家に帰ってこないおやじ」っていう立場を正当化してるだけでしょ？「ああいう女房と息子だったら良かったのに」ってさ。でもそれ、話が逆じゃない。

鈴木　押井さん……ダメだった？『ポニョ』。

押井　いや、面白かったよ。宮さんの妄想が面白かった。でも、「映画になってない」って。映画として回収できてないんだもん、全然。

鈴木　なんでそういうこと言うの!?（笑）

押井　だって、そうじゃない！

鈴木　もう少しさ……オブラートに包んで言ってよ！（笑）

押井　今度のは、そういう意味では、結末が何にもない。さらに言えば、ディテールに満ち溢れているけど、テーマが何もない。言いたいことがさっぱり見えないんだよね。そこを回収する装置が、今回、機能してないから。その装置が何だと言ったら、さっきも言ったとおり、かつては高畑さんだったり、鈴木敏夫だったりしたんだよ。今回はもう、まったく宮さん単独で作っている。

個々の妄想はね、ものすごく面白いわけ。表現力に満ち溢れてるしさ。あたまの10分間は絶好調で、あのクラゲに乗って上がってくるとこなんか、本当にうまいなあって。だけど、自分の妄想に対して、映画としての責任が取れてないもん。

鈴木　自分の妄想に、映画としての責任が取れてない？

押井　取れてない。

鈴木　でも、何でみんな泣いちゃうんだろう？　観た人、みんな泣いてるの。

押井　泣いてないよ。

鈴木　押井さん以外、全員、泣いてるんだよ。

押井 石井だって泣いてないよ。

鈴木 （石井氏に）石井、泣いたでしょ？　正直に言え！

押井 石井は、呆然としただけだよ。

鈴木 それはね石井、押井さんとつき合ったことの弊害。

押井 開いた口がふさがらないってさ。

鈴木 みんな、泣いてるんだよねえ。

押井 どうやって泣くのよ、あれ？

鈴木 奥田さんに聞いて。

押井 （奥田氏に）どこで泣いたの？

奥田 冒頭から泣いちゃったんですよ、最初の歌から。

押井 歌なんかあったっけ？　藤巻さん（藤巻直哉）の歌？

――あれは最後でしょう。

押井 藤巻さんの歌しか印象に残ってないよ。

鈴木 あの歌、良かったでしょ？

押井 全然。

鈴木 藤巻さん、ダメ？　なんで？

押井 女の子（大橋のぞみ）だけだったら良かったけどさ。

鈴木 （相手を）知ってるからって、そういうこと言って……。

押井 全部否定するんだもん、もう。

押井 女の子だけで、可愛い歌で終わるべきでしょ。本筋として。何でおっさんとデュエットしないといけないの？　意味ないじゃない。あの女の子は良かったよ、すごく。

鈴木 ……元気だねえ、押井さん。

押井 元気だよ。体力も気力も溢れ返ってるからさ。

＊

押井 今日ここに来た目的は一つだけでさ、「なんで『ポニョ』をほったらかしにしたんだ？」ってこと。

――それが押井さんの、今日のテーマなんですね？

押井 嫌になっちゃったわけ？

鈴木 違う違う違う……。やっぱり、宮さんの心境ですよ。宮さんの心境としては、高畑さんの呪縛が長年あったでしょ？

押井 「呪縛だ呪縛だ」と言い張ってたのは、敏ちゃんだけじゃない。それもさ、宮さんの奥さんに対するエクスキューズで言ってただけじゃん。

鈴木 そうじゃなくて、客観的に見て。宮さんは、高畑勲っていう人と15年も仕事をやった。でも、その後も、亡霊のようにつきまとったわけでしょ。宮さんの大きなテーマの一つは、そこからどうやって遠いところへ行くか、でしょ？

押井　多少なりともさ、自分の映画には鈴木敏夫の理屈とか、高畑勲の能書きが必要だということは認めていたわけだ。ある時期までは、たぶん。

鈴木　はい。

押井　認めたくないけれども、やっぱり必要だったんだって。で、それを抜きに映画を作ってみたくなった。ところが、ものの見事に映画にならなかったことを証明しただけじゃない。

　宮さんが、素晴らしい妄想の描き手であることは認めるんだってば。たぶん日本一というか、世界一の妄想の描き手であることはたしかだよ。

鈴木　作ってみたかったんだよ。とにかく、自分が思いついたことをどんどん絵にしていく。そういう映画を作ってみたい。そういうことでしょ？

押井　それを「映画」と言うには、ちょっと無理がある。

鈴木　映画にならない？

押井　ならない。美術館で観せる短編映画だったら、それでいい。映画館で１００分近く観せることに無理がある。個々のシーンは素晴らしくて、うっとりするんだけど。

鈴木　まさに、押井さんが指摘したようにね、ディテールでサービスしてるんですよ。次から次へとやるでしょ。

押井　だって、話が完全に破綻してるじゃない。

鈴木　妄想をやりたかったんですよ。

押井　あのお母さん（リサ）、何のためにうちに帰ったの？ねえ。うちに帰ってから、もう一回「ひまわりの家」（老人ホーム）に戻るじゃない。だったら、なんでずっと「ひまわりの家」にいないのよ。何しにうちに帰ったの？

鈴木　だって……ポニョと宗介とのやりとりを描きたかったからでしょ？

押井　そりゃさ、宮さんの都合でしょ？　あの映画の世界の中でどういう意味があるんだ、って聞いてるんだよ。

鈴木　だから、その〝都合〟をやりたかったんでしょ。あの三人のやりとりをしたかったわけ。でも、そのあとはポニョと宗介を二人きりにしなきゃいけないから、二人を置いていったんだよ。

押井　だから全部、本人（作者）の都合だけじゃない。

鈴木　……あのフジモトっていうキャラクター……押井さんに一番似てるんじゃないかな？

押井　どこが似てるんだよ。

鈴木　ブツブツブツブツ言ってねえ……

押井　あれはだって、「人魚姫」の逆バージョンをやっただけでしょ？

鈴木　ブツブツブツブツ言って、ペラペラペラペラしゃべるじゃん。一人で「地球が危ない」とか「地球がでかくなる」とか、いろんなこと言って。

押井　だからあいつ、誰なんだって！

鈴木　そういうところが押井さんそっくり。モデルは押井さんじゃないかなあ。

押井　何者なんだよ、あれ！　お母さん（グラン・マンマーレ）はわかるよ。海の精霊っていうか、海の神さまって、そういうもんなんだって。でも、フジモトって何者なのよ？

「もと人間」だと言ってるけど、何があって海で暮らすようになったのか、何であの女神さまと夫婦になったのか？　どうやってポニョを作ったの？　なぜ、妹が１００匹もいるのにさ……。

鈴木　押井さん、今日は早く帰らなきゃいけないんでしょ？

押井　人を呼んどいて、何言ってんだよ！

「劇」っていうか、ドラマっていうのはさ、最低限の必然性がなかったら、誰も納得しないんだよ。

水の中と地上を「分断された世界」として描く、劇としての構造を作ろうっていう意志がないんだもん。だって、ポニョが陸の上の世界に上がってくることに関しては、何の試練も抵抗もないわけだ。だったら、そういう設定にすること自体が無意味じゃない。

――対立を排しちゃうっていうのは、「構造」にならないですか？

押井　なってない、全然。最初から（対立に）なっていない。あのお母さんだって、平気で宗介のお母さんに会いに来るしさ。結局、あの二人のお母さんが頂上会談やって、全部解決したっていうだけでしょ？　何もしてないじゃん。試練とか言ってるけど、何が試練だったのか全然わかんない。ろうそくのポンポン船で来ただけじゃん。

強いて言えば、暗いトンネルを二人で歩いただけ。あそこは「なかなかいいな」と思ったら、どんどんどん魚になっていって、慌ててバケツの中に入れて走り回ってさ。本来だったら、そこが、一番ピークになってなきゃいけないのよ。劇としての構造でいうと。なってないんだもん。誰もあれで「あの子が死んだ」なんて思えないんだもん。

だいたい、いきなり水道水でジャーでしょ？　びっくりしたよ。海から拾ってきた魚を、いきなり水道から出した水にボシャっと入れてさ。うちのおふくろが、昔、あれやって金魚殺したんだけど（笑）、そうとう雑な親子だよね。

いつかほら、『ファインディング・ニモ』（03）って映画がきたとき、クマノミがブームになっちゃって、「水道水で飼わないでくれ」って熱帯魚店のおやじが嘆いてニュースにもなったけどさ、クマノミがバタバタ死んだんだよね。子供がほしがって、お母さんが買ってきて、いきなり水道水でジャーって。死ぬに決まってるじゃない。消毒剤がいっぱい入っているんだから。

息子も息子だし、母親も母親でね。宮さんのいう「生命を大事にする」とかを考えたら、なぜ、あのジャーができるの？　いきなりチキンラーメン食わせたりとか、むちゃくちゃでしょ。「元気がいい」っていう表現とは違うんだよ。

結局、はっきりわかったのが、（長嶋）一茂が声をやった船のおやじが家に帰ってこれない、それでも奥さんは元気に待ってるっていう、宮さんの願望が炸裂してるだけ。あれ、若いときの宮さんだよね、間違いなく。「忙しくて家に帰れないんだ」って。それでも健気に待っててくれる妻と息子であってほしかった。実際には、そうはならなかったけどね。奥さんは、もうさ、おやじのことはとっくに捨てて、息子はいじけまくり。

――でも、あの息子（宗介）も、宮﨑さん自身の投影ですよね？

押井　あれは（宮﨑）吾朗くんでしょ。自分の女房と子供が「こうあってほしかった」ってだけの話だよ。でも、そうはなるわけないじゃない。

結局、あのおやじってさ、陸に一歩も上がらなかったわけだ。あの騒ぎの最中に、一番安全な沖にいただけで、何一つドラマに参加してない。だったら、出す意味ってなんなの？　「遠洋漁業に行って帰ってこないおやじ」、それで全然成立するじゃない。

宮さん本人が、一番気がついてない。まったく気がついてない。そういう意味では、たしかにすごい人なんですよ。たぶん、『豚』のときだって気づいてないよね。「豚は最後、どこに帰ったんだろう？」「なんで豚になったんだろう？」って、言いわけに満ち満ちてるよね。言いわけ映画だから。

一同　うーん……

押井　いや、個人的な事情で映画作るのは、いっこうにかまわないと思うよ。どんな監督だって、最終的には、自分の個人的な動機で作るんだから。大義名分だけで映画を作れるわけないから。

だけど、あそこまで自分をさらけ出して気がつかない人間はほとんどいない、というだけ。普通、もうちょっと自覚的だったり、自分を隠そうとするし、それを「隠す能力」を持っているからこそ演出家なんだよ。

一同　うーん……

押井　あれだけパンツ下ろしまくって平然としていられるって、普通じゃない。それでもついつい観れちゃうのはさ、やっぱり表現力が圧倒的だからだよ。

鈴木　そういうものを作りたかったんだろうね。

押井　だからたぶん、作るべきテーマはとっくの昔になくなっているんだよ。ぼくに言わせると。小さな女の子に対する愛おしさとか、そういう「感情」はあるんだろうけど、それだけじゃ映画にならないんだって。「構造」ってやつを作らないと。構造、構造と言ってるくせにさ、自分には構造のかけらもないことを証明しちゃったんだよ。

鈴木　あのねえ……今、押井さんがいろいろと言ったように、『ポニョ』ではやっぱり「構造のない映画」を作ろうと思ったことはたしかなんですよ。それはなぜかと言うと、構造って、高畑さんだったんですよ。すると、構造を映画に持ち込む限り、宮さんは、永久に高畑さんから離れられないんですよ。

押井　だから、それがさ、おかしいんだよ。

鈴木　いや、おかしかろうが、何だろうが……

押井　「自前の構造」を持てばいいだけの話じゃないの。構造と高畑勲が、何でイコールになるのよ。

鈴木　だからね、ぼくも驚いたんですよ。

普通、宮さんの映画って、主人公がいて、その人のあとにくっついていくと、いろんなことがわかっていく。それを観客が共有するという、いわゆる推理ドラマ。

ところが今回は、（映画の視点が）いろんな人にいくでしょ。ポニョの話かなと思ったら、宗介にいったり、そうかと思うとフジモトが出てきたり……。いろんな人に視点がいって、その人たちがわかったことで観客がそれを共有できるかといったら、そうじゃないんですよね。

普通そういう場合、最初に説明しますよね。「いったいここでは何が起きているんだ」って。その中で、登場人物がそれぞれの役割を演じる、っていうのが普通でしょ。今回は、それをやらない。

押井　『もののけ姫』の「あっ、タタリ神だ！」っていうのより、今回はもっとひどいよね。

鈴木　でも、押井さんの映画（『スカイ・クロラ』）も、いつもと違ってたよね？

押井　ぼくは、「いつもと違うものを作る」ということを、意識してやったんだもん。

鈴木　今日、快調だね……（笑）

――ここまで速射砲のように言われると、さすがにちょっと……（苦笑）

『スカイ・クロラ』に見る変化

鈴木　でも、『スカイ・クロラ』は面白かったです。

あのねえ、押井さんの映画って、いつもうるさいでしょ？　最初から最後まで、今の速射砲のように、主人公たちがベラベラベラベラしゃべって、それにとらわれてセリフを聴いちゃった人は「何だかわからない」って言うけど、それを「音」のように聴いてると、さっと入ってくる映画。ところが今回、少ないでしょう、セリフが。

押井　少なくしたの。

鈴木　少ない。どういう心境の変化があったんだろう。

押井　見てもらいたいものが違うからだよ。

ぼくは、「能書き」を聞いてもらいたいわけでもなければ、能書きが可能にしてる「変なロジックの空間」を見てもらいたいわけでもない。あの子たちの、生活感情みたいなものを表現したかっただけで。もっと言えば、あの子たちが生きてる、いま若者たちが生きてる時間そのものを表現したかっただけ。だから、しゃべってる場合じゃないんだよ。

鈴木　今回は、普通のセリフをしゃべってるんですよ。

押井　日常言語しか使ってないもん。

鈴木　設定を解説していくのが、押井さんの映画。ところが今回、その設定がなかなか垣間見えてこない。それがまた、長いの。

押井　長い必要がある。

鈴木　（一同に）どう思いました、あれ？

――いつもの押井さんとちょっと違うなって思いましたけど。やっぱりその、日常性……？　こういう言いかたは変ですけど、押井さんの映画の中では、非常に情緒的な作品だと思ったんですよ。それは何でかな、と。

押井　現実にもう一回立ち向かおうと思ったから。あえて言えば。

――そういう変化が起こったのは、きっかけがあるんですか？

押井　元気になったから。それまで絶不調だった。かったるくて、だるくてね……。それがもう、憑きものが落ちたように元気になった。

鈴木　押井さんはね、簡単なの。太ってるときはろくなもん作らないのよ。痩せたときは面白いもんを作る。

押井　ろくなもんって……『イノセンス』のときが一番太ってたんだけど。

鈴木　太ってるときは、ろくでもない。痩せると、鋭敏なもん作るんですよね。

押井　自分がプロデュースに参加した作品でしょうが！

（苦笑）

鈴木　どの作品がって言ってないじゃない（笑）。押井さんて、『レイジング・ブル』（＊2）みたいな人なんですよ。

――ロバート・デ・ニーロですか！（笑）

押井　デ・ニーロは、あの役を作るためにあえて太ったんですよ。逆なんだよ、話が。

――そういう心境の変化もあったのか、今回は脚本家に、すごく若い女性の方（伊藤ちひろ）を使いましたよね。

押井　若い人のドラマを作るから若い脚本家と組めばいいと、短絡的に考えたわけじゃないんだよ。自分以外の誰かと組むしかない、と思った。かつては伊藤和典（＊3）と組み、それが破綻してから、脚本は自分で全部やってたわけだけど。

違う映画を作るためには、違う人間と組むしかないんだよ。映画って基本的に、誰かと組んで作るものだから。「自分ひとりでもできるんじゃないか」と思った瞬間が、だいたい映画が停滞する瞬間だよね、間違いなく。

表現の上では淘汰されたり成熟したりするかもしれないけど、映画が持ってる本来のダイナミズムは停滞するよ。

今回まさしく、宮さんは誰とも組まなかったわけだ。その痕跡がゼロだもん。

――で、押井さんは、伊藤ちひろさんと組んだってことですか？

押井　彼女が若い女の子だから組んだわけじゃない。組むに値すると思った脚本家だから組んだわけであってさ。

宮﨑駿監督作品『崖の上のポニョ』の、
鈴木敏夫氏の筆によるポスター原案。
ほぼ、このラフどおりの形でポスター
が制作された。

日本テレビ＝Production I.G 提携作品『スカイ・クロラ The Sky Crawlers』の宣伝用フライヤー（部分）。
押井守監督のメッセージ文とポートレートが、大きくフィーチャーされている。

——伊藤さんが脚本を書いた『春の雪』（＊4）を観たことが、一つのきっかけになっていますよね。

押井　『春の雪』をぼくに観せたのは、この男（鈴木敏夫）だもん。

——『春の雪』と『スカイ・クロラ』に共通性みたいなものを感じたんですか？

押井　恋愛ということ。恋愛映画って、どうやって作ったらいいんだろうと。やったことなかったし。「恋愛映画だ」と強弁して作った映画は何本かあるけど、結果的に「どこが恋愛映画だ？」って話になったわけ。

ただぼくも、男と女の恋愛だとはひとことも言ってないわけでさ。人間と犬だったり、人間と人形だったり、そういう意識で言えば、たしかに「恋愛」なんでね。

でも、若い男と女の恋愛映画はかつて作ったことがないし、今後も作るかどうかわかんないけど、ただ、一回やってみようと思ったわけ。それがはたして成立するかどうかは、今後、自分が監督をやっていく上で絶対に必要なことだと思ったから。

鈴木　……なんで？

押井　自分の情熱が本物かどうか、たしかめたかったから。

鈴木　微妙な言い回しだね……。

押井　単に、「身体の調子が良くなって元気になったから、元気な映画を作ったんだ」って言われるのが心外だからさ。

鈴木　誰か、好きな人でもできたのかな？

押井　なんでそんなこと答えなきゃいけないの？（笑）

——押井さん、艶っぽいというか、男の魅力がプンプンするような感じでしたよ。身体を鍛えられてからね。

鈴木　それは逆でしょ？　身体鍛えたからそうなったんじゃなくて、何かあったから鍛えたんでしょ？　そういうもんですよ、世の中っていうのは。

作品に滲む色香

鈴木　ぼくはね、今日は、押井さんのこと褒めようと思っていたから。

『真・女立喰師列伝』（07、＊5）、あの押井さんのパートは、ちょっと感心したんですよ。なーんだ、やればできるじゃん。特にナレーションが良かったしね。画も良かったけど、ナレーションに惚れ惚れしちゃったんで。

——「石坂浩二に勝った」と言ってましたよね？

押井　なるたけさ、芝居させないように、抑えて抑えて、ようやくものになったのにさ。ようするに、お金があったら鈴木敏夫なんてナレーションに使わないよ。ほかにタダで使えるやつがいなかったからさ。

鈴木　評判良かったんですよねえ、あれ。「押井さん、ちゃんと短編できるじゃん」って。しかも情緒のある。

押井　あれはだから、ホップ・ステップだよね。

鈴木　これ（『スカイ・クロラ』）の前段になってるでしょ？

押井　とりあえず、女を撮ってみようと思ったんだよ。

鈴木　『真・女立喰師列伝』を観たあと、ある人に「どうでした？」って聞かれて、「（フランソワ・）トリュフォー（＊６）みたい」って答えちゃったんですよ。

押井　トリュフォーって監督はさ、恋愛というのは決して甘美なものじゃなくて、残酷で、エゴとエゴのぶつかり合いなんだってことを撮り続けた監督なんだよ。甘い甘い恋愛映画を撮ってたと思うなら、大間違いでさ。

　そういう意味では、恋愛の達人だったんだよ。一歩引いて見れば、本当に迷惑な女ばっかり描いてたわけだもん。男を追っかけ回して、あげくの果てに殺しちゃおう、みたいなさ。たぶん本人も、実生活で何度か痛い目にあったんだと思うよ。

鈴木　押井守と、恋愛映画……

――トリュフォーの恋愛観と、押井さんの恋愛観って、合っているんですか？

押井　合ってますよ。そういうものだもん。若い人はみんな恋愛に憧れて、甘い側面しか見ようとしないわけだ。「恋愛は素晴らしいものだ」と、どっかで思ってるだろうしさ。

鈴木　……恋愛したの？

押井　したことくらいあるよ。

鈴木　いや、最近。

押井　よけいなお世話だよ！（笑）

鈴木　だって、映画って、結局は自伝なんですよ。

押井　それは否定しない。

鈴木　やっぱり、心境の変化でしょ。その心境の変化と同時に、歳老いた男の「老いらくの恋」（笑）。ぼくは、それを感じたんですよ。

押井　老いらくの恋だからこそ、本質が露呈するんだよ。歳をとればとるほど、生と性に執着する。

鈴木　押井さんって、一貫して、男女の描きかたがこんなに下手な監督もいなかったんですよ。……『天使のたま

ご』って映画を知ってるんですけどね（笑）
——自分が関わってて、「知ってる」はないでしょう？（笑）
鈴木　少年と少女が出てきて、あそこまで男女の関係にならないっていうのは、実に珍しい。ありえないですよね。
それが、『真・女立喰師列伝』を観て、ちょっとびっくりしちゃった。それで今回の『スカイ・クロラ』でしょ。昔、よく言われたじゃないですか、映画監督は歳とって狂うとダメだって。その面白さが出てるんですよ。
押井　端的に言えば、色気づいたんで……
鈴木　そうそうそう……
押井　昔さ、大塚（康生、＊7）さんが言ってたじゃん。安い居酒屋でみんなで飲んでるとき、宮さんがトイレに行った隙に大塚さんが、「宮さん、60過ぎたらすごいことになるかもしれない。女に狂ったらすごいよね！」とか言ってさ（笑）。で、そうなってほしそうだったじゃん。明らかに。
そういうところに一番淡白だったのが、大塚さんだよね。でもやっぱり、見るものは見てるわけだ。ぼくもそう思ったもん。
宮さんは、そういう意味では度胸ないから。奥さんが怖いし。絶対に現実では（恋愛に）走らないだろうけど、代償行為を全部、アニメーションの中に持ち込むわけだ。情熱をもう一回取り戻そうとして、『もののけ姫』のときも『（未来少年）コナン』と同じことやってた。口移しで肉を食べさせるとか、一所懸命やるわけだ。
鈴木　今回（『ポニョ』）は、そこは弱いじゃん。
押井　ようするに、そういう構成を諦めたんだよ。植物とか、クラゲとか、魚とか、そっちのほうに行った。
鈴木　そうそう。はっきりそうなの。だからやっぱり、老境を見たんですよ。
押井　だって、あのやたら元気のいいお母さん（リサ）とか、ただのスピード狂じゃない。
鈴木　面白かったのはね、あの元気なお母さん、色気があるってぼくは思ったの。それで、宮さんに聞いたんですよ。「リサは、色っぽすぎるんじゃないですか？」って。そしたら宮さん、露骨に言ったの。「あれ、（近藤）勝也（作画監督）がやったから」って。
やたらいろんなところで、ちょっとした表情が色っぽい。それぞれの芝居の最後のところで、そういう感じになるの。「なんでだろう？」と思ってね。ほかのキャラクターと何か違うんですよ。そしたら、勝也が入れ込んじゃってたと。

押井　ほかに、入れ込むものがなかったからでしょ。

鈴木　いや、それは勝也の問題だから（笑）。勝也には子供ができて……まあ、それはいいんだけど。

押井　スーパーの袋を持って、のしのし歩いてるとこ。あれは、たしかにそうだよ。

鈴木　面白かった。宮さんにはね、今回それがないでしょ？

押井　ない。全然ない。

鈴木　ないんですよ。だからたとえば、『耳をすませば』（95）は、宮さんがいかに現役かってよくわかる映画。『ハウル（の動く城）』なんかも、そこらへんのドロドロを描いてるでしょ？　で、今回は一気に、ガラッと変えた。

押井　だからね、完全に老人になったと思った。

鈴木　いやまあ、言いかたはあれだけど……老境。

押井　クラゲであり、魚であり、5歳の女の子であり……明らかに、老人の世界だよ。だってさ、子供と年寄りしか出てこないんだよ？　お母さんとお父さんを除けば。ほかの大人たちって、どこにいるわけ？

鈴木　押井さん、さすがだね……。押井さんという人が面白いのはね、これだけ理屈っぽい男が、ちゃんと「画」を観てる。だってあれ（『ポニョ』）、「理屈」に騙されたら、そうやって観ちゃうもん。

「しょせん生命なんていうのは、男と女のある営みの中から、やっぱり母親が産むわけで、男はほぞを噛んでるしかない。でも、その男にもお母さんがいるんだよ」……とかね。普通、そういうところに目を奪われるんですよ、理屈の人ならね。でも今の押井さんは、画を観てる。

ぼくがラッシュを観てて一番びっくりしたのは、リサの車のシーン。アイスクリームをペロッと舐める前に、手前に車が来る。ハンドルを左に切るじゃない？　あの迫力のなさ。本当にびっくりしたの。「え……どうすんの⁉」と思った。宮さん、手を抜いたのかなって。ところが、それに類するシーンが、全部そうなんですよ。

お話のほうもそう。「リサ！ リサ！ リサ！」なんて言って、いろいろやってるくせに、それがあっという間に解決でしょ。そういうのがいっぱいある。宮さんが得意だった「きっかけ」の部分だけを、ポンポン羅列していく。で、その解決に関しては、全部、サラッ、サラッ、サラッっと。

押井　気が入ってないよね。

鈴木　だから、そういうふうに観なきゃいけないんですよ。

――押井さんから見ると、ある種の老境ってことですか？

押井　老境っていうか、老人だよね。特にクラゲを見た瞬間に、そう思った。あのクラゲ、うまいよね。

鈴木　うまい！

押井　びっくりしたよ。

鈴木　田中のあっちゃん（田中敦子）が描いた。ワンカット１６００枚くらい。

押井　クラゲとか、魚のひらひらとか、ポニョの妹たちのひらひらとかね。「ああ、（宮さんは）こういう世界に行ったんだ」って。女のたたずまいとか、そういうことにはほど遠い世界にさ。

ＣＧか、手描きか

――かたや押井さんは、『イノセンス』では「人形」の世界でしたけど、「人間」のほうに行ったということですか。

鈴木　だからやっぱり、歳とったということでしょう。

「人間と人形」とか、「人間と犬」とか、そこにも恋愛が成り立つとか、さっきも言ってたでしょ。そんなことあるわけないんだもん。それを、無理に言ってたわけ。それがおれの専売特許だって。そうやって踏んばってるときは、若かったんですよ。

それが、描く相手が人間になったとたん、押井守は「踏み絵」を踏んじゃった。だから、ある種の老境なんですよ。ぼくに言わせれば、さっきの『インディ・ジョーンズ』と関係あるんですよ。この3本を観ていて、やっぱりそこに戻る。今の若い人は、どういうものを作るんだろう？　おじさんたちがこういうものを作ってるとき、若い人たちはどう思うんだろうって、ちょっと興味が出たんですよね。

でも、ぼくは、『ポニョ』も『スカイ・クロラ』も『インディ・ジョーンズ』も面白かった。なぜかと言ったら、それぞれの人の作品をこれまで観てきたから。

『インディ・ジョーンズ』が、見事にそうなの。普通だったら、こういうところでこういうアクションが起こるだろうっていうのを、全部いいかげんにやっていく。ウワーッと詰め込んで。いわゆる『インディ・ジョーンズ』を好きだった人が、みんな文句言ってるでしょ。でもね、スピルバーグって人が何をやってきたかの延長線上で観ると面白い。おまけに、今回のすごいところは、哲学も宗教もない。「ここまでやるか⁉」って、観た人は呆気にとられるんですよ。

押井　別に映画監督っていうのは、年齢相応に映画作ってるだけであって、否定しないよ、全然。
　ぼくが、一回正攻法で現実に向き合ってみようと思ったことと、歳とったことは、もちろん無縁じゃないよ。そこからさらに先——クラゲと5歳の女の子の世界に行っちゃった人間とはね、向いてる方向が違うんだってこと。
鈴木　うーん……監督だね、やっぱり。押井さん。監督じゃないと思ってたけど、やっぱり監督なんだね（笑）
押井　何言ってんだよ。
鈴木　いや、ぼく、押井さんはプロデューサーに向いてると思っていたわけ。でも、こうやって聞くとね、やっぱり監督なんだね。
　でも、宮さんのこの先はわかんないよ。『ポニョ』で描いたものはともかく、その描きかた。あの粘りはすごいでしょ？　そうすると、「次、どこ行くんだろう」って思っちゃったんだよ。
押井　「老人の大暴走」で行くしかないって、ぼくは思ってるよ。
鈴木　ところがね、事件が起きるんですよ。吾朗くんに子供ができる。
押井　知ってるよ。
鈴木　それはね、きっと影響が出る。
押井　どうかなあー……それは疑わしいね。
鈴木　だって、宮さんっていつも、それまでの逆をやってきた。『ポニョ』は『ハウル』の反動、それは間違いないんだもん。
押井　「全部手描きでいくんだ」っていう宣言は——ぼくが最後に宮さんに会ったのは、2年くらい前かな——「これからはもう一回、絵描きの手に（アニメを）取り戻すんだ」「コンピューターやってるやつなんか、みんなクビだ」って言ってたの。
鈴木　そんなこと言ってないよ。宮さんはいつも、そういうスローガンが得意なの。
　『ハウル』の現場を見ていたらね、最初は、コンピューターを使ってあの脚を動かしてたわけ。上にでっかいお城がくっついてるのに、歩きかたに重量感がない。ぼく、文句言ったんですよ。「宮さん、これ、何でこんな軽い脚で歩くの。上が軽く見えるじゃないですか」って。そしたら、負けず嫌いな人だから、「これは軽いんですよ」って言う。あげくの果てに、すぐ屁理屈をこねるの得意だから、「これはハリボテだから」って。
ぼくは負けないで果敢に、「宮さんが描いたほうがうまいんだから、手描きのほうがいいんじゃないですか」って。何でそんなことを言ったかというと、そういうところを全部CGに依拠しようとしてたから。見てて、つまらなかったの。
ぼくは、CGは否定しないよ。上手な人がやればうまいんだから。ところが、そうじゃないものが出来上がるリスクがあった。同時に、宮さんが、違うところへ行こうとしていた。つまり、そういう部分を全部CGに任せようと思っていた。
でも、そのことで、CGをプツンとやめたんですよ。それ以降、お城のシーンは全部手描き。やってみたら、そっちのほうが圧倒的に良かった。
で、そういうことが起こると、宮さんってのは、「よし！これからは手描きだ」っていう人だから。彼の名誉のために言うと、そういうことなの。
押井 あのね……そういうことがあったにせよ、個々のエピソードを聞いてると、なんとなく騙されそうになるけれども……
鈴木 今だって宮さんは、コンピューターがうまい人がいたら、やっぱりそっちに行く人なんですよ。そういうところを持ってる人だから。……でしょ？
押井 いや、ぼくはそうは思ってない。
鈴木 宮さんだって、わかってるんだから。手で描こうがコンピューターでやろうが、上手なものは上手なんだから。
押井 いやー……とてもそうは思えない。

アニメーター育成のむずかしさ

――押井さん、今回の『スカイ・クロラ』では、空のシーンは3DCG、地上のシーンは2Dでやっていますよね。そういう処理にした狙いはあるんですか？
押井 一つは、現実として、そうでしかあり得ないというのがあった。あの戦闘機、ましてあの雲を動かそうっていう無謀なアニメーターはいないよ。
鈴木 いなくなったの？
押井 いないよ、もう。誰があの戦闘機描くの？ 誰も描かないよ。ああいうふうにせざるを得ないじゃない。だったら、そのことを、むしろ演出上に取り込むしかない。雲の上と下を、はっきりと違う世界にする、それしかないもん。だから、雲の上にいるときは、キャラクターもゴーグル下ろしてマスクして、手描きの存在感を可能な限り、表情を見せないことによって出して……

鈴木　表情見せないけど、力感があるんだよね。

押井　セル画質のパイロットを乗っけることで、３Ｄの戦闘機に初めて魂が入る。３Ｄをやってた林（弘幸）くんが、それを見て感心してた。「セルが座ると、妙に気持ちが入りますよね」ってさ。だから、無理やりやったの。でもあれは、二度と誰もやらないってば。どんなに手間ひまかかるかを考えたら、誰もやらないよ。

世の中の新聞評とかでは間違いなく、宮さんはもう一回手描きの世界、原点に回帰するんだって、言ってみれば〝美談〟として持ち上げるに決まってる。でも、それは違うんだよ。アニメーションの現状をまったく無視した、極論者のたわごとであって。

日本のアニメーションは、とっくに、手描きの世界では何もできなくなっているんだよ。達成度としては。今、ＴＶで流れてるようなやつは、いくらでも量産できるよ。でも、あるクオリティーを実現しようと思ったら、手描きの世界に依存したら何もできないよ。映画というスケールでは、何もできない。それこそ、10分、20分の短編ならともかくね。宮さんだって、それがわかってないわけがないんだよ。

でも、「それでもやるんだ」って、ぼくに言う。あの人がやってるのは「反動」だと、最初は思っていたわけ。でも違うんだよ。「反革命」なんだよ、あれは。ようするに、アニメーターという特権階級を、もう一回取り戻そうとしてるだけ。言葉を変えて言えば、文化は貴族のものだっていうさ。アニメーターってのは、特権階級でなきゃならないんだってさ。有象無象のアニメーターは、みんな故郷（くに）へ帰れって。アニメーションは、２年に１本でいいんだって……

それは、反動以前に、反革命なんだってば。世の中は絶対そっち（手描き）のほうに流れないのはわかってるんだから。あとは、ギロチン持ってるか持ってないかの違いしか残らないですよ。

アニメーションが手描きの世界に回帰するなんて、とんでもないたわごとでさ。それは、宮さんとジブリの世界の中では、かろうじて実現したかもしれない。でも、次も実現するかどうかすらわからない。まして、町場（まちば）の人にそんなことできるわけないじゃない。

――でも、宮﨑さんも、すべてのアニメーションの流れを手描きに戻すとか考えて作ってるわけではないですよね。

押井　考えてても不思議はないと思うよ。完全に開き直ってるんだから。

鈴木　やっぱり面白かったですよね。今回の『ポニョ』は、自分のわかる範囲内でやったから。

押井　たとえば、あのクラゲのシーンとかね。実写と見紛うような、見事な美しいクラゲの群生のシーンをCGで作ることは可能かもしれないけど、あの手描きで描いた雰囲気は絶対に出ないよ。間違いなく。それはたしかなんだよ。やっぱり、手技が持ってる良さっていうのはね……

鈴木　押井さんは以前、「工芸品」っていう言いかたをしてたんだよね。日本人の。アニメーションも、実はその伝統の一つだと。

押井　アニメーションは工芸品みたいなもんだって思うよ。宮大工が作る、見事な建築みたいなもの。でも、宮大工ひとりが一人前になるには、どれだけの人間が淘汰されて、どれだけの修業期間が必要かっていうこと。

工芸品としてのアニメーションは、絶対に量産できないですよ。今の日本の現状では、どんなに頑張ったって、せいぜい2年に1本が関の山。それを「水増し」することで、なんとなくいっぱい作ってきたわけだ。それなりに。年間に3、4本、かなりのクオリティーのものを作ることができたのは、水増しのおかげ。それも、そろそろ限界に来てる。なぜかというと、日本のアニメーションのクオリティー、手描きの世界を支えてきた、たぶん20人ぐらいの素晴らしいアニメーターたちが、みんな40歳を超えたんだよ。

鈴木　もう、50だよ。

押井　50に近いかもしれない。40代後半くらいだもん、みんな。鉄っつん（西尾鉄也）だって40を超えてる。それを考えたら、「これからの10年間で何ができるんだろう」ってさ。しかも、その下の世代にそういう人間がいるかといったら、いないんだもん。

鈴木　ある人に聞いたんだけど、日本のアニメ界って、たとえば上手なアニメーターの名前を挙げていったら、30人から40人。最大でも50人。いろんな長編アニメの企画って、その50人がAという企画があるとそっちへ行って、Bという企画があるとそっちに行く。ウロウロしてたんですよ。10年ぐらい前で、そのぐらいの人数。ちょうど30代の半ば。それが10年経って、見事にね、40代の半ばから50代にさしかかろうとしている。じゃあ、それに続く人は出てきてるのか……いないんですよねえ。

押井　宮大工の、渡り職人の集団なんだよ。こっちで五重塔を建てて、こっちで金堂を建てて。

＊

鈴木　Production I.Gって、そういう人たちを育てたんじゃないの？

押井　育てたけどさ、そのクラスの人間はついに出てこなかったんだよ。アニメスタジオって、基本的に、スタジオ作って人を集めて、そのときのピークを超えないようになってるんだよ。

鈴木　だから、うまくいくかどうかわからないけど、もう一回、ジブリは再チャレンジしようと思ってるんですよ。アニメーターを新人募集して、今のところ20人ぐらい一挙に採ろうかと。どのぐらい応募があるかわからないけど。ただ、もし本当にやる気があって、素地もある人がいるなら、ある種の純粋培養をしてみようと。

どういうことかというと、その人たちが働く場所をジブリの中に置かない。別の場所を作っちゃおうと。いろいろ話してるうちに、宮さんが、「名古屋がいいんじゃないか」って。

――名古屋に別のスタジオを作ると？

鈴木　そう。「西ジブリ」を作ろうって。

一同　「西ジブリ」！

鈴木　「なんで名古屋なんですか？」って聞いたら、「だって、日本全国をまわって元気なのは名古屋だけだって、鈴木さんが言ってたじゃない」って（笑）。実は、その計画を半年ぐらい前から練ってきて、いよいよスタートしようと。

押井　誰が教えるのよ？

鈴木　学長は宮さん。ジブリから3、4人アニメーターを連れていって。

というのはね、毎年ジブリに数人のアニメーターを連れてきても、すぐスタジオの色に染まっちゃって、なかなか育たない。その問題は、ぼくらもずっと抱えていた。いろいろ考えた結果、やっぱり東京という場所、ジブリというある種の確立されたシステムの中では、うまくいかないんじゃないかと。そういう結論に達した。ジブリから離さなきゃダメだと。

――距離的にね。

鈴木　ある特別な空間に置いちゃおうと。わかんないですよ、うまくいくかどうか。呼びかけてみて、そういう人たちがいたらやるし、いなかったらダメ。ただやっぱり、希望は捨てないで、もう一回やってみようじゃないかと。

現にね、ジブリでは、今からちょうど20年前に新人募集を始めて、そのとき１２００人ぐらい応募があった。そこで選んだ20名の中に、今この業界で活躍してる人が一部いるんですよ。うまくいくかどうかわかんないけど、それをもう一回試みてみようと。なんせ、そのとき（20年後）、ジブリにはもう誰もいないから。

――押井さんはどうなんでしょう？　鈴木さんの試みはおくとしても、描けるスタッフが減ってきている現状を絶望視してるということですか？　それとも、希望を持とうとしている？

押井　あえて言えば、希望も絶望もしてないよ。ぼくの立ち位置は、宮さんとも鈴木敏夫とも違うんだから。自分自身の小さな会社（八八粍［はちじゅうはちミリ］）を持っているけど、ぼくと奥さんの二人しかいない会社だし。

何でもできるわけじゃなくて、やっぱり、いち監督として何ができるかってことだから。今、可能な環境のもとで、可能な映画を作るだけであってさ。誰かを育てられる立場にもいなければ、その能力も技術も持っていないもん。当然、考えることも違う。

ただ、社長（当時）の石川（光久）の名誉のために言えば、I・Gは、１００人以上のアニメーターを社員として抱えている、ほとんど日本で唯一のスタジオだよ。毎年募集して、20人近い人間が入ってくるんですよ。年に2回だったかな、原画の昇級試験も行って、選抜もやり、それぞれがみんな師匠についてやるようになってる。

でも、さっきも言ったけど、渡り職人として成立しても、それだけの技能を持った宮大工は生まれないんだよ。ぼくが知ってる限り、そのレベルのアニメーターに、純粋培養された人間は一人もいない。いろんな仕事をこなして、自分なりに摑んできた人たちなんだよ。みんな、勝手にそうなった人間たちであって。それぞれに師匠はいるかもしれないけど、基本的には、みんな自分でうまくなった。だから、アニメーターの純粋培養が可能なのかどうか、ぼくには判断できない。

鈴木　だから、ぼくらの試みも、「ドン・キホーテ」ですよねえ。

押井　経験論的に言えば、まず無理だろうなと思ってるだけ。基本的には、母集団が持っている資質によって、淘汰された人間の技能や能力も決定されるんだもん。

祝・押井守健在

鈴木　こうして振り返ってみるとね……たとえば、ぼくや押井さんが20代のころって、いわゆるアニメブームが始まろうとした時期。いろんなスタジオの門を叩いて、この業界にやってくる人が多かった時代なんですよね。その中から、いろんな人が出てきた。たとえば庵野（秀明）だったり、もう名前を挙げていけばキリがないぐらい、放っておいてもそういう人材が集まった。

しかしその後、ン十年を経る中で、アニメ界は大きな変化を遂げた。さっきの押井さんの言葉を補足すると、現状、日本のアニメーションは、本数だけはやたらに多い。１年間でＴＶシリーズを80本やってるとかね。毎週毎週。ＯＶＡや、映画もあるでしょ。当然、いま日本にいるスタッフだけでは、その10パーセントもできない。

それでいつの間にか、企画だけ日本で立てて、動画どころか原画も含めて、作画を全部海外でやる。気がついたら、それが主流になっちゃってる。国内で作るところが少なくなってるのが現状なんですよ。

そうすると、日本で優れた人たちを育てることは、不可能なのか。これって、あらゆる業種に共通している問題なんですよ。

押井　一つにはね、昔はそういう人間たちが、募集をかけなくてもアニメスタジオに続々と集まってきた。なぜかといったら、ほかに行き場がなかったからなんだよ。

まさに、ぼくがそうだよ。ほかに行くところがなかったし、何か映画らしきものに関わりたいと思って、いろいろジタバタしたあげく、アニメスタジオに辿り着いて。

そこは､意外にも､やる気があれば何でもやれる世界だった。どんなに優れた才能を持っていても、そういう時代に巡り合うかどうかは大きい。当時はたまたま、そういう人間が集まったんだもん。

だから逆に、今、クオリティーがガンガン下がって、落ちるところまでいったん落ちて、そういう現状を見た上で「何かやろう」と思う人間が登場するまでは、人為的な操作で何かできるとは思っていない。

鈴木　歴史でいうと、普通はそうなんですよね。だからもう、日本のアニメーションはダメなところまで行ってると思う。

押井　そのままダメになるジャンルだってあるわけだ。特撮映画がそうであるように。アニメーションもそうならないっていう保証はない。

とはいえ、自分自身も映画を作ろうと思う限りはさ、現状で可能な方法を、どんな手でもいいから考えるわけ。セル画でできないとすれば、3DCGに賭けるしかない。ぼくはもともと絵描きでもなければ、一介の演出家に過ぎないんだから、何だってやる。

鈴木　押井さん、まだやるつもりなんだねえ……

押井　やるよ。何言ってんの。

鈴木　石井、手伝うの？

石井　次の作品の準備をしてます。

鈴木　やめたほうがいいよ（笑）

押井　『スカイ・クロラ』をやることで、あらためていろんなことがわかったよ。ぼくは、コンスタントにアニメーションを作るっていう前提でI・Gに戻ったわけだから。どんな手段でも、やるよ。

ただし、ある種のクオリティーを維持することも同時にぼくの仕事だから。作画のクオリティーがガンガン下がっていくのを承知で、もう一回劇場用をやろうとは思ってない。何らかの手段を講じる必要が絶対にあるし……

手段を「発明」することで、ぼくは何とか監督たり得てきたんだから、今後も発明するしかない。「なるほど、この手があったのか」「こういうスタイルで映画作れるのか」「こういう作りかたがあったのか」とか、その繰り返しだもん。

――そういう意味では、今回の発明はどういうところなんでしょう？

押井　いろいろやりましたよ。細かく言うとキリがないけど。3Dをどう活かし、どこで出番を作ってあげるのか。一番有効な、お客さんに抵抗のないスタイルにどうやって持ち込んだらいいのか、ってさ。

それだって、パソコンが1台しかなかったころからやってるんだもん。Ｉ・Ｇのスタジオに、ＰＣ98がやっと１台入ったっていう以前から。「ＣＧをどんどん使うべきだ」って言ったのもぼくだしさ。

ぼくが思ったよりもデジタル化が急速に進んだわけだけど、その一方で、アニメーターは確実に歳をとっていった。その現実は現実で、その中でしか作れないんだから。

何をやってもかまわないけど、どっちにしても、宮さんが理想として掲げるようなものは、いかにジブリといえども早晩できなくなるのは目に見えてる。

――今回、恋愛というものに向き合ったのは、原作（森博嗣）がそうだったからでしょうけど、主人公は、歳をとらない子供。子供で恋愛映画をやるっていうのは……

押井　アニメーションで恋愛映画をやるには、何らかの手練手管が必要なわけ。なぜなら、アニメーションには、存在感を持った「俳優」がはなから存在しないから。全部を作り上げる必要がある。

アニメーションは、どこまでいっても記号的な表現であることはたしかだから。生身の、年相応の若い17、18歳の男と女が出会って恋をしてということが、そのまま素通しでできるとは全然思っていない。演出として、何らかの手練手管が絶対に必要なのであって。

鈴木　『スカイ・クロラ』のあのキャラクターは、押井さんが要求したの？

押井　そうだよ。

鈴木　人形を要求したの？

押井　別に。

鈴木　好みを知ってて、ああしたの？

押井　ぼくには、キャラクターの好みはないんだってば。演出上の判断があるだけ。

鈴木　また、極端なこと言うんだよねえ……（笑）

押井　今回のキャラクターに、どの程度の骨格、ディテールが必要なのかっていうこと。『イノセンス』と同じレベルで作画すること自体、もう不可能。そうすると、（キャラクターの）情報量を落としていくしかないわけだ。

鈴木　一種、人形浄瑠璃に見えなかったですか？

――まあ、表情豊かな感じではないですよね。

鈴木　あのキャラクターと動き。美術はともかく、人が人を動かしてる。人形浄瑠璃みたいに。

押井　見る角度によって別の表情が生まれるのが人形浄瑠璃の世界で、お能もそうだけど、日本の伝統でもある。

鈴木　だから今回、非常に日本的なんですよ。

押井　動くとか演技するっていうレベルじゃなくて、人の「たたずまい」で何かを表現しようというのは、日本人が持ってる美意識の、一種、特権的な表現ではあるんだよ。

　敏ちゃんが好きな、昔の東映のやくざ映画もそう。なんとなく鶴田浩二が肩を落としてさ、雨が降る日に縁側に立ってるだけで、何か表現できると思ってるわけだ。それはたしかに、表現できるんだ。お客さんと作り手の間に、共通の言語と了解があればね。アメリカやヨーロッパの人がどう思うかは、また別だけど。

鈴木　やっぱり押井さん、過激なんですよ。

　ぼくは今回の映画を観て、「人形だ」と思った。でも、そう考えると、あのキャラクターを非常に理解できた。押井さんが演出指示したかどうかはともかく、描いた人がそうやってるから。で、人形浄瑠璃って、実は大きな特徴があるんですよ。そのお話がどういう状況になっているか、まず、設定説明（語り）がある。その上でキャラクターが動くから、観てる人は感情移入できる。

　ところが押井さんは、今回こういう人形ふうのキャラクターを使いながら、作りかたは逆。設定説明をほとんどしない。過激でムチャクチャだなと思ったんですよ。ジジイになっても「押井守健在」、その面白さがあった。

　一方で「素直な映画作ってるなあ」という面白さもあったけど、人形浄瑠璃って、本来そういうもの。

　アニメーションというのは、人間と違って、キャラクターの表情を見てても、何考えてるかしょせんわかりゃしない。そうすると、いくら（カメラが）寄ったって、何も表現してくれないわけですよ。だから普通は、設定説明をする。「こういう状況で、こういう人たちが出てきましたよ。さあ、そこを楽しみなさい」ってね。

押井　まるっきり無謀にやったわけじゃないんだよ。そういう、表情の乏しい、ある意味で存在感、生命感の薄いキャラクターが、ただ、たたずんで、タバコ吸って、ビール飲んで、新聞読んでるとか、それにふさわしい世界だからできたんで。飛んだり跳ねたりしてる若者たちの世界をやろうとしたわけじゃないんだよ。『スカイ・クロラ』という作品なら、それができると。

鈴木　ぼく、本当はね、もう一回観返したかったんですよ。人間って、観ながらいろいろ考えるでしょ。今回は、「何で設定説明からやらなかったのかな」って何べんも考えちゃったから。あと気になったのは、キャラクターが無表情でしゃべるでしょ。ところが、カット変わりで手が動く。髪を触ったり、ちょっと横向いたり、常にそういう動きがついている。あれがなくなると、どうなるのかなと（笑）

押井　あれがなくなったら、何もないよ。あれをやるために、動画がどれだけ苦しんだか。

鈴木　必ず、くっついてるんですよ。

――説明しなくても、あそこの世界でキャラクターたちが集まって何かしてる感じを、もしかしたら今の若い人たちは、自分の実感の延長線上でわかってくれるんじゃないか。押井さんは、そう思って作ってる気がするんですけどね。

鈴木　それは理解できますよ。

押井　それもある。

父と娘とこれから

鈴木　（娘の）友絵ちゃん、なんて言ってたの？（笑）

押井　面白かったって。でも、今は何も言いたくない、もう一回観てからちゃんと話したいって。

ただき、娘のために作ったという意味では、最初の映画（『うる星やつら　オンリー・ユー』）を作ったときから、もちろん『天使のたまご』もそうだし、延々とあの子のために作ってきたんだよ。どっかしらでね。実写映画もそうだよ。

鈴木　今回、ストレートだよね。

押井　逆に言えば今回のは、そういう、娘へのメッセージを込めたという意味から一番遠いんだよ。たしかに、今回作るきっかけは、あの子に再会したことがあったかもしれない（＊８）。でも、あの子に向けて作ったという意識は、ぼくの中にはそんなにない。

鈴木　石井が、むずかしい顔してる（笑）

――逆に、もっと一般の若い人に向けて作ったと？

鈴木　いや、娘に向ければ、それが一般の人向けになるってことですよね？

押井　「若い子に広く観てもらおう」という動機で作ることによって、自分自身が再生できるかもしれないとは思った。自分が元気にならなければたぶんやらなかった、というのは、そういうこと。半ば、自分自身のためにも作った。自分がもう一回そういうものができるとすれば、まだしばらくは「監督」たり得るだろうと……

そりゃ、『パト2』(『機動警察パトレイバー2 the Movie』)とか、『攻殻』(『GHOST IN THE SHELL/攻殻機動隊』)みたいなものを綿々と作っていくこと自体は、別に不可能じゃないですよ。どちらかというと、そのほうが楽かもしれない。

『スカイ・クロラ』は、自分にとっては、かなりリスキーな作品だった。「本当にうまくできるんだろうか」って――別に、その答えが出たわけじゃないけどさ――今までになかった葛藤や不安もあった。でも、やってみなきゃ何も始まらないからさ。相棒であり演出の西久保(利彦)には、何度も言った。「本当にこれでいいんだな?」って。

鈴木 石井さあ……「父から娘への手紙」って宣伝コピー、ダメかな?

押井 ダメだよ!(苦笑) 全部、個人的な動機に回収しようってのは。

結局はさ、娘が父親を選ぶわけじゃないんだよね。それはわかってるよ。その覚悟ができてるんだから。現に、結婚してから、ほとんど連絡こないもん。

奥田 やっぱり、そんなもんですか。それはかわいそうだなあ。

押井 ぼくは、かわいそうだと思ってないよ。たぶんそれは、うまくいってる証拠であって。

鈴木 押井さんがね、何だっけ、ダーッとしゃべってビデオに撮ったやつがあるじゃん。

石井 あの、製作記者会見の映像?

鈴木 そうそう。あれをね、友絵ちゃんと一緒に観たの。

押井 タチ悪いなあ……よくそんなことができるね(苦笑)

鈴木 友絵ちゃんと仲いいんだもん。

奥田 ほんと、嬉しそうな顔しますね。鈴木さん、今日ずーっと嬉しそうな顔してる(笑)

押井 大丈夫だよ。娘には、「鈴木敏夫って男には近づくな」と言ってある。ろくなことないから。「あの男に近づいた若い奴は、みんな悲惨な末路を辿ったんだ」と。

奥田 ぼく、この瞬間に、押井さんにすごく同情してる。本当に鈴木さんて、ろくでもないですよね。今はもう、(押井さんと)一心同体になっています(笑)

鈴木 何を言ってるんだよ。

押井 自分のところは、親娘関係が破綻してるのがわかっちゃったからね。

鈴木 そんなことないよ。

押井　だから、人と人の関係に水を差そうと思ってるだけだよ。

鈴木　仲、いいんだもん。

押井　どのみち、同じなんだよ。娘にとって父親っていうのは、本当にいてほしいときだけいればいい。最後の切札、最後の保障であればいいの。普段はいないほうがいい。それが正しいよ。

鈴木　……まあ、今日はぼく、嬉しいですよ。「押井守健在」。これで引退するかと思ってたけど、どうもこの続きをやりそうだし。灯（とも）って、消える直前にボッと燃えるのよ（笑）。宮さんも67歳でやってるし、おそらく70いくつになってもやるでしょう。みんな、死ぬまで作って下さい！（笑）

押井　あんたは、何をやるんだよ？

鈴木　ぼくは、静かに老後をね……（一同笑）

２００８年7月2日（水）
東京・恵比寿「れんが屋」にて。
出席＝奥田誠治（日本テレビ・当時）、石井朋彦（プロデューサー）、
司会＝金澤誠（映画ライター）

第4章・注

＊1＝『スカイ・クロラ』公開前のプロモーションで使われた、押井監督からのメッセージのもじり。原文は、「僕は今、若い人たちに伝えたいことがある。」

＊2＝『レイジング・ブル』：マーティン・スコセッシ監督、ロバート・デ・ニーロ主演、1980年のアメリカ映画。実在したボクサーを演じるため27キロ増という過酷な体重コントロールをしたデ・ニーロは、同作でアカデミー賞主演男優賞を受賞した。

＊3＝伊藤和典：脚本家。『うる星やつら』（TV、劇場版第2作）、『機動警察パトレイバー』シリーズ、『GHOST IN THE SHELL／攻殻機動隊』などの押井作品を脚本面から支えたほか、平成『ガメラ』3部作、『式日』『七瀬ふたたび』などがある。

＊4＝『春の雪』：三島由紀夫原作、行定勲監督、伊藤ちひろ・佐藤信介脚本、妻夫木聡・竹内結子主演。大正時代の華族社会を描いた05年公開の文芸映画。

＊5＝『真・女立喰師列伝』：07年公開、全6話のオムニバス映画。押井監督は、第1話『金魚姫　鼈甲飴の有理』（ひし美ゆり子・吉祥寺怪人主演）、第6話『ASSAULT GIRL ケンタッキーの日菜子』（佐伯日菜子主演）を演出。本文中で話題に出たのは、第1話のこと。

＊6＝フランソワ・トリュフォー：フランスの映画監督。女性映画を多く手がけた名匠。『大人は判ってくれない』『突然炎のごとく』『柔らかい肌』『華氏451』『映画に愛をこめて アメリカの夜』『終電車』など。批評家としても『映画術　ヒッチコック／トリュフォー』の名著がある。押井監督は『スカイ・クロラ』のスタッフに、同監督の『隣の女』を参考として観せたという。

＊7＝大塚康生：アニメーター。東映動画の最初期から活躍し、高畑勲・宮崎駿の才能を支援。『太陽の王子 ホルスの大冒険』『未来少年コナン』『ルパン三世 カリオストロの城』『じゃりン子チエ』などで作画監督を務める。「アニメージュ」編集部時代の鈴木敏夫氏を、宮﨑駿監督に紹介した。21年逝去。

＊8＝押井監督は、『スカイ・クロラ』の制作前に、長らく離れていた娘の友絵さんと再会していた。

第5章

「勝つ」よりも、「負けない」が大事

J・キャメロン『アバター』に敗北宣言？

ジェームズ・キャメロン監督の『アバター』が米・日で公開されたのは、リーマン・ショックによる不況に全世界が覆われた、２００９年の12月。押井監督は、同作への「敗北宣言」を、早々に表明。

そして、翌年１月。

映画づくりの苦労と喜びと今後を語りあう対談が、石井朋彦プロデューサーほか〝押井軍団〟も同席して行われた。

『アバター』に受けた衝撃

鈴木　押井さん、新聞に出てたじゃない。『アバター』（＊1）を観て敗北宣言て……敗北したの？

押井　敗北した。

鈴木　なんで？　何に負けたの？

押井　今の自分には、あれは作れない。「負けました」って。立体映画であることに関してはどうでもいいよ。それは、あの映画の価値にとって大した問題じゃない。そうじゃなくて、自分がやろうとして挫折したことを、向こうがやったから負けた、ということ。

技術的に、とにかくすごい。でなかったら、アメリカ人があういう映画を作って、アメリカで大当たりするとは思えない。

鈴木　日本でもヒットしてるんだよね。なんでヒットしたの？　技術的にすごいから？

押井　たぶん、「猫に小判」だよね。「豚に真珠」。

鈴木　何で、そういう前置きが必要なの？（笑）

押井　どれだけのプロセスを経てあの映像が獲得されたかを、ほとんどの人は、まったく理解していないから。

鈴木　何が良かったの？　技術が？

押井　技術も良かったし、映画としても良かった。

鈴木　映画としては、どこが良かったの？

押井　どこが……？　それがどこかわからない人間には、永遠にわからない。

鈴木　だから、「教えて」って言ってるんじゃない！　この、へりくだった感じ（笑）

押井　基礎的な教養のない人間に話しても、無駄だもん。敏ちゃん、映像のことを全然わかってないもんね。

鈴木　もういいから（笑）。好き放題言って……

押井　15年前、ぼくが『ガルム』（＊2）でやろうとしたことが、今回、ことごとく実現してたっていうこと。

鈴木　『アバター』は奥田（誠治）さんと一緒に観たんだけど、この映画のヒットを予測したのは、奥田さんのほう。

押井　それは心強いね。

鈴木　奥田さん、「いやあ、日本人として嬉しい」って。
押井　え……？　日本人として嬉しい？
鈴木　びっくりしたの。「どういうこと？」って聞いたら、『風の谷のナウシカ』と『もののけ姫』を、向こうの人が真似して作ってくれた。民族主義者としては満足感がある」って（笑）
押井　別に喜んだってしょうがない（笑）。そんなの、今に始まったことじゃない。（喜ぶ）志としては、相当低いよ。
鈴木　でも、あまりにも画が同じじゃない。向こうからくる飛行機の軍団とか、レイアウトが『ナウシカ』と同じなんだもん。
押井　だったら何なの？
鈴木　鑑賞の邪魔になったたってこと。
押井　全然、邪魔になってないよ！
鈴木　押井さん、『ナウシカ』観てないからだよ。
押井　なに言ってんの！（笑）　観てるよ、2回くらい！
鈴木　『もののけ姫』から変わってないじゃない。それが最大の不満。明らかにジェームズ・キャメロンは『もののけ姫』を観てるでしょ。ああいう題材でやるんだったら、そうじゃないものを観せてほしい。テーマは「文明の衝突」。なんで今どき、あんなものをやるの？
押井　今どきだから面白いんじゃない。
鈴木　異なる文明が衝突して、その後どうなるのかが見たかったの。「このテーマは、どこにいくんだろう？」と、潜在的に思っていた。キャメロンだったらやってくれるに違いない、どういう答えを出してくれるんだろうって、ちょっと期待しちゃったの。
押井　一応、答えを出したじゃない。
鈴木　あれ、答えなの？
押井　彼にとっての答え。そこから先は、映画の仕事じゃない。
鈴木　そうかなあ……。その先が見えなければ、新たな地平は拓かれないんじゃない？
押井　新たな地平を拓くのは、映画の仕事じゃないよ。あれをアメリカ人が作ったから面白いんでしょ。
鈴木　アメリカ人だからっていうのは、ウソじゃない？
押井　基本的には、ただの反動だよ。アメリカ人として、精神的な揺り返しが来ただけで。『アバター』は、アメリカ先住民の話でしょ？　70年代にもアメリカン・ニューシネマ（＊3）で、騎兵隊を悪役にして大反省大会をやったじゃない。あれと同じだよ。

鈴木 でも、(『アバター』で)人類が攻めてくる、あの一連のシーンはすごかったね。あれを観てて、自分が生きてきた時代、ベトナム戦争から始まって今のアフガン紛争に至るまで、この間、アメリカが何をやってきたのかを全部思い知らされた。それだけの迫力があった。何であそこだけこんなにリアルにやるんだろう、と思った。

押井 ブッシュ(米・43代大統領)からこっち、アメリカがやってきたグローバリズムとか、アフガンやイラクに対する行いへの反動が来ているだけだよ。

ジェームズ・キャメロンの力量

鈴木 石井は、何が良かったの?

石井 基本的には、文明の衝突というシンプルな話ですけど、今までの映画では、観てるお客さんが白人側に立って、酷いことをされる先住民側を、ある意味、憐れみの目で見ながら感動していた。両者の間に、ケビン・コスナーやメル・ギブソンがいたわけですよね。

ところが『アバター』では、観てるうちにCGで作られたクリーチャーに感情移入して、自分とアバターが完全に同化してしまう。それによって、人間のほうが侵略者に見えてくる。そういうことが観てる人の頭の中に起こったのが、最大のエポックメイキングな点なんですよ。

押井さんと話してて面白かったのが、キャストのほとんどが新人俳優なのに、シガニー・ウィーバーという、みんながよく知ってる女優さんをキャスティングしたこと。それによって、観てる人は、「シガニー・ウィーバーがアバターになると、こんな顔になるんだ」と思う。その一瞬、「自分もアバターになれる」という暗黙の了解が発生するわけですよ。お客さんの中に起こった、いわゆる感情的な感動。それが、この映画が奥田さんを感動させ、世界中を席巻している一つの理由ではないかと。

鈴木 なるほど。そうやって言われると、少しわかるね。

*

押井 昔、キャメロンの『エイリアン2』(86)を一緒に観に行ったじゃない。

鈴木 観に行った。よく覚えてるよ。

押井 あのとき、自分が何を言ってたか覚えてる?

鈴木　おれが？　……褒めたよ。

押井　「これで日本のアニメーションは終わった」って言ったじゃない。

鈴木　そんなこと言ったっけ？

押井　言ったよ！「これで日本のアニメーションがロボットを描く意味がなくなった」って、映画館を出るなり叫んでたじゃない。

鈴木　面白かったんですよ、『エイリアン2』。キャメロン、好きだもん。だから今回の『アバター』だって、観てて心地良いんだよ。心地良いんだけど、やっぱり欲が出るじゃない。「いろんな人が文明の衝突を描いてきたけど、今回、もしかしたら大きな解答を指し示してくれるのかな」っていう期待が生まれたわけ。そしたら、そこは肩透かしだった。でも、（キャメロンには）この映画が当たるという自信があったんじゃない？

押井　あったでしょ、たぶん。時代の雰囲気からすればね。海外に兵隊を出して戦争することに対して、アメリカ人はウンザリしてるんだもん。

……『アバター』の、何に文句があるのよ？

鈴木　文句なんて言ってないじゃない。

押井　『ナウシカ』に似てようが、そんなことどうだっていいんだよ。

鈴木　鑑賞の邪魔になったということ。

押井　全然ならないよ！　それは、映画の教養が少なすぎるんだよ。

鈴木　オバマ大統領の時代にこういう映画がヒットしてるっていうのは、皮肉だよね……

じゃあ、押井さんはなぜ「敗北宣言」したの？　そこに、この映画のヒットの理由が隠されてるわけでしょう。

押井　あの映画をどうやって作ったのかを考えてる。どんな映画を観ても、「この画（え）はこうやって撮ったんだな」ってわかる。ところがこれに関しては、一発ではわからなかった。敏ちゃんは文明論のほうに興味があるようだけど、ぼくは「映画」としての『アバター』に興味があるの。

鈴木　相変わらず、映像そのものの驚きが好きなんだよね、押井さんは。

押井　好きだよ。大好き。キャメロンはさ、一般のお客さんの感情移入を阻害するCGとか、3Dとか、合成とかの弱点を、全部わかっているんだよ。それを、丹念に一つずつ、全部潰して回ってる。青い肌もそうだし、物語の設定

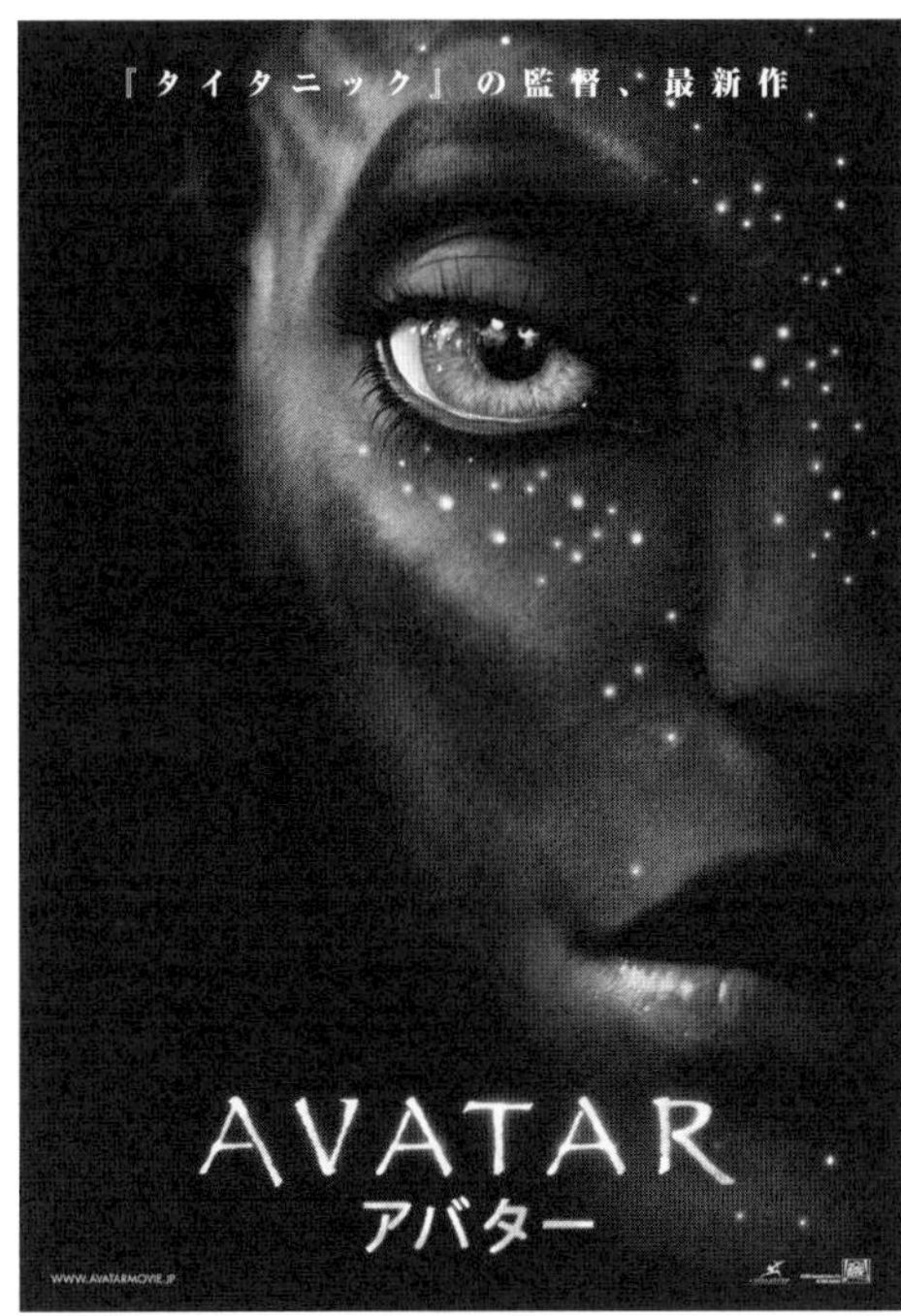

全世界的に大ヒットを記録したジェームズ・キャメロン監督作品『アバター』（09）のフライヤー。上＝特報・第1弾、下＝第2弾。「もうひとつの体。もうひとつの運命。」というコピーは、押井守作品にも共通する命題である。

の中で、それを全部活かしているわけ。

鈴木　架空のものを作って、それを実在させるってこと？

押井　そうそう。存在しないものをリアルに表現するために必要な手続きというか、演出上の手練手管があってね。簡単に言えば、３Ｄのキャラクターで、初めて生身の俳優と同じレベルの表現を可能にした。単に映像の技術だけじゃなくて、演出的にね。

やるべきことをすべてやって、ヤバい地雷原を一つずつ掃討（そうとう）して、お客さんが安心して歩ける道を作ってあげて、３ＤとかＣＧとか呼ばれてる表現の弱点を、ことごとく設定上でカバーしていく。力技でかわすだけじゃなくて、設定上でかわす努力をしている。

石井　もし、あの青いナヴィ（先住民）たちで突然映画が始まったら、観る側はまったく感情移入できないままだったと思うんですね。それを、非常にシンプルに、あのお兄ちゃんが両足を失っていて、アバターに乗り込めば自分の自由が回復するという設定にした。

映像技術だけではなく、設定や物語の作りかたが優れているからこそ面白い。アバターが人間よりも大きいという設定が、主人公がアバターになって走り出すところでパーッと伝わってくる。

鈴木　でも、あそこはうまくいってないね。説明過多で。もっと感覚的にやってほしかった。

押井　普通の人間（観客）には、ああいう手順が必要なの！

石井　押井さんは、その手順をわかっていながら踏まないというところが特徴的なんですよ。

鈴木　良い言いかただよねえ……（笑）

それで思い出したのは、『ロジャー・ラビット』（88）。あの作品のテーマは、普通の人間が手で描いたキャラクターに本当に惚れることができるのか、でしょ？　じゃあそれが、あの映画でうまくいってるかどうか。

押井　うまくいってないよ。

鈴木　そう。全然うまくいってなかったの。すでにその時代の日本人たちは、いわゆるペーパーヒーローやペーパーヒロイン、漫画やアニメの登場人物に感情移入できていた。『ロジャー・ラビット』は、それを映像でやろうとしたわけでしょ。本物の人間を出し、なおかつ手で描いたキャラクターを出し、本当に感情移入および惚れることができるのか。テーマとしてはすごく面白い。もしそれが成立していたら、絶対に傑作だなと思った。

で、観てみたら、(そこにいるのは）単に、手で描いたキャラクターだった。ロバート・ゼメキスっていう人は、いちばん大事な部分を失敗してるなあって。

押井　頭、悪いんだもん。当たり前の話じゃない。

鈴木　（笑）……でも、やろうとしたじゃない？

押井　それをさ、即物的にやっちゃうのがハリウッド映画だったんだよ。

鈴木　だけど、今の押井さんの話だと、『アバター』ではそれがうまくいってるってことでしょ？

押井　何よりも素晴らしいのは、ああいう映像を作るための方法論を獲得したと同時に、それを十全に、演出的に使いこなしてるってこと。何百億という金と技術があっても、誰にでも『アバター』が作れるわけじゃない。キャメロンという優れた演出家がいたからこそできた。かなりの映画的な教養、映像的な教養、文芸的な教養も含めてね。

鈴木　キャメロンは、基本的には素朴なものが好きだよね。

押井　総合的な監督の力量として、見事な仕事をした。今の自分にはそれができないから、「完敗」だって言ったの。

鈴木　押井さんは、そういうことをやってる人を見るとすごく評価するのに、自分ではやらないよね？

押井　やらない。めんどくさいから（笑）。それをやろうとすると、あれだけのスケールが必要になる。それだけの予算を、ぼくは扱っていないから。

「飛ぶ」ことと快感原則

伊平（鈴木氏のアシスタント・当時）『アバター』の、鳥にまたがって飛ぶシーン。もちろん、宮﨑さんの作品とは違うなと思ったんですけど、気持ち良かった。押井さんも『スカイ・クロラ』で飛ぶシーンにＣＧを使っていたんですけど、私はすごく気持ち良かったんです。

鈴木　石井も良かった？（『アバター』の）飛行シーンは。

石井　良かったですね。伊平さんが感じたのと同じ理由かどうかわからないですけど……。基本的には（飛行シーンに使える）時間もないし、すべてのシーンが次への布石にならないといけないという演出的な意志があるので、もっと飛んでいてほしいところでも、カットが変わっちゃう。だけど、押井さんや宮﨑さんは、「飛ぶ」とか「浮いている」という感覚そのものでシーンを持たせようとしているから、そこに浸れる余裕も時間もある。

伊平　『ロード・オブ・ザ・リング』（01―03）くらいCGでガタガタしてると、「そういうもの」として観れるんですけど。

押井　逆にぼくは、『アバター』の鳥に乗るシーンは大好きだけど、『ロード・オブ・ザ・リング』で鷲に乗るシーンは全然好きじゃない。うまくもないし、「やってます」という感じで、それ以上のものではない。うちの奥さんも、そう言ってたけど。

それは、キャメロンの中にそういう（飛ぶシーンを描きたいという）欲望があるかないかということ。あるとは思うよ。石井が言ったように、「すべてのシークエンスが、ある必然性のもとにあるべきだ」というのが彼の考えで、脚本作りにも自信を持っているから、そういう計算をするし。その彼にしては珍しく、あの飛行シーンは不用意に長い。

伊平　長かったです。

押井　やっぱりそれは、彼自身が気持ち良かったからですよ。間違いなく。ぼくにとって『アバター』の飛行シーンは、今までの空を飛び回る映画の中で――昔の『レッド・バロン』（71、＊4）に始まり、宮さんの『ナウシカ』を含めてもいいんだけど――一番素晴らしい体験だったよね。見事なものだった。

ちゃんと空気に乗ってるというか、あの鳥のデザインも含めて、ちゃんと「飛んでる」という表現が成立している。しかも、架空の世界でね。ぼくが目指してるものが、そこに凝縮されている。架空の世界の、架空の物語なんだけど、すごくリアル……それが「映画」なんだって。

『スカイ・クロラ』だって、「空中戦を2倍観ていたかった」という人はいっぱいいるし、ぼくも別にかまわないけど、「それだけ予算をくれればやるよ」っていうだけの話で、「あの予算でやるとしたら、あれが限界です」と。

企画当初の予定からすれば、あの空中戦は、全部いらないんだもん。当初は、空中戦なしでやろうと思った。（主人公たちが）飛んでいって、帰ってくるだけ。空の上で何が起こっているか、誰にもわからない。そういう表現のほうが力がある。空中戦をやる必要はなかった。技術的に可能だから、やれるようになったわけだけど、逆に言えば、映画の力は弱くなってる。文芸的な意味における、物語の力がね。

今の映画って、映像と音楽で「快感原則」を実現するもの。快感原則をいかに感知するかが商業的な価値であり、同時に、その映画の本質でもある。

その一方で、伝統的な映画づくりの考えかた——物語とか、人間を描くとか、敏ちゃんが言ったような文明論だったり——それが、技術と両立しなくなっているんですよ。

かつては、技術的に不可能だったから、それらが一つであるしかなかった。今は、快感原則を追求する方法論が多様になり、実現可能になったことで、逆に、映画としてのバランスをとるのがむずかしくなっている。

それを実現する力とは、単に技術とかお金だけじゃなくて、自分の中にある疑似体験を客観的な形としてお客さんに見せるということ。つまり、「架空の体験」として、すごくリアリティーがあるということ。

鈴木　おそらく今後、そういうものが映画の中に反映され得ると、ぼくは思っているんですよ。それがたぶん、「新しい映画」なんだと思う。今、それがせめぎ合ってるところ。

＊

石井　『アバター』がこれだけヒットしたことで、いわゆる盗作問題が世界中で起こっているんですよ。一つは、ロシアの昔からある有名なお話に、「ナヴィ」っていう言葉も含めてそっくりであると。当然、宮﨑駿監督作品にもそっくり。もちろん、キャメロンご本人もそれは認めたりしてますけどね。

キャメロンが宮﨑さん的だと思うのは、本人は、本当に自分から生み出したものとして『アバター』を作っているはずですよ。そういう「記憶捏造力」も含めて、宮﨑さん的だと。

鈴木　これだけ世の中にいろんなものが出ちゃったら、今「ものを作る」っていうのは、映画に限らずあらゆるものがコラージュになる。その天才が、押井守監督。コラージュばかりだもんね。

押井　真似だのパクリだの言うほうがどうかしてるんだよ。

鈴木　言葉の定義づけの問題でしょ。それは本来、問題ないと思う。「オリジナルって何なのか？」ということはね。

押井　そんなものないんだよ。

＊

鈴木　主人公がアバターになってから、人間に戻るか戻らないかの葛藤がないじゃない。あれは、なぜ？

押井　葛藤してるじゃない。

鈴木　してないじゃない。
押井　敏ちゃんに見えてないだけだよ。
鈴木　だから、ないんだよ。
押井　それをやると、もっと時間を食うし、ああいう爽快な映画にならないんだよ。
鈴木　たぶん、（キャメロンも）それをやったんだろうね。
押井　やったとしても、編集で落としてるよ、間違いなく。もとは、もっと長いに決まってるじゃん。あの二人のラブシーンだって、実際にはセックスしてるんだからさ。
鈴木　あのラブシーン、なんで動物的に描かないの？
押井　わかんない。うしろから乗ろうが前から乗ろうが同じだよ。尻尾があるからたぶんうしろからだろう、とかさ。
大野　押井さんはもともと、現実が好きなわけじゃないですよね。現実が好きな人は、あの映画を観て、そういうふうに「あれ？」と思うんじゃないですか？
鈴木　意外と現実が好きなんだよ、押井さんは。君、わかってないのよ（笑）。（押井氏に）……好きでしょ？
押井　最近、好きになった。
石井　現実といえば……今、「アバター鬱」っていうのが全世界的に広がっていて。アバターの世界から戻ってきた現実があまりに過酷で、鬱になっちゃう人が、国を問わず、アジアでも、ヨーロッパでも、アメリカでも発生してるんですよ。

面白かったのは、ぼくの隣に座っていた高校生くらいの子が、観終わって、「おれもナヴィになりてー！」って言ったんですよ。

根気と粘りこそが必要？

――押井さんは、「キャメロンのように勤勉には生きられない」と断言していました。
鈴木　そこですよ、問題は。そこ！
石井　たぶん、14年間働き詰めですよ、キャメロンは。
押井　冗談じゃなくて、本当に一日15～16時間働いてるからね。
鈴木　押井さんは？
押井　ぼくは、一日3時間ぐらい。
鈴木　えーっ！（一同笑）
石井　働いてる時間の差と、あとは、演出の持久力ですよ。演出における粘り。宮﨑さんが優れてるのは、とにかく粘りですよね。

鈴木　映画評論家の佐藤忠男さんが言ってたんだけど、何かを成し遂げるのに大事なもの、それは「記憶力」「根気」「判断力」、この三つなんだって。押井さんに今求められているのは、根気でしょ？

押井　根気はない。うん。

鈴木　演出家として、最大の欠陥なんじゃないの？

押井　だからいつも言ってるじゃない、「監督としては一流だけど、演出家としては二流なんだ」ってさ。記憶力と判断力には絶対の自信があるんだけど、根気はない。飽きっぽいというか、迂遠(うえん)なことをやってるのが嫌いなんだよ。

鈴木　『イノセンス』の公開が終わったとき、「やっぱり、もう一度最初からゴーストのことを説明しなきゃ」とぼくが言ったら、「めんどくさい」って言うんだよ（笑）

石井　押井守という監督は、ジェームズ・キャメロンに影響を与え、キャメロンにまで到達する日本人監督だったんですよ。少なくとも、『(GHOST IN THE SHELL／) 攻殻機動隊』から『イノセンス』に至るまでは。

……で、今、押井さんが「完敗宣言」をしたことが、当然現場ではショックなわけですよ。押井さんの言う「キャメロンに水をあけられた10年の差」の内実は何かと言ったら、勤勉であったか否かですよ。あえて、面白く言いますけど。

押井　キャメロンみたいに、端っこに映ってるエキストラの芝居にまで全部ＮＧ出すとか、そういう執念はないよ。それはね、監督としての執念だけじゃなくて、製作者としての執念だよ。

鈴木　忘れちゃいけないのは、『タイタニック』（97）は、一時は公開延期になった映画だということ。ＦＯＸ（20世紀ＦＯＸ）ともう一社（注・パラマウント）が放棄しちゃって、自分でお金を集めて続きを作ったわけじゃない。商業映画でありながら、そういうことをやった人でしょ。やっぱりすごいなと思った。プロデューサー兼監督だからね。

押井　そういうことをやる男だから。その二つの戦争に勝つためには、監督でいるだけでは成立しないから、自分でプロデュースを始めたんだもの。

ぼくはそれをやる気はない、って言ってる。勤勉じゃないというのは、そのことなんだよ。映画の「周り」にまで苦労する気はまったくないし、やりたくない。

鈴木　石井としては、次を作るとしたら、押井さんに勤勉にやってほしいわけね？

石井　無理に現場にずっといてくれというのではなくて、物語の中での粘りに関して、もう少し時間をかけることによって、大きく状況が変わるのではないかと。

鈴木　ようするに、石井には、不満があるんだ？

石井　それは誘導尋問です（一同笑）。たとえばね、今、「アサルトガールズ・ショック」という言葉を使ってるんですよ。

鈴木　「アサルトガールズ・ショック」？

石井　押井さんが作った『アサルトガールズ』（09、＊5）が、内容の是非はともかく、押井さんの欲望だけで作った映画なんですよ。感覚でね。ところがこれが妙な波紋を呼んでいて、これまで押井さんの作品が好きだった人までが、大騒ぎし始めて……「どうなってしまうんだ、押井さんは？」「このままじゃ危ないと思う」「ああいうものを世に出していいんですか？」っていうメールや電話が、ぼくのところに5通くらい来たんですよ。あの映画は、ぼくにも驚きでした。押井さんの中で何かが変わっている。

鈴木　何が変わってるの？

石井　もちろん、仮想空間の中の話なので、それが顕著なわけですけど……匂いとか、そういうものが排除されていて、非常に軽い内容になっている。押井さんがこれまで持っていた、ある「粘り」のようなもの。観ているうちに滲み出してくるようなもの。それが完全に取っ払われた初めての押井作品が、『アサルトガールズ』であると。

鈴木　まあ、押井さんが「押井守」にこだわらないで、作家性を捨てて作ることですね。

押井　昔から言ってることと変わらないじゃない。

大野　最近の押井さんは、「作家性は、もうどうでもいいかな」という方向に踏ん切ったらしいですよ。

鈴木　ウソに決まってるじゃないの！　ちっちゃい自分にこだわってるんだよ。こーんなちっちゃい自分に（笑）

押井　少なくとも、今までの陰鬱な世界観にこだわる気は毛頭ない。むしろ、逆なことをやろうと思ってる。ただ、なんだかんだ言ったって、結局、同じことをやるんだと思うよ。非常に絶望的な世界をさわやかに語ることだってできる、そう言いたいだけ。今は、そっち側を向こうと思ってる。

大野　押井さんがなぜ敗北宣言をしたかというと、キャメロンみたいに勤勉じゃなくても勝つ方法を考えたいからでしょう。

鈴木 ないよ。そんなうまい方法、あるわけないじゃん。それより、お話として根気のあるもの、そして、作りかたにも根気のあるものをやるべきでしょう。

石井 ……と思いますね。

押井 だから、「脚本はそっちで作れば？」って言ってるの。「だったら、そういう脚本を用意してくれよ」と。ぼくは別に、脚本を書きたくないんだから。自分で書くと、余分なことをやらないから、パッと書けるだけなんであって。その「余分なこと」が必要だと思うなら、プロデューサーが脚本を作るべきなんだよ。

石井 だから今、実際に、神山健治監督を中心に、チームで脚本を作って、それを押井さんと一緒にやろうとしてるんです。

鈴木 脚本、作るんだ。押しつけるんだ？

石井 押しつけるんじゃないです。みんなで叩いて作ったものをやってもらおうと……

鈴木 押しつけたほうがいいよ(笑)。「これでやれ！」って。

押井 「やれ」と言われれば、やるよ。

石井 でも、(Production I.G の）石川光久社長（当時）以下、全員の予想は、「押井さんは、あとで全部ひっくり返そうと思ってるに違いない」と。そうならないためにはどうすればいいかも考えないと……

鈴木 編集権を持たさなきゃいいじゃないの？

押井 だったらやらないよ。そんなの、日本で映画監督をやってる意味が何もない。

鈴木 じゃあ、押井さんが次にやりたいテーマって、何？

押井 今の気分としては、どんな企画、どんな脚本を持って来られても、やる。

鈴木 『アバター』を観て、レヴィ＝ストロースの「悲しき熱帯」（＊6）を、もう一度読みたくなった。サルトルやカミュが流行ってるときに突然現れて、未開の地をヨーロッパに紹介した人。『ナウシカ』も『アバター』も、その影響下にあると思う。

ひとつ違うのは、西洋的な時間と空間の概念と、東洋的なそれ。宮さんは、細部から全体を作り込むけど、それは東洋的。押井さんの作品は、実は西洋的で、全体から細部を作り込んでいる。『アバター』もそうだよね。押井さん、次回作ではそこを崩すといいと思うよ。

押井 その気はない。それじゃ、宮さんになっちゃう。

鈴木　それと、これからは、西洋的な概念と東洋的な概念が互いに浸食しあう映画を作るべきだと思うな……。『アバター』がもの足りなかったのは、「その先」が見たかったから。単純なものを複雑化していくんじゃなくて、部分を積み上げて作ってほしい。

　未開の土地に行って、そこで刺激を受けて、「何とかならないか」と考える。今、いわゆる近代合理主義が行き詰まってると言われていて、その果てが、資本主義や金融の破綻なんだから。

押井　あのさ……別に反対はしないけど、例によって強引に単純化しているけどさ……なんでもそうやって西洋と東洋って単純化するのは、わかりやすいだけで、実は有効じゃないんだって。

鈴木　違うのよ！　『アバター』がそういう（西洋的な）映画だからだよ。だって、押井さんはインチキばかりやってるんだもん。押井さんの映画を観れば、本来、非常に日本的なんだから。そこに矛盾がある。

石井　そのためには、さっきの「根気」が必要になるということですね？（笑）

鈴木　そう。押井さんは引退に向けて、根気よく、「細部が全体を支配する作品」を作らなきゃダメだよ。

押井　おれにとっては、「映画を作り続けること」が勝利なの！

映画監督にとっての「勝ち負け」

――押井さんは、プロデューサーに勝利はない、とも言っているんですよ。

鈴木　プロデューサーに？　それはそうだよ。

押井　絶対に、いつかは負ける。

鈴木　監督は楽しい商売だけど、プロデューサーは苦労する商売だもん。もう、その一点に絞られる。

石井　そのとおりです。

鈴木　それと、監督というのは、一本でも作れば監督。野球の監督と違って、映画監督はどこまでいっても監督だからね。

押井　（次回作を）「やるやる」と言っていればね。

鈴木　あとは、それを作れるかどうかだけでね。

――鈴木さんは、〝楽しい商売〟である監督がうらやましいですか？

鈴木 うらやましくは……ないなあ。それに、敗北宣言というけど、そもそも押井さんは、敗北の歴史でしょ？

押井 敗北宣言することで次の勝利条件を見つけようと思ってるだけだよ。

――ジブリのプロデューサーである鈴木さんにとって、勝ち負けって何ですか？

鈴木 おれは、そういうのはとっくに終わって、ある心境に達してる人間だもん（笑）。そもそも、映画作りに勝ち負けってあるのかなあ？

――押井さんが語る〝鈴木さん像〟によると、鈴木さんにおける勝ち負けは、何よりも観客動員ということになりますが……

鈴木 それは、ぼくのことをよくわかってないからだよ。

押井 少なくとも、それ（観客動員）が必要条件であることはたしか。それなしではあり得ないと思ってるはずだよ。

鈴木 やらなきゃいけない責務としては、あるよね。

押井 だからそれを、「必要条件」というんだって！

鈴木 でも、それ以上には興味がない。やっぱり、面白いものができることが一番ですよ。

石井 最近、押井さんが獲得した一番やっかいな行動は、「開き直る」ことなんですよ。かつては、5時間10時間しゃべることによって何かが見えてきたんですけど、押井さんは最近、5秒で開き直るんです（笑）

押井 ……（苦笑）

鈴木 だから、言葉にもなっていない。ボキャブラリーが減ったね。やっぱり、歳なんだろうねえ……

押井 今でも、しゃべることはしゃべるよ。そうじゃなくて、「飽きてきた」というのはあるよね。

石井 ショックだったのが、今年の初夢が押井さんだったんですよ（笑）。石川さんと一緒に「次をどうしようか」って本当に悩んでるときに、突然、昔作った押井さんの傑作フィルムがI．Gで発掘される。「これを公開しよう！」っていうところで終わる(笑)。そのぐらい悩んでるんですよ。

今まで押井さんは、戦いに挑戦し続けることによって勝ち負けが留保され、結果、「それは負けではない」という理屈でやってきたじゃないですか。ただ、不況の影響って大きいと思うんですよ。特にアニメは、映像の中でも商売に結びついていながら、ある程度は作家性が保証されていて、「あの監督の作品だから観る」という幸せな20年がこれまであった。でも今は、明らかにそうじゃない。

鈴木　（そういう時代が）終わった？

石井　このまま押井さんが、本当の意味で作り続けられるかどうか。それと、劇場にお客さんを入れることの厳しさを、ぼくは今、強く感じているんです。これから本当に「作りにくい時代」が来る。単純に不況というだけではなくて。

押井　映画を作りにくい時代が本当に来たかどうかは知らないけど、自分の内的な欲求は、さっきも言ったとおり。本当に作れなくなるかどうかは、これからの勝負だよ。

キャメロンの勝負のしかたは「決戦主義」で、毎回毎回その決戦に勝たなきゃいけない。宮さんも、ある時期まではそうだった。「一回も失敗できない」というさ。前から言ってるけど、ぼくの場合は「勝率三割でいい」というシステム。ようは、負けないこと。不敗なんだ。『アバター』に負けた」と言っても、心底負けたとは思っていないわけ。そういう考えが、今後通用しなくなるのかどうか、次の作品をやってみればわかりますよ。

不景気と映画の関係

大野　資本の問題で言えば、ハリウッドも自前の金だけでは作れなくなってる。インドの金だ、どこの金だって。

石井　内容的には、ますます平板でグローバルなものを求められる。すると結局、（作り手は）キャメロン化するしかない。

押井　石井も、それは納得してるんだよね？

石井　そのことについて、鈴木さんからのアドバイスと、押井さんがそれにどう反応するかを聞いてみたい。

明らかに、本当に作りにくい時代が来る。今公開している『東のエデン』（劇場版Ⅰ、09）で、お客さんが入らないことには次に繋がらないということを、身をもって痛感したので……。そこは、本当に外せない気がします。劇場がいっぱいになる、それこそが勝利ではないかと、あえて押井さんには言いたいんです。

押井　だとしても、「必ずお客さんが来る」という映画の方法論があるのかというとさ……

石井　それはないです。ただ、そこににじり寄るための努力は、根気を持ってすべきではないかと。

押井　そういう話になったとたん、うさんくさくなるんだよ。だってそれは、「努力します」と言ってるだけであってさ。

鈴木　石井も、苦労が絶えないなあ（笑）

押井　いいんだって。好きでしてる苦労なんだから。

鈴木　そうとも思えないなあ……

押井　嬉々として働いてるんだって。朝から晩まで。

鈴木　(押井さんには)サービス過剰なくらいの作品を作ってほしいよねえ。キャメロンに学ぶなら、そこを学んでほしい。

石井　そこはやっぱり、『アバター』を観てよかったと思いますよ。

鈴木　キャメロンにはサービスがあるもん、サービスが。

――鈴木さんは、(映画が)作りづらくなることに関して、どう思っているんですか？

鈴木　ようするに、日本で作られる映画って、この何十年かは幸運だった。企画さえ出せば、誰でも作れたから。そういう時代は、残念ながらなくなるんだよ。(企画が)厳選されて、確実に作品数が減るよ。

――プロデューサーとして、どう対応しようかという考えがあるんですか？

鈴木　そういう状況は、もう関係ないよね。「面白いものを作ればいいだろう」って開き直るしかないわけ。

押井　ぼくが漠然と思ってるのは、「今は何が当たる」とか「これが当たる」とか、プロデューサーと名のつく人間はみんなワーワー言ってるけど、全部、根拠はないなと。さっきも言ったけど、具体性がない。「これはやっぱり危なかった」「この企画はリスキーだ」って、みんな失敗から は学ぶんだけど、なぜ『アバター』が当たったかということに関して、誰も、何も言わない。

「ハリウッド映画は能天気で、誰が観てもわかる映画だから当たる」という話じゃない。少なくともアメリカ人は、今のアメリカがどう思われてるのか、自分自身をどう思ってるのか、無意識のうちに検証しようとする気はあるんだよ。で、今の日本人が一番観たがってる、一番気にしてることは何なのか？　そこは依然として、まともに考え、まともな結論を出すしかないんだよ。

もう一つあるとすれば、今の映画の付加価値とは、快感原則にどこかしら関わっていると思う。

石井　本当に気持ち良かった、何度でもあの世界に行きたい、というのが『アバター』ですよね。

押井　そこの部分に賭けるのもありなんじゃないの？　思いきり気持ちいいものを作る。今までの作品では、必要最小限のアクションしかやっていない。でも必要であれば、全編アクションで通す映画だって可能なんだよ。ただし、お金はかかるよ。

鈴木 やればいいじゃん。

押井 そこで留保しなきゃいけないのは、キャメロンが『アバター』を成功させた理由は、脚本が良くできてるからだけじゃない。映画自体がリッチだからだよ。

石井 それは、もちろんそうです。お金もかかってます。創意工夫も優れてます。

押井 その条件がなければ、アクションと世界観、つまり、「映画としての快感原則」と「物語としての納得度」は両立できないんだよ。

鈴木 キャメロンは、商業映画が好きだもんね。

押井 ナヴィたちの世界以外の部分をね、もっとチープなB級のスケールでセットを組み、衣裳を工夫したとして、はたしてそれで持ったのか？　映画というのは、そういう物理的な部分があるんだよ。リッチなものを観たいから映画に行くんであって。今、日本映画に一番欠けてるのはそれ。「素晴らしいものを観た」っていう気分に全然させてくれない。単に、お客を泣かせてるだけであって。

この間、ある学生に聞いたんだよ。「何を基準に映画を選ぶの？」といろいろ聞いて、結論としてわかったのは、「お金を出して損しない映画」だった。

鈴木 ふーん……その〝損〟っていうのは、見せものとしてのある基準をクリアしてほしいっていうこと？

押井 そう。面白いなと思ったのは、「気になる映画はある、でも結局、ためらって観に行かなかった」。その理由は、「緊張を強いられそうだから」だって。「アートの匂いがする作品はリスキーだ」「緊張を強いられて疲れるかもしれない、だから行かない」って。

鈴木 ふーん……お金払って損しない、みんなそういうことを言うんだよねえ。それ聞いて、「不景気だな」って思ったの。

押井 今は、それは普通だよ。

大事なのはパートナー

――押井さんは、ほかの監督に比べて、予算のことをすごく口にしますよね。

石井 口にするんですけど、あまり根拠がない（笑）

鈴木 監督はそれ、考えなくていいのよ。

押井　いや、考えてるよ。考えてなきゃ、できない。

鈴木　考えてなくていいんだよ。

押井　考えなくていいのは宮さんだけだよ。考えないでやってるやつ（監督）は、みんな破滅してるんだから。

鈴木　まあ、押井さんが「押井守」にこだわらないで、作家性を捨てて作ることですね。やらせたらいいよ、エンターテインメント作品を。もう、その一点に絞られる。

石井　そのとおりでございます。がんばりましょう！

鈴木　石井、これからまた一緒にやっていくんでしょ？これでいいの？

石井　話をぼくに振らないで下さいよ。

押井　プロデューサーは苦労するだけとか言いながら、石井も、敏ちゃんも、好きでやってるんでしょ。プロデューサーの快感というやつが、どこかにあるわけでしょ？　正直に言いなさいよ！

鈴木　あははは！（爆笑）

押井　そういう意味ではさ、はっきり言って、全然恩義にも感じないよね。

大野　結局、プロデューサーの楽しみって、何ですか？

鈴木　作家に、前と違うものを作らせることだよ。押井守がガラリと変わって、エンターテインメント作品を作ったら面白いじゃない。それは、プロデューサーの力だよ。

押井　プロデューサーは、最終的に言えば、人を動かしたいんだよね。観客を動員するというレベルから、監督の内実を決定するところまで、「人をコントロールしたい」という欲望が強い。

鈴木　どんな人だって、いろんなものを持ってる。それを引っぱり出せばいいんだよ。押井さんだって、いっぱい持ってる。恥ずかしくて隠してるものを引っぱり出す。で、監督は、恥ずかしいことをやるべきなんだから。

押井　恥ずかしいことはさんざんやってきたよ。でも、隠すこと自体もテーマだからね。

鈴木　押井さんはそれを、言葉じゃなくて映画の中でやるべきなの。

押井　たしかに、組む相手によって、自分の意外な部分を発見することはある。プロデューサーに限らず、スタッフだろうが、役者だろうが、「あ、おれにはこういうところがあったんだ」って気づかせてもらえることは、映画を作る楽しみの一つでもある。

鈴木　そのことで言うと、おかげさまで今、ジブリは幸せなの。同じフロアで、高畑さんの作品（『かぐや姫の物語』13）と、『（借りぐらしの）アリエッティ』（10）と、奥のほうで宮さんも（『風立ちぬ』13を）やっている。そういう環境の中で、麻呂（米林宏昌）は本当に大変なんだけど……（笑）。スタッフのところに行くと、声が聞こえてくるんだけど、ほとんど高畑さんと宮さんの声（笑）

高畑さんが『かぐや姫』で「ああでもない、こうでもない」と言うと、宮さんはそれを聞き、それをもとに絵を描いて高畑さんのところへ持っていく。高畑さんは、やんわりと丁寧に、「いや、違うんですよ、宮さん。これは」って。宮さん、ボツにされてもめげず、また次の日も持っていく。それを連日やってる。毎日やってたらさ、つい高畑さんのほうも、「宮廷って、ほとんど平屋なんだけど、二階建てもあっていいんじゃないですか。宮さん、どう思いますか？」って。そしたら宮さんが、「二階建てでいいなら、こないだおれの描いた絵でもいいでしょ！」とか始まるのよ（笑）

つまり、一人じゃない。仕事でも人生でもね。大事なのはパートナーなんですよ。

石井　すごい作品になりそうですね。

鈴木　押井さんは、作り続けることがテーマなんでしょ？　1本ぐらい面白いもの作ったら？　ってことよ。

押井　よけいなお世話だよ！（笑）あんたは、自分のことやってればいいじゃないの！

鈴木　サービス過剰なものを作ってほしい。……ねえ、石井。押井さんは、まだやってないものを持ってる。さっきも言ったとおり、監督って、引き出すといっぱい出てくる。「この人はこうだ」と決めつけると、大間違いだよ。

押井　じゃあ、どうすればいいわけ？

鈴木　「1Q84」だっけ、ああいうの作ってもらえば？

石井　作ってほしいですねえ。村上春樹の最新刊。

鈴木　いいじゃん。

石井　鈴木さん、映画化権とってきてくれます？

鈴木　さあ、押井さん、そろそろ空手の稽古に行かないとね！（笑）

＊

押井　最近驚いたのは、高畑さんが禁煙したこと。

鈴木　必要なのは身体なのよ、肉体。頭じゃなくて。

押井　身体は、少なくともキャメロンに勝ってるから。

鈴木　やっぱり腹が出るとね……すべてが鈍るね。思考も、考えることが変わる。
押井　気持ちいいことが大事なんだって。
鈴木　やっぱり、映画もエクスタシーですよ。
押井　気持ちいいことに導かれて、あるところに行くべきなんだよ。無理するんじゃなくて、映画の快感原則にどこまで身を任せるのか……
鈴木　身を任せちゃいなよ。
押井　監督って、そこで、いつもせめぎ合う。「ちょっと待て」と。『スカイ・クロラ』は、「ちょっと待て」の典型なんだよ。
石井　そうですね。「もうちょっと行けば？」というところでやめますもんね。
押井　「快感原則だけで行っちゃうぞ」とやると、ぼくの場合、また『イノセンス』になっちゃう。自分にとっての快感原則って、ああいうものだからさ。でかい仕事をやればやるほど不健康になるし。
鈴木　今は、かなり筋肉質になってるの？
押井　なってるよ。
石井　空手によって得られるフィジカルな快感と、もの作りによって得られる快感の相対量が、変わってきたんだと思います。
押井　それはある。
石井　ラッシュチェックを200カットぐらい観て意識が朦朧（もうろう）としたときに、突然気持ちよくなる瞬間を、押井さんは、毎週月曜日と水曜日の空手の稽古で得られちゃってる。これは大きいですよ。
鈴木　空手やってるヒマがあったら、映画作ったらいいのよ。押井さんを縛りつけて、アバターにしちゃおう。そしたら更生するから（笑）
押井　そういう価値観のありかたに、そもそも疑問を持ち始めたってことなの。若いころからさんざん騙されてきたんだって。
鈴木　押井守が、ガラリと変わって筋肉質になったら、作品はどうなるのかね？
押井　楽しい、気持ちいい、爽快な映画になる。
鈴木　（笑）……じゃあ、そろそろ行きましょうか。仕事をしないと。
押井　これから仕事あるの？
鈴木　あるんだよ。

押井　仕事、全然ないんじゃないの？　やることがなくなっちゃったんだよね。だからといって、こっちにちょっかい出すのはやめてほしい（一同爆笑）

鈴木　ああ、押井さんの還暦が楽しみだなあ！（笑）

石井　赤い空手着をプレゼントしようって、みんなで言ってるんですよ（笑）

2010年1月20日（水）
東京・恵比寿「れんが屋」にて。
出席＝石井朋彦（プロデューサー）、
伊平容子（鈴木敏夫アシスタント・当時）、
大野修一（徳間書店・当時）、
野田真外（映像ディレクター）

第5章・注

＊1＝『アバター』：『エイリアン2』『ターミネーター2』『タイタニック』などの大ヒット作で知られるジェームズ・キャメロン監督の09年作品。SFという形で人種差別問題を取り上げ〝アバター現象〟を巻き起こした。キャメロンは、押井守監督作『GHOST IN THE SHELL／攻殻機動隊』やスタジオジブリ作品など、日本の映画・アニメ・コミックに影響を受けたと自認している。

＊2＝『ガルム（戦記）』：１９９０年代後半、押井守監督が、デジタル時代の新映像を開拓すべく取り組んだ映画化企画のこと（『G.R.M』とも表記される）。のちに『ガルム・ウォーズ』（14）として一部が実現した。本書・第8章、第9章を参照のこと。

＊3＝アメリカン・ニューシネマ：１９６０年代後半に登場した映画制作のムーヴメント。比較的低予算、個性派監督・スターの起用、ロケーション撮影の重視、反権威主義的な作品内容など、沈滞していた旧来のハリウッド的な映画作りに一線を画した。本文中での騎兵隊のくだりは、『ソルジャー・ブルー』（70、ラルフ・ネルソン監督）を指している。

＊4＝『レッド・バロン』：〝B級映画の王様〟と異名をとるロジャー・コーマンの製作・監督による、第一次大戦下のドイツを舞台にした空戦映画。米・71年作品。アメリカン・ニューシネマを支援したコーマンの傘下からは、ジェームズ・キャメロンほか、のちの大物映画人が数多く輩出されている。

＊5＝『アサルトガールズ』：仮想空間でのモンスター・ハンティングを描いた、押井守監督による09年のSF映画。『真・女立喰師列伝』の第6話『ASSAULT GIRL　ケンタッキーの日菜子』の発展的作品で、黒木メイサ、菊地凛子、佐伯日菜子が出演した。

＊6＝『悲しき熱帯』：フランスの文化人類学者クロード・レヴィ＝ストロースが、ブラジルの未開地への旅を綴った紀行文学作品。仏本国では55年に刊行。日本では、67年に抄訳が出たあと、77年、全訳版（川田順造・訳）が中央公論社より刊行された。

第6章

そこまで言う？　忖度なき舌戦

ドワンゴ創立者の川上量生氏とともに

２０１２年。押井守監督のメールマガジン
「世界の半分を怒らせる」のスタートを記念して、
ドワンゴが運営する「ニコニコ動画」での生配信が実現。

同社の創立者である川上量生氏を交えて、
１時間半にわたる鈴木・押井両氏のやりとりは、
「トークショー」とも呼ぶべき賑やかさで展開した。

「働かない」監督？

川上　こんにちは。スタジオジブリのプロデューサー見習いの川上です。
先ほど「司会」だと言われたんですけど、押井守さんと鈴木敏夫さんということで、ぼくは何にもしゃべれないと思います（笑）。導入だけやって、あとは二人にしゃべってもらおうと思いますので、よろしくお願いします。
今日はですね、ニコニコ動画の新サービス「ブロマガ」を押井守さんが始められて、それを記念しての生放送となりました。……ということで、まず、ぼくから押井さんに質問させていただいてよろしいでしょうか？
押井　はい。
川上　押井さんの作品、いろいろと観てみたんですが……『天使のたまご』『(GHOST IN THE SHELL／)攻殻機動隊』『イノセンス』、それと、『(うる星やつら２）ビューティフル・ドリーマー』も先ほど観たんですけど、基本的にみんな現実と虚構がごっちゃになるっていう話ばかりという気がするんですが、押井さんの根源的なテーマなんですか？
押井　現実だの虚構だのを言い出したのは、たぶん、この人なんだよね。
川上　鈴木さんが最初だったんですか？
押井　そういうつもりでやってたわけじゃないんだけど、たぶん雑誌的には、それが一番わかりやすいから。語りやすいというか。
川上　じゃあ、「アニメージュ」の都合ってことですか？
押井　「アニメージュ」の都合かどうかはわからないけど。とにかく、ぼくの作品を語りたい人にとっては、現実だの虚構だので済んじゃうわけですよ。そこから先が問題なんだけど、考えるとめんどくさいことになるから。「現実と虚構を扱ってる」と言えば、わかりやすくなるんでしょうね。
別にこっちは、そういう意識があるわけじゃない。ただ映画の作りかたとして、そうしたほうが自分の言いたいことを言いやすい。現実だけ、つまり日常の世界だけを扱ってると、すごく範囲が狭くなっちゃうというか、映画が語りづらくなる。それで、ああいうことを始めたんだけど、それは別にテーマじゃなくて、自分にとっての「語りやすさ」でしかなくて。

鈴木　おれ、今日は引退記念かと思って来たんだけど（笑）。引退しないの？

押井　やってるよ。うん、やる予定。

鈴木　押井さん、まだ作るの？

押井　しない。仕事はずっとしようと思ってる。たまたま『スカイ・クロラ』から3年ぐらい、仕事が決まらなかったから。いろんな事情で。

鈴木　おれ、あれ観たよ。『007』——じゃない……

押井　『009』！（笑）

鈴木　『(サイボーグ)009』の、人形のやつ（＊1）。あれ、面白かったじゃん。

押井　でも、評判悪かったから。

鈴木　何で？　あれ、押井さんが一番やりたいやつじゃん。

押井　やりたかったの。

川上　ぼくも、あちら（押井版）のほうが良かったんですよね。正直に言うと（笑）

押井　それ、言っていいわけ？（笑）

川上　あっ、いや……言っていいんですかね？　わかんないですけど、あっちのほうが「観たい」と思った。

押井　いろんな事情があって。評判が悪かった、すごく。

鈴木　あれにはね、ちょっと意表をつかれた。まったく期待してなかったけど、始まってすぐに、目に（映像が）焼きつきましたよ。久びさに、「ああ、押井さん、やってるじゃん！」と思って。

川上　ぼく、あれ、『サンダーバード』（＊2）だと思ったんですよね。人形劇だと。そういう感じのCGもあるんだなと。

押井　いや、そういうつもりじゃなかったけどね。3Dのキャラクターって、日本人は嫌いじゃないですか。人形っぽいとか、気持ち悪いとか。でも、そういうオーダーだったから。3Dのキャラクターでアニメーションを作ってくれと。いろいろ試していた途中経過を周囲が見て、「やっぱり気持ち悪い」という話になったわけ。

鈴木　あれ、自信作だったんでしょ？

押井　あそこから先が見えたっていうか、もうちょっと色っぽくいけるかな、と思ってた。

鈴木　だけど、人に聞いたらね……パイロットフィルムとしてはすごく良かったけど、押井さんが働かないらしいんだよね。

押井　そんなことないよ。誰が言ってんの、そんなこと！

（笑）

川上　ぼく、鈴木さんから押井さんの話をさんざん聞いていて。「ほんとに働かない人だ」って。

鈴木　若いときは働いたよね？

押井　すごく働いた。

鈴木　TVの『うる星やつら』のころなんか、すごく働いていたんですよ。しばらくたって、変わってきた。「監督は作家であるべき」とか、いろいろ言ってね。

押井　そんなこと言ってないよ！

鈴木　結局、それは何だったのかというと、自分が働かないための方便。映画を作るときだって、わざわざ演出家を立てるんですよ。普通、ぼくらなんかのアニメーションだと、監督って、まあ、コンテは描きますよね。それをもとに、レイアウトや原画をチェックするとか、いろんなことをやらなきゃいけない。それを全部、人にやらせるの。

押井　そんなことないよ。レイアウトまでは自分で全部見てる。あとは人に任せる。どこかで人に任せないと、映画にならないのよ。わかる？

鈴木　うーん……

押井　全部を自分でやると、一種の達成感はあるかもしれないけど、達成感を求めて映画を作るわけじゃないから。

鈴木　でね、人にやってもらうじゃない。出来てきた素材が全部繋がるでしょ？　そこに、コンピューターという便利なものが出てきた。あとでいじれるんですよ。加工できる。そこである〝統一感〟を作っていく……。ぼくは、ひどいことやってるなと思ってたんですよ。ただ、最近、あることがきっかけで、「あ、合理的な方法だな」とも思った。自分が当事者になってみたらね。

たとえば、ある人に美術をやってもらうとする。コンテに基づいてやるんだけど、「(画面上で) 今、何時なのか」とか、光と影の問題とか、いろいろあるでしょ。いろんな人に描いてもらって、美術監督が全部を統一できればいいんだけど、それができないときに、コンピューターを使ってやるというのは、「あ、なるほど！」と思ったんですよ。

押井　（コンピューターが）何でもかんでもできるわけじゃ

ないんだよ。

鈴木　でも、ある程度のことはできる。

押井　それ以前の話として、こっちは、デジタルになる前からそうしてるんだから。

鈴木　押井さんはね、作品づくりの入り口で一所懸命働いて——入り口はやるんですよ、コンテを描くとか——真ん中で抜けて、また最後に出てきて、こちょこちょっと触る。そういうやりかたをしてるんですよ。

押井　そうそう。そのとおりです。

鈴木　だから、宮﨑駿に言わせたらね、「そんなものは監督じゃない。早くやめろ」って（笑）

押井　全部自分でやらなきゃ気がすまないっていうのは、自分の満足感とか達成感だけを求めてるから、そうなるんだよ。でもさ、たとえば、2年間かけてアニメを作るっていうのはさ、途中で飽きるわけ。情熱を維持するのはむずかしいんだよ。

鈴木　でも、TVの『うる星やつら』のときは、丸3年間？

押井　2年半くらい。

鈴木　その情熱はあったわけでしょ？

押井　初めてだったから。何やっても面白かったから。

鈴木　そのときは、すごく痩せてたんですよ。これ、ぼくの前からの持論だけど、押井さんって、痩せてるときは良いものを作るのよ。で、太るとね、ろくなもの作らない（笑）

川上　鈴木さんは、「身体がすごく重要」って言われますよね。

鈴木　そうそう。押井さんの影響で（笑）

押井　太ったよね？

鈴木　痩せたんだよ、これでも。そんなことはどうだっていいんですよ。『009』では、やっぱりプロデューサーの石井（朋彦）と揉めたの？（笑）

押井　いきなり来るね……大ゲンカしたよ。

鈴木　だけど、石井が主張したのは、押井さんが働かないからでしょ？

押井　そう。（一同笑）でも、それだけじゃないよ！　いろいろあったの。

鈴木　でも、煎じ詰めると、そこじゃないの？

押井　それはあるかもしれない。ようするに（彼は）ジブリ以外知らないからさ。監督っていうのは、誰よりも早く（スタジオに）来て、最後まで仕事してるもんだと思い込んでるから。

鈴木　でも、（同じスタジオにいる）神山健治っていう人は、よく働くんでしょ？

押井　働く。

鈴木　それを見てて、どう思うの？

押井　「あー、おれも昔はこうだったな」って。

川上　「昔の話」として（笑）

押井　今も働いてるよ。『００９』の追い込みだもん。たぶん、あさってからアメリカに行く。音の作業で、スカイウォーカー・サウンド（＊３）に。

川上　レイアウトまでやるとして、そのあとの演出の仕事って、具体的にどんなことなんですか？

鈴木　芝居をつけるとかね。実写で言うと、役者さんがお芝居するわけでしょ。そうすると演出家が、「いや、そこはそうじゃなくて、こうだ」とか、いろいろ注文をつける。普通、映画の監督にとって、芝居というのは大事な要素なんですよ。でも、押井さんは、そこを全部人にやってもらうんですよ。……でしょ？

押井　そうです、そうです。

鈴木　なんで？

押井　だって、キャスティングしてるもん。普通、実写映画を撮るときに、役者さんを選ぶじゃない。「この人だったら、こういう芝居をするだろうな」ってわかるわけ。アニメで言ったら、作画監督がそうなんだよ。「この作画監督だったら、絶対こっちの方向でやるだろうな」って。だから、「そっちじゃなくて、今回はこっちでやってくれ」とかさ、アタマの段階で、もう注文は終わってるわけ。で、「彼だったらできるだろう」っていう人間しか選ばないから。

鈴木　……って聞いてるとね、立派そうでしょ？

押井　ほんとだってば！

川上　あははは（笑）

鈴木　立派そうだけど、現実はそうなってないのよ。ぼくなんか、『イノセンス』で、久しぶりに押井さんにつき合ってみて……

川上　鈴木さんと押井さんの仕事って、結局、どれとどれなんですか？

押井　アニメでは2回だけ。『天たま』（『天使のたまご』）と『イノセンス』。

「監督」と「演出家」の違い

鈴木　『イノセンス』でね、（ラッシュを）流しで観ていったの。バトーっていう男が出てくるでしょ。それが最後のほうで、それまでの芝居と違う芝居をするんだよね。びっくりしたわけ。もう終わり（完成間近）の段階でしょ。「これ、押井さん観てるの？」って。

押井　観てるよ。一番最後のころにラッシュが上がったんだよね。

鈴木　「芝居なんて、どっちだっていいんだ」って、一時はムチャクチャなことを言ってたの。でも本当は、芝居は大事でしょ。「人を選べば済む」って問題じゃないもんねえ。

押井　そこが重要だとは、本当に思ってないの。それよりも、画面構成とか、美術的な要素とか、デザインとか、そっちのほうが大事だと思ってるから。

キャラクターって、アニメーターが30人とか50人とかで寄ってたかって描くわけだから、バトーなら、30人のバトーがいるわけじゃない。その顔とか、アクションとか、動きの癖とかを統一することが、そんなに大事なのかっていう話だよね。

鈴木　みんな、大事だと思ってるんだよね。

押井　いやいやいや……それよりも大事なことがあるでしょう。そのシーンも、直せれば直したほうがいいかもしれないけど、大して重要じゃない。

鈴木　コンテとセリフ、それで一気に走っちゃおうと、押井さんは考えるんですよ。

川上　芝居とはあまり関係なしに出来ちゃうと？

鈴木　そうそう。観客の目が芝居のほうに行かないように、セリフをしゃべらせる。映画って、当たり前だけど、画（え）を観てるでしょ？　ところが、むずかしい、わけわかんないセリフを言うことによって、一瞬、「観ているのに観ていない状態」にお客さんを置く。それが得意なんですよ。

川上　それは思いました！　セリフですごいむずかしいこと言ってて、「これ、何言ってるんだ？」って理解しようとすると、一瞬、画面を観られなくなるんですよね。

鈴木　そうそう。

川上　でもそれ、『ケルベロス』（＊4）を観たときにも思ったんですけど、実写なのに、まったく登場人物が動いてないですよね。

押井　「動くな」って指示したんですよ。

川上　びっくりしたんですよ。「えっ⁉」みたいな（笑）。完全に、静止画みたいな感じで。

押井　あのさ……映画の観かたって、敏ちゃんがその典型なんだけど、（観客は）キャラクターしか見てないんだよね。キャラクターの芝居とか、セリフとか、ドラマが映画だと思ってる。ぼくはさ、それも映画の一部だけど、一番重要だとは思っていないわけ。

それはたぶん、二番目か三番目くらいで、それ以前に優先すべきことが映画にはある。お客さんが、なぜキャラクターやドラマ、芝居を観たがるかというと、それが一番楽だからというか、感情移入した上で観るほうが映画に入っていきやすいから。でも、「映画に入っちゃう」って、どういうことなんだろう。映画に入ってる間は何も考えないっていうことだよね？　観終わったときの印象しか残らないっていうかさ。

鈴木　でも、それ、変わってきたよ。

押井　うん？　何が変わってきたの？

鈴木　今のお客さんの映画の観かたが。ようするに、役者の芝居では観なくなった。もう少し、上から目線。全体の構成はどうなっているか、とかね。

押井　いやいやいや……（笑）

鈴木　ほんとだってば！　変わってきたんだってば。

押井　ちょっとしたことを大げさに言って、人をケムに巻こうとするんだからさ……変わるわけないじゃん、そんなもの。

鈴木　いや、変わってきた。アメリカ映画を観てても、ある強烈なキャラクターの設定によって全体を持たせような んていう映画は、もう、ないもん。ないよ。いわゆる娯楽映画では。

押井　そんなことないよ。ある。

鈴木　いや、なくなってる。

押井　あるんだってば！

鈴木　ないから、『アベンジャーズ』（12）みたいな映画ができるんだよ。

押井　あれ、当たってるの？

鈴木　このままいくと、今年日本で封切られたアメリカ映画でナンバーワンだよ。

押井　そうかなあ……

鈴木　「そうかなあ」って、それは事実なんだよ（笑）

だからぼくは、最近寂しいなと思っているのは……なんか、「押井さんの時代」が来てるんだよね。ほんとに。

というのはね、こういうことがあるんですよ。『うる星やつら』のTVシリーズって、押井さんは2年半くらいやってた。毎週毎週、年間でざっと51週、それを2年半でしょ。それだけ本数があって、自分でも「これはうまくいった」というやつ（回）があるわけでしょ？　で、当時、押井さんがいいと思ったやつと、お客さんがいいというやつの間にギャップがあった。

ちょっと情緒的で、なおかつ、アニメーターがキャラクターをうまく描いて、その芝居がいいとかね、そういうほうにみんなお客さんが行く。それに対して、押井さんは頭にきてたんですよ。だって、それは自分がやってることじゃないわけだから。「そうじゃないところで勝負して、そちらへお客さんの関心を持ってこれないか？」って考え続けた60年なんですよ。

押井　60年……（笑）

鈴木　そういうことでしょ？

押井　ちょっと違うんだよね、それ。

鈴木　大ざっぱに言うと、そういうことなの。

押井　いや、監督として何を作るかというときにさ、役者とかキャラクターしか見ていないと、それなりの映画しか作れないわけ。泣かせたり、笑わせたり、ちょっといい気分にさせてあげたり、基本はそれでいいのかもしれないけど、それ以上のことを何かやろうと思うと、できなくなっちゃう。「それでいいのか？」という話だよ。

もっと言えば、『うる星やつら』がその典型だけど、たしかほら、クリスマスかなんかの話があるよね。若い子が好きそうな話。最後に、二人が雪の中で手をつないで、ストップモーションで終わる、みたいな、大林宣彦みたいな作品。それ、実は簡単だったんですよ。やってみたら、メチャクチャ簡単だった。

そもそも、なぜあれをやったかというと、忙しくてスケジュールがなくて、枚数を描けなくなったから。で、「タッタカ作っちゃおう」と思ってやった。カットを延ばしてさ、情緒的なカットを作って、きれいな音楽をいっぱい流して、とかね。演出的に言うと、うちの師匠（鳥海永行、＊5）が言ってたけど、「泣かすことほど簡単なものはないんだ」って。そうじゃなくて、お客さんに違うことを考えさせる、裏のテーマを見せるとか、一瞬立ちどまらせるとか、そういうことはすごくむずかしいんだ、と。

そのとき思ったんだけど、「演出家」としてはそれが正しいっていうこと。お客さんを泣かせたり笑わせたり、基本的に、それでお金をもらってるわけだから。じゃあ、「映画監督」としてはどうなんだ？　と。監督というのは、演出家であると同時に、演出家じゃない部分もあるわけだよね。「作家」という言葉がいいかどうかは別として、映画を作ってるわけだから。ドラマをいかに効果的に見せるかは演出家の領分だけど、表現の部分は監督の仕事なわけ。

だからぼく、今でもアニメをやるときに演出家を立てるのは、「そういう部分は、あなたに任せたよ」ってこと。けれども、映画全体をどう構造的に作るかとか、どうテーマを持たせるかとか、そういうことに目配りできる人間は、監督しかいないんですよ。

それをやるためには、あえて言うけど、現場に張りついてると、（作品との）距離感がなくなってくる。やればやるほど、「自分はこんなに一所懸命やっているんだ」っていう達成感に溺れるんだよね。これってさ、もっと言えば、日本人独特の、農耕民族独特の価値観なんだよ（笑）

基本的に日本人って、水稲農耕で、米を食って生きてきたから。狭い田んぼに無制限に労働力を投入するっていう、労働集約型の社会だから。そういう社会で誰が一番評価されるかというと、一番働いた人間なんだよ。その成果じゃなくて。

「自分はこれだけ一所懸命やったんだけど失敗した」っていうのは、誰もが認めてくれる。オリンピックと一緒だよ。でも、「ちゃんと計算して、合理的に考えて戦ってみたんだけど、結局いろんな理由があって負けました」っていうと、「お前、サボってたんだろう？」って話になる。すると、こういう（鈴木氏を指さして）人間が出てくるわけだよね。

鈴木　少ない努力で、大きな成果を得ようと……（一同笑）。それが達成できないイライラでずっと生きてきたんですよ、押井さんは。

押井　ちょっと違うのは、働かない時間は遊んでるのか、って話だよね。たしかにさ、できるだけ働かないように生きてきたけど、じゃあ、働かない時間は遊んでるのかっていうこと。

鈴木　空手、やってたじゃん（笑）

押井　やってるよ。どこが悪いのよ？　空手やって、どこが悪いんだっ！

映画作りの三角形

川上　押井さんの作品はよく、難解と言われますよね。先ほど、芝居とか細かい部分には興味がないと言っておられましたけど、細かいことをやっていないから難解に見えてしまっているのか、それとも、もともと難解なテーマで作ろうとしているのか……

押井　難解だと思ったことがないから。「何が難解なの?」って人に聞くと、「よくわからない」って話になるわけ。「何を言ってるかわからないから難解」なのか、「むずかしいことを言ってるから難解」なのか、どっちだと。

結局さ、違和感があるっていうことなんだよね。今まで観てきたものと比べて違和感があると。それを、どう言葉にしていいかわからないときに、「難解」という言葉になる。ぼくからすれば、難解だと思ってない。自分としては、すごくわかりやすくしているわけだから。

鈴木　そういう「異化効果」って、いつ覚えたの?

押井　別に、そんなの常識じゃない。

川上　「異化効果」って……?

押井　昔、(ベルトルト・)ブレヒトっていう演劇人が始めたんだけど、「お客さんに感情移入させない」っていうこと。観客が感情移入しようとすると、わざといろんなことをやって、「これはあくまでも舞台の上、映画の上のことなんだよ」って、客観的な立場に立ち戻らせる。そういう演出のテクニックのことなんだけど、なぜ、そういうものが必要だったかって話だよね。そりゃ、たしかに興味あるよ。好きだったし。

川上　感情移入させないように作っているんですか?

押井　感情移入させることのメリットとデメリットがあるってこと。ジブリでやってるような作品はさ、感情移入させること自体がテーマだから。小さな男の子とか女の子に感情移入させて、(登場人物と)同じように喜怒哀楽を味わわせて、「あること」を語りたい。……そうだよね?

鈴木　そうです。

押井　だから、細かく芝居をつけたがるしさ、そのこと自体をアニメーションのテーマだと思ってるから。たしかにそういうアニメーションもあるし、別にそれを否定してるわけじゃないの。全部の作品がそれである必要はないと思ってるだけ。そうじゃなくて、たとえば、映画を違うところから作り上げることに興味があったから。

ドラマをやったら、ぼくよりうまい人間はいくらでもいる。いつも演出をやってもらってる西久保（利彦）は、細かく芝居をつけたり、「演出」という面でいえば、ぼくよりはるかにうまいから。細かいし。

鈴木　異化効果って、たぶんこの日本では、漫画にしろ、アニメーションにしろ、実写にしろ、けっこう大きな問題だったんじゃないかなあ……

押井　そっちの話に行かなくていいんだよ。めんどくさくなるだけなんだよ！（笑）　お客さんも、そういうことを聴きたいわけじゃないじゃん。

鈴木　そんなの、わかんないじゃない？

押井　そんなの関係ないって言ってるじゃん。

川上　（モニターを見て）「聴きたい」って言ってますけどね……

押井　聴きたいのかな？　あんまり面白くないと思うんだけど。

鈴木　なんでかっていうと、さっきの話とちょっと関係ある。川上さんって面白いのよ。今、44歳。この年齢になるまで、雑に言うと、ほとんど映画を観てこなかったんですよ。

川上　あはは……（笑）

鈴木　そんなヒマがあるなら、本を読んだほうが面白いって。

押井　それはそうかもね。最近、そう思ってるよ。

鈴木　映画だとね、その時間を縛られるわけでしょ。文章だったらこれだけで終わるのを、延々とやってる。それはもったいないと。……でしょ？

川上　映画って、早く観たいのに進まないじゃないですか。2時間だったら2時間取られますよね。それもすごく嫌だった。

押井　それはね、ちょっと違うと思う（一同笑）

2時間の映画をぼーっと観てれば、2時間なんですよ。退屈だと思って観たらすごく苦痛で、トイレに行きたいとか、お腹がすいたとか、3時間にも5時間にも感じる。でも、たとえば90分くらいの映画でも、考えながら観てると飽きないんですよ。時間経過って、2時間という物理的な絶対時間じゃないわけ。体験する時間っていうのは。どんな退屈な映画だって、「自分だったらこう撮るよな」とか、「なんでこうなっちゃうんだろう？」とか考えながら観てると、全然飽きない。実は、自分の中では、違う時間経過で観てる。映画はそれができるから映画なんだと思う。逆に言うと、読書は、ページをめくらなければ次に行けないじゃない。

川上　最近、ちょっとわかってきたんですよ。映画の観かたっていうのが。ぼく、ストーリーにしか興味なかったんですよね。筋書きだけ。

押井　それは、ドラマ（作劇）ってやつでしょ？

鈴木　みんなで一緒に映画観てるとね、日本映画の場合は特にそうなんだけど、ろくにキャラクターを説明しないうちに話が進行するじゃない。すると川上さん、誰が誰だか区別ついてないんだよね。

川上　わかんなくなっちゃうんですよね（笑）

押井　それは、わからないでもない。翻訳もののミステリーと一緒で、登場人物が誰だか思い出せなくなる。最近、歳とって頭が鈍くなったせいかもしれないけど、フランスのミステリーとか読むと、名前が覚えられない。「これ、誰だっけ？」って。それと同じかもしれない。

敏ちゃんもそうなんだけど、ようするに、ストーリーとキャラクター、あと、テーマにしか興味がない。「表現」っていうことにまったく興味がない男だからさ（笑）

鈴木　そうやって、決めつけるんだよねえ。

押井　だってそうじゃない。自分でもそう言ってたじゃない。

川上　そうなんですか？……いや、でも、鈴木さんは、逆のことをずっと言ってますよ。「表現のほうが大事だ」っていうようなことを。

押井　でも、自分（の仕事）では、そうやってないじゃない？

川上　それはそうですよね。

押井　ジブリのアニメーションって、表現のレベルで言うといつも同じだもん。30年間変わってないじゃん。そうでしょ？

鈴木　でも、そのことと、自分が（表現に）関わるかどうかは関係ないじゃん。ねえ？

押井　変わらないことを「良し」としてきたわけでしょ？

鈴木　いや、そんなことないよ。

押井　あえて変えようとしてないし、変わっちゃいけないと思ってるわけでしょ？

鈴木　そうかなあ……

川上　どっちがどっちだか、わからなくなったんですけど……押井さんは、表現のほうが大事って言ってるんですか？

押井　そうそう。

川上　でも、その表現、つまり演出は、人に任せるって言ってますよね？

押井　そうじゃない。それは全然違う。

川上　違うんですか？

押井　うん。演出は任せるとしても……

鈴木　じゃあ、「表現」を定義すると、どうなるの？

押井　たとえば、画作りとか、音楽をどう入れるとか、映画的表現のこと。どういうふうな構造を映画に持たせるかとか、そういうレベルで言ってるわけ。ストーリーとかキャラクターは、あくまで映画の一部。

映画の要素は、はっきり言って、三つしかないんだけどさ。「ストーリー」と「キャラクター」と「世界観」。映画って、この三つで成立してる。この三角形のてっぺんに何を持ってくるかで、映画の種類が変わる。これはぼくの持論なんだけど。その三角形のてっぺんを決めるのが「監督」なんですよ。

プロデューサーは三角形をこうしたかったけど、出来上がったらこうなってました、キャラクターが立っちゃった、ということはある。

鈴木　一般的には、大衆娯楽映画っていうのは、ストーリーとキャラクターに力を入れる。

押井　普通はそうなってる。昔、アメリカに行ったとき、（ジェームズ・）キャメロンが言ってたんだけど、ハリウッドでは、キャラクター、ストーリー、世界観の順番で作るんだって。

鈴木　キャラクター、ストーリー、世界観……

押井　ユニークなキャラクターがいて、面白いストーリーがあって、最後に世界観を考える。この順番を厳密に守らないと、ハリウッドでは仕事できない、失敗するんだってさ。

「あ、そうなんだ！」と思った。三つしかないって、彼もわかっているわけ。でもぼくは、「逆だと思うよ」って言った。「まず、世界観があって、それからキャラクターがあって、最後にストーリーを考えればいいんだよ」って。そういう順番でものを作れるのは、映画だけだもん。

川上　それ、ほんとに思ったんですよね。『イノセンス』とかを観て、世界観とか雰囲気はすごい好きなんですけど、ストーリーはわからないんですよ。

押井　ストーリーは、一番最後だから（笑）。『イノセンス』の脚本って、たしか2週間くらいで書いた。ある意味では、ドラマとかストーリーって、そんなに大した種類はないんですよ。

鈴木　出尽くしてるの。

押井　うん。一説には26種類しかないっていうけど、映画で言ったら、いくつかしかパターンがないわけ。男と女の話か、男と男の話か、男二人と女一人の話か、女二人の話なのか。大ざっぱに言っちゃうと。

鈴木　ちょっと待って。川上さん、『イノセンス』は面白かったの?

川上　『イノセンス』ねー……ぼくね、『GHOST IN THE SHELL／攻殻機動隊)』はすごく面白かったんですよね。で、次作の『イノセンス』は、すごく画が豪華じゃないですか。『スカイ・クロラ』よりもお金がかかってるように見えるんですけど。

押井　かかってますよ。3倍くらいかかってます(笑)

川上　すんごいお金かかってますよね(笑)。昔の作品とは思えないくらいに。今、あんなふうに作るのは大変ですよね?

押井　できない。不可能です。

鈴木　ああいうテーマは、どう思ったの?「もう、生身の人間なんかいやしない」っていうのは。

川上　それで言うなら、『イノセンス』で一番腹が立ったのが、ゴーストの扱いなんですよ。ゴーストがいるかいないかということについて、前作では、ゴーストは「一応いる」ってことになってるけど、いるかどうかよくわからないぐらいの、曖昧な存在だった。でも、『イノセンス』では、はっきり魂のようなものとして、ゴーストは「いる」って言ってますよね。

人間にとって、情報とか現実というのは相対的なもので、何が現実かなんていうのは本人の主観だ、みたいなことを言っていながら、魂だって本当にあるかどうかわからない、っていう曖昧さが、ぼくは良かったと思うんですけど。『イノセンス』では、それは人間の中に「ある」っていうふうになってた。あれがちょっとね……異議が(笑)

鈴木　どうだって良かったのよ。それは「1」(前作)のほうでやってるから、もういいって。で、ぼくは、『イノセンス』のとき押井さんに言ったの。「やっぱり『2』なんだから、ゴーストの説明をもう一回やり直さなきゃダメ」って。そしたら、「めんどくさい」って言うんだもん。

川上　ゴーストの扱いがぞんざいですよね。誘拐された子

供たちにゴーストがいて、それを移植するとか。何なんだろうと……（笑）

押井　1本目と2本目は、そもそも違う映画なんだから。

鈴木　そう。全然関係ないんですよ。

川上　あれを違う映画と言うんだったら、1本目を観ないと、（草薙）素子が出てくるのがわかんないですよね？

押井　違う映画っていう意味は、ストーリーやキャラクターがじゃなくて、映画の種類が違うということ。

鈴木　あのころ押井さん、太り過ぎて、腰が痛くて、毎週のように中目黒に行って揉んで（マッサージして）もらってたんですよ。そうでないと持たない身体になってたの。それが、『イノセンス』の発想の起点なんだもの。「機械の力を借りなきゃ、ぼくは生きていけない」と言ってね。当時はまだ、空手をやってなかった。……それがテーマだよね？

押井　まあ……（一同笑）

鈴木　誰でもそうだけど、皆さん、歯医者さんに行ってるでしょ。いろんなものをくっつけなきゃ、ものを食えない時代になってる。そういうことでいえば、多かれ少なかれ、みんな機械の恩恵に浴してるだろうと。でも、それが増えてきたら、当然、本来の動物としての機能を失う。だから、動きとかもモタモタしてる……そういうのをやろうとしたんだよね？

押井　半分ぐらいは、そう。

鈴木　発想は面白いと思ったんですよ、ぼく。それが、映画として実現してるかどうか。それが実現できてないから、川上さんは、つまらないって思ったんでしょ。違う？

川上　そう言われると、ちょっと……（笑）

鈴木　思いつきは、けっこういいんですよ。押井さんは、一つ思いつくと、それだけで一気に押しちゃって、よく考えると単純な映画なんですよね。そこを複雑化しない。……ね？

押井　わかってるじゃん（笑）。そうだってば。身体の映画を作りたいんだと。ようするに、「身体論」がテーマ。

人間にとって「身体」って何だろうと。「どこからどこまでが自分なんだ？」っていう話は1本目でやったから、それはもういい。それ以前に、「自分の身体って何だ？」っていう、もうちょっと深いところでやろうと思ったわけ。

たしかにあのころ、自分の身体もすごく調子が悪くて、背中は痛い、肩は痛いし、太っちゃったし。すごく不健康だった。『攻殻』が終わったときに犬と暮らし始めて、少しわかったんですよ、それが。

川上　犬が出てきましたね、たしかに（笑）

鈴木　意味不明でしょ？　単に好きなんですよ。だって、犬みたいな顔してるじゃない。

押井　犬はさ、自分の身体をどう認識してるんだろう？もしかしたら、人間だけが自分の身体について考えているのかな、っていう話だよ。

鈴木　そうです。

押井　ようするに、機械の身体と、けものの身体と、人形と、三つ並べてみて、自分はどれを選ぶんだっていう、ただそれだけの映画。

鈴木　その設定を、ずーっと順番に説明するっていう映画でしょ？

川上　でもそれは、「1」で終わってるんじゃないかなと。

押井　「1」は、そこを通ってないんですよ。

川上　通ってないんですけど、「1」の前提に、それがすでにあるような……

押井　前提に遡って、もう一回やってみようと思っただけだよ。

「唯脳論」は映画になるか？

鈴木　押井さん、脳はやらないの？

押井　えっ、脳みそ？　脳みそはどうでもいいんだよ、もう。どうでもいいっていうか、みんな、人間の実体がなぜ脳だと思うんだろう。人間の身体の中で、一番上等で、一番偉いのが脳みそだと、みんな思ってるわけだよね。それは大きな勘違いであってさ。

鈴木　今、思いつきなんだけど……養老孟司さんの「唯脳論」、読んだ？

押井　読んだよ。

鈴木　あれ、映画化できないの？

押井　前に、ＮＨＫか何かで養老さんと対談したことがあるんだけどさ、そのとき、あの人がそういうこと言ってたよ。

鈴木　ああ、そうなんだ。

押井　この人、やっぱり同じようなこと考えてるんだと思った。「自分はほとんど人形として生きてます」って。「ここにもう一人の自分がいる」という（自覚的な）瞬間は、24時間の中で、たかだか1時間か2時間くらいにしか過ぎない。あとは、習慣だけで動いている。電車に乗って、職場に行って、働いて帰ってくる。そんなこと、ものを考えてたらできるわけないですよ、って。身体だけが動いてて、「自分」は置き去りになってるだけだと。

川上　それはそうですよね。

押井　人間は、そもそもそういうものだと。脳がいちばん偉いって、昔からそうだったわけじゃないんだから。

川上　遺伝的な発生から考えたら、明らかに脳って、いちばん最後にできた寄生虫みたいなものですよね？　人間の身体に取りついた。

押井　いちばん最後に進化したから。

川上　乗っかってきたようなもんですよね。

押井　人間は、脳に特化した生きもの、けものであるっていうだけだよ。脳だって、胃とか肝臓とか筋肉と同じで、デバイス（周辺装置）の一つにすぎないんだって。「じゃあ、人間の本質って何だ？　脳や神経系以外に、何が人間を支配してるんだ？」ってことになるけど、ぼくに言わせれば、それは、具体的な肉体のことではない。自分の身体を、自分がどう意識化しているかという、言ってみれば「言葉」なんだよね。人間を人間たらしめているのは、言葉なんだと。それが、文字から獲得した言葉なのか、自分の身体から獲得した言葉なのか、その違いがあるだけであってさ。

鈴木　書いてあるんだよね、「唯脳論」の中に。「何で言葉は生まれたか」とか。読み直したら、面白かったよ。

押井　身体って肉体のことじゃないんだって、ぼくは、『イノセンス』のときに何度も何度も言った。「肉体と身体は別もの」だと。自分自身の存在をどう意識してるかで、初めて身体が立ち上がってくる。普段、身体は生きてないんですよ。電車に乗ってるおっさんやおばさん、若い子も、自分の身体を持っていない。「自分の身体がない」ということは、最初の『攻殻』のテーマでもあったし、『イノセンス』のテーマでもあるんだけど……

じゃあ、ほかにどんな身体があるんだろうと考えたときに、動物が一つのモデルになるだろうと。動物には自意識がないから。自意識がなくても、身体は存在する。つまり、身体として生きてる。人間はなぜ、それをできないんだろう、って。……こういう話を、延々とやっててていいわけ？

鈴木　いいよ。川上さん、面白いでしょ？

川上　面白いですよ。ぼくは、そういう話のほうがいい。

鈴木　ねえ。しゃべると、ほんとに面白いのよ。

押井　もっとくだらない話をするのかと思ってた。

川上　くだらない話……！（笑）

押井　たぶん、ジブリの話になるかと思って、ジブリの悪口をいっぱい言おうと思ってたの。

（モニターを見て）……ほら、「ジブリの悪口希望」ってコメント書かれてるよ。

鈴木　バカ！（笑）

押井　誰も言わないからさ。ジブリって、何か言っちゃいけない〝聖域〟になってるじゃない。

鈴木　映画といったって、いろいろあるんだから、いいじゃん。

押井　また、話を逸らそうと思って（苦笑）

鈴木　「唯脳論」を映画化しないの？　観たいんだよね。

押井　したじゃん、もう。『イノセンス』がそうだって。

鈴木　いや、もっと、ちゃんと正面きって。『唯脳論』っていうタイトルの映画を。

押井　お金（製作費）、集めてくれる？　いつでもやるよ。

鈴木　最近ねー、そういうの飽きてきたんだよねえ……

（笑）

押井　「やれ」と言われれば、いつでもやるけど（笑）

……あのさ、「唯脳論」はたしかに面白いんだけど、ぶ厚い本じゃない？　で、養老さんが新書で出した「バカの壁」がムチャクチャ売れたわけだよね。なぜ「バカの壁」は売れて、「唯脳論」は売れないんだろう？

川上　むずかしいからですよね。

押井　（値段が）高いとか、安いとか、内容がむずかしいからとか、新書だったらすぐ読めそうとかあるんだろうけど、結局、養老さんが何を考えてるのか、みんな知りたいわけだ。興味あるんだけど、むずかしそうだから、一所懸命考えて努力するのが嫌だし、「新書を買ってすむんだったら、それでいいや」って。それが、「そもそも違わない？」と思う。結論じゃなくて、その結論に到達する過程を知らないと、ものを考えたことにはならないし、自分自身で納得できるわけでもない。ぼくの本もそうなんだけど、いくら小説を書いても誰も買わないけど、新書だけは売れる。

鈴木　あ、そうなんだ。

押井　そう。それで、ニコニコ動画から「メルマガ（ブロマガ）やりませんか？」って説得されたんだから。

川上　みんな、結論を知りたがりますよね。

押井　その人間が何を考え、今の時事的な問題をどう思ってるのかは知りたいけど、その人の〝表現〟には別に興味がない……というか、めんどうくさいんだろうね。

昔だったら、ある作家に興味を持つと、その人の作品を全部読んでみようと。昔の作品から最新作まで、次々と追いかけて読もうと。最近はそうじゃなくて、「この人が何をしゃべってるのか聴きにいこう」ってなる。

川上　ネットって、だいたいそうなんですよね。タイトルだけで判断する傾向があって、いろんな記事のタイトルだけを見て、中身を読まない。そのくせ、文句を言う（笑）

押井　本も映画も山ほどあるから、全部につき合いきれないし、どれ読んでいいかわからない、というのはあると思う。とりあえず、「本人が何をしゃべってるのかを聴けばわかるかな」。で、興味があったら、「じゃあ、読んでみようかな」となる。順番が逆になってるという説がある。

でもぼくは、それだけじゃない気がする。ものを考えるということの「筋道」を、誰も教えないからだと思う。いろんな問題について考えてますとか、しゃべれますとか言うけど、それって、ただの知識じゃない？　それじゃ、その人の考えかたは全然わからないわけ。

川上　それ、やっぱり、受験勉強が悪いと思うんですよね。

押井　もちろん受験勉強も悪いんだけど、それ以前に、こういう人（鈴木氏）が、一方的にものごとを押しつけようとするからさ……

川上　あははは（笑）

押井　だって、一つの映画を2千万人とか3千万人が観る必要が本当にあるの？　「そうでないといけない」と思ってるわけだ。それが、プロデューサーのテーマだから。

鈴木　使ったお金に対する費用対効果だから、それは関係ないもん。

押井　だったら、最初から安い映画を作ればいいじゃん。

鈴木　事情があるんですよ（笑）

押井　どんな事情なんだよ？（笑）やっぱり、大衆を動員したいと思ってるわけでしょ？

鈴木　そうじゃないよ。逆。そうせざるを得ないんだもん。

押井　古い人間なんだよ。１００万人を集めるよりも１０００万人集めたほうが「何か大きなことを成した」って考える。

鈴木　違うの！　これだけお金がかかったから、逆算すると、これだけの人に観てもらわなきゃならないってことよ。

押井　2千万人もいらないじゃない。

鈴木　（小声で）いるのよ。
押井　なんでいるのよ？
鈴木　そうなってるのよ。
押井　ウソだよ。
鈴木　けっこう大変なんだから（笑）
川上　まあまあまあ……（笑）

それぞれの、好みの作品

――視聴者からたくさん質問が来ていますので、ここで一つ質問を挟ませていただきます。群馬県、30代の男性から。押井さんに、〈好きなジブリ映画は何ですか？　好きなジブリ映画のキャラクターは誰ですか？〉
鈴木さんに、〈好きな押井作品とキャラクターは何ですか？〉
川上さんには、〈ジブリ映画、押井映画で一番好きな作品と、好きなキャラクターはなんですか？〉
鈴木　はい、押井さん！
押井　あーっと……（考えて）……『（天空の城）ラピュタ』かな。あれが一番好き。いや、ちょっと違うな……あっ、わかった！『ハウル』だ『ハウル』。
鈴木　『ハウルの動く城』？　あれ、好きなんだ？
押井　『ハウル』大好き。っていうか、ジブリ作品で、自分で（ソフトを）買ったのはあれだけだもん。スーパーマーケットで買ったんだけどさ（笑）。あとは買ったことない。
この人（鈴木氏）、くれないからさ、絶対。最近、送ってくるようになったけど。
川上　昔はそうだったんですか？
鈴木　押井さん、どこにいるかわからないんだもん。
押井　いつも会ってたじゃないの！（笑）『ハウル』がなぜいいかというと、あれ、けっこう評判悪かったじゃない？
鈴木　まあね、うん……
押井　けっこうメチャクチャな映画なんだけどさ。構成は破綻しまくってるし。でも、宮さんが、初めていいこと言ったと思ったわけ。あの「カチャカチャ」がいいんだよね。
鈴木　「カチャカチャ」って、なに？
押井　あの円盤が回るじゃん、カチャカチャと。4つ、色を塗りわけてあって、カチャカチャ回すと違う世界に行く。そのうち、4分の1が真っ黒に塗ってある。その真っ黒のところに回して、ドアが開くと、戦争をやってるんですよ。

業火が燃える戦場で、主人公のハウルが怪物になって、バッサバッサ飛び回ってるわけ。そこから帰ってくると、もうなんか血みどろでさ、ヨレヨレになってる。火の妖精（カルシファー）が、「もう、いい加減にしたほうがいいよー」「そのうち、もとに戻れなくなるよー」って言う。あのカチャカチャは何だろうと思ってたの。で、考えてみてわかったのが、あれってさ、男の内面の話なんだよね。

鈴木　うん……。

押井　男ってさ、4つぐらい世界を持ってるんですよ。どんなオヤジでも。その4分の1くらい——多い人では半分くらい——家族にも、奥さんにも、娘にも見せられないダークサイドがある。そこは宮さん、わかってるんだよ。さすがに。

　そこ（黒い部分）に行くと、怪物になって死んじゃうかもしれないし、帰ってくるとフラフラになってる。だけど、そういうものを持ってるのが男なんだって。女の人も同じかもしれないけど。男だったら、たぶん誰でも共感できる。「ああ、こういうことやってるんだ」って。

鈴木　でも、それ、けっこう宮さんのテーマだよ。

押井　そうそう。だけどそれ、あまりやらなかったじゃない、作品の中では。

鈴木　一応、やってるのよ。

押井　いやいやいや。あれだけ露骨にやったのは初めてだよ。

鈴木　まあね。そう、あれは露骨だった。

押井　『紅の豚』のときもさ、これは敏ちゃんの名言だと思ったけど——「あの豚は最後、どこに帰るんだろう？」と宮さんに聞かれて、「決まってるじゃないですか。奥さんのところに帰るんですよ」って答えたと。そのとおりでさ。

鈴木　そう言って、ちょっと宮さんを怒らせちゃったのよ（笑）

押井　あの豚って、ようするに宮さんのことでしょ。豚のお面をパッととると、宮さんの顔になってるわけだ。絶対そうだよね。

鈴木　そのときのことを言うとね——つい、こちらも気を許しちゃってね——（ポルコが）最後に自分のアジトに帰ってくるでしょ。そこを通過してトントンと奥に行くと本宅がある。家の中に入ろうとすると、いきなり怒られて、「ゴミを捨ててこい！」と奥さんに言われる。「そこで終わらせたらどうですかね？」と言ったら、宮さん、笑ってなかっ

たね（笑）

押井　あのときはまだ、かっこつけてたから。トレンチコート着て、かっこつけて、でも、顔は豚なんだよね。なぜ豚かというと、羞恥心があるから。キザにふるまうためには、自分の素顔じゃ恥ずかしいんだよ。だから豚のお面をつけた。だって、お面をつけてるのはあの豚だけで、あとは全部人間じゃない。あの世界、どうなってるのと。呪いをかけられたとかいうけど、呪いじゃなくて、あれは自意識のことを言ってるんだよ。

敏ちゃんがさすがにわかってるなと思ったのは、宮さんは、そういう自分に対して、どこかうしろめたさを持ってるんだよね。『ハウル』では、それを全部かなぐり捨てた。ほんとに100パーセント自分をさらけ出しちゃった。初めてパンツを下ろしたんですよ。

川上　ジブリに行って思ったんですけど、作品のいろんな裏話や、知らなくてもいい話も多いなあ、と。聞きたくないもん、そんな話（笑）

押井　話は戻るけど、作品的には『ハウル』が一番好きで、キャラクターでいったら……何だろう？　あのロボットかな？　『ラピュタ』のロボット。あれ、いいと思うよ。

鈴木　へえー……あの二面性が？

押井　うん。もちろんあれには元ネタ（＊6）があるんだけど、それにしても、よくできてるよ。そのくらいいじゃないかな……以上。はい、そっちは？

鈴木　え？

押井　「え？」じゃないよ！（笑）　何がお好みなの？

鈴木　……『真・女立喰師列伝』。

押井　あー、わかった。もうわかった！

鈴木　何？　何恥ずかしがってるの？

押井　そうじゃなくて！　それ、自分がナレーションやってるからでしょ？

鈴木　いや、ナレーションやったからじゃなくて、これ、押井さんが珍しく情緒的に作ったんですよ。だから、すごく印象に残っちゃって。

『真・女立喰師列伝』というタイトルのもとに、いろんな監督たちがオムニバスで映画を作ったんだけど、その最初のやつ（『金魚姫　鼈甲飴の有理』、＊7）を押井さんが監督した。そしたらねえ、近年ずっと、しちめんどくさいことを言ってきたのが全部吹っ飛んで、非常に情緒的に作ってる。

『真・女立喰師列伝』宣伝ヴィジュアル。
６人の美女が出演するオムニバス映画で、07年・東京国際映画祭「ある視点」部門、08年・ベルリン国際映画祭「食と文化」部門で公式上映され、好評を博した。

第１話・ロケーション撮影のスナップより。
上左・上右＝小金井のスタジオジブリにて、鈴木氏の出演シーンを撮影。／下左＝ロケ当日のホワイトボード（07年5月28日）／
下右＝近所の蕎麦屋に移動して撮影。
右から、鈴木氏、押井監督、吉祥寺怪人氏。

17:00　押井さん
〜　「女立喰師」撮影
19:00　その後 田香作へ.

川上　感情移入できる作品。
鈴木　それが、けっこううまいの。あれ、もう少しお金（製作費）を使えば良かったのに。
押井　ないんだよ、もともと。お金がないから鈴木敏夫にナレーションを頼んだの。
鈴木　ナレーションは、良かった。
押井　良くないよ、全然！　良くしたんだよ！
鈴木　ほんっとに良かった、ナレーションは。もう、自分で感動したもん。
押井　もういいから！

＊

川上　ぼくも、ジブリ作品で一番好きなのは『ハウル』なんですよ。観てるところは押井さんと違うなと思ったんですけど、感情移入させる部分がすごいなと。ソフィーの気持ちもすごくよくわかったし、宮崎監督が自分自身を投影させてるのをすごく感じた。その立場が、感情移入のさせかたがメチャクチャじゃないですか。ストーリーと関係なしに、「こういうのもあるよね」っていうシーンがいろいろ出てくる。ストーリー的には全然繋がってないんだけど、感情移入のさせかたがすごく見事で。
押井　「表現」ってことで言うと、すごく円熟してると思った。シーンや情景の作りかた、話のもっていきかたとかが、さすがに円熟してるなと。だけど、たしかに、繋がってないですよ。
川上　逆にそれが、すごい映画に見えたんですよ。全然繋がっていないのに、一応繋がってるようになってるところが、すごいバランスだなと思って。
押井　そもそもあれ、ソフィーの映画になってないじゃない。18歳の彼女がお婆さんになっちゃって、それが話（の全体）に全然関係ないじゃない。
川上　そうなんですよ。途中で終わっちゃうんですよね。
押井　宮さんがやりたかったのは、実は、いろんな世界に出入りする男の話だったんだよ。
鈴木　あれ観た？『星をかった日』（06）。ジブリ美術館で上映してる、宮さんの短編。
押井　観てない。
鈴木　じゃあ、今度観せますね。珍しくサイドストーリー（外伝）をやったのよ、宮さんが。ハウルの少年時代。そこに、若き日の美しかった〝荒地の魔女〟が登場。

押井　あー、それはたぶん面白いと思うよ。
鈴木　そして、簡単にいうと、ハウルの童貞を奪ったのが彼女。いい話になったんですよ。
押井　宮さん、本質的に短編は絶対うまいから。
鈴木　うまい。
押井　長編はデタラメになっちゃう。
鈴木　どう作ったっていいじゃん。
押井　思いついた順番にやってるだけだもん。短編はたしかにうまい。ジブリ美術館でやってたネコバスのやつ（『メイとこねこバス』02）、トトロ2。あれはたしかに、すごく良かった。
鈴木　あれは観た？　『パン種とタマゴ姫』（10）。
押井　観てない。
鈴木　これ、すさまじいよ。ぜひ。……全然観てないじゃん！
押井　だって、美術館に行かないと観れないんでしょ？　美術館、行ったことないんだもん。
鈴木　ちょっとトイレに行ってきますね。しばらく二人でがんばってて下さい。
（鈴木氏、離席する）

60歳を過ぎて思うこと

川上　（笑）……いやあ、ほんとに面白いですね。
押井　いない間に、いろんなこと言っちゃおうか。
川上　はい。じゃあジブリの話とかを、ぜひ。
押井　……でも、いない間に言うのは、ちょっとフェアじゃないかもしれないね。
川上　押井さんのいないときに、押井さんの話をいっぱい聞いてますよ。
押井　あー、たぶんそうでしょう。会うのは久しぶりなんだけど、やっぱり変わったよね、あの人。この10年間で何が変わったかというとね、命が惜しくなったんだよね。
川上　そうなんですか？
押井　うん。昔は全然あんな感じじゃなかった。
川上　ぼくが知りたいと思ったのは、鈴木さんをいろいろ悪く言う人も多いじゃないですか。たぶん悪く言われるようなことをやってきたと思うんですよね。
押井　悪党だから。
川上　そうですね。『ラピュタ』か『ナウシカ』のブルーレイディスクに昔の鈴木さんの映像が残ってて、すごい悪人顔で、びっくりした。こんな人をよく宮﨑駿は信用して仕事をしたなっていうぐらいの人相。でも、今の鈴木さんって、全然そんなことないですよね？

押井 好々爺っぽくなってきたでしょ？

川上 はい。

押井 好々爺のふりしてるだけなんだけどさ。でも、変わった部分があるとすれば、良い人に見えるようになったんじゃなくて、さっき言った、命が惜しくなったってことなんだよね。焦っているんですよ、たぶん。

川上 焦ってる？

押井 うん。ようするに、人生が終わるのがだんだん迫ってきて――ぼくも60過ぎたからわかるんだけどさ――だんだん終わりが近づいてるってヒシヒシと実感するわけ。「今まで自分がやってきたことって、これでいいのか？」とか、「やり残したことはないか？」とか考えたとき、けっこうゾッとするんだよね。自分がやってきたことを振り返ったときにさ。

川上 でも、鈴木さん、すごい幸せそうに生きてますよ？

押井 楽しそうにしてないと、やってられないから。いつも楽しそうにしてるんだけどさ、実際には、今やりたいことがなくなってきたんですよ。これは、彼みたいな人間にとって、一番ピンチなんで。絶えず「何かを獲得する」ことで生きてきたから。とりあえず、全部獲得したじゃないですか。

川上 はい。

押井 映画も成功してるし、プロデューサーとしても当代一みたいになってるわけだよね。会社の信用も絶大だし。いろんなものを獲得したはずなのに、気がついたら、手の中に何もない。あるのは腹だけでさ。あるときに、そのことを言った。「あんた、その腹の中に何が入ってるの？」って。エイリアンの卵か、死が入ってるか、どっちかだって。とりあえず腹を引っ込ませたら、少し生きることの目標が出てくるかもよ、って。

川上 たぶん鈴木さんも、そういう何らかの葛藤はあるはずだと思うんですけど。人間、絶対それがあるはずじゃないですか？

押井 たぶんあの世代、団塊世代のオヤジってさ……

（鈴木氏が戻ってくる）

鈴木 団塊のオヤジ!?（笑） 自分だってそうじゃん！

押井　違うでしょ（笑）。団塊のオヤジって、基本的に仕事しか生きがいがなくて、家庭とか自分が大事にするものを何も考えずに生きてきたんだよね。やりたいこと全部やってきたから。周りの迷惑も考えずにやりたいことやって、なおかつ達成感も得たんだけど、何が残ってるんだろうと。家庭もなければ、何もないじゃん。とりあえず、離婚してないっていうだけでしょ？　家庭は、あると言えばあるんだけどさ……

鈴木　押井さんはね、離婚してるんですよ。それをいばってるんだもん。

押井　いばってないよ、別に！　失敗は失敗だもん。

鈴木　友絵ちゃん、元気？

押井　元気。そのことはいいよ（苦笑）

鈴木　押井さんの娘さんなんですよ。

押井　ぼくも孫ができて、気持ちが少し変わったというか。

鈴木　会ってるの？

押井　会ってるよ。会ってくれっていうから、会ってるよ。

鈴木　へえー……おじいちゃんなんだ。

押井　最近、「おじい」って言われてるんだよね。「押井」じゃなくて、「おじい」になった（笑）

鈴木　押井さん、引退しないんだね？

押井　引退しないよ。なんで引退なのよ？

鈴木　誰かに聞いたけど、『パトレイバー』を映画で作るの？　ライブアクションで。

押井　言えるわけないでしょ、そんなこと！

鈴木　あ、やってるんだ！　わかった（笑）

押井　ほかにも、企画はいろいろあるんだけどさ。急に忙しくなったの。ほんとに3年間、ヒマでヒマで……

鈴木　外国のどこかがお金出すとかっていうのも聞いたよ？　古いネタを出したら、それを気に入られたとか。

押井　それはまた別の話。それ以外にもあるんだよ、いろいろ。3年間、ヒマでヒマでしょうがなかったのに、今年に入って急に忙しくなった。問題なのは、アニメの話が1本も来ないんだよ。

鈴木　（笑）

押井　なんでだろう？　アニメを辞めたと思われてるのかな。

鈴木　わかった！　アニメーションを引退したんだ。

押井　引退してないよ。やるって言ってるんだから（笑）。アニメをやらせてくれなくなったのは、たしか。ぼくと一緒にやってくれるアニメーターは、あまりいなくなった。

鈴木 アニメのプロデューサーとしては、石井が最後だよね？ 押井さんのことをずっと支えてきたじゃん。この間。

押井 この間って、3年くらいだけどね。

鈴木 3年間も支えれば充分でしょ（笑）

押井 自分は、（ジブリを）30年支えたでしょ？

鈴木 支えてるんだよ、おれ。

押井 やっぱりプロデューサーと監督って、むずかしいと思う。10年ぐらいが限度という説があるけど、30年もよくやってるなと思う。感心するよ。ぼくは、石井と10年も持たなかったもん。3年で破綻しちゃった。

川上 石井さんの前は？

押井 石川（光久）とは、ずっとやってるんだけど。あと、実写のプロデューサーはほかにもいますけど、一番長くつき合ったのは石川だろうね。石川は、現場のことはやらないから、話を決めてくるだけ。あと、お金集めてくれるだけで。本当に「プロデューサーと仕事をした」っていう意識は、実はないんですよ。

川上 石井さんとでもですか？

押井 あんまりない。

鈴木 でも押井さん、『スカイ・クロラ』のとき、がんばってたでしょ？

押井 ちょっと引いて、石井の言うことを聞いてみようと。そういうスタンスで組んでみた。だからうまくいったのかもしれないけど。ずいぶん言うこと聞いた。「なるほど、そういう考えかたもあるのか」ってさ。今までだったら、ワーワー言って全部潰しちゃうんだけど、ケンカしなかったもん。終わってからだよ。ちょっと変になったというか、「なんか違うかな？」って。

鈴木 やっぱり、（原因は）『００９』だよね？

押井 直接的にはね。あいつ（石井氏）がこの放送を観たら激怒するかもしれないけど、でも、たしかにそうだよ。

川上 プロデューサーとは、どういう存在だと思いますか？

押井 いや、それはよくわからないんですよ。ぼくは、プロデューサーと四つに組んで仕事してきたという意識があまりない人間なんで。でも、「プロデューサーとはどういう人で、何を考え、何がやりたくてプロデューサーをやっているのか？」っていうことには興味がある。敏ちゃんに対しても、そういう興味があるから、今でもつき合ってるのかもしれない。

川上　『イノセンス』のとき、鈴木さんはプロデューサーはやってくれなかったんですか？

押井　宣伝プロデューサー。「その限りにおいては、組んでもいいよ」って話をしたの。じゃないと、映画をムチャクチャにされちゃうから。どうせ、そうなるに決まってるから。

川上　ははははは（笑）

押井　彼がやったのは、二つ。『イノセンス』というタイトルを決めたこと。それと、主題歌。

鈴木　英語の歌だったんですよ。

押井　「Follow Me」っていう歌なんだけど。敏ちゃんの好きなジャズシンガー（伊藤君子）が歌って。素敵なおばさんだったけど。

鈴木　そう。押井さん、あれを一回聴いて、すぐ気に入ったんですよ。

押井　だけど本当は、川井（憲次）くんのエンディングで決めるつもりだった。外国に行ったら、みんなに言われたもん。「なんでエンディング曲は川井憲次じゃないんだ？」って。あの歌の原曲は、海外ではメチャクチャ有名だから。「アランフェス協奏曲」。「なんで今さらこういう曲を持ってきたの？」って、さんざん聞かれた。

鈴木　知ってる人がいっぱいいたの？

押井　向こうでは有名だもん、誰でも知ってるよ。「あれだけは変にアンバランスだ」って言われた。

「書」をする理由

鈴木　『イノセンス』では、ぼくが作った予告編があるんですよ。評判良かったんですよ（笑）

押井　……（苦笑）

川上　そういえば、一つ疑問があったんですけど、『天使のたまご』の題字（ロゴ）、あれは鈴木さんじゃないんですか？

鈴木　あれは違います。

押井　最初に書いたんだけど、却下されたの。

川上　却下されたっていうか、（押井さんが）却下したんですね？

押井　記憶にないけど、敏ちゃん、そのころは自分の字に自信がなかったんだよね。今は「書」とかやってさ、やたら自分の文字を世の中に出したがってるんだけど。

鈴木　あははは（笑）

押井　昔から、ロゴを自分で作りたかったらしいのね。ぼくも、一回やったことあるんだよ。

鈴木　えっ、何で？

押井　『立喰師列伝』。最初のポスターのは、ぼくが毛筆で書いた。で、なぜ歳をとるとみんな「書」をやりたがるか、なんとなくわかったね。けっこうみんな、字に妙な味が出るんですよ、歳とると。病みつきになる。「なんかいいな、けっこういけるのかな？」って、思わずその気になっちゃうんだよね（笑）

でも、ぼくに言わせれば、そんなの当たり前で、半分以上は偶然だもん。もちろん書道家という人もいるんだけど、素人が書いた毛筆の良さって、それだけなんだよね。「なんとなく、かっこよく見える」だけ。

鈴木　「臨書（りんしょ）」というのがあるんですよ。書道をやる人って、みんな誰かの真似をする。で、その真似をちゃんとできるようになることが、その世界では尊敬される。そういうことで、昔の人の書いた字をいろいろ見ていくと、けっこう面白いんですよ。

押井　わかるよ、それは。ぼくは字がメチャクチャ汚くて。小学生のころぼくの字が全然読めないから、「この子、そのうち問題になるよ」と言われて、書道塾に2年間通わされたわけ。

鈴木　あれで!?　だって、何の成果もないじゃん（笑）

押井　結局、うまくならなかった。先生にもサジを投げられて。どんなに直されてもうまくならなかったんだよ。どんなに直されて。中学校に入って、英語を書き始めるじゃない。英語の文字を自分で勝手に作っちゃう癖があって、英語の教師にさんざん怒られてさ。「勝手に字を作るな！」って。それから大嫌いになった。しばらくものを書くのが嫌で、たぶんワープロがなかったら、文章を書いてないと思う。自分の書き文字自体が大嫌いだったから。

鈴木　でも、個性的で良い字を書くんですよ。実に。

押井　ただ、誰も読めないんだよ。スタジオに、一人だけ、ぼくの字が読める女の子がいたんだよ。自分でも前の日に書いた字が読めないのに（笑）、その子は全部読めた。さすがにそれじゃまずいってことで、今でもそうだけど、コンテを切るときは、ワープロで打った文字を切り貼りしてる。これをやってから、みんながコンテの文字の部分を読んでくれるようになった。それまでは、説明を聞いてるだけで、誰も読もうとしなかった。自分でも、半分ぐらいしか読めないんだもん。字が汚いのは、うちの家族、兄弟の中でぼくだけ。じいさんは達筆だったし。

鈴木　あ、そうなんだ。

押井　うん。じいさんは大工の棟梁だったから、達筆で。昔の大工の棟梁ってインテリだったから、漢詩とか書いちゃうんだよ、サラサラサラっと。親父も、字はうまかった。

鈴木　大工さんや左官さんは、地位が高かったの？

押井　高かった。

鈴木　なんで？

押井　なんでって、教養があったから。昔は、「築城術」っていうのがあった。城とか砦とかを作るのは、日本で唯一の技術者の集団だったんだよね。そのトップは、教養の塊だったの。あのころは、教養以外に知識を貯める、実用の「実」を貯めるのって、築城術をやってる人間だけだったんだよ。その流れで、大工の棟梁って、昔はすごく地位が高かった。

鈴木　ふうーん……。

役者・鈴木敏夫

――また、質問がきています。東京都、30代男性の方から。〈押井さんと鈴木さんは、これから一緒に仕事をする予定などはあったりするのでしょうか？〉

押井　ないです。（きっぱりと）

川上　あははは！（笑）

鈴木　あのー、たぶんね、「役者として出てほしい」っていうオファーはあるでしょう。……ぼく、受けようかどうか迷ってるんですけどね。

押井　よくわかるね。今、１本考えてるんだよ（笑）

鈴木　押井さんに言われて、何本も出たんですよ。ぼくの自慢はね、ヴェネチア映画祭ってあるじゃないですか、世界の三大国際映画祭の一つ。あそこで赤絨毯を、プロデューサーじゃなくて、「役者」として歩いたんだよね。

一同　あははは！（笑）

押井　違う。あのときは、たまたまジブリ作品のキャンペーンで来てて、偶然そこにいたの！「一緒に歩きたい」って言い出したから、「別にいいよ」って。飛び入りで歩いただけ。

鈴木　でも、世の中って恐ろしいんだよね。たまさか、その映像を中国の某監督が観て、出演依頼が来たんですよ。

押井　あれでしょ、『山の郵便配達』（＊8）の監督。

鈴木　そう。これ、驚いたですね。ぼくも、自分の人生を考えようと思ってね（笑）。そしたら、条件があったんですよ。日本人だけど、中国の山の中で鉄道の駅長さんの役。で、もう一つの大きな条件が、3か月拘束なんですよ。それで悩んで、実現しなかった。でもこれね、押井さんに感謝してるんですよ。

押井　あの『立喰師列伝』では、死体の役だからね。

川上　死体……（笑）

鈴木　あのね、言いたかないけれど、以前（『KILLERS』出演時）、カメラマンがぼくの芝居を「鈴木さん、これはいいよ」って、すぐビデオで見せてくれて。「おれはこのカットがいいな」なんて言って。ところが、押井さんは使わないんだよね。やっぱり、上手な芝居に対して、なんかコンプレックスがあるんだね……

押井　コンプレックス!?（笑）そうじゃなくて、カメラマンはさ、偉いプロデューサーがタダで出てくれたから、一応、気をつかったんですよ。ヨイショしたんですよ。

鈴木　あのねえ、ついでに言っちゃうと、もう1本、出演依頼が来たんだよね。保育園の園長さんの役で。

川上　よくわからないんですけど……押井さんの映画に、死体役で出たんですよね？

鈴木　そう。

川上　で、露出としては、赤絨毯を歩いただけですよね？世の中の映画監督って、そんな、いいかげんに出演依頼をするものなんですか？

押井　……

鈴木　もう一つ、質問があるそうですよ？（笑）

押井　『KILLERS』では、某アニメスタジオの悪徳プロデューサー役で出てもらったの。

川上　そのまんまじゃないですか（笑）

押井　スナイパーに頭を吹っ飛ばされる役。で、頭を見事に吹っ飛ばすために、そこだけCGを使ったの。そこにだけ、お金も力も使って。「見事に頭を吹っ飛ばしてあげるから、出ない？」って。喜んだんだよ、すごく。当時の敏ちゃんは殺されたがってた。死にたい願望があったんだよね。もっと言えば、「罰せられたい」っていう願望がさ。

川上　罰せられたい？（笑）

押井　さんざん悪いことやってきたから。映画の中で殺されたがってる。古いつき合いだから、映画の中で2回殺してあげたんだけどさ。1回は、ライフルで、スイカみたいに頭を吹っ飛ばして。もう1回は、立喰い蕎麦屋の壁に頭を叩きつけられて、ドンブリで頭をかち割られ、血まみれでドロドロになってという役。

鈴木　ぼく、子供のころ、よく練習してたんですよ。殺される練習を。もう少しかっこよく撮ってほしいんだけど、監督が良くないんですよね（笑）

押井　死体の役もさ、全裸死体で、検死台の上に載ってるんだから。恥ずかしがっちゃってさ。

鈴木　肌色のパンツをはいてて、そのパンツを脱ぐか脱がないかで揉めて。押井さんは脱がせたがってたのを、プロデューサーが止めた。ぼくは脱いでも全然平気だったんですよ。

押井　全部脱がせて、ちゃんとそこに黒い丸を合成して消してあげるから、一回見せてごらんって。

鈴木　でもそのとき、いいところを突いてるなと思ったのは、ぼくを30代の役に変身させた。これ、感心しました。

押井　髪を染めて、ひげ剃って、ちょっとメイク入れて、たぶん30代くらいの顔にできると思ったの。そしたら、大喜びしちゃって。カメラマンに写真撮ってもらって、みんなに見せて回ってたの。

鈴木　今も持ってるんですけどね（iPadで写真を見せる）。

川上　すごいですね。それ、何年前なんですか？

押井　7、8年前かな？（注・06年）

鈴木　ぼくが50代半ばとか、そんなころですよ。

川上　鈴木さん、変身願望とかあるんですか？

鈴木　いやいや。ぼく、それはない。

川上　（出演写真を見て）でも、この役、鈴木さんである必要はないですよね？　鈴木さんだとわからないし。

鈴木　これ、ぼくの好きな写真なんですよ。皆さんにもお見せしようかな。こっちが、撮影が終わったあとの写真。

押井　ただの貧相なジジイに戻ったね。

鈴木　ろくなこと言わないな、ほんとに……

押井　そういうつき合いなんですよ、ようするに。ちゃんとかまってあげる人間が、ほかにいないんだよ。偉すぎちゃって。

川上　鈴木さんによると、押井さんはこの6年間、空手しかやってないって。

押井　「空手しか」ってことはない。ほかにもやってるよ。空手をメインにしてきたのはたしかだけど。

川上　メインって、空手が生活の中心だったわけですか？

押井　毎朝起きて、トレーニングしてから一日が始まる。

鈴木　効果あるの？

押井　あるよ。

鈴木　本当に？　ちょっと（演武を）やってみてよ。

押井　そういうんじゃないいんだよ！

最近、面白かった作品

川上　では、質問をもう一つ。

――滋賀県、30代の男性からの質問です。

〈皆さんが今年観た中で、面白かった映画はありますか？私は『ダークナイト・ライジング』がとても好きです〉

押井　敏ちゃん、映画観てないでしょ？

鈴木　観てるよ。今年観て面白かったのは『ヒミズ』（12）。

押井　あー、題名だけ知ってる。

鈴木　『冷たい熱帯魚』（11）も。園子温監督、面白いね。

押井　先々週かな、仕事でカナダに行ったんだけど、ヒマな時間に映画観に行ったんですよ。普段日本では映画館に行かないけど。これがね、ウィリアム・フリードキン（＊9）の新作。大きな作品じゃないから、日本ではやらないかもしれないけど。舞台劇の映画化で、『Killer Joe』（『キラー・スナイパー』11）っていうんだけどさ。殺し屋ジョー。ポスター見ると、渋い男が拳銃か何か構えてて、ハードボイルド映画かな？って思ったわけ。全然、予備知識なかった。で、観始めて10分くらいして、「これ、何か変だな」と思い始めて。メチャクチャ面白かった。フリードキンって、たぶん、あのくらいのスケールの作品が一番いいんだと思った。とにかく面白い映画。Amazonでソフトが買えるのかな？

鈴木　あれ観てる？『レイチェルの結婚』（08、＊10）。

押井　タイトルは知ってるけど、観てない。

鈴木　面白いよ。ぜひ。監督は、『羊たちの沈黙』を作った人（ジョナサン・デミ）。あの人、一時期、娯楽映画からドキュメンタリーのほうにいって、突然戻ってきた。しかし、まるで別の映画を作ってる。レイチェルというのは主人公のお姉さん。主人公は、結婚式の前夜に帰ってくる。そこから始まって、次の日に結婚式があって、みんな去っていくっていうのを、手持ちカメラで、ほとんどドキュメンタリーみたいに撮ってるの。

押井　個人的な映画の趣味はやたら渋いんだよね、この人は。

川上　鈴木さんは、そうですよね。

押井　ぼくが個人的に好きなのは、変な映画っていうか。フリードキンの『Killer Joe』は、久しぶりに観た変な映画で、メチャクチャ面白かった。

鈴木　押井さん、まだあの人の映画観てるの？　『テス』（79）を作った……

押井　（ロマン・）ポランスキー？　うん。観てる。

鈴木　『ゴーストライター』（10）が最新作かな。

押井　それは、まだ観てない。

川上　もう一問だけ、質問を。

――栃木県、30代の男性から。

〈最近、SF小説が話題になっていると思いますが、皆さんのおすすめのSF小説、お好きなSF小説を教えていただけませんでしょうか？〉

押井　SF、読んでないでしょ？　興味ないもんね？

鈴木　う－ん……

押井　中学生のときからずっとSF読んでるけど、あまり読まなくなった。最近読んだ中では……最近かなあ……山田正紀は全部いいと思う。個人的に一番好きなのは、やっぱり光瀬龍かな。

鈴木　ちょっと古いよ。

押井　古いよ。……だから？

鈴木　もっと新しいやつ！（笑）山田正紀とか、光瀬龍とか、おれでも知ってるもん。

押井　最近は読んでないね、たしかに。

鈴木　あはははは！（笑）

押井　そもそも小説を読んでないから。いろんな作家さんが、贈呈本を送ってくれるんですよ。それを読んでるだけ。

うちの空手の師匠の今野敏、警察小説で売れまくってる人、この人の小説はほとんど読んでるんじゃないかな。送ってもらった本は、律儀にちゃんと読むんですよ。一番読んでる人は、それだと思う。あとは読まないなあ……。今読んでる本の90パーセントは戦争の本なので、小説はめったに読まないですね。

川上　戦争の本っていうのは、戦記？

押井　戦記だったり、戦争関係の本。軍事本。歴史がけっこう好きだから。歴史って、いろんな切り口があるんだけど、ぼくの場合は、戦争という切り口で歴史を読んでるというか。人の創作物を読みたいとか、あんまり思わなくなった。古典と、歴史関係と、戦争関係しか読んでないですね。だから、SFはちょっと思い浮かばないです。

――では、鈴木さんは？

鈴木 最近、新しい小説を読んでないんですよね。

押井 ようするに、山本周五郎とか、そういうのでしょ？

鈴木 ぼくのおすすめは、これをぜひ皆さんに読んでもらいたい。「大菩薩峠」（＊11）。

川上 （笑）それ、ずっと言ってますよね？

鈴木 ほんっとに面白いから。

川上 鈴木さんが読んだのって、何十年も前ですよね？

鈴木 読んだのは、大学生のときなんですけどね。いろんな版があるんだけど、青空文庫（無料のネット図書館）にも入ってますよ。すぐ読めるんで、ぜひ読んでみてほしい。途中から登場人物が全部、被差別民になる。それ、誰も映画化してないんですよ。

この間、夢枕獏さんにお目にかかったとき、「大菩薩峠」の話をしたら、途中で挫折したっていうから、ぜひ全部読んで、夢枕版「大菩薩峠」を書いて下さいと。

押井 映画にも3回か4回なってるけど、みんな途中で終わってるよね。

鈴木 全部、途中で終わっちゃってるんですよ。だって、感情移入がしにくい人が主人公だから。

押井 よくわかんない話だしね。

鈴木 モデルが誰か、知ってる？

押井 モデルがいたの？　誰？

鈴木 ちょっと言いづらい人。これは、堀田善衞さんが推論したの。誰もその人について触れることができないけど、読めばわかるだろうって。

＊

鈴木 もう1時間半たったんだ？

押井 なんで「ONE PIECE」のTシャツ着てるの？

鈴木 もらったから。

押井 東映に？

鈴木 違う違う。原作者（尾田栄一郎氏）に。『次郎長三国志』シリーズ（52―54）ってあるでしょ？　マキノ雅弘監督の。「ONE PIECE」を読んだとき、「あれ？」って思ったの。

押井　似てるってこと？
鈴木　設定がね。で、尾田さん本人にそれを話したら、「え？」ってことになって、急に接近しちゃったの。
押井　今日は、一応、ジブリに敬意を表して。
鈴木　何、それ？
押井　『（紅の）豚』のTシャツ。
鈴木　ところで、何なの？　メルマガって？
押井　いや、よくわかんないんだけど。
鈴木　押井さん、だいたいコンピューターは苦手でしょ？
押井　苦手じゃないよ、別に。たぶん、敏ちゃんよりうまいと思う。
川上　鈴木さんも、けっこうネットやってますよ。やってないふりをしながら（笑）
押井　どうせ、めんどくさい設定とかは、全部人にやってもらってるに決まってるんだからさ。……そうでしょ？
鈴木　じゃあ、皆さん、どうもありがとうございました！

２０１２年９月17日（月）
東京・水道橋
ドワンゴ クリエイティブスクール
ニコニコ生放送スタジオにて。
司会＝川上量生

川上量生（かわかみ のぶお）
プロデューサー、実業家、システムエンジニア。
１９６８年・愛媛県生まれ。京都大学工学部卒業。
１９９７年に（株）ドワンゴを設立し、
「ニコニコ動画」の運営に携わる。
11年、〝プロデューサー見習い〟として
スタジオジブリに入社して以来、
鈴木敏夫氏との交流が続いている。

第6章・注

＊1＝『サイボーグ009』：石ノ森章太郎の名作ＳＦ漫画のアニメ化で、ここでは、押井監督が３ＤＣＧを駆使したパイロット版『００９ THE REOPENING』（５分弱）を指す。その人形然としたキャラクターをセルアニメ風に変更し、神山健治監督が映画『００９ RE：CYBORG』（12）として完成させた。

＊2＝『サンダーバード』：国際救助隊の活躍を描いた英国のＳＦＴＶシリーズ（65―66）。スーパー・マリオネーションと呼ばれる人形劇の技法と、精密なメカニック描写で世界中を魅了し、日本ではＮＨＫが66年に初放映した。

＊3＝スカイウォーカー・サウンド：米・カリフォルニア州にある音響の名門スタジオ。ジョージ・ルーカスが75年に設立。音響にこだわる押井監督は、01年の『アヴァロン』以降、同スタジオを使うことが多い。

＊4＝『ケルベロス 地獄の番犬』：押井守監督による91年の実写映画。『紅い眼鏡』に続く「ケルベロス・サーガ」の第2作で、プロテクトギアと呼ばれる強化装甲服が大量に登場。香港、台湾でロケが行われた。

＊5＝鳥海永行：アニメーション演出家、小説家。『科学忍者隊ガッチャマン』『ニルスのふしぎな旅』『ダロス』などを手がける。押井守監督が、タツノコプロ、スタジオぴえろ時代に師事した。

＊6＝アメリカのフライシャー兄弟による短編アニメ映画『スーパーマン』シリーズの『The Mechanical Monsters』（41）に登場する飛行ロボットが原点と言われている。宮﨑駿が〝照樹務〟名義で演出した『ルパン三世』ＴＶ第2シリーズ・最終話『さらば愛しきルパンよ』にも、よく似た戦闘ロボット〈ラムダ〉が登場する。

＊7＝『金魚姫 鼈甲飴の有理』：『真・女立喰師列伝』の第1話。ひし美ゆり子が演じる伝説の立喰師の行方を追う男の物語。鈴木氏は、ナレーションと、〝カメラマン・坂崎一〟の声を担当したほか、〝「戦後思想」編集長・鈴木敏夫〟役で好演した。

＊8＝『山の郵便配達』：フォ・ジェンチイ（霍建起）監督による99年の中国映画。山岳地帯での郵便配達を引退する父と、それを引き継ぐ息子の物語。01年日本公開、「キネマ旬報」外国映画ベストテン第４位。

＊9＝ウィリアム・フリードキン：映画監督。70年代のアメリカ映画界を牽引した鬼才。『フレンチ・コネクション』（アカデミー賞監督賞受賞）『エクソシスト』『恐怖の報酬』など。『Killer Joe』（11）は日本未公開だが、『キラー・スナイパー』の題でビデオリリースされた。

＊10＝『レイチェルの結婚』：08年のアメリカ映画。レイチェルの妹役を演じたアン・ハサウェイは、この作品でアカデミー賞主演女優賞にノミネートされた。

＊11＝「大菩薩峠」：虚無的な剣客・机龍之介を主人公にした、中里介山の大河時代小説。何度も映画化されたが、鈴木氏は、内田吐夢監督・片岡千恵蔵主演の三部作（57―59、東映）を高く評価している。

第7章

鈴木敏夫を〝演出〟してみた

四たびのキャスティング秘話

『KILLERS』（03）『立喰師列伝』（06）『真・女立喰師列伝』（07）に続き、
〝役者〟鈴木敏夫氏に、四たびの出演依頼が――

『THE NEXT GENERATION パトレイバー』シリーズの一作
『大怪獣現わる』（２０１４年、＊１）は、
押井監督が住む熱海を舞台にした、コミカルな実写特撮アクション。

その撮影秘話を披露するトークイベントが、
ある夜、同作品の上映後に行われた。

司会＝小林治

みかんを食べて、夜明けまで

――司会進行の小林（治）です。アニメライターをやらせてもらっています。今日は、やたら緊張してます（笑）

鈴木　あ、どうも。スタジオジブリの鈴木です。こんばんは。（イスの上であぐらをかいて）……ちょっとぼく、腰が痛いんですよ。それで変な格好をしちゃうかもしれませんけど、すいません。

押井　年寄り同士が集まるとさ、身体の話しかしないんだよね（笑）

――お二人は、どちらが歳上なんですか？

鈴木　まあ、似たようなもんですよ。

押井　たしか、敏ちゃんが３つ上だと思う。

――あ、でも近いんですね。

鈴木　ぼく、66歳になったんですよ。

押井　ぼくは63だから。

――鈴木さんと最初にお会いしたのはいつごろか、覚えていらっしゃいます？

押井　覚えてますよ。敏ちゃんは、「アニメージュ」の編集をやっていて、その取材で。

鈴木　ＴＶの『うる星やつら』を彼が作っていた。今から十年前、１９８０年前後ごろですよね。押井さんが、ほんとにまじめに働いていたころ（場内笑）

押井　最初に会ったときのことは、実は覚えてない。いちばん最初は、若いお姉さんが取材に来て、あとでこの人が会いに来たの。そのときの記憶がなくて……。いちばん古い記憶を遡ると、たしか、一緒にスキーに行ったような気がするんだけど。

鈴木　押井さんは、ある時期、環八と早稲田通りの角のところで暮らしてたんですよ。で、ぼくは、なぜか土曜日に仕事が終わったあと、押井さんの家を訪ねてたんです。しかも、毎週毎週、延々と……

押井　大迷惑したの。

――押しかけたんですか？

鈴木　違うの。「来てほしい」っていうんですよ。

押井　突然来るの。夜中の2時とかに、突然。

鈴木　来てほしいって言われて。

押井　言わないよ、そんなこと！（笑）だいたいさ、普通、人の家に来るときには手土産ぐらい持ってくるじゃない？　お菓子とか、ケーキとかさ。それなのに、みかんを30個くらいぶら下げて来て、一人で全部食うんだよ。

鈴木　もっと多かったよ（笑）

押井　40個以上食ったよね。タバコも山のように吸ってさ、朝までしゃべって帰るわけ。

——みかんとタバコで一晩？

押井　そうそう。酒は飲まないからさ。で、当時ぼくが住んでたアパートは、一間しかなかったのよ。このオヤジが帰るまで、奥さんもぼくも寝られないわけ。

——仕事場じゃなくて、ご自宅に行ってたんですか？

鈴木　自宅に行ってたんですよ。で、ぼくを帰してくれない。帰りたいのに（笑）。それが、かなり長い期間、毎週土曜日だったと思う。

——「アニメージュ」さんで押井さんがページを持っていて、必ず取材しないといけないとか？

押井　いや、取材じゃなかったと思う。ただ、ダベりに来てただけ。

鈴木　取材じゃなかった。そこは一致しますね。

押井　雑誌の連載で一緒に仕事したのは、一回しかないはず。漫画の連載をやってたから。

鈴木　「とどのつまり…」（＊2）

押井　あの企画を持ってきてから、けっこう頻繁に来るようになった。ちょうどぼくが『（うる星やつら2）ビューティフル・ドリーマー』が終わって、スタジオぴえろを辞め、フリーになったばかりのころ。「二馬力」（宮﨑駿監督の個人事務所）に通ったりしてて。行く場所がないから。

鈴木　なんかね、寂しそうだったんですよ。

押井　全然寂しくない！　寂しくないよ。迷惑だったの、はっきり言って（笑）

秘められた願望？

——そういうきっかけがあったのはわかるんですけど、ご自分の映像作品に、鈴木さんを役者として出すのは、また違う話だと思うんですが……？

押井　「タダだから」っていうのはあるんだけど。

――予算も限られてますからね。

押井　世間に顔が売れてるわりには、タダで使える。それがあって。

――（初出演当時の）鈴木さんは、もうジブリですか？

押井　そうそう。ジブリのプロデューサーになってから。最初は『KILLERS』っていう、ちょっと安めの映画で。

鈴木　安めの映画……（笑）

押井　「ジブリ」とは言わなかったけど、某有名アニメスタジオの大プロデューサーが30億の横領が発覚して、病院に立てこもってる。それを、ある女スナイパーが狙撃する話なんですよ。病院から出てくるところを、ＣＧで、見事に頭を吹っ飛ばした。

鈴木　あのねえ……その映画の中でＣＧが使われたのは、唯一、そこだけなんですよ。

――おおー！　予算をちゃんと使ったシーン。

押井　予算がなくて、ＣＧは2カットしか使えなかったの。

鈴木　でも、クレーンを使ったり、けっこうやってたんですよ。

――今回の『パトレイバー』では、その、なかなか使えなかったクレーンを……

押井　クレーン、使いまくりましたよ。映画版（『THE NEXT GENERATION パトレイバー 首都決戦』15）のほうではね。

鈴木　で、その次が『立喰師列伝』で、押井さんが頼んできた理由はね、ぼくにヌードになってほしいっていうの。

――つまり、「脱げ」と？

鈴木　そう。それで揉めるんですよ。現場に行って、いざ撮影のときに、プロデューサーと押井さんが揉めてたのをよく覚えてますね。パンツを脱ぐか脱がないかで（場内笑）

押井　死体の役で、肌色のパンツはいてたの。検死台の上で解剖されるのを待ってるわけだから、当然、すっ裸。検死解剖するんだから。なのにパンツはいてるから、「あのパンツ何？　約束どおり脱げ！」って言ったの。

鈴木　ぼくは、全然平気だったんですよ。

押井　どうせちっこいんだから、あとで消すの簡単だからって（場内笑）。「パンツ脱ぐの嫌だ」って言ってたの。

鈴木　そんなこと言ってないよ。

押井　言ってたじゃん！

鈴木　おれは「脱ぐ」って言ったのよ。そしたら、プロデューサーがまじめになったの。

押井　たぶんね、現場の誰も見たくなかったから。どうせあとで黒丸入れるから、同じだと思ってたんだけどね。パンツも消せるから。

鈴木　当時はもう、髪の毛がまっ白だったんですよ。今とまったく同じ。そしたら押井さんが、「黒くしろ」って。これが出演の条件。で、その場で黒くしたらね、いい男になっちゃったの、ほんとに（笑）。……ね？　原田芳雄みたいだったんですよね。

押井　初めて会ったころの印象に戻そうとしただけ。汚いひげを剃って、髪を黒く染めれば、あとは、写真で加工もできるしね。そういう役の設定だったから。

70年代半ばぐらいの話で、左翼運動の生き残りが、警察官に撲殺される。立喰い蕎麦屋で、ドンブリで頭をカチ割られて死ぬんだけど、年齢からいったら、30代で白髪頭ってあり得ないから。髪を黒くしてひげ剃れば「違う顔」に映るんじゃないか。見てみたいと思ったわけ。

――（出演時の写真を見て）これですよね？

鈴木　もっといい写真があるんですけどね。

押井　坂崎（恵一）さんていうカメラマンが撮った写真を持って帰ってさ、ジブリの部屋に貼ってたんだよ。嬉しくって。気に入っちゃったのよ。

鈴木　バカじゃないかな、もう……（笑）

ついでだから言いますとね、その次の、『真・女立喰師列伝』。ご覧になってない方がいたら、観ることをおすすめします。押井さんの映画の中で、たぶん一番いいんじゃないですかね？

何がいいかというとね……ナレーションがいいんですよ。内容もさることながら、声がいい。まあ、ぼくがやったんですけど（笑）

――CGで頭を吹っ飛ばされて、次は検死台に乗っかってと、死ぬ役が多いんですね？

押井　出す以上はちゃんと殺そうと思ったの。その理由は、あちこちに書いたんだけど。この人はね、悪いことさんざんやってるじゃない？　というか、悪いことしかしてない。たぶん、いろんなカルマ（業）が溜まってて、本人の中にも「殺されたい」っていう願望が絶対にある。「誰かに殺されて死にたい。ふとんの上で大往生したら採算が合わない」っていうさ。でも、本当に殺されたくはないわけだから、「映画の中でちゃんと殺してあげるよ」って。どうせ、友だちもいないしさ。私は、数少ない、つき合いのある人間だから。

――それは、今、「友だちだ」と言ってるんですか？

押井　（きっぱりと）友だちとは言ってない！（場内笑）

仕事仲間というか、同時代人というか。友だちじゃないけど、多少は情が移ってるから、彼の秘められた「殺されたい願望」を満たしてあげよう、見事に殺してあげようと。だから、出すたびに殺そうと思ったわけ。

配役の顚末

――でも、今回（『パトレイバー』）では、死ななかったですよね。

押井　殺してるヒマがなかったの。この人、撮影現場に2時間しかいなかったから。

――今回もまた、悪徳プロデューサー的な役で出演されていて。

押井　いかがわしいスーツ着てるでしょ？　あれは、私が選んだ。衣裳合わせでとっかえひっかえやったんだけど、結局、何着せても似合わない。昔、ジーンズにジャンパーで、雪駄履いて、赤鉛筆を挿した「トップ屋」（フリーの記者）っていうのがいて、それっぽく見せようとしたけど、さすがにそれはできなかった。今は、これ（作務衣）しか似合わないんだもん。

鈴木　あのね、この場に臨むにあたって観たんですよ、『パトレイバー』。エピソード0から、1、2、3と。1本飛んで、この、熱海が舞台のやつ（エピソード5・6）もね。

まあ、ひとことで言うと、明らかにミスキャスト。それで、ぼく、観ながら思いました。竹中直人さんがおやりになった役（エピソード3『鉄拳アキラ』での、ゲームの強いオヤジ）があるじゃないですか。あれでしたね、ぼくの役は（場内爆笑、拍手）

――押井総監督……〝役者〟さんからのご指摘がありましたが？

押井　役者じゃないから！　あの竹中直人がやった役は、いろいろ考えたの。敏ちゃんもチラっと思わないでもなかったけど、真野（恵里菜、ヒロインの泉野明役）の相手をしないといけない。真野ちゃんをリードする役なんて、絶対無理だから。

鈴木　で、竹中さんには、熱海の市長の役をやっていただいて、エピソード3のあの役は、ぼくがやるべきだったな

『THE NEXT GENERATION パトレイバー』シリーズの宣材より。
熱海が舞台の押井作品『大怪獣現わる』は、前編・後編の２番組に分けて上映された。
上＝第３章（前編）のフライヤー。
下＝第４章（後編）の宣伝用アートワーク。

と。ぼくがプロデューサーだったら、絶対そうしてましたね。はい。

押井　……あのね、今だから言うけど、本当は、熱海市長は竹中さんだったの（笑）

鈴木　そうなんだ！

押井　最初はそう決めてた。スケジュールが合わなかったの。

鈴木　それで代わっちゃったんだ。なーるほど。本当はぼく、竹中さんの役だったんだ！

押井　そんなわけないじゃない！（場内爆笑）　セリフが入んないくせに、よく言うね。

――メイキング映像に入ってましたけど、鈴木さんから、「あのセリフを何カットかに割れ」っていう指示が……

鈴木　あれはね、本当に割ってほしかったですね。ぼく、新幹線に乗るまで台本読んでなかったんですよ。もうすぐ熱海に着くってときに、自分の出番の箇所だけ見たら、セリフがいっぱいあるでしょ。びっくりしてね。アフレコかと思っていたけど、同時録音。現場に行って、すぐにわかった。ワンカットで全部しゃべらなきゃいけない。だからぼく、押井さんに言いました。「ここは、カットを4つに割るべきだ」って（笑）

――それは、もちろん、映像プロデューサーというお立場からの判断……

鈴木　まあ、それはいいですよ。ぼくのこと選んでくれたんだから、ちゃんとやろうと。ただ、これをワンショットで全部繋ぐのは無理があると思った。で、出来上がった映画を観ても、そうでしたね。

押井　セリフが入らなかっただけでしょ？（苦笑）　実際にはカンペ（カンニングペーパー）をいっぱい作って、こっちに貼り、あそこに貼り……歩きながらしゃべってるじゃない？　あれ、カンペを読みながら歩いてるだけなの（場内笑）

鈴木　テストは何回も繰り返したはずなのに、カンペを貼ったあと、本番は一回しか撮ってないんですよ。ぼくはね、もう一回やりたかった。

押井　たしかに、ワンテイクでＯＫを出した。

――素晴らしいじゃないですか！

押井　そうじゃなくて……

鈴木　で、出来上がった作品を観ると、ぼくが、市長に近づいていくじゃないですか。本来、ぼくの役は、市長を睨みつけなきゃいけない。ところが（画面では）、ぼく、そ

の手前にある電話器を見てるんですよ。やっぱり、押井さんっていうのは、粘りがない監督だなあと（場内笑）

押井　なぜワンテイクでＯＫかというと、それ以上撮っても無駄だと思ったの！（場内笑）　どんどん悪くなるに決まってるから。

――でも、そのセリフの量は、押井さんが決められたんですよね？

押井　そう。だって、事前に「セリフを（たくさん）くれ」って言われたんだから。「今度はセリフがあるんだろうね？」って。それが出演の条件だった。で、現場に来たらさ、セリフは入ってないわ、「女優との絡みはどうした？」とかさ……（場内爆笑）

鈴木　だけどね、テストのとき、ぼく、まじめにやったんですよ。ザーッと見て、だいたいこんなことをしゃべればいいかなと思って、ぼくなりに工夫を凝らして、電話のシーンから市長のところに行くまで、だいたいの感じで全部しゃべべった。「あっ、うまくいったなー」と思ったら、押井さんが、「シナリオどおりに話せ！」って怒るんですよ。

――台本と違ってると？

鈴木　そう。

押井　メチャクチャしゃべってたのよ。

鈴木　いや、いい感じになってたんですよ。

押井　いい感じじゃないよ！　メチャクチャしゃべってただけだよ！（笑）　そういうやつを何テイク撮っても時間の無駄だから。現場も（時間が）押してるし。

――それで、ワンテイクで？

押井　２時間くらいしかいられないって話だったからさ。メイクも着替えも、いっさいがっさい入れて２時間くらいと。だったらもう、そんなことやってる場合じゃない。カット割るなんて贅沢は許されないよ。別にね、ワンカットでなきゃいけない理由は何もなかった。はっきり言って。

鈴木　あははは（笑）

押井　でもさ、カットを割るっていうのは、実写の現場に行けばわかるけど、同じ芝居を４回撮るんですよ。

――そうですよね。

押井　ということは、４倍撮るってことじゃない？　そんなこと、できるわけない。どうせ、やるたびに（芝居が）変わっちゃうんだからさ。編集で繋がりゃしないんだから。だったらワンカットでやっちゃったほうが、まだマシだと。

――……だそうです。

鈴木　でも、いいシーンでしたね。
押井　どこが！（笑）

＊

――では、シリーズの前半部分を通して観た感想を、鈴木さんから。
鈴木　竹中さんの回は、ぼく、好きでしたね。1本だけ（エピソード4）観てないんですけど、こうやって通して観て、どれが面白いかっていうと、押井さんじゃない人が演出してるやつ、これがだいたい面白かったですね。だって、押井さんだけが、ちょっと違う演出してるでしょ？　なるほどなあと思ってね。で、押井さんのやつになると、いつもの押井さんだから、だいたいわかってるじゃないですか。皆さん、よく観ますね、それを（場内爆笑）
　熱海のやつだって、そりゃホンも読まないで現場に向かったわけだけど、観始めてすぐ、どういう話かわかったですよね。「あ、こういうことやろうとしてるんだ」って。あはは……
押井　あはは、じゃないよ！（笑）

悪くないタイトル

――ま、そこはやはり、長いつき合いというのもあるんでしょうけれども。ちなみに、主な押井作品のリストを作ってみたんですが、『イノセンス』、あれはどうだったんですか？　鈴木さん的には。
鈴木　あれは、（参加が）途中からですからね。手も足も出ないというのか、押井さんの言うとおりにやりましたよ。プロデューサーとして。
押井　『イノセンス』に関して、鈴木敏夫という男がやったことは二つ。『イノセンス』というタイトルを決めた。エンディングの曲を決めた。その二つだけ。
――タイトルは、すごく覚えやすかったと思います。
押井　タイトルって、いったんつけちゃうと、それ以外はあり得なくなっちゃうというだけ。Production I.G の連中は、いまだに『GHOST IN THE SHELL 2』『攻殻2』って言ってるんだから（＊3）。最初はそういうタイトルだったの。そしたらね、「機動隊映画なんて誰が観るんだ」って。それで、『イノセンス』っていうタイトルになっちゃった。でも、映画のタイトルを決めるのって、実は一番大事なことで、プロデューサーがやるべきなんですよ。ぼくも、自分でやろうとは思ってないから。

――あ、そうなんですか?

押井　うん。それはちょっと感謝してるの。『イノセンス』っていうタイトルも、まあ、そんなに嫌じゃないっていうかね。まあ、悪くないっていうか、うん、ちょっと良いかなっていうぐらい……(場内笑)

鈴木　正直に言ってよ!

――持ち上げましたよね、一回? 何で下げるんですか!?

押井　プロデューサーって、極論すれば、映画にタイトルをつける、それが一番大事な仕事なんですよ。そうだよね?

鈴木　そのとおりです!

押井　いつかそういう話をして、感心したことがあるの。プロデューサーが一番やらなきゃいけないことは何だ? それは、映画のタイトルを決めることだって。『風の谷のナウシカ』とかね。あれだって、最初は全然違うタイトルだったんだからさ。あれは誰がつけたの?

鈴木　あれはまあ、宮さんが考えたんだけど、東映で封切ろうというときに、『風の戦士ナウシカ』とか、いろいろ言われてね(笑)。大変だったんですよ。

押井　その前はたしか、『トルメキア戦役』とかね。『風の谷のナウシカ』で、「の」がつくスタイルが定着しちゃったんですよ。

――そうですね。

押井　そういう意味でいうと、タイトルが、会社のスタイルまで決めちゃったんですよ。たしかに、プロデューサーにとって映画のタイトルを決めるのは大仕事だし、映画の「顔」を作ることだから。タイトルを聞いて、映画の中身がわからないといけない。ナウシカの映画なんだから、ナウシカの名前を出すべきであってさ。それは、ちょっと感心したことがある。

そのへんのことはね、多少、感じ入ったことは、たしかにある(場内笑)。でもそれ以外は、ろくなもんじゃない。『イノセンス』では、作業が始まってから入ったわけだけど、「あそこを直せ、ここを直せ」って、いろいろ言うわけよ。

鈴木　そんなの、言わないよ。

押井　言ったんだよ!(場内笑)「絶対に嫌だ」って言ったの。「1カットも直さない」と。それを条件にして、「じゃあ、一緒にやろうか」と。

鈴木　ちょっと直したよね？

押井　あ……ちょっと直した（場内笑）。最後のところね。

鈴木　そうそうそう。

いつも、「半分」当たっている

鈴木　おれ、今回の『パトレイバー』を観ながら悩んじゃった。「押井さん、熱海のことをどう思ってんのかな？」って。

押井　けっこう気に入ってるけど。

鈴木　もし、この企画をね、もっと前にやってたら、熱海への情感が出たなって気がしたの……当たってるよね？

押井　情感？　情感って何？

鈴木　愛情っていうかさ。

押井　ああー……

鈴木　だってね、最初、始まるじゃないですか、「熱海はかつてこうだった」って。おそらくね、そういうことを考えたのは、押井さんが熱海へ移ったころ。で、そのとき考えた内容は、みんなが「熱海って、こんないいところなんだ」って目を向ける作品。だから、もっと早く作られればそうなっていたんじゃないかな、っていうのが、今回のぼくの感想なんですよ。……当たってるでしょ？

押井　あのね、半分当たってる。

鈴木　半分……（笑）

押井　っていうのは、つまり、今回やった映画は、熱海に引っ越した当時に考えた話だから。

鈴木　でしょう？

押井　うん。

鈴木　だって、「引いてる」んだもん。今回。

押井　そう。

鈴木　だから、最後が変なのよ。

押井　「変」って何!?

鈴木　終わってないのよ。「熱海」に対して冷たいもん。だから、そう思ったのよ。ちょっと鋭いでしょ？

押井　鋭いっていうかね……うーん、まあ、「半分ぐらいはいつも当たるな」っていうか（場内笑）。だいたいいつも、半分ぐらい当たってるんだよ。

——えー、そろそろお時間のほうが……

鈴木　もう時間なんだ？

——結局、「お互いのことはよくわかってるということが、我々にもよくわかった」トークショーだったと思います。

ありがとうございました。
鈴木　この熱海の映画は面白かったです。いろんな意味で。
今、押井さんが何を考えてるかがよくわかって。
——では、最後に、本日の感想をお二人から。
鈴木　（客席に）押井さんもね、還暦をこえてがんばってます。皆さん、応援よろしくお願いします！（場内拍手）
——では、押井さんからも。
押井　……で、どうすんの？
鈴木　え？
押井　（ＰＲを）どうするんだっつーの！
鈴木　あ、つまり、さっき衛星放送の取材でね、「押井守への期待」を話してほしいと。ぼくはね、ひとことで答えました。「引退」……って（場内爆笑）
押井　そんなこと聞いてないよ。ちゃんと答えなさいよ！
鈴木　こんな押井さんですけど、可愛がってあげて下さい！
（場内笑、大きな拍手）

２０１４年９月11日（木）
東京　新宿ピカデリーにて。
司会＝小林治（アニメライター）

第７章・注

＊１＝『THE NEXT GENERATION パトレイバー』エピソード５・６『大怪獣現わる』：「熱海を舞台にした怪獣映画」という、東京から同地に移り住んだ押井監督の宿願の企画を、『パトレイバー』という形で実現させた２０１４年作品。怪獣の意外な正体など、随所に〝抜け感〟が感じられる。

＊２＝「とどのつまり…」：徳間書店「アニメージュ」に84年から85年にかけて連載された、押井守・原作、森山ゆうじ・作画による漫画。鈴木敏夫が編集を担当。主人公のアニメーターが体験する妄想的世界を、オフビートなタッチで描く。

＊３＝『イノセンス』は、海外では『Ghost in the Shell 2：Innocence』のタイトルで公開された。

第8章

ファンタジーも、映画も、あきらめない

デジタルに賭けた過去と現在

１９９０年代後半――デジタル映像黎明期に企画がスタート、
長らく凍結されていた押井守監督の『G.R.M』（別題『ガルム戦記』）が、
２０１４年、カナダの出資により、
映画『ガルム・ウォーズ』として結実。

その〈日本語吹替版〉を鈴木敏夫氏がプロデュースし、
キャッチコピーを、シナリオライターの虚淵玄（うろぶちげん）氏が担当。
この異色の顔合わせによる鼎談が、
２０１６年の日本公開を前に、LINE LIVEで生配信された。

司会＝舛田淳

「境い目」を探る映画作り

（『ガルム・ウォーズ』の予告編映像が流れる）

鈴木　面白そうな映画ですねえ。

押井　何言ってるんだよ、わざとらしいんだよ！（笑）

鈴木　（イベントの）台本にそう書いてあったの！　これ、どういう作品ですか？

押井　どういう作品って……こういう作品だよ。

鈴木　「こういう」って、皆さんはまだ、予告しか観てないんだから。

押井　ファンタジーだね。いろいろあるファンタジーの中で、一番濃いやつ。

鈴木　今の説明で、わかりました？　虚淵さん。

虚淵　そうですね……ライトファンタジー、いわゆるゲームみたいな、キャラクターが今生きてるという（タイプの作品）よりは、「神話」に近いというか。

鈴木　押井さんは、それ、好きなんですよねえ（笑）

虚淵　ええ。その世界の「始まり」とか「成り立ち」、あるいは「終わりかた」に対する予言とか、そういう観念的な方向での、寓話的なファンタジーなのかなと思います。

鈴木　押井さんて、もともと観念的なんですよね。観念を具体化しようとする人でしょ？

虚淵　まあ、それはやっぱり……

鈴木　無理があるんですよね？（笑）

虚淵　その無理を押し通すのが、やっぱり、監督さんなんじゃないんですか？

鈴木　映画の持ってる力を、無視してるんですよね。だって、「観念の具体化」なんてあり得ないもん。

虚淵　でも、行き着くところはそれなんじゃないですかね？

鈴木　昔からずっとそう。ぼく、『天使のたまご』で、呆れ果てたの。

虚淵　あははは（笑）

押井　そっちのほうに（話が）行くわけ？　不吉な方向に

行ってない？

鈴木　なに言ってるの（笑）

虚淵　でも、観念の具体化って、映像作品としては究極の目的だったりしません？

押井　最終的には、そっちに行っちゃう。言葉の持ってる力以上のものって、たぶんないんだよ。どんなにすごいドラマを作っても、「最後のひとこと」みたいな言葉の力には勝てないんじゃないか、という気がずっとしてるわけ。

で、その「言葉」に抗うっていうか、かれこれ40年近く映画をやってるんだけど、結局、すごくシンプルなひとことには勝てないんじゃないかと。

たしかに、『天使のたまご』をやったときも、そんなことを考えていた。今回のも、けっこうスタッフから「似てる」とか言われたんですよ。でも、そっちの話に行くと、不吉な感じがするじゃない？（一同笑）

鈴木　でも、好き放題やったんでしょ？　いろいろあったにせよ。

押井　実写の映画がアニメーションと違うのは、いったんスタートしたら、カメラが回って、クランクアップするまで、今自分の手もとにあるものですべてを作らなきゃいけないんですよ。「ああ、あれがない」「これもない」とか考えてる余裕はない。

とにかく、自分が扱ってる人間と、衣裳やら小道具やらを総動員して、ときにはお天道さまの力も借りて、なんとか物語を作らなきゃいけない。そういう意味で言えば、今までの映画の中でも、けっこう苦しかったんだよ。「やりたい放題でワッハッハ」とか、そういう世界じゃない。

鈴木　でも、そういうふうには見えないよね？

押井　それは、「そういうふうに見えちゃいけない」から。

鈴木　だって、天気すら加工してるから(笑)。（撮影時の）天気なんか、あまり関係ないじゃない？

押井　そんなことないよ！

鈴木　あるの、これ？　なんか全部、「作りもの」にしてるから。

押井　ほしいときに風が吹かなかったりとか、あるんです。本当にいい光って、１日の間に10分か15分しかないんですよ。あとで加工しようが何しようが、その場で撮れた以上の画には決してならないから。

鈴木　だけど、やっぱりこれ、「画」が目立つ映画でしょ？　それは言えますよね？

虚淵　始まりからして、それが目的にあった企画なわけですよね。「どこまでいじり込めるか」っていう。

鈴木　加工しまくってますよねえ。

虚淵　映像を好きに加工できるという「魔法」が、メチャもてはやされた時代に企画された作品じゃないですか。「ここまでいじれるぜ」っていうチャレンジから始まったわけですよね。

押井　15～16年前に企画がスタートしたときは、当然、まだそういう時期だった。技術的に、なんでもかんでもできる時期じゃなかったから、「どこまでやれるかな」っていうテーマが別にあった。

　そのころ考えていたことは、今やもう、アメリカ映画とかでは普通にやってるから、今さらそれをテーマにしてもしかたがない。と同時に、それをやってみなければ先に行けない、とも思ったんだよね。

*

――すみません、話が進んでいるんですが、自己紹介をお願いできますでしょうか。すでに今、30万人ぐらいの人が観ていて、「誰が誰かわからない」という人もいるようなので……

鈴木　じゃあ、虚淵さんから。

虚淵　脚本とかをやってます、虚淵玄と申します。今回は、宣伝にちょっと関わらせていただきました。

鈴木　いろいろ、ご相談にものっていただいたし。

虚淵　いや、何と言いますか、恐縮です。

鈴木　虚淵さんは、いつも映像に出るときはサングラスをかけてる？

虚淵　そうですね。そのへんをウロウロしててバレるの恥ずかしいので。

鈴木　頭いいですよねえ。世間に顔がバレないっていうのは、すごい大きいなと思って。

虚淵　最近は、外して撮っちゃってるときもあるにはあるんで。昔は白内障を患ってたんで、外せなかったんですけど。

押井　で？　(鈴木氏に)あんた誰⁉

鈴木　(絶句して)……嬉しそうだねえ。いやもう、押井さんは今回で引退ということで(一同笑)

押井　引退じゃないよ！　おたくの巨匠(宮﨑駿監督)じゃないんだからさ。

鈴木　押井守監督ですね。じゃ、自己紹介を。

押井　いや、まあ……いわゆる映画監督です。アニメーションの監督なんですが、諸々事情があって、ここ数年はアニメができなくて実写映画をやってるんですけど。かれこれ40年弱の間に、30本ぐらい映画を撮りましたが、はたと気がついたら、アニメと実写が半々ぐらいになっちゃってた。「いったいどっちの監督なんだ?」っていつも聞かれるんだけど、別に、どっちでもいいんじゃないの。

鈴木　今日の作品もそうだけど、悪い意味じゃなくて、実写でもアニメーションのように作っちゃうんだもん。でしょう?

押井　ただね、アニメをやると、わりと「アニメっぽくない」とか言われるわけで。

虚淵　いつも「境い目」を探ってるという感じなんですかね?

鈴木　境い目ですかね?　実写映画だったら普通、役者の演技とかいろいろな見せ場があるのに、そういうのを全部封印して、自分の好きなように〝駒(コマ)〟として動かしてる(笑)

虚淵　最近は、そんなでもないのでは?

押井　最近は違うの。

鈴木　そうかなあ?　でもやっぱり、アニメーション的だと思ったんですけどね。役者の上手な芝居を否定してたじゃない?　ぼく、たまに押井作品に出させてもらったでしょ。すると、演じていくうちに、いいテイクがある。ところが絶対に使わないんですよ。……ね?

押井　そんなことないよ。

虚淵　役者さんがうまくやることと、監督がほしいものが違うんじゃないんですか?

鈴木　上手に演じられると、観る人の目をそっちに奪われるでしょ。それが嫌なんですよ。

虚淵　不自然に見えちゃうんじゃないですかね?

鈴木　というかね、「役者の芝居によって成立する映画」が嫌いなんですよ。

虚淵　ほおー……

押井　昔はそうだった。最近は、ちょっと違う。

鈴木　そう指摘されて、よく怒ってたじゃない?

押井　いやいやいや……昔、そう思ってた時期もたしかにあった。役者さんがいい芝居をすればするほど、そこで完結しちゃう「何か」があるわけ。すると、映画が止まっちゃうんですよ。

鈴木　まあね。

押井　それって、映画を観てるのか、役者さんのお芝居を観てるのか。映画って、距離感が必要だから。本を読むような感じで映画を観たいとずっと思っていたので、（役者の名演には）はたと手が止まっちゃうわけだよね。

鈴木　感情移入型のやつが嫌いだから。

押井　自分で作った映画で「その気になりたくない」っていう時期は、実はあった。最近は違う。歳をとって、ちょっと変わった。そういう意味では、この映画でも、ちょっと違う動きを現場でしたんだけどさ。

鈴木　たぶん押井さんの中ではそうなんだろうけど、一般の人が観たら、そうじゃないよね？

押井　いやあ……これ、カナダで撮った映画なんだけど、基本的に向こうのスタッフと役者さんを使って、英語で作って、仕上げや合成も基本は向こうでやって、ようするに、向こうで全部作り上げることがテーマだったから。

当然、カナダ側のプロデューサーがいたんですよ。リズっていう、かなり素敵なおばさんで、金髪の、昔きっと美人だったんだろうなっていう人。それはどうでもいいんだけど（笑）、彼女が、向こうで試写が終わったあとに言ったことがある。「日本人の監督が撮ったせいだと思うけど、普段自分たちが見てる同じ役者が、全然違う芝居をしてる」ってさ。

鈴木　ふうーん、どういうところが違うの？

押井　動きが抑制されてて、昔の日本映画を観てるみたいだって。役者って、基本的に動きたがるものだし、特に向こうの役者さんって、全身で演技するからさ。

鈴木　自己主張が強いわけでしょう？

押井　うん。それが、この映画を観てると、すごく不思議な気がしたって。

虚淵　それは、話の世界観もあると思うんですけどね。

押井　そういう指示を、実はしてるんだけどさ。「なるべく落ち着いて、感情を抑えて、しっかりセリフを言ってくれ」って。

虚淵　内容に触れちゃっていいんですかね？

鈴木　もちろん。

虚淵　結局、人間のお話ではないじゃないですか。言ってしまえば、「作られた人形の悲哀」みたいな、ロボットたちの話。役者さんも、そこを意識したんじゃないかと思うんです。

鈴木　（セリフが）そう聴こえました？

虚淵　それはやっぱりもう、バリバリ伝わってくると思いますよ。感情が湧き上がってくるのに、それをどう表現していいかわからなくて困惑している人たち、という感じ。それが、ちゃんと出ますよね。

鈴木　キーワードを言っちゃいけないですよ。

虚淵　だからさっき、「言っちゃっていいですか？」って言ったんですよ（笑）

鈴木　ああ、そうかそうか……（笑）

――今日は、どこまで（内容を）出さずにいきますかね？

押井　いや、いくらしゃべっても、実際に観ないとわからないから。

鈴木　ぼく、映画の宣伝のときに、中身をどんどん出しちゃうんですよ、言葉では。どうせわからないんだから。観ればわかるけど。

虚淵　そういう、「作られたもののもの悲しさ」って、西洋だとあまりテーマに持ちづらいのかな、っていう気はするんですよね。

押井　結局、ヒューマニズムというか、人間が中心の世界観でずっと生きてきた人たちだから。日本人には、それがなかったりするじゃない。向こうの人、特にヨーロッパとかアメリカとかでは、人間中心主義っていうか、人間が最高で、それ以外の価値観はなかなか認めにくいよね。

虚淵　「おれたち、こんなに出来よく造ってもらえたんだから、当然神さまに愛されてるよね」っていうスタンスの人たちからすると、かなりショッキングな話ですよね。

押井　実は違うんじゃないか、っていうことでさ。

ファンタジーと言語選択

鈴木　そのことは、カナダとか外国の人には通じたの？

押井　一応、撮影前のホン読みのときにいろんな話をしてさ、訊かれたことに答える日があるんだよ、一日。そのとき、かなりいろんな話をした。今みたいな話をね。

鈴木　だって、（ヒロインの）カラなんて、セリフでもそれを言っちゃってるんだもんね。

押井　そうそう。「それって、どういう芝居をしたらいいの？」という話になるわけ。そもそも人間でもなければ記憶もない、それを、どう役作りすればいいんだと。

昔、ポーランドで撮った『アヴァロン』（01）でも、同じことを言われた。「自分の記憶がない人間を、どう演じたらいいんだ？」って。家族もいなければ、自分の未来も何も考えてない。もしかしたら、自分の名前も定かじゃない。記憶喪失じゃなくて、もともとない。どうやって役作りしたらいいんだと。そのときに言ったのは、「たしかなものは何もないんだ。あなたという存在以外はすべてが不安定で、根拠は何もない。一つだけ根拠があるとすれば、あなたが今、そこにいるということなんだ」ってさ。

鈴木　むずかしいですねえ……（笑）

押井　で、その女優さんは、それで納得した。今回の彼女（メラニー・サンピエール）も同じようなことを言ってたけど、「わかった」と。つまり、「よくわからないことがわかった。わからないものとしてやってみる」と。「あとは、言われたとおりにやってみる」ってさ。

　特に後半、感情が溢れてくるんだけど、自分の内側に起こっているいろんな衝動とか感情をストレートに出すんじゃなくて、困惑するんだと。「自分の中に生まれてくるものに戸惑ってる、そういう芝居がほしいんだけどな」と言うと、彼女、「そういうことは、今まで要求されたことがない」って。

鈴木　だけど、そこらへんのことを英語でしゃべると、「感情」として見えなかったね。

虚淵　ああ、なるほど。

鈴木　それが、日本語吹替版を作るヒントになったんです。

虚淵　それは、（吹替版だと）バリバリに出てた気がしますよね。

押井　いつも思うんだけど、ファンタジーのむずかしさって、「地球でもなければどこでもない、人間でもない人たちがなぜ英語をしゃべるんだ？」という疑問が、いつもあるわけじゃない。だからときどき、人工言語というものを持ち込むファンタジーもある。『ロード・オブ・ザ・リング』という例の大作の中でも、エルフの言葉だけ、エルフ語という人工言語をところどころに使う。でも、普段は英語を使ってることに、どこかしら違和感がつきまとうわけ。

　それは、いろんな言葉に吹き替えた時点で、ようやく気がつくんだよね。映画の中の言語って、幻想言語とは違うんだと。「それはそういうものなんだ」っていう割りきりで観ないと、その違和感に最後まで囚われちゃう。言葉を選ぶことが、ファンタジーを作る上での最大のむずかしさなんだよ。全然わからない言葉だと、また違って見える。英語だと、半分くらいはわかるから、どうしても感情が入っていっちゃう。

ポーランドでやったときは、ひとこともわからないから、ものすごく引いたところで見れるわけ。最初から日本語で作ったら、間違いなく「別のもの」になるよ。役者さんも、自分の母国語で芝居するときと、違う言葉でやるときでは、同じ芝居ができないはずだよ。

昔、三池（崇史）さんの映画でそういうのがあった。『スキヤキ・ウエスタン　ジャンゴ』（07）っていうやつ。日本人が全員、英語で芝居してる。母国語以外で芝居するのはこんなにむずかしいのか、っていうこと。

それぐらい「言葉」っていうのは、日常で意識していないぶんだけ、特に映画とか虚構の世界の中では、違いがあからさまに出てきちゃう。ファンタジーを作ることの最大の困難は、実は、言葉なんだと思う。

鈴木　言葉って、そういう面がありますよね。

押井　うん。テンポまで変わって見える。今日、日本語吹替版を初めて観たんだけど、実は、イタリア語版はすでに観てるわけ。びっくりしたもん。テンポが変わって見えるのよ。リズムが変わっちゃう。日常的に会話してると気がつかないけど、自分の母国語のリズムに支配されてる。

鈴木　SFじゃない普通のドラマでも、それはある。一人の人間が、あるところでは標準語をしゃべり、あるところでは方言をしゃべる。それが同じ分量くらいあるTVドラマ。これは面白かったですよ。言葉が、人格にまで影響を与えるから。

虚淵　大阪の役者さんから、「関西弁でなきゃ表現できない感情がある」って聞きました。

鈴木　あ、それはわかりますね。ぼくがさっき言ったのは、山田太一のドラマ（『夏の一族』95）なんですけどね。名古屋生まれのヒロイン（竹下景子）が東京で標準語でしゃべってると、自分の亭主（渡哲也）と大ゲンカ。ところが、昔のボーイフレンド（森本レオ）に偶然再会して名古屋弁をしゃべると、ぜんぜん別人格になる。すごく面白いところに目をつけたなあって。

押井　それはさ、敏ちゃんが大好きな東映のやくざ映画でもあるじゃない。たとえば、『仁義なき戦い』（73―74）とか、広島弁じゃなかったらどう見える？

鈴木　あれは、広島弁じゃないとダメ。

――視聴者からのコメントで、鈴木さんが、日本語吹替版のプロデューサーをした背景というのは？

鈴木　まあ、押井さんに泣いて頼まれたと……

押井　よく言うよ！　何言ってるんだよ！（一同笑）だいたい、頼んでないからさ。

鈴木　こういう公的な場で、ウソ言っちゃいけないよねえ（笑）

虚淵　実際はどうなんですか？

鈴木　実際はね、日本で公開するにあたって手伝ってほしいと、Production I.G の石川（光久）さんから頼まれたんですよ。それで、実際にやるべきことを聞いたら、一つは、日本語版を作ること。二つめは、宣伝その他だったと思う。ほんとはね、他人（ひと）の作ったものに対して、日本語版とはいえ違うことをやるよりも、押井さん本人に言ったんですよ、「自分で作ったら？」って。覚えてる？

押井　あんたが「作っちゃダメだ」って言ったじゃん！

鈴木　「作れ」って言ったじゃない。（舌打ちして）ダメだもう……ボケたね！（一同爆笑）

そしたら、「勝手に作ってよ。ただ、セリフは変えちゃダメだよ！」って言ってたでしょ？

押井　そうそう。「編集もいじるな」と言った。正確に言うと、「日本語吹替版を作ることに反対はしない」「それが必要なんじゃないかという判断は尊重する」ってさ。「ただし、おれはやらないよ。やるなら、あんたがやれよ」とも言った。

鈴木　もう少し優しい言いかただったよ？

押井　でも、基本的にはそういうこと（笑）。「やる以上、言い出した人間が責任を持ってやりなさい」って。

鈴木　それでね、さっきの話がヒントだったんですよ。

ようするに、「ここは感情的になってもいいだろう」っていうところを、英語版では淡々としゃべってる。そこを生っぽくすると、同じセリフでもどう聴こえるか、っていうのがテーマ。そういう興味があったから、引き受けてもいいかなと思ってやった、っていうのが実情ですね。

押井　あとこれ、大事なことなんだけど、「日本語吹替版を作るのはいいけど、英語版というか、原語版もちゃんと同時に公開してくれ」って言ったの。観比べてみれば一目瞭然だと。映画って、そうやって観ることもけっこう大事なことなんで。どちらを観ても、もちろん、お客さんの自由。

鈴木　でも、両方観たほうが面白いよね？

押井　個人的にはそのほうが面白いと思う。だけど、最初にどっちを観るかはお客さんの自由だから、その選択肢は残してねっていう話。

鈴木　ああ、それを条件にしたってことね？

押井　そう。忘れてたんでしょ？　それを条件に、日本語吹替版を勝手に作れば、と。

字幕版か、吹替版か

——……で、どうでした？　30分くらい前に、初めて日本語吹替版をご覧になられて。

押井　やっぱり、違うものですよね。明らかに。でも、「違う」ってことを大前提とすれば、まあ、実を言って……思ったより良かった……うん。

——うれしそうですねえ（一同笑）

押井　特にイタリア語版がショックだったので、その反動かもしれないけど。

鈴木　これはしょうがないことなんだけど、押井さんのはセリフが多いでしょ。つい、画より字（字幕スーパー）を追っちゃうんだよね、最初に観るときに。それで、日本語版を作る意味があるなと思ったの。

押井　それは、いつも言われる。

鈴木　そう。多い。字幕が2行なんだもん。

押井　『アヴァロン』では、実は、私が日本語版を作ったんですよ。

鈴木　（あっさりと）あんまり良くなかったよねえ。

押井　よく言うよ！　でも、そのことで、吹替版を作るむずかしさはよくわかった。
　もともとは日本語で書いてるわけ。それを英語に翻訳した台本を使って、向こうで演技して撮影してる。その時点で、すでに変わっているんだよ。

鈴木　ここでね、ちゃんとご紹介しておかないといけないのが、打越（領一）さん。日本語版をいろいろ手がけてきた超ベテランが、関わってくれて。業界でも評判のいい、腕のある人だというのでお目にかかったら、なんと押井さんのファンだった。そこがちょっと面白くなかったんですけどね（笑）

押井　なんでだよ！

鈴木　でも、本当に、彼がよくやってくれたんで。あらためてここでご紹介しておきます。

押井　例の『パシフィック・リム』（13）。

鈴木　そう。それの日本語版を作った人。

押井　たまたま両方観たんですよ、英語版と吹替版と。実はね、吹替版のほうが面白かったの。これ、言いたくないんだけどさ（笑）。自分が不利になりそうだから。

鈴木　あははは！（一同笑）でも、打越さんて、本当によくわかってる人で、「ここから、この人の芝居をどっちに持っていきますか？」って、ちゃんと聞いてくれるんですよ。で、「こっち」と言うと、「そうですよね」って。よくわかってくれる人でした。

押井　『パシフィック・リム』は、キャラクターも何も全部アニメっぽかったんで、アニメっぽい芝居や表情をしている向こうの役者さんの演技には、英語よりも、普段アニメをやってる日本の声優さんの声がハマって、全然観やすかった。

鈴木　監督（ギレルモ・デル・トロ）が、どこかで潜在的にそう思ってたんだろうね。

押井　監督はアニメファンだったから。

鈴木　だって、ほんとに、日本で作られたものに見えちゃったもん。見事にハマってた。英語版よりたしかに面白い、というか自然だった。

押井　ナチュラルに見えた。たぶんそれは、あの映画自体がすごくアニメっぽかったからなんだよね。

鈴木　そうだよね。だって、どこかで見た覚えのある……

虚淵　やっぱり、「ロケットパンチ」って言わなきゃダメだという。

鈴木　そうそう（笑）

押井　あれには、ちょっとびっくりした。「そういうことがあるんだ」って。でも、ぼくは、基本的には字幕派なんですよ。

鈴木　まあねえ。ぼくもそうですよ。

押井　やっぱり、役者さんの声はオリジナルで聴きたい。でも、字幕と画面を同時に観るのは、ある種の訓練じゃない？　パッと瞬間的に、2行でも3行でも頭に入る。映画をたくさん観てれば、自然にできるようになるんだけど。

鈴木　やっぱり、よっぽど観てないとならないよね。

押井　経験値がないと、どうしても字を追っちゃうから。

鈴木　自分の身内のことでなんだけど、うちのおふくろが去年亡くなったんですけど、亡くなる寸前、92歳まで字幕で映画を観てた。「日本語でしゃべるのは嫌だ」って。あれ、感心したんですけどね。

押井　マニア的に、吹替版が好きな人もいるんだけどさ。

虚淵　吹替版は、モブ（群集）がしゃべってるのを全部わかるのがいいですよね。うしろの人たちのしゃべりまでは、字幕じゃ追っかけきれなかったりするので。

押井　それはあるね。

鈴木　一方で、たとえば『刑事コロンボ』（68―78）は、小池朝雄がコロンボの吹き替えをやるから、あの味が出るわけでしょ。原語版で観ると、全然違ってて（笑）。「これ、面白くないな」っていう経験もしました。

押井　日本語で作られた映画でも、字幕がほしいなって思うときはある。セリフがよく聴こえないとか、録音上の問題だけじゃなくて。

　自分で作ってて言うのもなんだけど、敏ちゃんと一緒にやった『イノセンス』とかさ。あのとき、言ったじゃん？「字幕スーパー入れたほうがいいんじゃないの？」って。言葉って、音よりも、文字で飛び込んでくるほうが速かったりもするんだよね。

鈴木　今、TVで、なんでも字幕（テロップ）がつくじゃない。あれ、日本独特でしょ？　どうも日本人は、「目」で観るんですよねえ。

虚淵　でも、『イノセンス』は、文字で追っかけたほうがかっこいい引用文とかが、けっこう出たからじゃないですかね？

押井　それもあると思う。

虚淵　音で聴くよりも、ホンにあった文字列で見たいと。

鈴木　でもそれ、字幕で出たら、面白くなかったんじゃないかな。だって、雰囲気づくりのために、ああいうセリフを書いてるんだもん。でしょ？

押井　それも、ある。

鈴木　それを文字にして出しちゃうと、「その意味は何だろう？」って（観客が）囚われるじゃない。そうすると、次へ行くのが大変よ？

押井　んー……耳から入って、意味が繋がりにくいタームというか、専門用語みたいなのって、そこに引っかかったりするからさ。『攻殻（GHOST IN THE SHLL／攻殻機動隊）』をやったときは、それに引っかかっちゃった。当時は「電脳」とかいう言葉は、あまり知られていなかった。今でこそ、みんな耳にしてるけど。

虚淵　ああ、造語の類いは、つらいですよね。

押井　基本的にファンタジーって、独特の固有名詞や造語が魅力だったりするから。

鈴木　今回の作品でいうと、登場人物が前に名前を言ってるのに、わざわざ名前の紹介が文字であったでしょ？　あれ、邪魔だったね。

押井　私は、「入れたくない」って言ったの！

鈴木　ああ、そうなんだ！　失礼しました（笑）

押井　「どうしても入れろ」って言われたから。

鈴木　なんで？　あれ、ほんとに邪魔だなって思ったの。

押井　カタカナの名前を３つ以上覚えられない男が（製作関係者に）いたんだよ。

鈴木　わかるけどね（笑）

押井　ガルム８部族っていうのがあって。８部族のうち、３つから先が認識できないって言われてさ。

鈴木　関係ないよ。３つだけでいいよ。

押井　別に、８つやる必要がないから。

鈴木　ねえ。あとは、なんとなく雰囲気が出てればいい。

押井　昔、この企画を始めたとき、「８」っていう数字を大事にしたかったから。８進法の世界なんですよ。だから８部族にしたんだけど、それって、基本的に映像化しにくいじゃん？　床のタイルとか、パターンになってるのが、みんな８角形。「この世界は８進法なんだよ」と。

鈴木　ふうーん……

押井　ファンタジーって、そういう〝約束ごと〟がとても大事で、本来、それを楽しむものなんですよ。

言葉もそうで、「聖なる森」って言うと、それは聖なる森を指すんだよね。トトロが出てくるような鎮守の森とどう違うんだ？　っていうことになるけど、「ドゥアル・グルンド」という言葉には、独特の語感があるわけ。天使みたいなのも出てくるけど、それを「天使」（エンジェル）って呼んじゃうのか。「マラーク」って呼ぶと、また別のものになるわけだよね。

＊

鈴木　そうだ！　「『ガルム』って何？」というのを言っておいてもらうと、映画の宣伝になるかもしれないね。「ガルム、それは……」って。

押井　「ガルム」って、実は「犬」っていう意味なんですよ。わかってるでしょ？

鈴木　おれはわかってるけど、（ライヴの）お客さんのために言ってるんだから！（笑）

押井　厳密に言うと、「ある世界での犬」のこと。ケルト語なんだけど。もともとこの映画の世界って、ケルト神話をベースにして作ったので、出てくる固有名詞とかは、調べられる限り、古いケルト語を参考にしたんですよ。歌もケルト語。不思議な言葉になってるけど。

ケルト語を日本語に翻訳したり、その逆をできる人を、ツテを頼って一人だけ見つけたの。実際には、ケルト語と英語を翻訳できる人。英語と日本語を訳す人はいっぱいいるから。その人とやりとりして、歌詞をケルト語に訳してもらった。

鈴木　ケルト語って、全然違うもんね。

押井　そうそう。英語とまるで違う。ようするに、キリスト教以前の世界。もともとは、文字のない世界、文字を持たなかった文明なんですよ。口承というか、伝承しか残っていない。実は、英語と何の関係もない。アイルランドの田舎のほうに行くと、まだ残ってるんだけど。

でも、その人を探し出したときは本当に嬉しかった。訳文を読んでもらって、「これはとても良い言葉です」って。安心しましたよ。

思い出のアイルランド紀行

鈴木　押井さんと行ったよね、アイルランド。

押井　行った行った。はるか昔だよね。あれは何年前？『となりのトトロ』が終わったあと(88年)。宮さん(宮﨑駿)と、敏ちゃんと、私と、亀さん（亀山修、「アニメージュ」編集者・当時）の4人で。もともとは、ウェールズに行ってラグビーを観ようって話だったけど、「ことのついでにアイルランドにも行こう」って。

鈴木　何言ってんの。『Man of Aran』(『アラン』、＊1）のビデオを持ってきたじゃない！

押井　あ、そうか。アラン島というところのドキュメンタリー映画なんだけど、宮さんがどうしても行きたかったんだよね。

鈴木　そうそう。

押井　宮さん、『Man of Aran』を昔観て忘れられないんだ、って。で、足をのばしてアラン島に行ったら、強烈な印象だった。世界の果てみたいなところで、「これがヨーロッパの地の果てだ」っていう場所。

人間がいないんですよ、とにかく。視野の中にいないというんじゃなくて、人間の気配というか匂いがまったく感じられない。「ここには人間はいらないんだ」っていう、岩と風の世界……。その印象が強烈にあって、「いつかここで映画を撮りたい」と思ったんだよ。それがそもそも、この映画の発端だった。

鈴木　アランセーター（＊2）発祥の地。土がなくてねえ。寄せては返す波があって、それが運んでくる砂と昆布、それを混ぜて土を作るんですよね。長い歴史があるんだろうけど。その土でジャガイモを作るという、とんでもないところ。

押井　樹が一本もないの。実は、『アヴァロン』も——あれはアーサー王伝説をベースにしたんだけど——同じなんだよね。ようするに、ケルティックの世界。

鈴木　アラン島で映画を作ればいいのに。

押井　実際、15年前にこの映画をやろうとしたときは、アラン島も含めてロケハンに行ったんですよ。2週間くらい。ただ、結論として、あそこでは映画は撮れないと。

鈴木　歴史的ないろんなものが、普通だったら大事に祀ったりするのに、そのまま置いてあるんですよ。たとえば、壊れた教会とか。聞いてみると、「これ、5世紀のものです」とか「3世紀のものです」っていうのを（笑）、そのままの状態で。それが日常の中にあるから、非常に面白い。

押井　でもさ、15年前は、映画はまだ35㎜フィルムの世界だから。あそこで映画を作るって、どんなに大変なことか。電気もないし、もちろん変電所もないし、まずは発電するところから始めないといけない。

実写映画って、物理的な条件の中で作るものだから、あそこで撮るとはどういうことなのか、容易に想像がつくわけ。……で、諦めた。今だったら、デジタルカメラで撮れる。昔と違って電気も来てるし、バッテリーの充電さえできれば、映画が撮れるわけだよね。

鈴木　あそこで泊まった民宿がね、3日間いたんですけど、『魔女の宅急便』（89）の、ジジの人形を届ける家のモデルになった。

押井　違う目的で行って、その記憶をもとに映画を作ったり、別の映画のロケハンで行って違うものを作っちゃったり、そういうことって、けっこう多いよね。

鈴木　どんどんアイルランドの売り込みをするとですね……アラン島なんてね、もうこの世から去りたいと思ってる人が行くでしょ。行くとね、あらゆる意味で力を奪われるところで、脱力に陥るから、自分が死ぬ気もなくなるみたいな気分に襲われるんですよ。

押井　すべてが、どうでもよくなる。

鈴木　今、思い出したんだけど、あのときは計画を決めないで旅行に行ってて、何日いてもよかったの。ところが、3日目かな。宮さんが突然、「帰ろう！」って言い出した（笑）。「これじゃあ、社会復帰できなくなる」って。そのぐらい、人から力を奪う島なんですよ。

押井　なんか、不思議なところだよね。

鈴木　ガイドしてくれた日本人のコーディネーターは、イギリスに住んで、世界中を周ってきた人なんだけど、その人が言いました。「ぼくは自分の不明を恥じる。世界をいろいろ周ってきたけど、ここはパラダイスだ」って。その人が、近所を調べて周ったら、おじさんたちが魚釣りとかしてる。で、出自を聞いてみると、ヨーロッパのすごいお金持ちの人だったりして。そういう人たちが、なにもない「無」を楽しむために来る場所だったんですよ。

虚淵　究極の贅沢なんですね。

鈴木　そう。究極なんですよ。「無」だから。

押井　でも、日本人が行くようなところじゃないよね。

虚淵　ダイエットとかに良さそうですよね。痩せませんかね？　そういうところに行ったら。

押井　痩せたいとか、そういうことも……

鈴木　そういう意欲も、全部なくなるんですよ。でも、けっこうそれが心地良かったりする。あれは、何かの参考になるかもしれないですよ。

押井　日本に戻ってからも、少しボーッとしてたよ。時間の流れかたが全然違うから。

鈴木　やっぱり強烈なんですよ。押井さんが覚えてるかどうか……アイルランドの一番南の果てのほうの、ある街で、みんなでお茶を飲んで写真を撮ったりしたの覚えてる？

押井　覚えてる。

鈴木　おれ、あそこのおばさんとね、あのあと10年間、文通したんだよ。

一同　（爆笑）

押井　何を書くわけ⁉（笑）

鈴木　いろいろ書いた。向こうも、普段はケルト語というのかアイルランドの言葉で、英語がそんなに得意じゃないから、すごい間違いだらけの葉書が来る。ぼくも返事を出してたんですけど、最後の手紙をよく覚えていて。

書き出しが、今日は最後の手紙だと。なぜかというと、店を閉めることになった。あなたたちと会ったのを、私は一生忘れない。あなたたちと一緒に撮った写真も、お店にずっと飾ってあった。さようなら、っていうやつなんですよ。……これ、初めて話すよね？

押井　やっぱり、話がそっちに行っちゃうんだよね。

鈴木　何が？

押井　世界中どこに行っても、敏ちゃんは、「人間」にしか興味ないもんね。私はね、会った人間とかほとんど覚えてないよ。

鈴木　知ってるよ（笑）

押井　ただ、あの断崖とかはね……。あれは（胸に）焼きついてる。あのあと、2回行ったんだよ。

鈴木　2回も!?

押井　別の映画のロケハンで、無理やり行ったんだけどさ。

鈴木　そうやって、映画で切りとった映像と、（実際の風景を）比較対照する……。「目の前に景色があるんだから、それをもっと見ろ！」っていうのに、自分で小さくしちゃうんですよ。

押井　そんなことないよ。断崖のところに、ケルトの遺跡があったじゃない。要塞の跡が。あそこに、昼間、ほとんど一人でいたんだもん。この人たちは、連れだって街に行ったり、夜中にパブに飲みに行ったりとかしてたけどさ。

鈴木　みんなで断崖に行ったとき、押井さんがいちばん高所恐怖症で、這いながら進んで行ったのを思い出した（笑）

押井　2回目に行ったときは、普通に見られた。宮さんは、崖から顔を出してさ、自分がもがきながら落下していく原画枚数まで読めたって（一同爆笑）

虚淵　もうなんか、おかしい人しかいねえよ……（笑）

鈴木　いや、これね、本当に楽しい旅だったから、つい話が長くなっちゃうんだけど。

押井　あの旅行に行ってなかったら、『ガルム』という映画もなかったね。

「ずらす」ことの必要性

鈴木　今回の川井憲次さんの音楽、いいんだけど、なぜ、スコットランドのバグパイプを？

押井　視覚的にはケルトをベースにした映画だけど、ケルトの音楽がどういうものだったか、わかってるわけじゃないんですよ。今残ってるものが、大昔もそのままあったという保証は何もない。で、川井くんと相談したのは、ケルトなんだけど、ケルトと違うもので同じような雰囲気を表現できないかな？　と。

鈴木　それだと、地域性がなくなるのよ。

押井　そうしないと、ファンタジーじゃなくなっちゃうから。

鈴木　ファンタジーって、地域性があるんだよ？

押井　それは、「架空の地域性」。ケルトと同じ楽器を使って音楽作っちゃったら、〝そのまんま〟だから。

鈴木　でも、ちょっと聴いてみたかったね。

押井　そこを、あえてずらさないと。あれを歌ってる女の子たちって、モンゴルの歌手だからね。モンゴルで、馬頭琴（モリンホール）を弾きながら歌ってるお姉さんたちなんですよ。「ずらす」ということは、絶えずやってる。『攻殻』のときの民謡歌手みたいなもんだよね。

鈴木　押井さんは、そうやるんだよねえ。

押井　ずらさないと、ファンタジーにならないから。

鈴木　そうかなあ……？　やってみないとわかんないよ。

押井　っていうか、映画全般にそうなんだけどさ、「何をどうやってずらすのか」なので。ピタッとはまっていると、映画である必要がどこにもないんだよ。それって、ただの現実じゃん。そのことは、いつも考えてる。今回は、音楽が意外にむずかしかった。モンゴルのお姉さんが来たときは、「これだ！」と思ったね。

＊

鈴木　なんか……視聴者が70万人を突破とか（笑）

――増えかたがすごいんですよ。カウントアップのしかたが。

虚淵　でも、カウントアップしてるタイミングで、『ガルム』の話をしたかったですね。

鈴木　あははは！（笑）

押井　あんた、一応、宣伝プロデューサーでしょ？（笑）

鈴木　いやいや……あんまり（数字に）即してしゃべってると、いかにも宣伝に聴こえちゃって、そういうの、お客さんは嫌がるんですよ。

虚淵　それで70万まで増えたという？

鈴木　そうそう。宣伝っぽくないから、みんなホッとして

「聴いてみよう」という気になったわけで。

押井　今回出てきた「グラ」。あの犬、良かったでしょ？　現地でオーディションしたの。

鈴木　日本から連れてったら、犬のストレスが大変でしょう。

虚淵　連れてったら、犬のストレスが大変でしょう。

押井　連れていけるわけないじゃないの！　カナダで、バセットのブリーダーを探し当てて、そこに行ってオーディションして選んだ。で、あの子にした決め手が、例の「祝福」っていうやつ（犬のポーズ）。一芸があるんですよ。

鈴木　なんか、みんな同じに見えますよね？　いつも出てくる犬と。押井さんの可愛がってた愛犬、宮さんが「バカ犬」って言ってた。

押井　よけいなお世話だよ！　バセットって、バカだから可愛いの。

鈴木　なるほど。脚が短いしね。そこらへんが、押井さんに似てるんだよね。（お菓子を勧めて）……あ、どうぞこれ。

虚淵　ありがとうございます、いただきます。

押井　ＣＭタイムみたいだよね（笑）

鈴木　これ、おいしいよ。

虚淵　何の宣伝だか、どんどんわからなくなってきた（笑）

押井　揚げまんじゅう。おいしくて好きなんだけど、カロリーが高いんだよね。

鈴木　そんなこと気にしてるんだ。また太ってるの？

押井　ううん。最近、また少し鍛えてる。

鈴木　押井さん、身体を鍛えて、風邪ひくんですよ。

押井　風邪は誰でもひくの。でも今年は、３年ぶりにインフルエンザにかかった。１週間、倒れてた。

鈴木　よく風邪ひくよね。なんで？

押井　なんでって……

鈴木　犬と暮らしてるからだよ。

虚淵　でも、季節の変わり目にうまく風邪ひくのって、むしろ身体にいいみたいな話を聞きますよ？

鈴木　そうなんだよね。風邪はひかなきゃいけない。

押井　「おれは風邪ひいたことないんだ！」って、うちの親父が言ってて、本当にひいたことないんだけど、ポックリ逝ったからね。

鈴木　風邪ひかないって、本当は身体に良くない。熱は出したほうがいい。

虚淵　シーズンの変わり目の身体のメンテだと聞いたことありますよ。

鈴木　普通の風邪でも、治ったときスッキリするでしょ。それを得るためには、熱出して、鼻もグスグスやったほうがいいんですよ。

押井　感染しても気がつかない人がいるんだって。やたら丈夫で。

鈴木　熱が出なくて丈夫だと思ってると、大間違い。

押井　そうそう。私は、もともと低体温症っていうか、体温が低いので、いつも36度くらいしかないの。37度を超えるとクラクラしてダメ。

幻想と物語の復興を

——ところで、なぜここに虚淵さんがいるのかという話ですよね？

鈴木　あ、出てきました。これが、この映画のポスターです。

（『ガルム・ウォーズ』のポスターパネルが映る）

鈴木　ちょっといいポスターだよねえ。横のほうに、文字（キャッチコピー）が書いてありますよね？

押井　最初に見たとき、「ああ、これで来たか！」って。巨人でもなければ、戦艦でも戦車でもなくて、主演女優の横顔のアップだもんね。彼女は喜んでた。

虚淵　ほんとにこれ、決め手の絵柄ですよね。一種、ネタバレと言っちゃっていいくらいの、強烈な。

鈴木　最初に観たときから、「これだ！」と思ったんだよ。

押井　「彼女は何を見てるのでしょう？」っていう絵柄。

鈴木　というのはね、ちょっと（表情が）息苦しそうでしょ？　最後のほうの（映画の）流れもある。そういうの、お客さんは好きだから、ちゃんとやるといいと思った。

押井　たしかに、彼女が何を見てるのかで、すべてのネタがバレてしまう。ま、いいんだよ。バレても。

鈴木　どっちなんだ（苦笑）。……そうじゃなくて、もっと大事な話があるんだよ、このコーナーでは。

——キャッチコピーですね？

鈴木　「この国が棄てた幻想を、再び。」実は、虚淵さんにこのコピーを書いていただいたんですよ。

押井　素晴らしいコピーだと思う。

虚淵　ありがとうございます。

鈴木　どういうところが素晴らしいの？

押井　実は、同じことを考えて、この映画を作ったから。

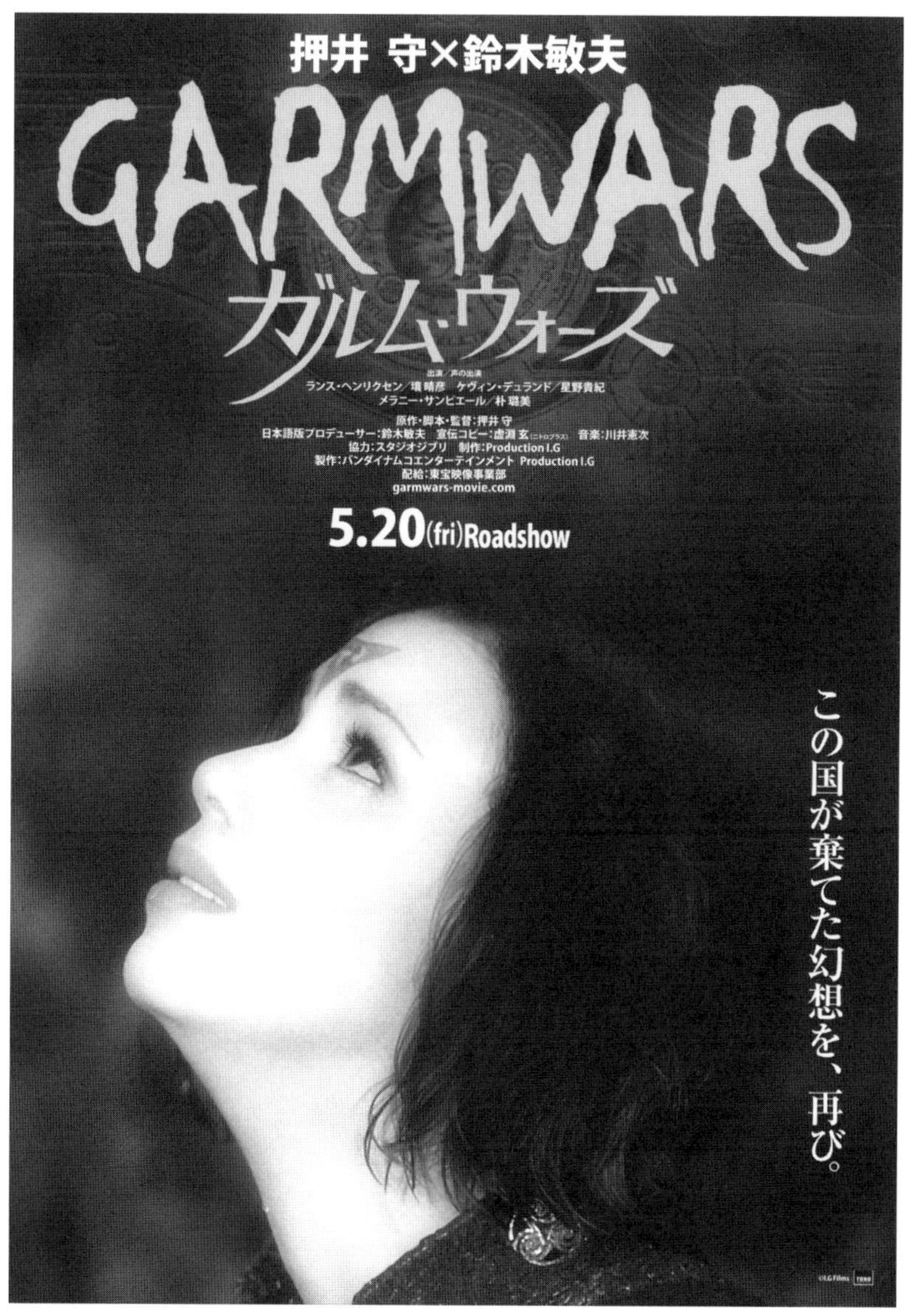

押井守監督作品『ガルム・ウォーズ』の、日本公開時（16）の宣伝用アートワーク。
カラ（メラニー・サンピエール）の横顔の一枚写真で押し切ることで、「SF バトルファンタジー」という作品本来のジャンルに、「ヒロインもの」の要素を付加している。
ラフ案と和文・英文ロゴを鈴木敏夫氏が、キャッチコピーを虚淵玄氏が担当した。

鈴木　今考えたんじゃなくて？（笑）

押井　15年前に考えたの！　日本という国では、幻想とかファンタジーは、このままだと滅びる——というか、もう滅びたんじゃないかと。もう一回それを再興しよう、ということから始めたの。だから、舞台をあちらに選んだ。

鈴木　虚淵さんに作っていただいて、本当に素晴らしくて。

虚淵　恐縮です。

鈴木　すぐ、お礼のメールをお送りしたら、虚淵さんから、「今年一年を振り返って、一番緊張した仕事だった」とお返事をもらってね。でも、本当に素晴らしかった。

虚淵　ありがとうございます。

鈴木　このコピーの発想は、どこから来たんですか？

虚淵　映画自体もさることながら、今年、２０１６年にやっと完成して上映されたっていう……その経緯ですよね。ぼくも、15年前ごろには充分にオタクだったんで、「押井さんが『ガルム』っていうのをやってるよ」って耳にしていた。で、「そういえば最近、あの話を聞かなくなったけど、どうなったんだろう？」って。企画が消えていった経緯とかも、なんとなく知ってはいたわけです。

押井　その15年の間に、当時思ってたとおり、この国から「物語」が消えた。今、誰も物語を作ろうとは思わないしさ。

鈴木　なんで？

押井　なんでだろう。そういう意味で、なんのてらいもなく、真っ正面から「物語」をやってみようと思った。最大限の、これ以上でかい物語はないんだ、っていうのをさ。

それはそうだよね、始まりと終わりの話なんだから。どこまでやれるかは別として、とにかくやってみないとダメだと。破綻を恐れるなら、手を出さないのが一番利口なんだよ。一番むずかしいことなんだから。特に、今の時代って、誰か本当に物語を必要としてるのか？　なぜ、こんなにも物語が語られなくなったのか？　アニメだけじゃなくて、映画もそうだけど。この現象は、日本だけなのか？

鈴木　どうなんだろう……

押井　最近、特にそう思うんだよ。

虚淵　物語よりも「キャラクター」に、一気に比重がいきましたよね。

押井　「物語を語りたい」という情熱と、「物語を通じてその世界に行きたい」という情熱は、どこに行っちゃったんだろう、と。

特に最近のアニメーションとか観てると、「どこに話があるの？」と。ストーリーはあるけど、物語がない。物語というのは、まなじりを決して、大上段に振りおろすものなんだよ。それはかつて、ものすごい力を持っていた。そういうものを観て育ってきた。それがなかったら、たぶん映画もやってない。それがね、今、稀有なものになりつつある。どこにも、めったに物語はない。あっても、力強いものじゃない。

虚淵　物語って、始まって、終わっちゃうじゃないですか。「終わっちゃう」のが、みんな嫌なんですよね。とにかく続けたい、ずっとそこに浸っていたいと。

押井　すごい努力でいろいろと築き上げたものを、自分で打ち壊して終わらせるから物語なんであって。始まりがあって、終わりがある。それが、物語であると同時に、生きることの意味でもあるんだよね。それを引き延ばすとどうなるかというと、『ガルム』のような生」を生きることになる。延々とコピーを繰り返して生きることに。

今でも、たまにあるんだよ、物語は。本当にときたま、現れては消えていく。虚淵さんが脚本を書いた『(魔法少女）まどか☆マギカ』(11）だって同じだよ。

鈴木　『まどマギ』？

押井　うん。たまたま『劇場版』(12）を観て、これは久びさに「物語」だと思った。私は、ああいう絵柄はちょっと苦手なんだけど、でも、観てるうちにそれを忘れちゃうんですよ。

鈴木　ああ、あれはそうだね。おれもそう思った。

押井　ものすごい勢いで物語を振りおろしてるから。「これなんだよ！」って。久びさに。

鈴木　二重構造になってるんですね。「物語じゃなくてキャラクター」っていう現象に対しての。で、そちらに乗っかってる人もいるし、そうじゃなくて、本筋のほうに行く人もいる……

押井　今は、「作られたキャラクター」のほうに興味が行っちゃって、キャラクターと延々とつき合いたいってなっちゃうんだよね。

虚淵　そうですね。作り手も、受け手も、キャラクターとのお別れが嫌なんですよね。ずっとずっと観ていたいと。自分、それを強烈に感じたのは「初音ミク」だったんです。あれが、ストーリーをまったく背負わないで、キャラクター性だけで登場して一世を風靡した。それを見てて、自分はシナリオライターなので、すごい職業上の恐怖感というか、「あれ？　もしかしてこの先、おれたち邪魔になっちゃう？」って……

鈴木　（シナリオは）いらないって（笑）。そういうことになっちゃうんですね。

虚淵　ストーリーテラーの役目としては、そういうキャラクターを喜ばせもするし、笑わせもするけど、ときには虐めたり、痛い目にあわせたり、最後には死なせたりとか、そのキャラクターの終わりまでを描く必然性があったりするわけじゃないですか。でも、それを拒まれつつあるなというか、みんなが拒み始めてるなと感じる。

キャラクターがいて、そこに「物語」がなければ、延々とそのキャラクターを隣に置いて、愛で続けることができる。そこの快楽に行っちゃうと、もう、『（うる星やつら2）ビューティフル・ドリーマー』の世界が特別じゃなくなるんですよね。誰も彼もが、「あそこでいいじゃない。永遠に文化祭を見てればいいんじゃね？」って。

押井　あれはだから、それを無理やり終わらせようと思って作ったのにさ……（笑）。だから、（エンディングで）鐘まで鳴らしたのに。「これで終わり！」ってさ。

虚淵　「終わらないの、怖くない？」っていう恐怖があったころの作品だと思うんですけど、今はむしろ「終わっちゃう」ことの恐怖のほうが大きいのかなと。

押井　今は、はっきりそれを感じる。終わらせたくないんだよ。

越境する言語

鈴木　この『ガルム』ね……押井さんが監督して、キャストとスタッフはカナダの人が主でしょ？　面白いケースだと思ったんですよね。どういうことかと言うと、今、文学のほうでも、移民とか難民として「別のところへ行って、そこで獲得した言語で物語を著す」という人たちが注目を浴びてるでしょ？

押井　うん。

鈴木　押井さんもそうでしょ。だって、英語なんて何にもわかんないわけでしょ？

押井　何にもじゃない！　少しはわかる（笑）

鈴木　「I Love You」と「Thank You」ぐらい？（笑）　だからこれ、すごく面白いケースだと思った。出資者の中に外国の会社が入って、カナダで、カナダ映画として作ってたらどうだったんだろうな、とか。

たとえば、「悪童日記」（アゴタ・クリストフの小説）ってあるじゃない？　あれだって、作者はハンガリーからスイスへの亡命者で、フランス語なんてできなかったんだから。ある年齢になってからフランス語を獲得して、フランス語で書いたんだもん。

押井　ただささ……人間って、母国語に一生支配されるよ。子供時代から若い時期に覚えた言葉に。いかにバイリンガルになろうがね。

鈴木　それ、変わってきたよ。

押井　どう変わるの？

鈴木　世界の文学の第一線で活躍してる人たちが、今、みんな、〝新しい言語獲得派〟。だから、「世界文学全集」が成り立たないのよ。

虚淵　「思考言語」っていうのは、結局、最初の一つ（の言語）になっちゃうと思うんですよ。

鈴木　でもね、さっき話したように……ぼくの知ってる外国人は、英語をしゃべるときと日本語をしゃべるとき、別人格になるんですよ。それって、やっぱり面白い。今回、押井さんには、それは起きなかったの？　英語で演出するときに。

押井　何もないね。

鈴木　それはやっぱり、（英語を）しゃべれないからなんだよね。そのことを知ってて意識的にやったら、絶対面白かったはずなんですよ。

……あ、休憩の時間ですか（笑）。じゃあ、これをもう一回流しましょう！

（『ガルム・ウォーズ』の予告編映像が流れる）

鈴木　キャッチコピーの〝止め〟の「再び。」という文字を別カットにするの、予告編を作る人が考えてくれたんですよ。良かったなと思う。で、「再び。」は、もっとでっかい文字でもいいかなって（笑）

押井　読むリズムとしては、そうだよね。今まで敏ちゃんがやった映画の中で、一番いいコピーだよ。

鈴木　よく言うよ。何が言いたいの？（一同笑）

押井　今までのは、全部インチキじゃん！

鈴木　うるさいなもう、本当に……（笑）。今日は、『ガルム』の話をしてるの！

虚淵　やっぱりこれを、ぼくらが15年前に観られなかったという無念を、今さら感じますよね。『アバター』より先にこれを観てたら、おれの人生、全然変わってたぞ」っていうのは、なんだかんだ言ってこの仕事に就いたからこそ思うことではありますよね。ええ。

押井　たださ――今思えばだけど、あのとき製作中止が決まって、鵜之澤（伸、プロデューサー）がスタジオに引導を渡しに来てさ、今でもそのときのビデオが残ってるんだけど、「これは今日、絶対撮るぞ」と思った。あいつは引導を渡しに来た。「正式に製作が中止になりました。このスタジオを解散します」って。3年間やって、結局、何ひとつ作れなかった。「それでもやるべきだ」っていう内部の意見はあったの。「やれば、何かが変わるんだ」って。でも、もしやってたら、たぶん破滅してた。途中で中止になったと思う。

鈴木　結局？

押井　うん、できない。あの当時の力と技術ではできなかったと思う。もちろん、今でも同じ困難はあるんだよ。今回だって、完璧にできたなんて全然思ってない。でも、とりあえず、力をふり絞って作ったことはたしかなんで。

鈴木　まあねえ……WOWOWで、『ガルム』の番組をやってたじゃない。かなり露骨にそこらへんをやってたけど、ちょっと強調し過ぎなんじゃないかと。

押井　あれじゃあ、『プロジェクトX』だよね。『情熱大陸』とかさ（笑）。自分で観てて恥ずかしかったもん。そういう思いがあったことは否定しないけど。

鈴木　映像の隅々まで、かなり監督の意志が反映された画が、次から次へと出てくる。いろんな意見があると思うんですよ。「難解だ」とか言う人も出てくるだろうけど、画を観るだけでも面白い。ぼくは、そう思った。だから、一種の美術館ですよね、これ。そういうものになってるよ。

オリジナルを超えてこそ

押井　6年くらい前かな、敏ちゃんにも言ったと思うけど、『アバター』を観たときに、「あちゃー！　先にやられちゃった」と思った。しかも、ほぼ完璧に。「これは、どうしようかな？」と。

鈴木　おれなんか、「どっかで見たような映像だな」って思いながら観ちゃったけどね（笑）。あれ、つらかったよ。しらけたよね、やっぱり。

虚淵　その「どっかで見た」というのが、ファンタジーアートとかだったのを、実写映画に持ち込んだのがすごかったとは思うんですよ。

押井　いや、そうじゃなくてさ、このオヤジは、『(風の谷の）ナウシカ』のパクリだって言いたいわけ！

虚淵　ああー……（一同爆笑）

鈴木　だってあれ、あまりにもそのままじゃない。『もののけ姫』が出てきたり、レイアウトまで同じなんだもん。突然、しらけたの。途中まで面白かったのに。

押井　あれは、パクリとは言わないんだよね。インスパイアでもリスペクトでも、言葉は何でもいいんだけど。映画って、本来そういうもんだからさ。

鈴木　でも、元を超えなきゃ。そういう命題はあると思う。

押井　コピーだとするならば――というか、映画はみんな何かのコピーなんだけど――元ネタより完璧にやらなきゃいけないいんだよ。

鈴木　そう！　でなければ、ニセ札と同じじゃない？

押井　本物以上のニセ札を目指すべきだっていうこと。

鈴木　やっぱりニセ札は、本物より良くなきゃ。

押井　すると、それはもう、「コピー」とは呼ばれないんだよ。

鈴木　そうそう。そう思いますよ。

虚淵　実写で『ナウシカ』ができたら、それはとんでもないことだと思いますよ。

押井　だって当時（84年）、そう思ったもん。「これ、実写だったらもっとすごいな」ってさ。

鈴木　押井さん、作ったら？　実写の『ナウシカ』。宮さんに頭下げに行って。

押井　なんで、頭下げなきゃいけないのよ！（笑）

鈴木　原作者だもん、向こうは。「作らせてください。お願いします！」って（笑）。この『ガルム』を観始めたとき、「あれ、『ナウシカ』かな？」って思ったよね、少し。

押井　『ナウシカ』を観たとき、「あれ、これ、『DUNE』（＊3）かな？」と思ったよ。

鈴木　あははは！（笑）

押井　だから、そういうことは言わないの！

鈴木　はいはいはい。

押井　元ネタがない映画なんてないんだからさ。どれだけ完璧にコピーしたかっていうこと。オリジナルを超えたコピーは、もうコピーじゃない。

まあ、それはおいといて、あのときに今の技術があればなあ、っていう思いはあったよ。『アバター』はショックだったけど、思ったほど、立ち直れないほどじゃなかった。「ついに出来たんだ」という感じ。

鈴木　でも、はたで見てるとね――はたで見るというのは、制作事情を知ってることが邪魔するんだけど――事情を知らないで『ガルム』を観たら、そんなこと思わない。そうだよ？　それは自信持っていいんだよ？　なかなかこんな映像を、今、誰も見せてくれないもん。物語のほうも。そういうことでいうと、久びさに「映画」になっていたから。そ

押井　なかなかね……やってると、めげそうになるんだよ（笑）。何度もめげそうになるの。

鈴木　（小声で）『パトレイバー』なんかやってるからいけないんだよ。

押井　なんで話がそっちに飛ぶ？　あれはあれでいいの！　楽しく作ったよ。

鈴木　『009』（パイロットフィルム）とかさあ……

押井　それ、言っちゃっていいわけ？

鈴木　たしかそんなのもあったなあ、と思ってね（笑）

役者談義

鈴木　『ガルム』のキャストについて、このへんでちょっと。

押井　カラ（ヒロイン）は良かったね。一番良かった。

鈴木　Production I.Gの石井（朋彦）プロデューサー、そのカミさんにそっくりだよ。ヘアスタイルまで同じ。名前がチエちゃん（智恵子）っていうんですけど、最初に観たとき、「なんだ、チエが主役か」って思っちゃったくらい、ほんとに似てた。

押井　彼女、あんたの秘書でしょう？

鈴木　そうそう。似てたのよ。……ね、石井？

石井　全然関係ないですよ！

虚淵　ぼくら東洋人の感覚からすると、すごい〝人造人間感〟というか、悪い意味じゃないんだけど、「人ならざるもの」という感じで……

鈴木　押井さん、人間を人形に変えちゃうのがうまいから。

虚淵　そういう感じって、向こうだと伝わるんですかね？　普通にいる顔なんですか？

押井　普通じゃないですかね。

鈴木　WOWOWの番組で覚えてるのが、彼女のもとの姿かたちは、けっこう美人で、可愛いじゃないですか。それを、そうじゃなくしてるんですよね。意図的に髪の色を変えたり。「生っぽさ」をどうやって外すかって。

押井　最初は特に、「硬い表情でやってくれ」って言ったの。最初に撮った列車のシーン、あのとき、本人もかなり緊張してたんだけど、演技がものすごく硬い。旅の後半にいくにしたがって感情が出てくるんだっていう話を、一番最初に彼女にした。最後に感情が爆発するんだよ、って。

ほかの役者の話をすると、ランス・ヘンリクセン。『エイリアン２』で好きになったんだけど、実は、その前から（ジェームズ・）キャメロンの映画の常連だったから。最初の『ターミネーター』（84）にも刑事役で出てるんですよ。もっと遡ると、キャメロンが忘れたがってる某作品（『殺人魚フライングキラー』81）で主役をやってる。

鈴木　え、そうなの？……いったい、いくつなの？

押井　たしか、もう80歳前くらいかな？

虚淵　80前のおじいちゃんを、池に入れてたんですね？　吊って、バシャーンと落として。

鈴木　ほんと、ひどいことやってるよねえ！

虚淵　あれをやってくれるのは、役者魂ですよね。

押井　吊って落としたのはダブル（代役）だけど、中からダバーッと出てくるのは本人。撮影が終わるまで、ずっと池に放りこんだままになってて（笑）

虚淵　よけいひどいですよ（笑）

押井　一応、水じゃないんだよ。温めてあるんだよ。

鈴木　でも、あの人に出てほしかったんでしょ？　こだわったんでしょ？

押井　こだわったというか、ダメもとで聞いてもらったら、「いいよ」って。「言ってみるもんだな」って思った。実は、すごい本数に出てるから。日本ではあんまり公開されてないけど、１５０〜１６０本は出て、いろんな役をやってる。もともとノルウェーの人なんですよ。アメリカに渡って海軍にいたり、アーティストになって壁に絵を描いたりして。で、やっぱり芝居が好きで舞台をやったり。

鈴木　楽しそうに演じてた。

押井　楽しかったよ。役者さんって、甲冑を着たり、マント纏（まと）ったり、カツラかぶったり、実は好きなんですよ。違う人間になれるから。

ランスって、自分の出番があるかどうかわからなくても

――まあ、向こうの役者さんはみんなそうだけど――朝の6時に入って、メイクして、コスチュームも着けて、8時にはスタンバイして、ずっと現場をウロウロしてる。「呼びに行くから待っててていいよ」「部屋にいたほうがいいよ」と言っても、ずーっとウロウロしてるわけ。

鈴木　落ち着かないんだね。

押井　ようやく夕方になって出番があったり、「悪いけど、今日は出番がないわ」とかでも、絶対に文句を言わない。そこは日本と違うんだけど、完全に（作品が）拘束してるから、誰も何とも思わない。女優さんは、もっと入りが早いからね。したくに時間かかるから、夜明けにはスタジオに入っている。けっこう厳しいと思うよ。こういうコスチュームの映画は、手間ひまがかかるしね。

効果音談義

鈴木　ところでさ……あの銃声、なんであんな音なの？普通の銃声ですよ、あれ。

虚淵　（見た目は）ちょっと違う銃でしたよね？

鈴木　形は違うんだけど、音が同じ。気になるんですよ。

押井　一応、火薬の銃で、レーザーガンじゃないから。薬莢がちゃんと飛び出てたでしょ？

鈴木　古いやつ使ってるなあと思って（笑）。それはいいんだけど、音がね……ぼく、ＳＥ（サウンド・エフェクト＝効果音）がわりと気になるんですよ。

押井　これもね、実はいろいろ事情があって、言いたくないんだけど……

鈴木　いろいろ試行錯誤があったんだ？

押井　いや、試行錯誤が……できなかったの。音響までカナダでやらなきゃいけないという契約になってたから。なので、いろいろ事情がある。

鈴木　『もののけ姫』でね、サンとエボシ御前が戦うシーンは、かたや刀で、かたや骨。それがぶつかった音はどんなふうなのかを、宮さん、ぼくに全部任せてくれたんですよ。それで好きなようにやった。ＳＥって、真剣にやると面白いんですよね。金属と金属がぶつかる音ばかりじゃないというのがね。

ぼくらが子供のころ、日本映画で刀と刀がガチッと合う音って、映画会社によって違ってた。東映はこういう音で、大映はこういう音って。だから今でも、刀と刀の鍔迫り合いの音や、ピストルの音が気になるんですよ。

虚淵　『ガルム』のメカや武器の音って、ハイテクのほうに振ったら違う気がするんですよね。

鈴木　なんか、旧い機関銃みたいな音。

虚淵　こいつら（ガルムの登場人物）が開発した最新テクノロジーではない。延々と骨董品で戦ってるという印象は、あのぐらいのポンコツ感といいますか、古くささがいいかなと思ったんです。

鈴木　見た目に、何で、あんなでっかい銃なんだろう？

虚淵　小型化するテクノロジーがなかったからだと思うんですよ。それを、すごい無理して使ってるあたりが、痛ましいなっていうか……。

鈴木　好意的な観客ですねえ！

押井　あんたはなぜ、「好意的なプロデューサー」じゃないのよ？（笑）

鈴木　音が気になっただけ。あの映像にふさわしい音ってなんだろうって、つい考えちゃうんですよ。

押井　空母から飛び出した艦載機が、ガチャガチャいいながら飛ぶじゃない？

鈴木　あれは良かったよ。

押井　ああいう感じを目指したんだよ、一応。金属がガチャガチャ触れ合う世界というか。それが成功したところもあるんだけど。

鈴木　あのガチャガチャは、すごい身近な音だけど、あるような感じがするんですよ。

虚淵　一歩間違えると壊れそうな感じ……。「故障するんじゃね？」っていう不安感。それはけっこう、この映画の世界観として大事かなと。

鈴木　そうそう！　おもちゃみたいなね。ああいう音が気になる。たとえばね、TVの『コンバット！』（＊4）の銃声、ぼく、好きだったんですよ。「ピシッ、ピシッ！」っていう。

押井　あれ、全部ウソよ。

鈴木　わかってるけど、好きなの！（笑）

押井　戦車の走行は、あんなにキャリキャリキャリキャリいわないよ（笑）

だからそれらは、「記憶の中の音」なんだよ。記憶って、本当に戦争で聴いた音じゃなくて、「映画の中で覚えた音」。それと違うことをやると、違和感が出ちゃう。その違和感とどこまで折り合うかが、映画の音響のむずかしさであってさ。……だけどあんた、そんなこと、よく平気で言えるね？　敏ちゃんの作った映画の音、いつも最低よ。特に、バランスがメチャクチャじゃない？

虚淵　ええー……（笑）

鈴木　……今日は、『ガルム』の話なんで。

ぼくはね、『ナウシカ』のポッドっていうやつが飛んでくる音は、ちょっとね、いまだに引っかかってるんですよ。ヘリコプターの音なんだもん（笑）

押井　今聴くと、懐かしい音ばっかり。ピーピーピーピーいってるしさ。『鉄腕アトム』（63―66）っぽい。

鈴木　まあねえ。そういう良さもあるんですけどね。

押井　アニメで一番むずかしいのは、実は足音なんじゃない？　足音がないと、地面に足がついてるように見えない。でも、音を入れると、『鉄腕アトム』のキュッキュッいう音（電子音による足音）を思い出しちゃうんだよね。実際には、足音なんか聴こえないわけだし。

鈴木　ぼくらの映画では、『となりのトトロ』で、畳の上を歩くサツキとメイの足音が、ムチャクチャむずかしかった。

押井　人間が歩いてる音をそのまま録って使えばいいってわけじゃないからね。あくまでも人工的に作ってるんだけど、ようするに、リアルに聴こえるかどうかということ。「本物」である必要はどこにもないわけで。意外な音がマッチしたりするためには、試行錯誤しないとね。

鈴木　まあね。聴き覚えがある効果音が嫌なんですよ。聴き覚えがあるやつにちょっと工夫がしてあったら、けっこう面白い。

押井　「まるっきり聴いたことのない音」って、作れないし、どんな画にも合わない。どっかで観る人の記憶に繋がっていないと、リアルに聴こえないんだよね。

鈴木　わかるわかる。思わぬものが役に立つってこと、あるじゃない？　『もののけ姫』で、コダマが出てくるときの音を覚えてる？　カタカタっていう子供のおもちゃの音、あれが一番合っていた。ぼく、ちょうど持っていて渡したら、音響の人が「これ、いいですね」って。あれ以来、返してもらってないんですけどね（笑）

押井　音って、思いつきでやって成功することもある。

『パトレイバー』（『機動警察パトレイバー the MOVIE』）のとき、刑事が廃屋で鳥籠を踏みつぶす音が、どうしてもうまくいかなくて、ダビングの現場が止まっちゃったんだよ。そのとき、思いつきで「卵買ってきて」って。卵をグチャグチャ潰したの。その音が見事にハマった。「鳥籠だから、鳥の卵だ」っていう、単に言葉の連想だったんだけど、実際、ぴったりハマったね。

鈴木　ぼく、つまんないところが気になるんですよ。あれ、どうやって録ったのか。空のコーヒーカップを口にあててしゃべったのかな？　とかね。

押井　それは『ナウシカ』でしょ。紙コップを使ったのは。

鈴木　おんなじじゃない！（笑）

押井　私は、違います。アニメーションではみんな紙コップでやるんだけど、それが嫌だったんで、『パト2』のときは、自衛隊のパイロットの酸素マスクを借りてきて、その中にマイクを仕込んで録った。

虚淵　ほおー……。

鈴木　なるほど。

押井　するとね、やっぱり、いい感じになったんですよ。

海外で作るということ

鈴木　そういえばこれを作る前に、ジェームズ・キャメロンにいろいろ相談したんでしょ？

押井　昔、企画したときにね。当時、キャメロンが向こうのスタジオと年間4、5本プロデュースする契約をしてたんですよ。その中に「これ、入れるよ」っていう話があって。

鈴木　あ、そうだったんだ。

押井　一瞬、キャメロンのプロデュースでという話があった。どういうわけか、その話が立ち消えになって。たぶん、いろいろあったんじゃない？　『タイタニック』の製作中だったしさ。

鈴木　ああ、あのころ。

押井　『ガルム』は、いろいろ紆余曲折あった作品ではある。今回スタートしたときも、当初はカナダで撮るっていう話じゃなかったんですよ。全部、日本で撮ろうって。

鈴木　あ、そうなんだ。

押井　うん。向こうの役者を呼ぶのか、それとも、ブルースクリーンで役者の出演するところだけ向こうに撮りに行って、あとは日本で作るか、とかさ。いろんなこと考えて検討してたの。そこに降ってわいたように、カナダで全部撮るっていう話になって。突然だったんで、とりあえず行ってみようと。カナダに何度も通って、スタートするまでに半年以上かかった。
鈴木　でも、行ってみたらいろいろ違っていたと。
押井　最初から日本の役者さんで撮れるとは思ってなかったので。役者さんだけポーランドで撮ろうかとか、いろんな話をしたんだよね。
鈴木　最近、中国がお金を出して、中国映画を日本の監督で撮るのが流行り始めてるんだよね。
押井　あるでしょ、それは。私のところにも2、3回話がきたもん。
鈴木　あ、来たの。やんないの？
押井　やんないよ。
鈴木　なんで？
押井　（向こうに）行きたくないから。
鈴木　でも、似合いそうじゃん。いるよね？　中国にこういう人。
押井　何言ってんだよ！（笑）　向こうの田舎に行けば、あんたみたいな人もいるよ。
鈴木　だって、おれ、出演交渉を受けたもん。
押井　そうだってね。何でやらなかったの？
鈴木　3か月も拘束されるもん。
押井　そうそう。同じだよ、理由は。
鈴木　『山の郵便配達』の監督（霍建起（フォ・ジェンチイ））からご指名で。鉄道駅員の役なんですけどね、なんで駅員役が3か月も拘束されるんだろうと。
押井　向こうの作りかただと、そうなる。
鈴木　悠長だなあと思って。聞こえてきたけど、予算が日本映画の10倍。
押井　今、中国はバブルだから。
鈴木　押井さんもやればいいのに。タイとかで。今、タイ映画はすごいよ。予算もすごい。虚淵さんも、そういうやつをぜひ。製作費が違うから。ぼく、ひょんなことで観たタイ映画で『チョコレート・ファイター』（08）っていうのがあって。単なる空手映画だと思って観たら、よく出来てるんですよ。びっくりして調べてみたら、なんと製作費が膨大。3年もかけてるんだもん。
虚淵　まあ、観に来るお客さんの数が違いますもんね。
鈴木　そう。アジア全域で観るから。で、日本だけが、（そのやりかたを）拒否したんですよね。
押井　だから日本は、特殊な映画の国になったんですよ。
鈴木　これから、みんな海外に出ていくよ？　先鞭つければいいじゃん？

押井　向こうでやれる人は、やればいいんだよ。

鈴木　押井さんも、やればいいじゃん？

押井　私は……うーん……

鈴木　なんで？　押井さんの作品は、（題材が）そんなに日本と関係ないじゃない。

虚淵　まあでも、向こうには、日本にない規制がありますよね。

鈴木　ありますかね？

虚淵　けっこう厳しいですよ。

押井　やっぱりね、海外で映画を作るって、精神的にかなりキツい。

衣裳談義

――虚淵さんの新作の情報ですが……『Thunderbolt Fantasy 東離劍遊紀（とうりけんゆうき）』（5）。

虚淵　これは、台湾との合作なんですけど。台湾の布袋劇（プータイシー）っていう伝統芸能の人形劇を、なんとか日本に持ち込めないかなと思って。

鈴木　楽しそうですね。

虚淵　伝統芸能と言いつつも、かなり日本のゲームやアニメのテイストが入りまくってて、すごい無国籍な感じのファンタジーになってるんですよ。今なら、日本に持ってきても普通に観てもらえるんじゃないかなと思って……。突然で恐縮ですけれども。

押井　私もね、昔、台湾で『ケルベロス』という映画を撮ったとき、そういうのが流行り始めて、観せられたことがある。人形を投げたりとかさ。

虚淵　そうです、そうです。

押井　本当に、すごいアクションをやらせる。職人芸の塊だよね。

虚淵　もう、すさまじいですね。日本でアニメをやらせてもらってると、どんどんデジタルに傾いてるじゃないですか。「そっちとは違うものを観れるな」という期待感もあって、それで実現できたんですけども。

鈴木　ムチャクチャなことを言うと、歌舞伎みたいな？

虚淵　あ、かなり近いですよ。見得の切りかたとか。人形なんで、人間以上に動きがオーバーで。

鈴木　もっと、誇張できるんだ？

虚淵　ええ。そのへんが、観てて面白いですよね。

押井　日本で、それをやろうとした男がいるんだよ。そのための人形を開発したり、いろいろやってたんだけど、結局実現しなかった。これにはさ、中国文化とかのバックグラウンドがある。京劇の世界とかね。ああいう、独特のテンポとリズムで成立してる世界なんで。

鈴木　とはいえ、伝統を壊したいところもあるんでしょ?

押井　ある。合成とかもやってるから。ロケもやってる。

虚淵　いや、ちょっと、びっくりでしたね。伝統であると同時に、最前線でありたいっていう意識を持ってるんですね。野心というか。

押井　人形劇なんだけど、オープン（野外）ロケで撮ったりするの。

鈴木　歌舞伎といえば、『ONE PIECE』の歌舞伎版（『スーパー歌舞伎Ⅱ ワンピース』15）、ムチャクチャに面白かったんですよ。実際の舞台もさることながら、お客さんの反応にびっくりした。普段の歌舞伎のお客さんが、拍手喝采してる。

押井　普段のお客さんて、おばちゃんたちとか?

鈴木　そう。別に、若い人が来てるわけじゃない。ああいうものを求めているとわかったの。

押井　やっぱり、「様式」というものが持ってる力なんじゃないかな。

鈴木　そうだよ。押井さんのスタッフをやってた人が、衣裳をやってたの。

押井　（竹田）団吾（＊6）さん?

鈴木　そう。彼に背中を叩かれてびっくりした。「どうも。これ、ぼくが衣裳やってるんです」って。

押井　たしかに、やってると言ってた。今回の映画も団吾さんなんだけど、衣裳作るだけでも、ほんとに大ごとだったからさ。

虚淵　衣裳がすごい重要じゃないですか。パーツとして。

鈴木　ワンピース歌舞伎も、衣裳はすごく良かったもん。

押井　衣裳が持ってる力って、大きいよ。

鈴木　大きい。

押井　特に、ファンタジーとか虚構性の強い作品の場合は、衣裳がすなわち世界観だから。衣裳をキチッとやらないと、世界が成立しない。役者のたたずまいまで変わるから。

鈴木　ワンピース歌舞伎はね、市川猿之助（四代目）がやったのよ、ルフィの役を。あの方って、日本人体型なんですよね。お腹が出てたり、手足が短かったり。ところが、観てるうちに忘れちゃう。それは、衣裳も含めて「どういうものを観せているか」ということと、芝居の良さもあったんだろうけど、ちょっと感心したんですよね。

押井　今、日本で作ってる映画って、ものすごく狭い範囲で作ってるのよ。衣裳や美術の持ってる力とか、本来、映画の要素はいろいろあるのにさ。

鈴木　お金もないんだもんね。

押井　もちろんお金の問題も大きいけど、じゃあ、お金があれば何でもできるのかと言ったら、それは違う。できないよ、やっぱり。

勢いで撮りあげる映画

鈴木　……まだ、視聴者数は１００万人いきませんか？

――今、90万人ですが、コメントを拾うと、「１００万までやりましょう」と。

鈴木　はい！　がんばりましょう（笑）

――「残り10万人なので、お願いします」と。

鈴木　押井さん、１００万だって！

押井　いやあ……あと10万人観ればいいの？

鈴木　大ヒットしようよ。

虚淵　ここでヒットしても、しょうがないと思いますけど（笑）

鈴木　でも、１００万人いったら、ねえ、けっこう多くの人が映画を観てくれるんじゃないかな？

虚淵　その１００万人がみんな劇場に行ってくれたら、素晴らしいけど、そういうことじゃないと思う（笑）

鈴木　必ずしもそうではないけど、ちょっと期待してるんですよ。今回、LINE の舛田さんが先頭に立ってがんばってくれたので、ありがたいですよ。

押井　私は、なんかもう……映画を完成した時点で終わっちゃったので。

鈴木　何を情けないことを！

押井　だって、こんだけ制作期間が長くてさ！（笑）　完成してからもすごい時間が経ってるじゃない！

鈴木　その前に15年もあったわけでしょ？　それを考えたら短いもんじゃない。さっきⒸを見たら、「２０１４年」と書いてあって（一同笑）。あれ、ちょっとしらけるよね（笑）。「２０１４」を、もっと見えなくしろと思った。

押井　だって、おととしの春ぐらいに完成してるんじゃないかな。

虚淵　それから『パトレイバー』ですもんね。ちょっと作業が被ってるんでしたっけ？

押井　被ってる。実は、完成したのは『ガルム』が一番早かった。そのあと、『パトレイバー』の映画版の現場をやって。その仕上げをやりながら、『東京無国籍少女』（15）の撮影に入って……

鈴木　あれ、面白かったよね。虚淵さん、観ました？

虚淵　観ました、観ました。

鈴木　久びさの、いい映画でしたよね？（笑）

虚淵　すごい、コンパクトにまとまってますしね。

鈴木　あの、女の子（清野菜名）もがんばってたけど。

虚淵　女の子の可愛さで、そうとう引っぱられたと思うんですけど。

鈴木　でも、いかんせんアクションがちょっとダメかなと。

押井　それはさ、お金ないんだから。

虚淵　でも、ちゃんと太ももが見えたりすると、「うんうん！」みたいな気分にはなりますけど（笑）

鈴木　あれは本当に面白かったですね。

押井　アクションの稽古、一日半しかできなかったんだよ。

虚淵　それを考えたら、充分すごいと思いますよ。

鈴木　それこそ、「段取り芝居」でアクションやってるでしょ？　それ、ちょっとつまんなかったですよね。

押井　『チョコレート・ファイター』なんかと比べるもんじゃないよ！（笑）

鈴木　わかった！　比較しないからさ（笑）

押井　今、あれだけ身体が動く女の子も、まずいないよ。

鈴木　でも、稽古が一日半じゃ可哀想だよね。

押井　それにしても良くできたよ。ほんと、感心したもん。

ああいう仕事と、『ガルム』みたいな仕事の落差って、そうとう激しいんですよ。『ガルム』は、準備に準備して、ようやく画になるまで2年くらいかかる。あっちは、8日間で一気に作ったから。

虚淵　8日間⁉

鈴木　観ていて、のびのびしてますよね、監督が（笑）

押井　現場の勢いで作るしかない。それはそれで、映画の持ってるある種の魅力だし、作る醍醐味でもあるんですよ。準備を重ねて、2年かけてようやく最初の画が上がるっていうのも、もちろん達成感があるんだけど、「一気に撮るぞ！」「来週いっぱいで撮らなきゃおしまいなんだ」っていうのは、全然違う。違うけど、両方とも、映画の持ってる良さというか、面白さがあって……

鈴木　別のものなんだね。

虚淵　あの短さと勢いで、あっという間に終わっちゃう感じというか。

押井　監督って、大作ばっかりやってても、息苦しいんですよ。一方で、勢いとノリだけの映画ばかり撮ってると、自分でも何やってるかわかんなくなっちゃうし。両方、交互にやれたら一番幸せだなとは思うんだけど。

ビルドゥングスロマンは成り立たない？

鈴木　押井さんのファンって、どのくらいいるの？

押井　わかんないけど、想像するに、何やっても許してくれて、何度でも観に来て、なおかつ買えるものはすべて買うっていう奇特な方が、たぶん２０００人ぐらい。

虚淵　（押井作品は）１回目に観たときよりも、２回目、３回目のほうが面白かったりするので。メディア（映像ソフト）を買っちゃうんですよね。「観返そうぜ！」って。

鈴木　その人たちは、押井さんにずっと映画を撮り続けてほしいのかね？

押井　みたいよ。

鈴木　ほんと？　引退は望まれてないの？

虚淵　引退されて何もいいことないですからね、ファンにとっては。

押井　……引退させたいわけ？（苦笑）

虚淵　引退するぐらいなら、ロボになっても続けてほしいですよ。「メカ押井」になって（笑）

押井　ロボは嫌だけどさ（笑）。現場で歩ける間は、やりたいって思う。

鈴木　普通、誰もが思いつくんだろうけど……虚淵さんが（脚本を）書いて、押井さんが作る企画はないの？

押井　一回、チラッとね。

鈴木　何でダメになったの？　原因は押井さん？

押井　そうじゃないよ！（笑）本人たちにその気があっても、映画って成立するわけじゃないから。

虚淵　あのときは、もう、『ガルム』をやってましたっけ？

押井　準備してましたね。

鈴木　今、仕事ないんでしょ？

押井 ないっていうか、今、いろいろ仕込み中。

鈴木 仕込み中なんだ。そのときは、（二人で）何をやろうとしてたんですか？

押井 言えるわけないじゃん、そんなこと（笑）

鈴木 いいじゃない！ 減るもんじゃないんだから。

押井 減るんだよ！（笑）

鈴木 だって、みんなが喜ぶじゃない！

虚淵 （企画が）リブートする可能性もあると思うと、言えないわけですよ。まだ、夢を捨ててませんもん。

鈴木 ちょっと……サワリだけ（笑）

虚淵 でも、あのときは、ほかの企画と連動した形で動いてたからじゃないですか？

押井 それはあるかもね。

虚淵 で、ほかの企画があまりいい成績にならなかったんで、ぼくらの企画も立ち消えになっちゃったのかな……と、邪推してたんですけど。

押井 まあ、あれはあれで、いつか必ずやりたい。

鈴木 「あれはあれで」って言ったって、よくわかんない。別の企画はないの？

押井 あるよ、いろいろ。

鈴木 いや、二人での。押井さんひとりでやったって面白くないんだもん（笑）

押井 あのね……最近、そういうふうに言われても腹が立たなくなった。

一同 あははは！（爆笑）

押井 いや、本当に。やっぱり映画ってね、〝相方〟が必要なんだと思う。

鈴木 そうだよ、絶対。そう思うよ。

押井 映画は、一人で作るもんじゃない。

鈴木 一人が思いどおりにやるのって、たいがい、つまんないものになる。押井さん、そういうのいっぱいあるじゃない？（笑） だから、人の企画でやったほうがいい。「柔侠伝（＊7）なんてどう？

押井 バロン吉元？

鈴木 そう。（虚淵氏に）「柔侠伝」って知ってます？

虚淵 いえ。

鈴木 柔道漫画なんですけどね、けっこういい話なんですよ。笑えるしね。

押井 自分でやればいいじゃん。

鈴木 違うの。だって、押井さん、柔道何段だっけ？

虚淵　空手じゃないんですか？

鈴木　いや、本当は柔道なんですよ。

虚淵　えっ、そうなんですか!?

押井　昔、柔道やってたの。初段で終わったんだけど。身体こわしたからやめたの。

鈴木　「柔侠伝」、どう？

押井　いやー……

鈴木　それを、現代の切り口で作る。

押井　あれって、ようするに、「姿三四郎」（＊8）じゃない。

鈴木　でも、ちょっと違うのよ。

押井　そうなんだけど、あの時代（70年代）の「姿三四郎」じゃん。うちの師匠（鳥海永行監督）が好きだったの。

鈴木　それを今の時代にやると、どういう切り口になるのか。ちょっと見てみたいなと思ったの。

押井　あの設定そのものが、今でも成立するんだろうか。

鈴木　まあねえ……。主人公のお父さんが、昔、柔道に負けた人。それで彼は、お父さんの仇を討つために上京する。で、柔道やってるうちにお父さんの仇を忘れちゃうっていう話。これが、すごくいいんですよ（笑）

押井　昔のさ、この人が好きな「人生劇場」（＊9）とか、そっちのタイプの物語でさ。「ビルドゥングスロマン」（成長物語）っていうやつ。今は、ほぼなくなっちゃったジャンル。

鈴木　今どき、誰も作らない。でも、やりようはあるんじゃないかな？

押井　それを言っちゃえば、『プラトーン』（86）だって、「ビルドゥングスロマン」なわけじゃない。青年がとんでもない世界を通過して、一人の大人になっていく。「これから自分の人生が始まるんだ」っていうさ。

鈴木　いやまあ、なんで「柔侠伝」かというと、さっきも言ったように、押井さん、本来は空手じゃなくて柔道の人だから。体型がそうでしょ？

押井　柔道やったんで、こうなっちゃったの。今は空手の人。もう10年やってる。一応、二段までいただきました。

鈴木　そうなんだ。二度目の東京オリンピックも近いことだし、柔道、どうかなと思って（笑）

虚淵　「前のオリンピックで、親が柔道のメダルを逃した」みたいな動機づけで（笑）

押井　私らが子供のころは、柔道全盛の時代で、柔道ものの映画、漫画、小説がいっぱいあった。今のカンフーどころの騒ぎじゃないよね。あのころ、プロレスと柔道しかなかったから。でも、プロレスって別世界過ぎちゃって、自分としては、日常に地続きの格闘といえば、柔道しかなかったの。あとは、東映の空手映画。菅原文太とか高倉健とか、実はみんな、もとは空手スターだもんね。だいたい、大学の空手部とかの話だけど。そういう映画を各社が作ってたんだよね。

鈴木　そうそう。「電光何とか蹴り」とかね（笑）。平気で作ってた。短い制作期間でね。

のびのびと作るのがいい

鈴木　舛田さんは、押井さんの映画を観たことありますか？

——観ました。『攻殻機動隊』や『アヴァロン』も。

鈴木　あ、観たんだ？　よく我慢しましたね（笑）。どうでした？

——なかなか監督の前で言いづらいですけど。

鈴木　今回の『ガルム・ウォーズ』はどうですか？　英語版と日本語版、両方ご覧になったんですもんね。だから訊きたくなったんですよ、忌憚のない意見を。

——やっぱり、1回目より2回目のほうが腑に落ちるものが多いですね。ストーリーもそうですし。ほんとは、公開されたら3回ぐらい観ていただきたいなと思います。

鈴木　まじめな言いかたするわけじゃないけど……いつのまにかこんなものを、日本人がね、映像として豊かなものを当たり前のように作るって、考えたら大変なことですよ。ついこの間まで、みんなチャチにやってたわけでしょう？

虚淵　で、カナダまで行く羽目になったわけですしね（笑）

鈴木　でも、あれだけの映像ができればいいだろう、と思う。

押井　言っとくけどね、「当たり前のように」作ってないから。大変だったんだから！（笑）

鈴木　だって、『アヴァロン』なんて、ほんとにひどかったでしょ？　薄っぺらで。

虚淵　まあでも、あれはそういう話じゃないですか。ヴァーチャルで。

鈴木　そうなんだけど、映像そのものは貧弱じゃないですか。異論がありますか？

虚淵　いや、おれ、喜んで観てたクチなんで。

鈴木　それは、（押井作品が）好きだからですよ。

虚淵　それは否めないです。「わーい、ドラグノフ（旧ソ連の狙撃銃）だ！」とかいう感じで観てるから、あんまり大きなことは言えない（笑）

押井　やっぱり、この10数年でほんとに変わったんですよ。

鈴木　何が変わったの？

押井　（そういう題材も）その気になれば実はやれるんだ、っていうことが。だけど、いざやるとね、いまだに大変なことになるよって。それは間違いない。

鈴木　そんなに簡単じゃないと。

押井　簡単じゃない。手順を全部踏まないといけないから。

鈴木　３Ｄのアニメーションもそうみたいね。この間、ディズニーの新作を観てたら、「３Ｄでこんな細かい表現ができるの？」ってところまで来てるね。

押井　ＣＧを使った作品の合成とかはね、物量（手順）がすさまじいのよ。「デジタルだから物量が少なくなるんだろう」とみんな思ってるかもしれないけど、逆なんだよ。

虚淵　やれるようになっちゃったぶん、どんどんできちゃいますもんね。

鈴木　みんなが機械を持っちゃったら、実は、誰でも同じ条件になるから。

押井　あのさ、10秒や20秒のものだったらいいよ。でも、2時間近いものを作るっていうのはね……

鈴木　懐かしいね、そうやって言われると。押井さん、東北新社のスタジオに閉じこもって、（キャラクターが）眼をパチパチするのを開けたままにするとか、くだらないことやってたじゃない。あれ、『アヴァロン』だよね？

押井　うん（笑）。ようするに、まばたきをコントロールしたかった。どこまで映像を加工できるのか、2次元上でがんばった作品なんですよ。

鈴木　そんなことより、虚淵さんと一緒にやってほしいですね。押井守の再生。

虚淵　「再生」って……今、めっちゃがんばってるじゃないですか！（笑）

押井　再生って、なんだよ！（笑）

――今から公開ですから。

鈴木　『ガルム』は『ガルム』としておいといて、その次にね。

虚淵　押井さん、ここんとこ、すごいペースで撮ってませんか？

押井　去年まで、ほんとに忙しかった。だけど今は、ポッカリ空いちゃって……というか、今、動けない事情があって。某作品の企画が決まりかけてて、「待ってろ」って言われてるんで、うかつに動けなくなっちゃった。
鈴木　違うものが観たいよね。全然、違うものを。
虚淵　『東京無国籍少女』は、全然違うものを観た気がしましたけどね。あんな「ご褒美感」に溢れた押井作品って、ほかにない気がして。
鈴木　あれは良かった。ちょっと懐かしかったりもして(笑)
押井　まあ、そういうところもある。現場で撮ってるときの自在感っていうか、自由な感覚が……
鈴木　ある。のびのびしてるもん。
押井　ものすごく解放されてた。やっぱり、カナダでギュウギュウになってたせいもあるのかもしれない。
鈴木　その反動だよね。映画作りって、そうなんですね。
　この前観たディズニーの新作3Dアニメーション、『ズートピア』(16)という、単にウサギが警察官としてがんばろうっていう話なんですけど、あんまり期待してなかったら、最初の5分くらいでいきなりその世界に入っちゃった。で、最後までいって、何が見えてきたかというと……「あ、これ、偉い人たちがみんな忙しかったんだな」って(一同笑)
　ようするに、放ったらかしで作ってる。ぼく、ディズニーのアニメーションって、そんなにムチャクチャ好きとかではなくて。それが、今回の『ズートピア』にはすごく好感を持った。調べてみたら、『(塔の上の)ラプンツェル』(10)の監督(バイロン・ハワード)。『ラプンツェル』も良かったんだよね。やっぱりいいものを作る人って、またいいものを作るんだなと思った。
――アメリカで、(興行の)初速がすごくいい。『アナ雪』(『アナと雪の女王』13)より数字がいいみたいですね。
鈴木　よくできてる映画ですよ。向こうには、大プロデューサーとか、すごい人がいっぱいいるでしょ? みんな忙しいんですよ、今。その隙を縫ってできちゃった映画。
押井　「隙き間」ができちゃう瞬間って、たしかにある。
鈴木　それ、幸運だよね。
押井　うん。私も何度もあるんだけど、そういうときって、負荷がなく(作品が)成立しちゃったりするんだよ。
鈴木　その映画は、登場人物が全員動物なんですよ。で、扱っているのが差別問題。それを声高に叫ぶこともなく、社会的にどうっていうこともなく、実に自然に、物語の中で消化していく。すごく好感を持ちましたね。

押井　けっこう映画観てるね。やっぱりヒマなんだ？

鈴木　頼まれるのよ。『ズートピア』はね、いろいろあって観たんですけど、本当に良かった。

押井　また、ちょっかい出そうと思ってない？

鈴木　出してない。ぼくはもう、押井さんと違って引退ですからね（笑）

押井　配給をやれば？

鈴木　そんなもんやりたくないよ。やっぱり映画作ってるほうが面白いですよね。

押井　「飽き飽きした」って言ってたじゃん。

鈴木　そんなこと言わないよ。

押井　言ったよ。

鈴木　言わないよ！

押井　言ったんだよ！

鈴木　（舌打ちして）ほかの誰かが言ったのを、ぼくが言ったと思い込んでるでしょう？

押井　「金集めて、わけのわかんないオヤジの相手するのは、もう飽き飽きだよ！」って言った。

鈴木　わけのわかんないオヤジとつき合うのは、ぼく、わりと嫌いじゃないんですよ（笑）。面白いんだもん。そんなことより、何かいい企画ないんですか、押井さん用の。ここでしゃべっちゃっていいような企画だと、たとえば、どういうものがあるんですか？

虚淵　ええっ!?

鈴木　放っておくとね、すぐに「鉄人28号」や「丹下左膳」がどうしたとか、くだらないこと言い出すから。

押井　「丹下左膳」、やりたいんだけどね。

鈴木　また言ってる……（苦笑）

周五郎と長谷川伸

虚淵　時代劇って、まだやってなくないですか？

押井　やってないから、一度はやりたいんだよね。

鈴木　（虚淵氏に）「時代劇をやりたい」っていう気分はあるんですか？

虚淵　まあ、日本でしかできないですからね。

鈴木　時代劇だと、どういうものに興味あるんですか？

虚淵　うーん、そうだなあ……幕末って、時代劇に入れちゃっていいんですか？

鈴木　まあ、いいんじゃないですか。

虚淵　ああいう、ひっくり返っていく時代とか好きですね。

鈴木　時代の変わり目。

虚淵　うん。おれが押井さんに企画を持っていったら、「またか！」みたいな話になっちゃいそうな気はしますけどね。

鈴木　「またか！」っていうのは？

虚淵　なんていうんですかね……「押井節」といいますか、けっこうそういうのに憧れてものを作ったりする部分もあるので。

——押井さんに寄ってしまうと。

虚淵　「それを押井さんがやるのって、どうだろう？」っていうところが。

鈴木　押井さん、むしろ、客観的になれるんじゃないですかね？　で、いろんなことを反省すると思いますよ（笑）

虚淵　そんなもんですかね？

鈴木　いや、ほんとに。虚淵さんだったらできますね。「似て非なるもの」じゃなくて、「本当の押井作品」が。

押井　あのね、別に、そういうの（似て非なるもの）も拒否しないから。最近、そういう気分なの。

鈴木　チャンバラねえ……。歌舞伎に材をとったらどうかなと思って。ぼく、そんなに詳しくないけど、『(妖刀物語)花の吉原百人斬り』（60）っていう映画があって、監督が内田吐夢で、主演が片岡千恵蔵。大好きだったんですけど、もとは歌舞伎（「籠釣瓶花街酔醒（かごつるべさとのえいざめ）」）で、そちらも観に行ったら、やっぱり面白かった。吉原を舞台に妖刀村正で斬りまくるっていう話で、良かったんですよ。

（虚淵氏に）押井さんは……企画とタイトル決めがダメなんですよねえ。

押井　私も、時代ものでやりたいのがあるんだけど。

鈴木　なに？

押井　あんまり言いたくない。

鈴木　言えばいいじゃん。そこまで言ったら。

押井　どうせ否定するでしょ！

鈴木　そんなことしないよ。なに？

押井　……

鈴木　なに!?

虚淵　なんですか？

鈴木　生放送で流れてるから、あんまり迂闊なことは（笑）

押井　……「八百屋お七」（＊10）。

鈴木　「八百屋お七」は、やりようがあるんじゃない？

押井　うん。あれはね、「いたしようがある」。

鈴木　でも、作るの大変だよ？　本当に町を燃やさないといけないし。

押井　大変だけど、今だったらできる。いろいろ合成とかもできるし。

鈴木　だけど、合成とかでやると、つまんないんだよ。

押井　そういう使いかたをするわけじゃない。

鈴木　山本周五郎とかはどう？

押井　実は私、よく読んでるんですよ。

鈴木　えーっ⁉

押井　長谷川伸とかもさ。

鈴木　全部読んだよ、山本周五郎。

押井　あのへん、実は読んでるの。小説書くようになってから、読むようになったの。

鈴木　そうなんだ。長谷川伸は、何がいいの？

押井　みんないいけど……やっぱり股旅ものはいいよね。

鈴木　それはそうですよ。あの人の書く普通の武士のは、あんまり面白くない。「なんとか敵討ち」とかね。股旅ものの何がいいの？　「瞼の母」とか？

押井　あっちじゃない。

鈴木　「雪の渡り鳥」？　「関の弥太っぺ」とか？

押井　それ、自分が好きなだけでしょ！（笑）『雪の渡り鳥』（57、長谷川一夫主演）は、日本映画の名作じゃない。

鈴木　あれ、原作と違うんだよ。

押井　知ってる。

鈴木　原作では、そんなに女に惚れられない。

押井　そんなに女が絡んでる話が多いわけじゃないから。

鈴木　『（沓掛時次郎）遊侠一匹』（66）とかね、面白いよ。

押井　ひと通り、映像化されてるんじゃない？

鈴木　まあね。昔、ＴＶで『長谷川伸シリーズ』（72—73、全30話）っていうのがあって、そこでほとんどやったの。

押井　やってたよね。そんなに、山ほど原作があるわけじゃないから。今は、昔の時代劇みたいにはやれないし、やってもしょうがないし。あと、役者さんの問題が大きい。

鈴木　山本周五郎は、何読んでるの？

押井　雨が降って、川がこう……

鈴木　それ、「柳橋物語」（＊11）。

押井　そうそうそう。

鈴木　ええー！　おれ、好きなんだよ！　ジブリで企画したんだもん。大まじめに企画したの。

押井　ジブリでやろうと思ったの？

鈴木　そう！

押井　……（苦笑）

鈴木　（押井氏の膝を叩いて）面白いんですよ。

押井　それ、普通はやらないよ！　お話はいいけど、なぜアニメでやらなきゃいけないの？

鈴木　いいじゃない、好きなんだから（笑）

――〈このトークライヴで資金を集めたらどうですか？〉というコメントが来てますけど……

鈴木　あははは（笑）

押井　たしかに、あの時代の、ああいう言葉の世界はすごく面白いんだけど、映画にすると、なんかつまんなくなっちゃいそうで。

鈴木　陳腐になったりね。

押井　どこか「映画の中の記憶」になってるから、それに縛られちゃうよね、きっと。

鈴木　周五郎は、短編がいっぱい映画になってる。黒澤明なんか、ある時期から、みんな山本周五郎。

押井　ほとんどやり尽くされてるんじゃない？

鈴木　でもね、「柳橋物語」は（映画に）なってないのよ。

押井　なってない理由があるから。地味っていうかさ。

鈴木　いい話だよ？

押井　いい話だけど、いい話だから何でも映画になるわけじゃない。

鈴木　じゃあ、「落葉の隣り」って、知ってる？

押井　それは覚えてないな。

鈴木　これがいいんですよ。唄が出てくる。「落葉に雨の音を聞く　隣りは恋のむつごとや……」

押井　山本周五郎は、本当に言葉の人。『立喰師列伝』のときに、ずいぶん意識してやったんですよ。

鈴木　ええっ、周五郎を？……どこが？（笑）

押井　「どこが」って、あんた、自分が出ててわかんないの⁉（苦笑）

これからの企画

――えー、2時間経ちました。あと2万で、100万になります。

虚淵　最初はこれ、30分くらいっていう話じゃなかったでしたっけ？（笑）

鈴木　ぼくもそう聞いてた。30分だと思い込んでたから、どうやってコンパクトに話そうかと考えていたんだけど、次に３時間と聞いたとたん、「どうでもいいや」って（笑）——「やめないで」っていうコメントが多いですね。「朝まで話せ」っていうコメントが……（一同笑）

鈴木　虚淵さん！　押井さんの企画を出して下さい。この場で！

虚淵　この場では、ネタバレになっちゃうんで（笑）

鈴木　じゃあね、違う言いかたで。押井さんは、何を作ったらいいですかね？　題材と切り口。

虚淵　うーん……今の押井さん、ライヴなノリに乗ってる気がするんで、「今、撮りたいもの」になるんだろうと思いますよ。

鈴木　でもねえ、企画を押しつけたほうがいいんですよ、押井さんて。

虚淵　映画とシリーズ、気分的にはどっちなんですか？

鈴木　映画ですよ。

押井　シリーズの良さと面白さは、今回の『パトレイバー』でわかったんだけど……

鈴木　だめ！　ダレる（笑）

虚淵　２時間で、キュッとする感じのほうがいいんですかね？

押井　現場的にはシリーズのほうが面白い。次々にやれるし、すぐに形になるし。でも、「達成感」みたいなのを求めると、どうしても映画になっちゃうかな。シリーズはたしかに楽しかったけど、一人じゃできないから。ほかの監督とどうつき合うかという面白さはあったし、役者さんとつき合うのは、シリーズのほうが圧倒的に面白い。時間が長いし、やっていくうちにどんどん変わっていくから。映画だと、あっという間に終わっちゃう。

鈴木　児童文学は、どう？

押井　それは、そっちの巨匠の世界じゃない。

鈴木　宮さんがやらないようなやつ。ちょっと思いついた原作があるんですよ。

「キップをなくして」という、池澤夏樹さんが書いた児童文学があるの。キップをなくした子供たちが、東京駅のある部屋に入ってくる。その子たちが何をするかという話なんだけど、これが、かなりいいんですよ。ちょっと（エーリッヒ・）ケストナーふうなんですけどね。押井さんがやると、どうなるだろうなと思って。

押井　敏ちゃんがお金集めてくれればやるよ（笑）

鈴木　ちょっと読んでみてよ。意外にいいかもしれない。

押井　昔はさ、そう言う前に本を持ってきたじゃん。30年前は。……っていうか、何度も持ってきたじゃん、自宅に。

鈴木　だから、持って行ってあげるから。

押井　うちに来て、そのまましゃべりまくって、朝まで帰らないんだからさ（笑）

虚淵　それを数十万人の前でしゃべってる度胸が、おれには信じがたいものがある。「今、この場でかよ？」って（笑）

鈴木　「キップをなくして」は、いいかもしれないなあ。

押井　持ち込まれたもののほうが、こっちもやりやすい。

鈴木　持ち込み企画って、けっこう面白いんですよ。「どうやってやろうかな」とか、いろいろ考えるじゃないですか。題材が、切り口によって思わぬものに発展する面白さがある。押しつけられたほうが、「なんだ、これ？」って思いながらも、やる気になるんですよ。

押井　『ガルム』はね、それが逆に苦しかった。

虚淵　自分で立ち上げたものだから。

押井　しかも、期間が長かったから。実際にやったのは2年半だけど、15年前に立ち上げていたから。自分の中での「初期設定」がなかなか動かなくって。

虚淵　いやー……でも、すごい度胸だと思いますよ。

押井　実は、それが一番苦しかった。「どうやって踏ん切りつけようか」ってさ。

鈴木　今日、こんな短い時間だけど、虚淵さんの話を聞いてると、幅が広いですね？

虚淵　そうですかね？　別に、今どきのオタクってこんなんじゃないかという気はしますけど。

鈴木　なんか、いろいろできそうな気がして……

押井　昔から、虚淵くんにちょっかい出そうとしてるでしょ？　けっこういろんな人間に、必ずちょっかい出すんだよ。

虚淵　まあ、プロデューサーって、そういうものですよね。

鈴木　あははは！（笑）

押井　実は、ことごとく逃げられてるんだよね。

鈴木　そう？

押井　逃げられてるじゃないの！

――鈴木さん、虚淵さんとは今回が初めてですか？

鈴木　そうですね。『ガルム』のキャッチコピーをお願いしたのがきっかけです。で、『まどマギ』をある人に勧められて観て、すごく面白くて。今の子たちの気分も捉えてて。ぼくは、その一点ですけどね。

押井　『マギカ』に関しては、さっきも話したとおり、最初はものすごい違和感があったの。あのキャラクターに。

鈴木　そうそう。それはわかる。

押井　一番苦手なタイプのキャラクターだったから。ところがさ、最初の10分ぐらいで、完全に……

鈴木　そう！　おれもそうだった。キャラクターが入ってくるのに、そんなに長い時間かからなかった。

押井　すぐ馴染んじゃった。あれは、物語の力なんだよね。キャラクターで引っぱろうっていう感じじゃない。

鈴木　さっきの『ズートピア』もそうだった。

（「１００万達成！」の文字が画面に映る）

鈴木　皆さん、来ましたよ！　来ました！　……はい、拍手しましょう！（一同拍手）

虚淵　でもこれ、番組の趣旨と全然別の話になってて。『ガルム』はどこへ？　っていう……（笑）

――途中から、趣旨が変わりはじめました。

押井　いいの、それで？

鈴木　いいよ。

押井　（映画に）動員さえすればいいわけ？

鈴木　当たり前じゃない！　作ったほうはいっぱいお金使ったんだから、「責任とれ」って言いたいんですよ（笑）

――……では、言える範囲ギリギリの、それぞれの次回作について。虚淵さん、いかがでしょうか？

虚淵　ぼくは、先ほどご紹介いただいた『Thunderbolt Fantasy　東離劍遊紀』という人形劇が、今年の夏に出ます。今後続々、オープニングの曲が出たり、イベントに顔を出させてもらったりするんですが。これは本当にどう転ぶか、作ってる側もお金出してる側も、みんなハラハラしながら待っているんですけど。

鈴木　日本と台湾の合作になるんですか？

虚淵　ホンと音響を日本でやって、映像を台湾でやってもらってます。去年１年間は、ほぼ丸々、これに入れ込んだ感じですね。

鈴木　武侠ものって、香港や台湾にいろいろある。

押井　キャラクターがね、本当にアニメのフィギュアっていうか。

虚淵　10年くらい前かな、一回、日本に来てるんですよね（『聖石傳説』00）。そのときはまだ、キャラクターのデザインとかも、向こうの伝統のスタイルを引っぱっていて。

鈴木　それを打ち破ったんだ？

虚淵　そうですね。２０１０年くらいから、一気に天野喜孝系のキャラクターになっていって。もう一回、日本でワンチャンスあるんじゃない？　っていう思いで、うまくご紹介できればと。

鈴木　天野喜孝！　懐かしい名前ですねえ……。押井さんは最近、天野さんとは縁遠いの？

押井　天野ちゃん？　ニューヨークで会ったのが最後。５年以上前かな？　彼、しばらく向こうで仕事してたから。もうイラストレーターじゃないのよ。アーティストになった。

――鈴木さんの最新作は？

鈴木　いろいろあるんですけど、一つはＣＭを、本格的にやってみたんですよ。1年以上かけて。けっこう自信作なんで、ぜひ観てもらいたいですね。あとは、宮﨑駿が、ジブリ美術館で上映する短編アニメ『毛虫のボロ』（18）っていうのを、３ＤＣＧでやってる。

押井　宮さんがＣＧをいじくってるっていう話は聞いた。でも、その落とし前はどうつけるわけ？

鈴木　落とし前って？

押井　あれだけＣＧを全否定してたじゃない？

鈴木　そんなの、「裏切り御免！」（＊12）に決まってるじゃない！（一同笑）

押井　ったくもう、いいかげんな……（苦笑）

鈴木　10分くらいの短編なんだけど、今の調子だと、かなり時間がかかりそうですね。ぼく、本当は以前から、セルルックの３ＤＣＧでやってほしかったんだけど、本人が描きたいでしょ。どうしてもそっちの方向に行く。とはいえ今回、３Ｄでやってるんで、ちょっと楽しみなんです。

押井　だいたいわかった。

鈴木　なに？

押井　やりかたがわかった。

鈴木　……で、押井さんは、この『ガルム』でがんばっていただいて、今回が「引退作」ということで（一同笑）

押井　なんか、恨みでもあんの？

鈴木　まだ作るんだっけ？　じゃあ、しゃべってよ。何作るの？　言えるんでしょ、おれと違って。

押井　言えないよ！（笑）

鈴木　実写なの？

押井　それ言ったら、バレちゃう。

鈴木　なんでバレるの？　実写か、アニメーションなのか。

押井　別にアニメの監督を廃業したわけじゃないので、機会があればやりたいとは思ってたの。ただ、もうその機会はないかなと思い始めてた。

鈴木　普通、そう思うよね？

押井　私がやると、お金がかかるから（笑）。今、日本でアニメを作って回収するって大変じゃない？

鈴木　大変になってきました。映画界の状況も変わったし。

押井　昔と違って、上限がある程度見えちゃってるから、その壁をどうやって超えたらいいか。それがあって、『スカイ・クロラ』から、もうそろそろ5年くらいになるのかな？　もう一回ぐらいはやりたいな、とは思ってた。

鈴木　あの、聴いてる人には、本当に申し訳ないんですけどね……10年近く前のことを5年ぐらい前だと思っちゃう。年寄りによくあることなんで、勘弁して下さい！　ぼくが謝ります（一同爆笑）

押井　10年も経ってないよ！

鈴木　経ってるの！

押井　スタートしたころからだと、そうかもしれないけど。まあ、さっき言った企画が決まれば、それをやると思う。

＊

鈴木　……あ、そうだ。娘さん（友絵さん）、ちょっと感じが変わったね？

虚淵　このタイミングで、その話題ですか？　ダメだ、お二人の話の流れが全然読めない……（一同笑）

押井　どこで会ったのよ？

鈴木　吉祥寺で、ばったり会ったの。「鈴木さん！」って声かけられて、一瞬、わからなかった。

押井　もう、母親だからね。

鈴木　やっぱり顔が変わったんですよ。

押井　あんまりわかんないけどね。

鈴木　久しぶりに会うとわかる。やっぱり女性って、子供産むと違うんですよね。

押井　それは変わるよ、たしかに。落ち着いたしね。

鈴木　会ってないの？

押井　たまに会ってる。孫が変わったというか育ったんで、びっくりした。

虚淵　そりゃ、お孫さんは、変わりまくる時期でしょう。

鈴木　お孫さんは、一人？

押井　一人。……ほら、「終わり」のカンペが出てるよ！

鈴木　では、本当に短い時間でしたけれど（笑）

――ここまで引っぱってきたんですけど、さっき、「『ガルム』はいつ公開なんだ？」というコメントが……

押井　かんじんのそれ、言ってないじゃん！　いいかげんにしてよ!!（笑）

２０１６年３月10日（木）
東京・恵比寿「れんが屋」にて。
司会＝舛田淳（LINE（株）取締役ＣＳＭＯ・当時）、
出席＝虚淵玄
　　　石井朋彦（プロデューサー）

虚淵 玄（うろぶちげん）
小説家、脚本家。
１９７２年・東京都生まれ。
コンテンツ会社のニトロプラス所属。
00年にＰＣゲームでデビュー。
代表作に、『魔法少女まどか☆マギカ』
『PSYCHO－PASS サイコパス』など。
鈴木敏夫氏の依頼で、『ガルム・ウォーズ』
の宣伝コピーを手がけた。

第8章・注

＊1＝『アラン』：ロバート・フラハティ監督・撮影による1934年の英国ドキュメンタリー映画。原題＝『Man of Aran』。アラン島での厳しい自然とそこに住む人々を壮烈な映像で描く。ヴェネチア国際映画祭・外国映画最高賞を受賞。

＊2＝アランセーター：ローゲージ（太糸編み）で紋様を手編みしたフィッシャーマンズ・セーター。アラン島の漁師が遭難した際に身元を判別できるように、妻たちが各家の家紋を編み込んだと言われている。

＊3＝『DUNE（デューン）』：「砂の惑星」（65）を第1作とする、フランク・ハーバートのSF小説シリーズ。『スター・ウォーズ』のほか、映画に限らず、世界中のSF作品に影響を与えた。21年にリメイク映画化されたが、ここで押井氏が言うのは、デヴィッド・リンチ監督による84年版のこと。

＊4＝『コンバット！』：第2次大戦下の欧州戦線を舞台にした米・TVシリーズ（62—67）。ヴィック・モロー、リック・ジェイソン主演。日本初放映時のタイトルは『コンバット』。鈴木氏は、少年時代に、同作品での銃声の口真似を得意としていた。

＊5＝『Thunderbolt Fantasy 東離劍遊紀（とうりけんゆうき）』：台湾の伝統的な人形劇「布袋劇」をベースに、虚淵玄氏が原案・脚本を手がけた日本・台湾合作のTVシリーズ。劇場映画、舞台、漫画、小説とメディアミックス展開した。

＊6＝竹田団吾：劇団☆新感線所属の衣裳デザイナー。『真・女立喰師列伝』以降、『アサルトガールズ』『ガルム・ウォーズ』などの押井作品で、レザー、布、金属を使った美麗な衣裳（ボディスーツ）のデザイン・制作を担当。映画『GANZ』『DESTINY 鎌倉ものがたり』などのキャラクター衣裳も手がけた。近年は舞台を中心に活動中。

＊7＝「柔侠伝」：1970年より「週刊漫画アクション」に連載された、バロン吉元の青年漫画シリーズ。「柔侠伝」「昭和柔侠伝」「現代柔侠伝」「男柔侠伝」「日本柔侠伝」と、時代ごとに父から息子に代替わりしてゆく各作の主人公と、彼らを慕う美女たち（駒子、朝子、茜）が登場する。

＊8＝「姿三四郎」：明治時代、必殺技「山嵐」をひっさげて活躍する三四郎の成長を描く、富田常雄の柔道小説。黒澤明による同題の監督デビュー作（43）をはじめ、しばしば映画化・TVドラマ化された。

＊9＝「人生劇場」：1930－50年代に発表された尾崎士郎の自伝的小説シリーズ。愛知県から上京し、早稲田大学に入った主人公・青成瓢吉の成長物語。戦前・戦後に何度も映画化されている。

＊10＝「八百屋お七」：江戸時代初期、会えない恋人を慕って放火の罪を犯し、処刑された町娘・お七の物語。井原西鶴の「好色五人女」をはじめ多くの文芸作品、歌舞伎、浄瑠璃などで描かれているが、お七が実在の人物か否かについては諸説がある。

＊11＝「柳橋物語」：山本周五郎の時代小説（46）。二人の男に愛された主人公・おせんのけなげで哀しい人生を描く。対談で語られるように、一つの「言葉」が人生を変えてしまうという、周五郎独自の境地がうかがえる。

＊12＝「裏切り御免！」：黒澤明監督の時代劇映画『隠し砦の三悪人』（58）のクライマックスで、藤田進演じる田所兵衛（ひょうえ）が放つ、カタルシスに溢れた名セリフ。

第9章

次世代クリエイターに告ぐ——

鈴木・押井コンビvs早大生　特別講義

早稲田大学・大隈記念講堂で、
若い早大生たちから質問を受け、
ひとつひとつ、気さくに、丁寧に答える鈴木・押井コンビ。
2016年、『ガルム・ウォーズ』の公開をきっかけに、
それぞれの「過去」と「今」の心境を聞けるこのトークは、
講義（「映画のすべて　マスターズ・オブ・シネマ」）の一環ながら、
50万人に向けて、LINE LIVEで生配信された。

司会＝元村直樹

――お二人は、30年以上のおつき合いだそうで、お互いにお互いを紹介していただこうと思います。

押井　えっとですね……敏ちゃんはぼくより3つ歳上で、来年70歳になるのかな？　10年くらい前からジジイのふりをしてて、本当のジジイになっちゃったという人。まあ、35年くらいつき合っています。

ただ、一緒に映画の仕事をしたのは3回くらい。あとは漫画連載（「とどのつまり…」）のときに担当してもらったくらいで、実は、仕事的にはあんまり絡んでいないんです。なんだかんだで、ずるずると、腐れ縁の典型みたいなつき合いで。今となっては、「死んだらちょっとさみしいかな？」くらいの男です。映画のプロデューサーですが、ひとことで言えば、まあ、悪党ですね（笑）

――押井さんの映画にも鈴木さんが出演されていますが、たいてい殺される役ですよね？

鈴木　こないだ数えたら、ナレーションも含めると、4回も出てる。すごいですよね……まあ、ぼくの演技が必要なんでしょうね（笑）

――友情出演ということですか？

押井　基本、タダなんで。ギャラを払ったことは一回もない。たまに映画に出てもらうくらいで、酒を飲まない男だし、会う機会もあんまりない。あと、かまってあげる人間が私のほかにいないだろうし、そもそも、友だちもいないし……

鈴木　長いから、もうやめたほうがいいんじゃない？（笑）

――では、鈴木さんから押井さんをご紹介下さい。

鈴木　押井さんとのめぐり合いは、彼がＴＶの『うる星やつら』を作ってるころ。会って話し出すと、いろんなことをしゃべっちゃう。同世代だから、あれこれ説明もいらないし。

そうこうするうち、毎週土曜日、仕事が終わったあと、当時、環八通り沿いにあった押井さんのアパートを訪ねて、みかんを食べながら長話をすると（笑）。そんな日々が続いたのを、強烈に覚えているんですよ。

どうしてあんなことしたんだろうなと思うと、やっぱり同世代でしょ。学生時代に観ていた映画――日本映画、外国映画を問わず、お互い山のように観てたので、その話を延々とした。当時の学生の一部には、熱狂的に映画を観る人たちがいて、映画の話ばかりしていたんですよ。

ぼくがいた「アニメージュ」（徳間書店）での漫画連載や、『天使のたまご』の制作に関わったり。そうこうするうち、ぼくを役者さんとして招いてくれることになって。まあ、ぼくの芝居が必要だったんだと思います（笑）。最新作（『THE NEXT GENERATION パトレイバー』）にも出演交渉を受けまして、現在に至ります。

デジタル黎明期の夢

——では、『ガルム・ウォーズ』のお話を。会場のみなさんには、観ていただいたばかりなので、のちほど質問コーナーを設けます。

まず、押井さんに——15年ほど前から構想があって、ようやく完成したそうですが、この15年という年月には、どういうことがあったんでしょうか？

押井　順番に言うと……『(GHOST IN THE SHELL／)攻殻機動隊』という作品が終わったあと、バンダイというおもちゃ屋さんに映像部門の会社（バンダイビジュアル、現・バンダイナムコフィルムワークス）があって、そこからの依頼で、「でっかい映画を作ってほしい」と。「最新の技術を使った大作を作ってくれ。お金は60億用意した」って。「それは大変けっこうな話ですね。とりあえず、スタジオから作りましょうか」と。

で、「デジタルエンジン研究所」っていう、大それた名前のスタジオができた。「研究所」とつけたのは、ようするに技術の開発をやろうってことなんですよ。今までにないスタイルの新しい技術で映画を作るんだ、とりあえず方法論から考えようか、とね。

なぜそんなことが可能だったかというと、日本中が、いわゆるデジタルバブルだったんですよ。今から20年ぐらい前、「デジタルだったらなんでも金を出すよ」みたいないい時期が、一瞬だけあった。『ガルム』も、そのときの産物なんですよ。当時は50億、60億というでっかい話がやたら飛びかってて、たしか、同時期に20本近く、同様の企画がスタートした。で、4、5年たって残ったのは、たぶん2つぐらい。あとはみんな轟沈しちゃった。

私たちの「デジタルエンジン構想」も3年で中止が決まっ

たんですが、そのときやっていた企画が、当時は『ガルム戦記』（別題『G.R.M.』）というタイトルだった。ファンタジーを作ろう、それも、日本でやったことのないスタイルの本格的なファンタジーを。特撮とかミニチュア、それから、ＣＧと実写とアニメーションの技術を総動員して映画を作ってみようと。各分野の第一線でやってる人材をかき集めて――全部で１５０人くらいいたかな？――とりあえずスタジオを作って、３年間やっていたんです。

脚本だけでなく、絵コンテを切ったり、イメージボードを作ったり、海外にロケハンに行ったり。衣裳のテストとか、いろんなテストをくり返して、短いパイロットも３本ぐらい作ってですね、「さあ、いよいよやるぞ」っていうときに、突然、中止命令が出た。プロデューサーがやってきて、「本日をもって全員解雇する」という、衝撃的な日があったんですよ。まあ、うすうすそうなるだろうという雰囲気は漂っていたんですけど。最初は60億だった予算が、途中で40億になり、最後は20億になり。20億でもやれることを、どんどんレベルを下げて考えていたんですが、結局は全面中止になって、全員、即日解雇。それが15～16年前ですかね。

ただ私は、執念深い性格なんで、いったん始めたことは諦めないんですよ。この15年間、ことあるごとに隙き間を狙って、「やろうやろう」と言ってきたんですけど、あらゆるところで断られて。たまさか4年ぐらい前、ある作品に関わっていて、「これはマズそうだな」って思って脱走しちゃったんですが、そのときスポンサーだった会社から「違う企画を出してくれ」と言われて、この企画を出したら、ウソのように通っちゃった。実は、そのプロデューサーというのが、全員解雇を言い渡しにきた当人だったんですけどね（笑）

奇しき縁というか、面白いものですよね。引導を渡しに来たプロデューサーが「もう一回やろうか」って。そういう縁があるんだな、と思った。今回の映画は、完成したというより、端緒についたというか、観ていただいてわかるように、まだ〝序章〟なんですよね。ここから本当の物語が始まる、というスタイルで作った。先があるかどうかわからないから、やれる範囲で今やれることは全部やっちゃおうと。完成したのは1年半くらい前なんですけどね。

劇場公開すること自体のハードルがかなり高くて、ずっと待ってたんですけど、ようやく公開が決まった。日本以外の、北米とかヨーロッパではとっくに公開が終わってる。日本での公開が最後になっちゃったという、不思議な作品ですね。

作るのも困難だったけど、公開するのもむずかしい、というときに、プロデューサーのProduction I.Gの石川（光久）という男が引っぱり出してきたのが、今、隣に座ってるこのオヤジなんですが、これも一つの縁だと思います。「ああ、またこの人とつき合うのか」というような事情です。

——そこで鈴木さんが登場するわけですね。鈴木さんは、どういう関わりかたなんでしょうか？

鈴木　ポスターを見ると、「日本語版プロデューサー」って書いてある。カナダで撮影して、キャストもスタッフもほとんどがカナダ人。出来上がった映画は英語でしゃべってるわけで、そうすると、「日本語版」があってもいいんじゃないかということで、携わることになりました。

——日本語のセリフ、翻訳とか声を当てたりとかをコーディネートされたわけですか？

鈴木　まあ、そうですね。

——このキャッチコピー、「この国が棄てた幻想を、再び。」は、虚淵玄さんが書かれたそうですが、これも鈴木さんの人選ですか？

鈴木　結果としては、そうなんですけどね。虚淵さんが脚本を書いたアニメ『まどマギ』（『魔法少女まどか☆マギカ』）をたまたま観て、非常に才能のある、面白い人だと思っていた。で、彼が押井さんのファンだと人から聞いて、だとしたら、日本語版を作るのに彼の協力を得たいと。

そうすると、二つの効果があるじゃないですか。一つは、彼が日本語版に関わることによって、押井さん独特のセリフをうまくまとめてくれるだろうと。もう一つは、彼が関わることで、この作品のイメージが大きくなる。

それで虚淵さんにお目にかかって、交渉させていただいた。初対面だったんですけど、実にきちんとした方で。「完成しちゃってる映画に、たとえ日本語版とはいえ、途中から関わって自分が云々するのは違うと思う。押井さんに対して失礼になる」と。「これはこれとして非常に完成しているものだし、そこにおいて、自分がその日本語のセリフをやるのは違うと思います」と、非常に明快に言われたんですよ。ぼくも、いろんな方に出会ってきたんですけど、虚淵さんはなかなか骨のある方で、それを聞いて、説得を試みるのはやめたんですよ。

それで彼が、ちょっとだけ言い出したのは、「途中だったら、ぼくも関われる可能性があった。完成しちゃっていることが大きい」と。ぼく、「なるほどな」と思って、ふと思いついたのが、「映画にはキャッチコピーがつきもの。それを書いてくれませんか」と。で、メールでこのコピーが来て、実は去年のうちにできていたけど、少しもったいつけようと、発表するのに時間をかけました。

ぼくとしては当然、お礼を言いたい。とにかくこれ、一発なんですよ。よけいな注文はいっさいつけなかったから。本当にいいコピーを作ってくれた。「これは、いろんな意味でこの作品を象徴する言葉だと思いますよ。ありがとうございました」とメールしたら、彼から、「去年やった仕事の中で一番緊張しました」って返事が来た。嬉しかったですね。

そこまで自分の仕事をちゃんとやる人であると同時に、押井さんへの敬意も感じられて、ぼくは気持ち良かった。先般も、この『ガルム・ウォーズ』を宣伝するとき、LINE LIVEでの押井さんとのトークに虚淵さんにも来ていただいて、いろいろお話ししたんですが、本当に感謝しています。

――素晴らしいですよね。映画をご覧いただいてからこのコピーを見てもいいし、まだ観ていない人にも想像をかき立てるような、うまく時代を捉えているコピーかなと。ぼくも大好きです。

影響を受けたもの

――それでは、せっかくLINE LIVEで「押井さん&鈴木さんvs早大生」というタイトルで中継していますので、早大生の方に登場していただこうと思います。早大生らしい、キレのある質問をお願いしたい。では、挙手を……

質問者１（男性）『ガルム・ウォーズ』を作るにあたって、押井さんの中で影響を受けている作品、文学、美術、映画などなんでもかまいませんが、まっ先に思い浮かぶものを三つ、教えていただけませんか。ぼくもそれらを観て、「こういう発想をしたのかな」というような形で、もうちょっと深く知りたいと思います。

押井　パッと思いついたもの？　まず、ロマン・ポランスキー監督の『マクベス』（71、＊１）という映画。それと……戦争映画の『レッド・アフガン』（88、＊２）。原題は

『The Beast』といって、アフガニスタンの荒野を戦車で逃げ回る、戦車映画の傑作の一つですね。あとは、映画じゃないけど、ゲームの「ドラゴンクエスト」。その三つじゃないですかね。

ファンタジーにはいろいろな古典があるんですが、「指輪物語」とか「ゲド戦記」とか、そういうものはほとんど参照しなかった。あくまで日本人の手で、オリジナルのファンタジーを立ち上げたいと。

いわゆるファンタジーって、基本的に「剣と魔法」の世界ですよね。世界中で作られてる『ハリー・ポッター』とか『ロード・オブ・ザ・リング』とかね。でも『ガルム』では「剣と魔法」の代わりに「テクノロジーとミリタリー」、つまり軍事に置き換えてやってみようというのが、一番最初の発想なんです。日本人でアニメーションをやってきた人間が、あえて実写作品を作るのだから、自分たちが一番得意なことをやろうと。それが何かといったら、「テクノロジーとミリタリー」。実は、戦後の日本でこの両方をやってきたのはアニメーションだけだったので、それは一番最初に決めた方針です。

質問者1　てっきりぼくは、『地獄の黙示録』(79) かなと考えていました。

押井　『地獄の黙示録』はね (笑)、内部検討会で、最も検討された映画の一つなんですよ。毎週、延々と朝まで議論し合う会議。そのときに話題に上がった「一番まずいパターン」ということで。つまり、「これだと映画が完成しないぞ」というパターン。実際、『地獄の黙示録』という映画は破綻してるわけで、監督も破産したし。「ああいう、特攻みたいなことはやめよう」というのは、一番最初に出た結論の一つなんですよ。

あと、時間がどんどん膨れ上がっていくのもやめたい。「落としどころ」を決めてからものを作ろう、という議論だったと思います。

ただ、ぼく以外のスタッフがたぶん一番影響されていた作品が別にあって、それは、『ライトスタッフ』(83、＊3) という名作。ぼくよりもひと回り下のスタッフ——樋口真嗣とか、CG屋さんとか、特撮屋さんとか、今でも第一線でやってる人たちがぞろぞろいたんですけど——あの世代にとっての、ある種の「聖域」みたいな、神聖な映画。ご存じのように、『王立宇宙軍　オネアミスの翼』(87) という アニメーション映画があるんだけど、あれは、『ライトスタッフ』のある種のコピーですよね。日本では珍しい、現実に根拠を持たないまったく異世界のファンタジーという、一種の冒険的な企画だった。あの映画で最初に参照したのが『ライトスタッフ』だというのは、よくわかる。

ただ、ぼくらは、一つの作品を作るだけじゃなくて、「新しいジャンル」を作り出そうと考えた。映画が本来持っていた魔術的な世界というか、「本来、映画は魔術だった」という、その栄光みたいなものをもう一回取り返そうという、壮大なことを考えていたんですよ、当時は。

まあ、若かったけど、ぼくはほかのスタッフよりひと回り歳上だったので、考えてることが微妙に違うということはあった。「どこかで作品として着地させたい」という思いがあったので、後退戦を重ねたわけだけど。

で、この映画をやるときに、かつてのスタッフたちをもう一回集めて、話をしました。「一緒にやるか?」って。部分的に携わってくれた人もいるんですが、基本的にはみんな自分の仕事を抱えて、今や、自分のチームを持ってる人たちなので……。でも、ずいぶん話はしましたね。

――押井さんは、いろんな分野から素材を持ってきて、ミックスして自分のものにしていくことが非常にうまい監督だと思っております。

鈴木さんから見て、『ガルム・ウォーズ』に感じられた、外部からの影響というものはありますか?

鈴木　そうですねえ……日本語版プロデューサーとはいえ、スタッフの一人になると、そういうことは考えないんですよね。「これをどうやって世の中に出すか」、そっちが頭に浮かんでくるので。

でも、今のご指摘で面白いと思うのは、押井さんの大きな特徴の一つが、「アレンジ」だということですよね。というか、現代で活躍してる人は、映画に限らず、みんな「アレンジャー」だと思うんですよ。小説だろうが、詩だろうが、音楽だろうが、ほとんどのものが、すでにいろいろ出来ちゃっている。その上で、どうやって新しいものを作っていくかというときに、いろんなものをどう組み合わせ、コラージュするか。そこに才能を発揮した人が、世間の、そして世界の注目を浴びていますよね。みなさん、よく「個性」とか「オリジナル」にこだわるけれど、現代は、とにかくそういう時代。別の言葉でいえば「引用の時代」。それを、ぼく自身が実は楽しんでいるし……

ぼくの好きな映画監督の、ウディ・アレン。あの人なんか、それ（引用）だらけでしょ？　一人の監督がよくこんなに八方手を尽くして作れるなあって思うけど、あるときは（イングマール・）ベルイマン、あるときは（フェデリコ・）フェリーニでしょ。すごいですよね。ぼくは、それにまったく否定的じゃなくて、むしろ、それを楽しみたい。と同時に、さっき押井さんが言ってた『マクベス』は、最近TVでもやってたけど、押井さんはもともとポランスキーが大好きで、よく『テス』の話なんかをした覚えがあるんですけど、押井さんは、そういう時代の申し子ですよね。

誤解を恐れずに言うと、今は、ジブリの人たちも含めて、「引用とアレンジの時代」。それがヘタな人はダメですよね、現代では。ヘタな人、けっこういるから。観ていくと、途中でトーンが変わる映画ってあるんですよね。（原典を）そのまま持ってきちゃうからいけないんで、もう少し工夫すりゃいいのに……（笑）

でもその、アレンジという傾向は、良くないとかではなくて、むしろ、もっと積極的にやってもいい。宮﨑駿に言わせると、「元がわからないようにやるんだ！」って。まさにそう思いますよね。

押井　元、バレてるよ（笑）。わかる人間には、モロバレにバレてる。この映画だって、ベースになってるのはケルト神話。ストーリーだけじゃなくて、いわゆる「意匠」の部分、紋章とか衣裳とかは、ほとんどそう。ベースにあるのはケルトのデザイン。出てくる固有名詞なんかも、基本的には全部、ケルト神話や、アイルランドの古い言葉だったりとかね。最後に流れる歌も、古いアイルランドの言葉、ケルト語で歌ってるんだけど。なんらかベースになるものなしに、今、物語を作るって不可能です。「完全なオリジナル」なんて幻想に過ぎない。

古典の読み替えから出発する以外に――特にこういうファンタジーの世界を創造するなら――すべての世界の基本、言葉や名前の体系、距離や時間の単位とかを、ゼロから作らなきゃならない。そういう世界を、独力で、すべてオリジナルでやることは不可能です。

ただし、全部をケルトだけにしちゃうと、あんまり意味がない。この映画にも、ケルト以外に、旧約聖書や新約聖書も入ってるし、世界中の宗教……実はインド神話も少し入ってる。そういうものの「折衷」なんですよ。いろんな神話を参照しながら、「自分の神話の体系」を作る。物語を作るとか、一つの世界を創り出すという仕事の基本は、それだと思っている。一番重要なのは、古典の素養。さっき挙げた映画は、どれも、それに成功してる作品なんですよね。

鈴木　教養が必要ってことだよね？

押井　そう。いろんな映画をたくさん観るだけじゃなくて、本もたくさん読まなきゃいけないし。いわゆる「ドラマ（劇）」をやってるぶんには、現代を意識してれば、ある程度できるんだけど、世界を創り出す作業が必要な作品では、基本的には、古典の素養が必須といってもいい。

ケルト文化への傾倒

鈴木　押井さんて、ケルトはいつから好きになったの？

押井　うーんと、いつごろからだろう……一緒にアイルランドに行ったじゃない？

鈴木　その話に持っていこうとしたんだよ（笑）

押井　『となりのトトロ』が終わったあと、宮さん（宮﨑駿）と、亀さん（亀山修）と4人で、アイルランド旅行に行ったときから興味を持ちはじめた。

鈴木　でも、『アラン』っていうドキュメンタリー映画のビデオを持ち込んだのは押井さんだよね？　ということは、（アラン島を）知ってたってこと？

押井　知ってたよ、一応。

鈴木　それが押井さんに、かなりの影響を与えたと？

押井　実際にアラン島に行って、ケルトの遺跡を見たのが決定的だった。あれから日本に帰って、いろいろ勉強を始めて、その第1号が『アヴァロン』だった。あれは、アーサー王の物語をベースにしたんだけど。

鈴木　ぼく、そんなにケルトのことを勉強したわけじゃないけど、アイルランドにはケルトの宗教があったわけでしょ？　そこにキリスト教が来た。すると、宗教間の衝突がある。それは映画になるなって、ふと思ったんですよ。

押井　今の世界は、ヨーロッパの文明がベースになってる。もちろん、アジアの文明もあったんだけど、基本的には欧米的な、ヨーロッパの作り出した「近代」が、世界を覆おうとしているわけでしょ。

鈴木　根っこにある、ってやつですね。

押井　それにイスラムが抵抗してっていう構図が、現代の基本なわけ。で、ヨーロッパの文明の基本は何だといったら、キリスト教だよね。だから、キリスト教以前の文化に

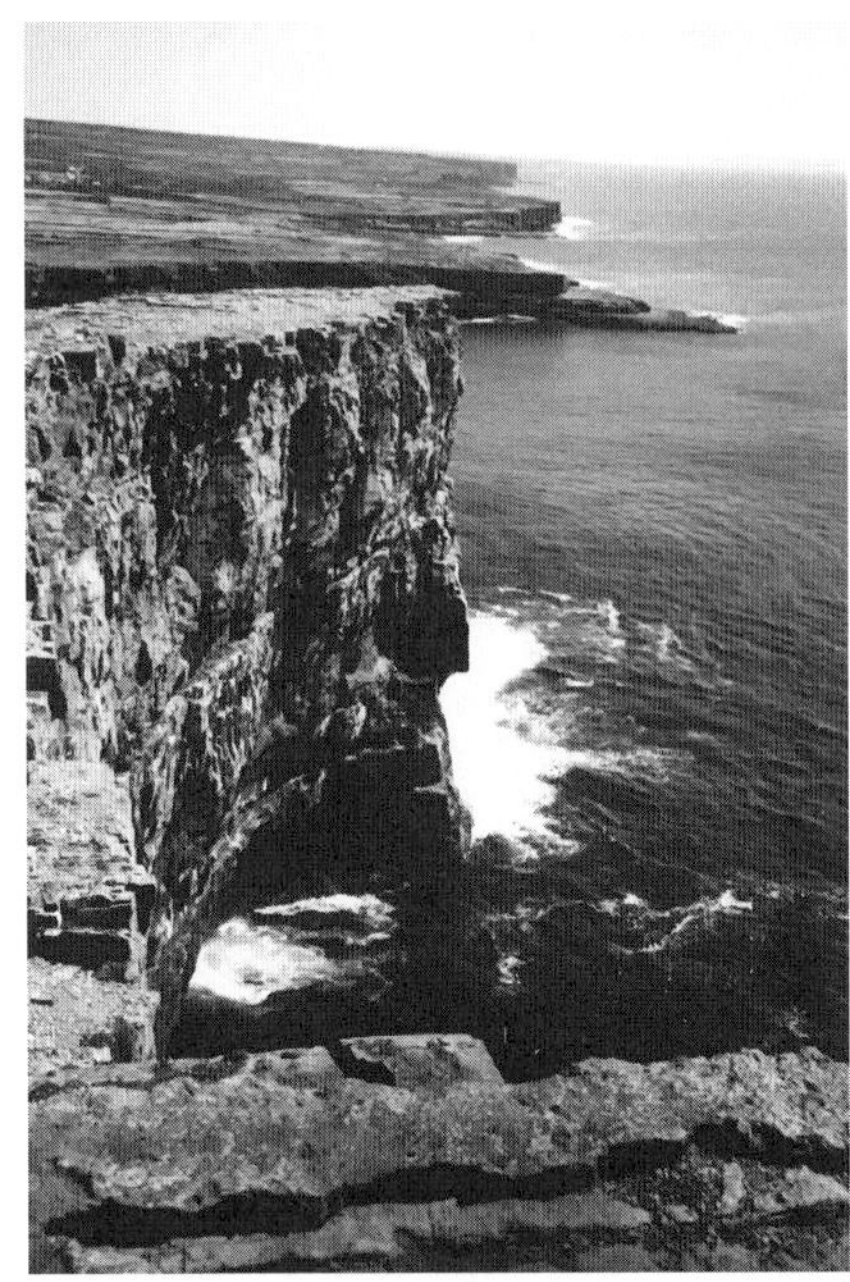

アラン諸島のイニシュモア島にあるケルトの古代遺跡「ドゥン・エンガス」の断崖。アイルランドの港町ゴールウェイから、船か飛行機で行くことができる。
（撮影：森 遊机／ 1990 年）

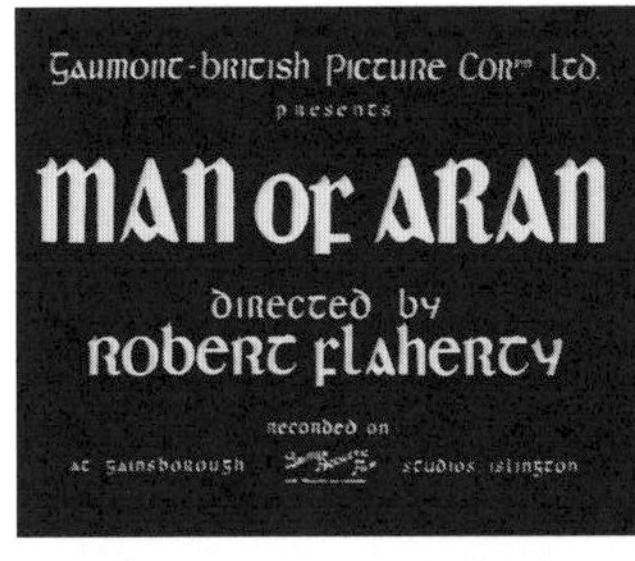

映画『アラン』より。“ドキュメンタリー映画の父”と称されるロバート・フラハティ監督は、同諸島に長期間滞在して、入念に同作を完成させた。

興味があった。

『アヴァロン』は、キリスト教に駆逐され、滅ぼされた世界の話なんで。この映画にもダブるんだけど、いわば「滅びの世界」の話。だから、ケルトしかないと思った。ただ、ケルトって文字がなかったから、口承というか、伝承しかないわけで。遺されてるのは、デザインだけなんですよ。

鈴木　お墓だって、丸いのがくっついちゃったりしてね。

押井　あれは「ケルト十字」ってやつなんだけど、実はヨーロッパ中に残ってる。ヨーロッパの聖地と言われるところには、みんなケルトの残滓が残ってるんですよ。いわゆる巨石文化があったから。そういうことから出発して、今ある世界よりもはるか古代の、別の文明のことを考えているんです。

鈴木　世界って、いろんな分けかたがあると思うけど、まあ日本人にはまず日本があって、次にみんなの頭の中にあるのはアメリカだと思う。その次にヨーロッパ。でも本当は、アジアもあると思うんですよ。

「西洋かぶれ」「アメリカかぶれ」という言葉が昔あったけど、押井さんは、なぜヨーロッパ、しかも、キリスト教以前に興味がいっちゃったのか……

押井　ぼくは学生のころから、ヨーロッパ映画の男だったんですよ。ハリウッド映画もずいぶん観たし、香港映画やアジア映画もたくさん観てるけど、基本は、ヨーロッパ映画を観て育った映画青年だった。（ジャン＝リュック・）ゴダールや、（フランソワ・）トリュフォーから出発したヌーヴェル・ヴァーグの影響を受けたから。

鈴木　映画から出発して、そこへいったんだね？

押井　いわゆるヨーロッパ的な教養が先にあったんですよ。アメリカ的なものよりは、うしろ向きな世界に興味があったし、未来より過去に興味があった。

鈴木　前を向くのは嫌だったんだよね？

押井　ヨーロッパでも、ど真ん中のフランスとかドイツとかじゃなくて、東欧とかアイルランドとか、辺境のほうに興味があった。そこにドラマチックなもの、失われたものの痕跡が遺っている。もともと、けっこううしろ向きなものに興味があるんですよ。

鈴木　それは、よくわかる（笑）

世代の隙き間にて

——世代的には、例の日米安保闘争（70年安保）の時代になりますか？

押井　ぼくらより少し上の人間は、そうですね。

鈴木　ぼくは67年に大学に入ってるから、ど真ん中。

押井　ぼくは70年に入ってるから、時期的には、同じものを見てきた世代ではあるんですよ。

鈴木　押井さんがね、そこらへんに文句を言ってきたわけですよ。ぼくは同世代だし、ほとんど変わらないと思ってるでしょ？　そしたらあるとき、「違う」と言う。ようするに、大学生がビラを配ってもなんの問題もないけど、おれたちがビラを配ると高校を停学になる。これは決定的な差だったと言われて、すごく印象に残っているんですよ。

……覚えてる？

押井　覚えてる。敏ちゃんが大学生だったころ、ぼくらはまだ高校でブイブイやってたけど、上の学生たち……大学生に対する不信感から出発していた。

鈴木　そう、そこなの！　ポイントは！（笑）

押井　基本的にぼくらは、団塊世代と、その尻尾みたいなものの「隙き間」みたいな世代。「あのオヤジたちは信用できない」ってところから出発してるし（笑）、「あのオッサンたちの天下になったら、間違いなく収容所と虐殺が始まるんだ」と思ってた。実際にそうだったわけだけど。その話はよくしたし、そこについては意見が一致するんですよ。

20世紀って、基本的には、青年が「世界を一緒にすること」を信じた時代、ようするに、革命の時代だったと。でも、結果的にやったことは、収容所と虐殺だけ。そのことを踏まえて、「じゃあ、21世紀はどういう世界になるんだ？」っていう話をよくしたんですよ。共産主義革命という壮大な実験をやったけど、結局、作り出したのは収容所と虐殺だけ……。だから、年齢の違いで、微妙なところなんですよ。

鈴木　だから面白かったのよ。ぼくの記憶では、たしか三浦雅士（文芸評論家）という人が言ってたんですけど、「振り返れば、20世紀を支配したのはドストエフスキーとマルクス」。これ、非常によくわかるんですよ。それまで、そんな「青年の悩み」なんて、どうでもよかったわけでしょ。しかも、「若者が世界を変える」なんて誰も考えなかった。

その二つがドッキングしたときに世界がどうなったのか？というのが20世紀でしょ。

押井　やっぱり、地獄を見ただけだよね。そういうふうなことも、言ってみれば、ぼくらの仕事の背景には、必ずついて回るわけ。「世界をまるごと考える」っていうのが、習慣的にあったりする。「滅びの世界」とか、「この世界を作ったのは誰だ？」とか、「自分たちの戦いにどんな意味があるのか？」とかね、どうしてもそっちのほうにいっちゃう。

戦争というものを背景に持った世代。そういうことに、絶えず興味があった。戦争だったり軍事だったりをベースにファンタジーを作りたい、という思いがずっとあった。「魔法使いが宝探しする話」とか、そっちじゃないんですよ。

鈴木　ばかばかしいよね。

押井　それは、お伽話だからさ。メルヘンとファンタジーは違う。メルヘンというのは、みんなが大好きな妖精の世界。

鈴木　バグパイプの世界一の奏者に、カルロス・ヌニェスという人がいて、スペインのビーゴ（ガリシア州）という街で生まれ育った。地図を思い浮かべてもらうとわかるんだけど、イギリスがあって、アイルランドがあるでしょ。で、スペインの北西、ポルトガルとの国境近くにビーゴがある。フランスの一部も入るけど、そこまで含めて、ケルト文化圏なんだよね。

で、『ゲド戦記』のとき、そのカルロスに音楽の協力を得て、仲良くなった。「おれの家に来い」って誘われたので、ビーゴを訪ねて、2週間、彼と過ごしたんです。実家にも伺って、お父さんやお母さん、兄弟みんなでパーティーをやった。お父さんが、暖炉で肉の焼きかたを黙って教えてくれて。で、それを食べようとした瞬間、いきなり、「あんたの眼は何だ？」って言われてね。「あんたの眼は何を見てきたんだ？」って。ぼく、びっくりしてね。もちろん通訳がいたんですけど。彼が突然、「実は私は、スペイン内戦を戦った」って言い出したんですよ。もちろん、人民戦線のほう。フランコ政権との間にいろいろあって、フランスやロシアに亡命したと。そんな時代を生きた人に対して、ものすごく緊張した覚えがある。ヨーロッパって、そういう歴史が、ついこの前まであった。それに比べると、日本人って、のほほんと生きてきたんだなあ、と思った。

今、突然思い出してしゃべったんですけど、ぼくにとっては、ものすごくいい体験だったんですよ。……関係ないですね？（笑）

――ただ、かつて若者が夢を見て、世界を変えようとしていたというのが、まさに、「この国（日本）が棄てた幻想」というコピーに被ってくるのかなと。

押井 さっき敏ちゃんが言ったけど、このキャッチコピーはすごいと思う。この映画の成り立ちから、テーマに至るまでを貫いている。「失われた物語を、もう一回再興したい」っていうこと。今の時代に一番失われたものは、そういう「大きな物語」。それと、世界の始まりと終わりを語ろうとする意志。この世界にどうやって落とし前をつけたいのかという壮大な意志、そういう大それたことを考えた時代が、ついこの間まであったんですよ。

それが、なぜなくなっちゃったんだろう？　今は、誰も物語を語ろうとしないし、語り出しても終わらせようとしない。ある意味で、物語が終わることを恐れている。「本当にこのままいっちゃうんだろうか？」っていう疑問が、ずっとあるんですよ。

「作られたもの」が好き

鈴木 そうやって押井さんがしゃべってても、みんなわかりにくいと思うから（笑）、押井作品を理解するためのヒントとして、ぼくがちょっとインタビューしますね――押井さんて、「作られたもの」が好きですよね？　あるときは「人形」、あるときは「メカ」。ようするに、「人間が作ったもの」に興味があるんですよね？

映画の宣伝上、言っちゃっていいと思うんですけど、この映画のヒロイン「カラ」も、人間の作ったもの。ゆえに、その人の記憶はどうなってるのかとか、いろんなことが出てくる。でもなぜ、人が作ったものに興味があるのか。ここを理解しておくと、押井作品って、1万倍くらい楽しめるんじゃないですかね。だってみんな、実はそれをわかっていなかったりするから。

押井 「なんで」っていうか……子供のころからそうだったんだよね。「人間的なもの」が嫌だったという、ちょっと変わった子供だったのかもしれない。人間同士がツノをつき合わせたり、ドロドロになったり、そういう生々しい、いわゆる文学的な世界に対する拒絶感がずっとあった。それよりも、作られたもの、いずれ壊れていくもの……しかも、その壊れていく過程で初めて本質がわかるようなものに興味があるというかさ……

鈴木　（会場に）珍しく、（自分の）テーマについてしゃべっていますよ！

押井　たぶんね、人間が滅びてもこの世界は何も変わらない、人間はもともと要らないものだから、っていう気持ちがある。

鈴木　同じものばっかり作ってるのよ。みなさん、わかってます？（笑）

押井　廃墟が好きだったり。作られたこと自体より、失われた過程のほうに興味がある。

鈴木　それと、大学で学生運動華やかなりしころ、押井さんが高校生だったことに関係あるような気がする。分析しちゃうと、たぶんそう。で、こんなおじさんが出来ちゃったんですよ（笑）

押井　基本的に、壊すほうが好きなんですよ。実は、生産的な人間でもなんでもない。創造したり生産したりじゃなくて、「壊したい」という思いが圧倒的に強い。たぶん、高校生のころにもそう思ってたから。未来としての革命を語るんじゃなくて、あのときの高校生は、実は、戦争することしか考えてなかった。それくらい、いわば切迫感があった。

それがたぶん、20世紀的理想が生み出した、最後の資質なんだよ。とにかく、「壊すんだ」と。自分たちにもそういう自覚があったし、一生変わらないんじゃない？「人工物が好き」というのとは、また違うかもしれないけど。

鈴木　でも、それ、よくわかりますよね。

今日は、せっかく早稲田大学に来ているので、ちょっと校内を散歩してて、思い出したことがあるんですよ。なんと、ここはですね、尾崎士郎の小説「人生劇場」の舞台なわけでしょ。今の話と関連づけて、学生運動の歴史みたいなことでいうと、あの作品に描かれた大隈重信の胸像。これをどうするかというのが、たぶん、学生運動の始まりなんでしょうか？　元村先生に聞いてるんですけど。

――ぼくはそこまで詳しくないので、すみません、答えられないんですが。

鈴木　たぶん、今の若い人は読んでないと思うけど、実はものすごく面白いんですよ。そこらへんのくだりが。……で、押井さんの次の映画は、たぶん、『人生劇場』になるんじゃないかと思うんですけどね（場内笑）

身ぶり手ぶりで通じあえる現場

質問者2（男性）　日本のアニメが、世界で爆発的に流行った一方で、日本の邦画、実写映画が全盛期からどんどん斜陽になったと講義で聞きました。そういう流れの中で、日本の実写映画の未来について、どうすればもっと盛り上げられるとお考えでしょうか？

押井　プロデューサーが答えるべきテーマでしょう、それは（笑）

鈴木　そういうご質問に対していつも頭に浮かぶのは、池澤夏樹さんっていう作家がいるでしょう。ぼくは非常に注目してるんですけど、あの人が、河出書房新社から「世界文学全集」を出した。かつては、その国を代表する文学って、いろいろあったと思うんですよ。なぜ池澤さんはそれをこの時期にやったのか、ちょっと興味を持ったんです。で、いろいろ読んでいったら、答えが見えてきた。彼の選んだ世界文学全集には、一つの大きな特徴があった。

現代は、難民と移民の時代でしょう？　自分の母国を離れて、新しい国へ行かざるを得なかった人たちがいる。当然、言語が違うわけですよ。で、行った先で新しく言語を獲得した人が、その言葉で書いたもの、なおかつ面白いものを中心に選んだ全集だったんです。ぼくは、それ、ものすごく納得した。「ああ、現代はそうだよな。でなければ世界は語れない」と。そうすると、日本にこだわる必要って本当にあるんだろうか、とも思った。ぼくは個人的に、タイという国に非常に注目していますが、タイは今、ものすごい勢いで映画を量産してて、なおかつ、面白いものもいっぱいある。日本人もね、もし映画を作りたいならタイに行けばとアドバイスしたい。アニメーションも、ライヴアクションも、それは同じです。

インド映画、「ボリウッド」は国内に閉じこもっているけど、タイの映画はアジア全域にいく。ぜひ観てもらいたい空手映画、『チョコレート・ファイター』っていう作品が、ぼくは本当に大好きで。どうやってこんな映画を作ったんだろうと思って調べてみたら、興行収入がアジアだけでも莫大。制作期間は3年、制作費は（08年当時のレートで）約5億円（1・5億バーツ）だったそうです。本当に、映画を作る、世界の映画を変えようという野心があるんですよ。みなさんはどう思われるか、観てない人がいたら、ぜひ観てもらいたい。そして、映画を作りたい人は、そういうところに行ったほうがいいんじゃないかというのがぼくの意見なんですよ。……これで答えになりますか？

質問者2　日本うんぬんというより、世界を視野に入れてやったほうがいいということですね？　いや、かっこいいと思います（場内笑）

――異国に移った人がそこで文学をたしなむという話は、この『ガルム・ウォーズ』の制作背景にも……

鈴木　関係ありますよね。だって、押井さんてね、英語のえの字もできないんですよ！（笑）　なのに、英語をしゃべるカナダのキャストを使って、映画を1本作ることができた。びっくりですよね。ここは強調しておきたい。

押井　ちょっとはしゃべれるんだよ（苦笑）。スーパーで買いものもできるし、バスにも電車にも乗れるんだから。

でも、敏ちゃんが今言ったことは、基本的には、ぼくも同感。実際に海外に行くかどうかは別として、今、邦画にこだわる必要は全然なくなってると思う。どこがお金出して、どこで作って、どこで公開するかは、企画によって全部違っていい。日本人の監督が日本人の観客に向かって作る必要は、必ずしもない。

ただ、日本のアニメーションが海外に持っていきやすかったのは、表現が抽象的で記号的だし、願望を画にしているだけだから、いわゆる日本の現実に拘束されてない。自由度が高かったので、わりと海外に持っていきやすかったという事情はあると思う。さっき話に出た『チョコレート・ファイター』も観たけどさ、けっこうなもんだよ。格闘技アクション映画だから、ある意味で、国境を越えやすかった。アクションって、映画として一番了解されやすい形式だから。『ガルム』のようなSF映画や、ファンタジーもそう。逆に、こういうジャンルを一番受け入れにくいのが日本なんですよ。おそらくそれが、この映画の日本公開がなかなか決まらなかった最大の理由でもあると思う。

これだけゲームでは剣と魔法のファンタジーが作られていながら、「映画で作りました」っていうと、意外と興味を持たれない。それはなぜなんだろう？　というところからものを考えています。

ぼくもかつて、台湾と香港で映画を作り、ポーランドでも『アヴァロン』を作った。今回はカナダのケベック州で、英語、フランス語、日本語が入り乱れる中で仕事して大変だったけど、それは映画作りについて回ることで、本当の大変さは、そういうところにあるわけじゃないので。

映画を作る思いって、世界中どこに行っても同じなので、最後は、簡単な英語だけで現場をやれるんです。ほんとに。通訳は、役者さんと細かい話をするときに入ってもらって、あとは、撮影監督や照明技師に、「Here（ここで）」とカメラ位置を決めてあげて、「Low（低く）」「High（高く）」とか、「More wide（もっと広く）」とかね、身ぶり手ぶりをまじえて、全部伝わるんですよ。あとは撮影監督の差配だから。飛び込んでみれば、そんなにむずかしいことじゃない。

問題なのは、国境を越えても成立するような物語を持っているかどうかなんですよ。チマチマした日本的な現実にこだわってる限り、海外に出ても同じだと思う。壮大に、大上段に振りかぶって、日本でそれをやると非常に恥ずかしい――アニメーションならいいけど、実写だと恥ずかしいことになりかねない――ものを、あえてやる。どこでそれが可能なのかを、考えていくべきだと思う。ただ、監督がそう思っても、どうしようもないんで、こういう（鈴木氏を指さして）プロデューサーがいて初めて成立するわけだから、そういう人間がもっと出てきてほしい。

鈴木　ちょっと話を中断してですねー……今、LINE LIVEの視聴者が50万人を突破したそうです。
実は前回、ぼくと、押井さん、そして虚淵さんが出て102万人かな？　すごかった。ようするに、ぼくと押井さんじゃ50万人しかいかないってことなんですよ！（場内爆笑）
ちょっと虚淵さん、場内のどっかにいないですかね？似た人でもいいんで。サングラスさえはめれば、虚淵さんに見えるんで……（場内笑）

声のキャスティングについて

――それでは、次の質問に。
鈴木　今度は女性にしましょう！
質問者3（女性）　鈴木プロデューサーにおうかがいします。多くの人に向けて映画を宣伝をするのは大変だと思いますが、その際に心がけていることを教えて下さい。
あと、私はジブリで働きたくて、履歴書を持って「ここで働かせてください！」と言いたいくらい好きなんですけど、ホームページで募集もしてないので、どうしたら働けるか知りたいです（場内笑）。お願いします。

鈴木　多くの人に観てもらう宣伝のポイントとして、ぼくが注目してきたのは……昔だと、新聞、雑誌、ＴＶ、ラジオくらいなんですよ。『（風の谷の）ナウシカ』の公開は１９８４年ですが、当時、いちばん力を持っていたのは「ぴあ」という雑誌でした。ここできちんと取り上げられると、多くのお客さんに観てもらえる。ところが、その後いろいろやっていくうちに、ポイントになるメディアが移っていくんですよ。『千と千尋（の神隠し）』のときだと、いちばん力を持っていたのは「ローソン」で、当時、８６００店舗くらい。そこでいろいろ宣伝してもらった効果が、ほかをさしおいてすごかった。またある時期は――たぶん『もののけ姫』かな？――ＴＶのスポット、これも大きかった。なんとその前後にはね、映画館の予告編がすごいという時代もあった。

……で、今日中継していただいてるから言うわけじゃないんですが、今や、LINE LIVE がすごい。わざわざライヴを観ていただくわけで、ＴＶとちょっと違うでしょ。すると、中身が濃いですよね。

そんなふうに毎回毎回、今、映画宣伝に一番良い媒体はどこか、いろんな人に聞いて探すことだと思います。

就職案内については、現在ジブリは、ジブリ美術館用の短編アニメーションやＣＭを作っているんですが、これから先、この会社をどうしていこうか悩んでいるところなので（笑）、しばらくお待ち下さい。

＊

質問者４（女性）『攻殻機動隊』を大学生になって観たんですけど、役者さんの存在が気になっています。外国人のキャストを起用した本作の日本語版を作る際に、声優さんを選ぶ基準はどこにあったのでしょうか？　特に、私たちの世代にどストライクの朴璐美（ぱくろみ）さんという名優を起用された理由をうかがえればと思います。

鈴木　えーと……謝らないといけないんですが、朴璐美さんのことは知りませんでした。当然、ぼく一人じゃ何もできないので、今回、日本語版の演出をお願いした打越領一さんにいろんなお話を聞くうち、「こういうところにすごい人がいるんだな」ということを、私自身が勉強しました。と同時に、この打越さんが、押井さんのファンだったんですよね（笑）。それでキャスティングも、彼と相談しながらやりました。押井さんがこれまで組んできた声優さんもいるわけで、そういう人たちだけを起用すれば、「だいたいこんな感じかな？」と見当はつく。でも、打越さんと話してるうちに、それとはまったく違うやりかたもあるだろうなと。そんなとき、朴璐美さんの名前が出て、その場で彼女の芝居（音声）を聴いたら、ぼくもすっかり気に入っちゃって。それで決まりました。見事に期待に応えてくれたという経緯です。

——押井監督は、日本語版をごく最近ご覧になったそうですが、いかがでしたか？

押井 たぶん、この作品に関わったスタッフの中で、一番最後に観た。……というか、観せてもらえなかった（苦笑）

鈴木 なんで？　そんなことが起きたの？

押井 「なんで？」じゃないでしょ！

鈴木 石井（朋彦プロデューサー）だな……（笑）

押井 「たぶんこうなるだろう」という想像よりも、全然良かった。吹替版としては、理想に近いと思う。自分の映画だから言いにくいんだけど、良くできてる。今、可能な中でのベストだと思う。ただ、現場のときから彼女の声が耳に残っているから。特に、ランス（・ヘンリクセン）の錆びた声とかね。どっちがいいかというのは、むずかしい。

今日、日本語版を観て、もし興味を持たれた方がいたら、ぜひ英語版も観てほしい。言葉によって映画がどれだけ変わって見えるかの、恰好のサンプルだと思う。なおかつ、それでも変わらないものがあるとすれば、それがこの作品の核心の部分だと。わりと面白い経験になると思います。……まあ、イタリア語版はひどかったけど（笑）

そういう意味では、映画の吹き替えの仕事って、ぼくらの仕事の至近距離にある。でも、アニメの〝アフレコ〟と、外画（洋画）の〝アテレコ〟は、似てるようでちょっと違う。外画のは、現実の役者さんに声を当てるわけだから、とてもむずかしいと思う。アニメの声優さんも外画の吹き替えをやるんだけど、ぼくの持論では、外画の吹き替えがうまい人は、アニメをやらせてもうまい。「感情を入れていく」っていうのは、「自分の芝居をする」ことじゃないんですよ。どっかでは、「自分」でなきゃならない部分もあるけど。

鈴木 ふーん……（うなずく）

押井 アニメーションほど自分の色で引っぱりきれない、というむずかしさがあると思う。今回の録音演出の打越さんは、名前は知らなかったけど、仕事はけっこう観ていた。

『パシフィック・リム』は、日本語吹替版のほうが、はるかに面白かった。英語版で観て「なんじゃこりゃ？」と思ったけど、吹き替えたら、とたんに良くなった。そういうことを的確に見抜ける人なんだと思う。ちょっと悔しいけど、良くできてる。今回、敏ちゃんが貢献してくれたことが二つあって、一つは虚淵くんのキャッチコピー。あとは録音監督の打越さんの起用。この二つだと思う。

鈴木　あの、タイトルロゴもね、ぼく描いたんですよ？

押井　……（苦笑）

実写映画の場合、どの役者さんと仕事するかというのは監督としての正念場だし、実は、その時点で、演出は半分終わってる。カラというキャラクターを彼女（メラニー・サンピエール）に託して、これから映画を一緒に旅するんだという、いわば「旅の相棒」。それを決めるのは、やっぱり大変なことなので。彼女に決まるまでに、20人以上会ったかかな。

だいたい、会った瞬間に「この人だ！」とわかるものなんですよ。芝居とか、ほとんど見ない。それが良くないという意見もあるんだけど、ようは、自分の何かを託せる人間的魅力があるかどうか。そこで決めちゃいます。特に女優さんの場合はね。男優さんのほうは、同じ男だから、自分で対応できるんですよ。女優さんって、やっぱりどこかしらミステリアスな部分があって、それが実は、映画を作る動機になったりもする。とても大事なことです。

企画と日常

――LINE LIVE 経由でも質問が来ています。

〈押井さんは、作品や物語を作るとき、どんなことをきっかけに作るんですか？〉

押井　ものを考えるきっかけというのは、「発注」があって初めて成立するわけで。普段からこれを作りたい、あれを作りたいとか昔は思ってたんですけど、最近はまるっきり考えない。映画をやってないときは、小説を書いたり、空手をやったり、別の人間になっている。発注があってから、ものを考える。そのほうがいい。より良いやりかたを発見したんですよ。

普段から自分でいろんな企画を考えてると、それに囚われちゃうから。むしろ、人から与えられたテーマにいかに反応してみせるか。自分の引き出しをどこまで広げてみせられるか。それが監督の仕事なんだってことに、あるとき気がついた。そのほうが客観的に対処できるので、ブレないし、ちゃんと着地させることができる。

だから、普段から映画のことを考えてるわけでは全然なくて、仕事のお話が来てから初めて考えます。実は最近、そんなに映画を観てないし、観る必要も感じなくなった。今は、本を読むのがいちばん充実してる時間。ただ、あと何年生きられるんだろうっていうときに……

鈴木　あと、3年くらいですかね？（笑）

押井　……大丈夫、あなたの葬式にはちゃんと出るから（笑）。残された時間でどれだけの本が読めるのかと、最近考えるようになった。大事な本を読まなきゃではなくて、自分が興味を持てるものしか読む必要はないんだ、と思いはじめた。最近は、飛行機の本とか、軍艦の本とかを、以前にも増して読みまくっています。そこからものを考えるって、わりと楽しいんで。逆に、いわゆる「作品」と呼ばれるもの――小説や漫画や映画とかには、あまり触れない。評論や歴史のようなものからものを考えていくのが、正しいように思う。さっきも少し言いましたけど、大事なのは、やっぱり「古典」だと思います。

――鈴木さんにもお尋ねしたいんですが――宮﨑駿さんが、最後に『風立ちぬ』をやるというとき、宮﨑さんがやりたいものではなく、鈴木さんから見てやらせたらいいと思う題材を与えて、あの作品ができたと聞いたのですが、そういうことですか？

鈴木　まあ、そうですね。珍しく、ちっちゃい子向けの企画を彼が考えていて、それをやりたいと言われたんですけど、「どうかな？」と思ったんですよね。

――売れなさそう、ということですか？

鈴木　ぼくがいつも思うのは、「作品として面白くなるかどうか」ですよ。面白くなる可能性が少ないなと思った（笑）。それで、なぜ『風立ちぬ』だったかというと、宮﨑駿というのは、ぼくよりも8歳年上。昭和16年、戦争中に生まれたんですよ。そうすると、ものごころついたとき、日本はすでにアメリカに負けていて、「どうしたら戦争に勝てたんだろう？」みたいな考えの洗礼を受ける。

でもその後、思春期のころには、戦争反対を叫んでデモに参加するとか、いろいろやってるんですけど、小さいときの体験が非常に大きかったんでしょうね。それが何かというと、気がついたら戦闘機の絵を描いてる、とかね。戦争反対を叫びながら兵器が好きだという自己矛盾。それは一回、作品として作っておかないと、あとで悔いが残る……という言いかたで宮さんを説得したんですよ。そしたら、「わかった」と。そういうことはありますよね。

で、もうそろそろ、いくらなんでも……と思っていたので、その先のことも考えて。

＊

——今、『ガルム・ウォーズ』の前売券を買うと限定のＤＶＤを貰えるそうで、『G.R.M』と書いてありますが、これが、最初に企画したときの……
押井　そう。とりあえず、「手っとりばやくアニメで作ってみよう」と作ったパイロット版ですが、えらい時間かかっちゃって。
鈴木　なかなか手に入らないものが、前売券を買うと手に入ると！
押井　突然、宣伝プロデューサーになってる（苦笑）
鈴木　わざとらしいよねぇ……（笑）。どうぞみなさん、買って下さい。これね、（映像を）入手したら、ネットに上げちゃえばいいんですよね？（場内笑）
押井　そんなこと言っていいわけ？　まあ、上がっちゃうかもね（笑）
——最近、鈴木さんもLINEスタンプを作られたそうで。
鈴木　トトロのスタンプ。ぼくとしてはちょっと、謝らないといけないかなと思っているんです。本来、トトロといえば宮﨑駿が描くべき。宮さんに描いてほしいと注文したら、彼がね、「冗談じゃない！　おれ、40個も描けない」とかなんとか言ってね（笑）。しょうがないので、ぼくが描いたものなので、それをご承知の上、ぜひ購入して下さい。
——宮﨑さんは、LINEをおやりになるんですか？
鈴木　いや、なんにもわかっていません（笑）。ぼくがいろいろ説明して、「スタンプってのをやろうと思う」と。そしたら彼、「え？　切手？」（笑）。「いや……ちょっと違う」と。そういうの、あんまり得意じゃない。でも、本当はやりたがってる人なんですよ。それは、ぼくが一番よく知っています（笑）

次世代へのアドバイス

——最後に、会場には映画界で仕事することを目指す学生も少なからずいますので、お二人からひとことずつ、アドバイスをいただきたく思います。

押井　映画の仕事がしたいという人の、たぶん半分以上は監督になりたいと思うんですよ。照明監督とか、メーキャップアーティスト、衣裳係になりたいという人に、あんまり会ったことがない。漫画を漫画家が描くように、映画は監督が作るものだと思われている。でもそれは、大変な勘違いです。

映画作りの中で監督がやる仕事は、あくまで全体の中の一部でしかない。ある意味では、プロデューサーのほうがはるかに大きな仕事をする。ただ、監督が映画の「顔」であることは間違いない。中身に関わる最高責任者であることにおいてはそのとおりなんだけど、それだけに、監督になるのは、はるかにハードルが高い。

だから、ぼくがアドバイスをするなら、「まずは、現場の人間になりなさい」ということ。どんな仕事や職種でもいいから、映画の現場に関わる人間になる。ドライバーや、現場付きの看護師さんだって、立派な映画人ですよ。全部「なくてはならない人」だし、それが50人や100人集まって、初めて映画の撮影が可能になる。アニメーションだと、1000人を超えるかもしれない。

いろんな職種があることを知った上で、自分が何に向いているかは、現場に入らないとわからない。だから、とりあえず「監督になるんだ」という発想を捨てたほうが、はるかに可能性は広がるだろうという、かなり実践的なお話。

それでも、どうしても監督になりたいという方には、とっておきの手があります。何でもいいんですが、小説とか漫画とか音楽とか、違うジャンルで偉い人になりなさい。一発で映画が撮れます。漫画なら100万部出せば、一本は絶対撮れる。そっちのほうが早いです。実はぼくも、正規のルートで監督になっていないから。実写に関しては、アニメの監督から横すべりして勝手に監督を始めちゃったので、現場のことなんか何一つ知らなかった。アニメの監督にだって、ある種の突発的な状況でなっちゃったんで、もともとなる気はまったくなかったし、アニメもほとんど観てなかったし……

「(監督に)なるんだ、なるんだ!」と思いこみ過ぎると、自分に負けちゃう。ものを作ること全般の中で、自分に何ができるかを考える。映画はたいへんお金がかかるので、ほかの道筋から始めてもいいんじゃないでしょうか。

それと、そもそも自分は、もの作りに向いてる人間かどうか。なりたいという意思よりも、向いてるかどうかがすべてだと思う。「向いてる」というのは、つまり、「飽きない」ことです。ぼくが監督になれた最大の理由は、それだと思ってるから。ほかのすべてのことに飽きたし、生きることにもとっくに飽きてる。だけど、映画にだけは、いまだに飽きてない。それを見つけ出すことだと思います。監督になったのは結果に過ぎない、と思って下さい。

——ありがとうございました。では、鈴木さんからもひとこと。

鈴木　そうですねえ……あるときにね、某映画会社の大プロデューサーが、こんなことを言ったんですよ。「鈴木さん、映画は作るものじゃない。観るものだ」って。これ、実に説得力があったんですよね。

ぼく自身の人生を振り返ると、ずいぶんと本を作り、映画を作ってきたわけだけど、それによって、本の読みかた、映画の観かたに何らかの影響を受けたのかな、と。あるいはもっと素直な、自然な形で映画を楽しむ人生もあったのかな、と。

これがまず一つ、思っていることですよね。

それと、二つ目は、映画は一人じゃ作れないので。さっきからいろんな話が出てますけど、結局、仲間と一緒に作らなきゃいけない。そうすると、その才能が自分にあるかどうか、が大きいんじゃないですかね。

……そんな気がしています。

２０１６年４月16日（土）
東京　早稲田大学・大隈記念講堂にて。
司会＝元村直樹（早稲田大学講師・当時）

第9章・注

＊1＝『マクベス』：シェイクスピア四大悲劇の一つを、ロマン・ポランスキーが映画化した米・71年作品。時代に即した、カラーによる荒野のロケーション撮影、リアルで残酷な描写が話題を呼んだ。「プレイボーイ」誌を創刊したヒュー・ヘフナーがプロデュースしたが、ライバルである「ペントハウス」誌を創刊したボブ・グッチョーネが、『カリギュラ』（76年企画開始、80年公開）を私費で製作したのは、同作に触発されたためと言われている。

＊2＝『レッド・アフガン』：ケヴィン・レイノルズ監督、ジェイソン・パトリック主演、アフガニスタン紛争を舞台にした米・88年作品。日本では劇場未公開。『鬼戦車T－34』（65）『戦闘機対戦車　砂漠の対決』（73）など、一台の戦車が砂漠や荒野で孤軍奮闘するという、戦争映画の一ジャンルを継承している。

＊3＝『ライトスタッフ』：フィリップ・カウフマン監督、サム・シェパードほかが出演した83年・アメリカ映画。1950－60年代、NASAの有人宇宙飛行計画を描いた群像劇大作。193分の長尺だが、84年の日本公開時には短縮版で上映された。ビル・コンティによる勇壮なテーマ曲も人気が高い。

第10章

「わからないもの」を求め続けて

我々は　どこから来て　どこへ行くのか？

「あえてタイトル未定」――
その方針と命名に、鈴木敏夫氏の心境がうかがえる。
２０１６年、三たびの LINE LIVE。
鈴木・押井両氏の長き交友が、一歩引いた形で語られている。
ＳＦ談義、旅の思い出、映画制作環境の変化……
テーマを問わない「自由区」が、本章である。

出席＝川上量生、石井朋彦

石井 今日のライヴは、鈴木さんが、あえて「タイトル未定」と命名しています。

まず、ゲストの川上さんに、『ガルム・ウォーズ』をどう観たらいいのかを語っていただき、そのあとは、シナリオなし、タイトル未定で進行していきます。

川上 そういう筋書きなんですね？

石井 『ガルム・ウォーズ』をご覧になった方がいろんな感想を語る中で、川上さんは一貫して、「これは非常にシンプルな物語。王道のSF、王道のファンタジー、何もむずかしいことはない」とおっしゃっていましたね。

川上 誰かの意見に対して、そう言っていたんですよ。難解だと言われたけど、ぼくは全然、すんなりと入れたので。でもこれ、かなり構想が長いんですよね？

押井 構想が長いというより、中断が長かった。最初にとっかかったのは、たぶん17年くらい前。3年くらいバタバタやって、ずーっと中断してて、3年くらい前からまた始めて。だから、10年くらい中断してた。

川上 そのことに、すごくびっくりして。というのは、テーマが新しいじゃないですか。今作られてるのとほとんど変わらないのに、そんなに大昔のものだというのが面白かったですね。

たとえば、物語の設定が——それが電子的なものかどうかわからないけど——「記憶」というものが分離されていて、ハードウェアだけが入れ替わっていく。そういうのって、今となっては普通ですけど、17年前はPC98とかの時代で、まだ一般的じゃなかった。「そういうこともありえるんじゃないか」と、ぼくもずっと考えていたようなテーマでした。

押井 人間の記憶を外部に保存しておいて、それをコピーして再生する。神話的に言えば、魂が（肉体と）別にあって、何度も転生して生まれ変わると。それと、なにも変わらないですからね。もともとこの映画は神話みたいな話なので、古くなりようがないっていうか。

現代ふうに言うと、「外部記憶」だったり「再生」だったりするだけで、今コンピューターでやってることも、昔から神話で語られてきたことも、たいして変わりはない。

同じといえば同じなんですよ。

川上　今の時代のテクノロジーの理解で見ると、そういうふうになるだけの話で、構造的にはまったく同じということですよね。最近、〝人工知能ブーム〟がぼくの中に来ていて、「人間の知性とはいったい何だろうか？」と思っていたんですけど、そういう意味では、昔からのテーマなんですね。

押井　結局、人間を巡る主題とは、形を変えても、昔から語られてきたことのくり返しだから。人間自体が変わっていないわけだから。違う語り口で、何度でも語られるだけのことでね。「魂」と言おうが「外部記憶」と言おうが、人間の中身の話だから。人間に中身があるんだという考えかた自体が変わらない限り、結局、同じになっちゃう。それを、コンピューターという例えで語るのが現代ふうって言えばそうだけど、やってることは一緒ですよね。

川上　押井さんて、今にして思えば、数々のテクノロジーがもたらす未来を予言されていますよね？　『(GHOST IN THE SHELL／) 攻殻機動隊』にしても、あそこで語られている世界は、今となっては先進的だなって。

　鈴木さんと一緒にある作家の方とお話をしてて、人工知能の未来はどうなるかをバババッと説明したんですけど、「あー、途中で、向こうもそうだし、ぼくも思ったんだけど、「あー、とっくにやられてる（実現してる）な」って（笑）

　人工知能を予想したものが、その当時はリアルじゃなかったはずの過去の想像力によって、ほとんど予言されていた。そのことに気づいて、逆にびっくりしたんですよね。

石井　『攻殻機動隊』は押井さんの代表作の一つですが、ご覧になっていたんですか？

川上　実は、最近観たんですよ。偏見があったので。

石井　押井さんに対して？

川上　いえ（笑）。ああいう、「メカと女の子」っていう物語は嫌いなんですよ。基本、そういうのは観ないと決めてるんで、そういうカテゴリーの作品だと勝手に思ってたんですよね。

石井　最近ご覧になって、どうだったんですか？

川上　今になってリアルに想像できることが、とっくに描かれてるなって。ぼくとしては、ちょっとショックでしたよね。

押井　20年くらい前かな？（注・1995年作品）

川上　20年前といったら、携帯が普及してなかったですよね。コンピューターもそんなに小型化してなかったし。

石井 鈴木さんは、同世代として、押井さんが当時そういう映画を作ったときにどう見ていたんですか？

鈴木 「無理してるなあ」と思った（笑）。でも、押井さん、SFが好きなんだよね。なんでSF好きなの？

押井 昔から読んでるもの。

鈴木 押井さんも川上さんも、SFが好きなんだよね。で、おれ、あんまり得意じゃないんですよ（笑）。だから今日は、二人のSFばなしを拝聴しようかなと。

SF談義（I）

川上 鈴木さんて、現実に生きてますよね？

鈴木 そう。だからSFは全然ダメなんですよ。

川上 でも、SFは現実ですよ。最近、ほんとにそう思っていて。小説とかは、ひょっとすると「体験」にはなるんですけど、「勉強」にはならないなと。人生の勉強にはなるかもしれないけど。SFは、「勉強」になるんじゃないかなって思う。

鈴木 なるほど……でも、SFっていいながら、常に語ってきたのは〝現代〟でしょ？　すると、何でそんなめんどくさいことやるのかなって。いや、ぼくだって、「幼年期の終り」（＊1）とか古典の名作と言われるものを、一応読んだんですよ。けれども、それが書かれた当時の〝現代〟がわかるだけで。そうすると、普通の小説のほうが面白いなと思いましたよね。

川上 まあでも、SFにも二つあって。たしかに、SFという設定を借りて現代を描いた作品もありますけど、「未来はこうなる」っていう作品も多いですよね。

鈴木 あったんですか？

川上 いっぱいありますよ。

鈴木 結局、SFといいながらも、「ほんとの未来」は見せてくれない気がした。

川上 それはだって、予想だもん（笑）。映画でいうと、『2001年宇宙の旅』（68）を最近観たんですよ。

鈴木 最近……（笑）

押井 あははは！（笑）

川上 あれって、「未来はこうなるんだな」っていう予想を開帳したかっただけの映画ですよね？

鈴木 『2001年』を観たって……もう今、2016年

（笑）。でも、公開当時は面白かったんですよ。

川上　あれこそ、「未来はこうなる」って言いたかったただけの作品だと、ぼくは思ったんですが。

鈴木　（押井氏に）あれ、そういう映画？

押井　いや。ぼくは、そういうふうには観なかった。公開当時はまだ中学生だったから「そういうものかな」と思ったけど、大人になって観返したら、「あ、全然違うわ」と。

あれって、ようするに進化論の話。それも、「狩猟仮説」（＊2）ってやつだよね。人間は、ほかの生きものや仲間を殺して人間になったという、わりと暗い進化論の話。だから、原作者の（アーサー・C・）クラーク（＊3）が怒ったらしいんだけどさ。クラーク自身は、あの映画は全否定というか嫌いだったらしいのね。自分の考えとは違うって。

一度書いたことあるんだけど――あの映画は、「食べる映画」だって。絶えずものを食ってるじゃない。最初に、類人猿がナスみたいなのを食べてる。途中で、まずそうな粘土みたいな宇宙食を食って、最後はスクランブルエッグみたいなのを食べてる（＊4）。で、絶対に描いていない食事のシーンが一つあるんだよ。（鈴木氏に）何だと思う？

鈴木　え……？

押井　共食いのシーンだよ。「狩猟仮説」って、そういうことだからさ。共食いすることで、人間が人間になった、頭脳が大きくなったんだって。

鈴木　なるほど。

押井　これはね、たぶん、誰も書いてない。

鈴木　うん、書いてないね。

川上　わからなかったですね、ぼくは。

鈴木　人間は最後、そこにいきますよね。

川上　ふうーん……

押井　（フェデリコ・）フェリーニも、そういう映画を作ったじゃない？　『サテリコン』（69）ってやつ。最後に人間を食べてた。『2001年』は、クラークはSFにしたかったんだけど、監督の（スタンリー・）キューブリックは、実はSFにあんまり興味がなくて。

鈴木　あの人、興味ないよね。

押井　全然ないと思う。

鈴木　川上さん、あれだけ騒がれてた『2001年』を、それまで観なかったんですか？

川上　いや、だから、ぼくは基本、観ないんですよ（笑）

ぼくが知りたいのは、みんなの評判なので。『2001年』て、いろんな人が語ってるじゃないですか。それはすごく読んでいたんですよ。読んでて、そういう作品なんだろうなあと思って、自分の中で勝手に『2001年』像があったんですけど、観たら、全然違ったんで。

鈴木 不満だったんですか？（笑）

川上 いや、不満っていうか……

鈴木 あれ、なんで評判になったんだっけ？

押井 そもそも、70㎜のスペクタクルで、すごい映画だった。

鈴木 やっぱり、「未来を見せてくれる」ってやつでしょ？

押井 そう。公開当時はね。

鈴木 そこに、哲学を入れた。

押井 だから当時は、メチャクチャ難解だと言われたわけで。「あの黒い板（モノリス）はなんだ？」とかさ。

鈴木 そうそう。だけど、ヒットしたんでしょ？

押井 ああいう種類の映画自体が、イベントだったからさ。内容うんぬんじゃなくて、あの規模の映画、70㎜でやったというのは、それ自体がイベントだったから。

鈴木 キューブリックが難解な映画を作るとヒットして、押井さんが難解な映画を作るとヒットしない……

押井 そう、それを言いたいんだよ！（一同笑）

鈴木 言いたいんだろうなあ、って思ったのよ（笑）

＊

川上 いや、でもね……押井さんの映画の難解さは、ぼくは許容できるんですけど、『2001年』の難解さは、もう、ウソにしか見えない。スターチャイルドとか、モノリスとか、最後にHALが暴走していくシーンとか、いろいろ迷信的に語り継がれてるものがたくさんあるじゃないですか。それが「謎」だって言われてるけど、観てみたら、本当に「謎」なんですよ。だって、ヒントがまったくないんだもん（笑）。あれは、解釈しようがない。ぼくはね、「謎」っていうから、もっと……

鈴木 ヒントがあると思った？

川上 そうそう。ミステリーっぽい謎なのかなと思ったら、ノーヒントですよ。難解じゃなくて、わかりようがない。

鈴木 謎を解くきっかけがないわけでしょ？

川上 そうそう、ヒントがない。

鈴木 そこは、押井さんも学んだんじゃない？

押井 なんで？

鈴木　押井さんの映画も、ヒントを出さないもん（笑）

押井　そんなことないよ！

鈴木　難解な映画ってね、ほんとはヒントに満ちてるの。それを観る側が、いろいろと結び合わせて考える。そこに面白さがある。

川上　「読み解く」という作業はありますよね。

押井　（作り手も）ネタは、いっぱいばら撒くわけ。だけどたしかに、『２００１年』って、ネタ自体がすごく少ない。

川上　ネタ、ないですよね！

押井　ほとんどないと言ってもいい。

川上　あれは、難解とは違うと思うんですよ。

鈴木　だから、深淵に描いたんでしょ。音がしないとか。でもね、川上さんは最近観たからですよ。あれ、そうとう昔に観るとね……

川上　違ったかもしれませんよね。

鈴木　やっぱり感じるものがあったんですよ。あの静けさ、沈黙、静謐……

押井　「時間」なんだよ。「堂々たる時間の流れ」というか、宇宙をああいう感じに描いた最初の作品だから。

鈴木　すごかったですよ。大ウソをつくって感じで。

押井　音楽も、（ヨハン・）シュトラウスのワルツが、ゆっくりゆっくり流れてる。あの時間の流れに、みんなびっくりしたわけだよね。

鈴木　そんな映画、なかったんだもん。

川上　すごい静かな映画ですよね。

押井　あの映画の功績っていえば功績だよね。あれが、宇宙のスタンダードになった。宇宙における描写のね。

鈴木　チャンバラ映画の元の一つが黒澤明であったように、SFっていうと、ああいうふうにやらなきゃいけなくなったんですよ。

川上　ぼくが観てきたSF映画の中で、「なんだ、この間は？」って観てる最中に腹が立つものがたくさんあったんですけど、「ああ、これを真似してるんだ」とわかって（笑）

押井　フワーッと動いていく宇宙船とかね、あれが元祖ですよ。

川上　オリジナルっぽいものが、たくさんありましたよね。

鈴木　だって、その後、『スター・ウォーズ』に至るまで、——あれは、そこに娯楽を入れたけど——実は同じですよね、基本は。

川上　宇宙ステーションの中のデッキの様子とか、「『（機動戦士）ガンダム』にも似たような光景があったよな」みたいなね。

押井　スタンダードを作ったと言えば、そう。『２００１年』と、『ブレードランナー』（82）、あと、『エイリアン』（79）かな。ＳＦ映画といえば、この3本ですよ。ＳＦアニメで、それらをまったく無視して作ったものなんて、１本もないもん。

鈴木　『ブレードランナー』もねえ……それまで、みんな、「未来っていうのはすごい」と思ってたわけでしょ。まさか、あんなことになってるとは（笑）。それを具体的に見せてくれて、あれ、ショッキングだったんですよ。

押井　雨が降って、屋台でうどん食ってるっていう。

鈴木　それで、アジアのいろんなものが出てくる。変なリアリティーがあるんですよ。

押井　あれにシビレたんだよ。

鈴木　それは、よくわかります。

　ところで、『２００１年』といえば……古い漫画家で、ぼくが大好きだった真崎守っていう人がいてね。「ながれ者の系譜」シリーズとか、「ジロがゆく」とかを描いた人なんですけど、実は『２００１年』を、なんと手塚治虫と二人で観たらしいんですよ。手塚さんが亡くなったあと、ぼく、真崎さんから聞いたんだけどね。

　当時、映画会社としては、ＳＦだから手塚さんに観てもらわなきゃいけない。そしたら、（試写を）観終わった直後から、手塚さんはいっさいしゃべらない。映画会社の人が「どうでしたか？」と聞いても、感想を教えてくれない。当然、映画会社としては、手塚治虫がこう言った、とか宣伝文句に使おうとしていた。ところが、いっさい黙して語らず。

　で、二人で、虫プロがあった富士見台（練馬区）に車で帰った。真崎守さんは漫画を描く一方でアニメーションもやっていて、当時、虫プロのスタッフの一人だったから。帰る車の中で手塚さんが、「真崎くん。今日の映画、何が素晴らしいのかな？　ぼくは、たいした映画とは思わないよ」って。そこで真崎さんは、押井さんがさっき言いかけたようなことを、いっぱい説明したらしいんですよ。「そうかなあ、ぼくは違う意見を持つなあ」とかって、手塚さんは言う。

　で、スタジオに着きました。そしたら手塚さんがいきなり、「真崎くん、全スタッフを集めてくれたまえ」と。虫プロの何百人というスタッフを集めて、「みなさん、私は今、世紀の素晴らしい映画を観てきました」と言って、真崎さんが言ったことを全部、パッとしゃべったらしいんですよね。真崎さんは、口を開けて唖然。この人はいったい何なんだ、って……(笑)。そんなことを言われたのを覚えてますけどね。何しろ、手塚さんの最初の感想はそうだったみたいですよ。

押井　わからないんだろうと思う。

鈴木　だって、手塚さんは、「わかるもの」を描いてきた人だから。

川上　でも、あの映画は、わかんないですよ……

押井　「わかんないものを作ってもいいんだ」って、私は思った。

鈴木　キューブリックという人はね――まあこれは、いろんな意見があると思うんですけど――「人生は意味がない」という映画を作り続けた人だから(笑)

川上　あ、じゃあ、そういうの(『2001年』)も含めて、「意味がなくてもいいんだ」っていう……

鈴木　そう!　みんな、「意味がある」と思っているから話がややこしくなる。「意味はないんだ」と。ぼく、あの人の映画の中で、なんてったって好きなのが『バリー・リンドン』(75)。人生は意味がない、それを描くために、すっごいお金を使ったんですよ、あの人(笑)。それで困窮するに至った。

押井　(映画の中に)なんにもないからね。

鈴木　そう。でも、ぼくは好きだったんです。

押井　私は、『時計じかけ(のオレンジ)』(71)が好きなんだけど。

鈴木　でもやっぱり、影響受けたでしょ?

押井　キューブリック?　ある時期ね。

鈴木　ある時期?　ずっとじゃないの?

押井　全然。なんとなく、正体がわかっちゃったからさ。

鈴木　どこで?

押井　自分で映画を作るようになって。

鈴木　ふうーん……きっと、「ケムに巻く」ってことをキューブリックから学んだんだよね?(笑)

押井　ようするに、自分自身を「伝説」にしちゃったからさ。私に言わせれば、映画監督としては不幸なんだよ。

鈴木　キューブリックが?　どうして?

押井　だって、何もテーマがなかったし、楽しそうに作ってる形跡が全然ない。あの完璧主義があったにしても。

鈴木　でも、楽しかったんじゃない？

押井　いやいやいや……一種の権力欲だよ。

鈴木　そういうふうに見たんだ。

押井　監督ってさ、そっちの方向に行っちゃう人がいるんだよ。それってたぶん、あんまり面白い人生じゃない。あの人、ついに、バカができなくなっちゃったじゃない。

鈴木　これは、のちに、ある映画がヒントで思ったんだけど、シェイクスピアっていう人がいるでしょ？　ぼく、そんなにいろんなこと知ってるわけじゃないけど、あの人の残した有名な言葉があるんですよ。「人生は空騒ぎ。意味など何ひとつない」（＊5）って。……いい言葉でしょう？

押井　なんか今日、雰囲気違うね。どうしたのよ？

鈴木　（カメラを指さして）出てるんだもん、LINE LIVEに！（笑）

一同　あははは！（笑）

鈴木　あるとき、思ったの。キューブリックとシェイクスピアが結びついた。「あ、これ、（キューブリックが）影響受けたんだ」と。で、それをまた受け継いでるのが、なんと、ウディ・アレンだったりするんだよ。

川上　そういう順番なんですか？

鈴木　うん。作ってる映画は全然違うのに、テーマだけ取り上げていくと、なんか似てるんですよ。

押井　嫌いな監督ばっかり（笑）。私、ウディ・アレンは大嫌いだけどね。まあ、何もなくてもいいんだけどさ。

鈴木　押井さんの映画もね、そこにポイントがあるのよ。「意味など何ひとつない」。これがわかっていれば楽しめるのよ。……ね？（笑）

押井　（皮肉な口調で）まあ、そうも言えるけど。

川上　そうなんですか？（笑）

鈴木　はい！　もう一回、ＳＦの話に戻りましょう。

ＳＦ談義（Ⅱ）

押井　敏ちゃんがなぜＳＦに興味がないか、に興味があるね。あの時代、普通に、ＳＦって知的なエンターテインメントの定番だったじゃない？

鈴木　なんでだろう……？　やっぱり、『スター・ウォーズ』が大きかったかな。

押井　あれが嫌だった？

鈴木　そう。

押井　それはわかるね。

鈴木　あれで、引きずりおろされた感じがした。ぼくは、そうなんですよ。「せっかくＳＦなのに、なんで普通の話になっちゃうの?」って（笑）

押井　ＳＦだけど、中身は古臭い。騎士がいて、お姫さまがいてっていう。

鈴木　そうそう。

押井　あの時代、筋金入りの「ＳＦ者」は、たぶん、みんなそう思ったんだよ。

鈴木　すごい違和感を持った。「わざわざ宇宙に行く必要ないだろ」と（笑）

押井　あれは「スペオペ」、スペースオペラっていうジャンル。ＳＦファンの中にも二派あって、わりと本格的なものが好きな人は、宇宙を舞台にしたヒーローものみたいなの、「火星のプリンセス」とかさ、ああいうのはバカにして読まなかった。いわゆるパルプマガジンっていう安っぽい雑誌が、アメリカにはいっぱいあって……

鈴木　その中で描かれてきたものなんでしょ?　おれ、それだったら、『宇宙家族ロビンソン』（＊6）のほうがよっぽど面白かったもん。

押井　あれも、そっちの系列だよ。

川上　同じですよね。何の違いがあるんですか?（笑）

押井　どう違うのよ、それ!?

鈴木　子供には、あれが良かったんですよ（笑）

川上　星新一とかは、どうなんですか?

押井　星さんは、またちょっと違う。ＳＦも書いてるけど、ＳＦというよりは文芸の人だと思う。

鈴木　文学だよね。

川上　ぼくは、星新一さん、わりと好きで。たしかにＳＦとはちょっと違うんだけど、思考実験みたいなところがあるじゃないですか。「ある仮定を置いて、あるルールに従うと、世の中はこういうふうになるよね」みたいな。そういう感じのＳＦが好きなんですよ。ある種の世界のルールを、一から構築して見せてくれる。その、一番シンプルな形が星新一なのかなと思っているんですけど。

押井　そういうのが、一時、流行ったんですけどね。「スペキュレイティヴ・フィクション」（＊7）っていうやつ。ある条件を外挿(がいそう)して、ものごとがどういうふうに変わるか、思考実験的に小説を書く。

鈴木　やっぱり詳しいんだね。

押井　だから、「SF者」だったんだってば！

鈴木　野田昌宏とかは好きだったの？

押井　またちょっと別だよね。あの人は、さっき言ったスペースオペラの愛好者。わりと無邪気な人だった。無邪気な一派と、このへん（眉間）にしわが寄る人たちと、SF好きにも二通りいたの。私は、後者だったんだけど。

鈴木　眉間にしわが寄るやつが好きだったんだ？

押井　好きだった。というかさ、なんで私が若いころSFをあんなに読み倒したのかっていうと、文学の代わりに読んでいたから。昔の若い人って、普通、太宰（治）を読んだり、三島（由紀夫）を読んだりしてた。それ、嫌だったの。それを読む代わりにSFに行っちゃった。どっちにしろ、現実逃避なわけじゃん？　あんまり現実に行きたくないから、小説を読んで、その世界に没頭しちゃう。人生には、そういう時期ってあるじゃない？　普通の文学だと、文学青年、文学少女になるんだけど、私の場合は「SF者」になっちゃった。（ヘルマン・）ヘッセとかも読んだけど、そこから太宰や三島には行かないで、クラークとか、フレドリック・ブラウンとか、（シオドア・）スタージョンとか、そっちに行っちゃったんですよ。

川上　人間のタイプ的には、その違いっていうのは……？

押井　どうなんだろう？　私らは、決定的に少数派だったからさ。ますます孤立しちゃったというか、共通の話題が全然出てこないから。

川上　押井さんのほうが少数派だったんですか？

押井　もちろん。普通は日本文学に行ったり、西洋の古典的な文学に行ったり。今みたいに、いろんな小説があるわけじゃないから。

川上　でも今だと、文学に行く人自体が少ないですよね？

押井　そうですね。今は同じになっちゃったっていうか、SFなんて、「全部SFだ」って言えばそうだから。普通にTVでやってるじゃん？　「ちょっと変わった物語」って、みんなSFみたいなもの。（非日常に）飛躍してるかしてないかの違いだけでさ。

　私は、わりと昔から、ウソが好きなのよ。「あからさまなウソ」っていうやつが。反対に、「本当っぽいウソ」が非常に嫌いだった。それこそ、「ウソだろ？・」って。

鈴木　『（風の谷の）ナウシカ』とか、ああいうのは？

押井　ああいうの、大好きだよ。

鈴木　なんで？

押井「ファンタジー」ってやつだよね。ＳＦとはまたちょっと違うんだけど、まあ、似たようなもの。『ナウシカ』が好き、というか、ナウシカ的な世界は好き。でも、『ナウシカ』って映画が好きかと言ったら、うーん……そんなに好きじゃないけど。

川上え、えー……？（笑）

押井漫画版は大好きだった。アニメになると、「なんでこうなっちゃうのかな」って。大仰になっちゃったじゃない。

鈴木映画のほうが？

押井そうそう。大仰になっちゃった。

鈴木「傷ついた地球をひとりの少女が救う」って話なので、そりゃ大仰だよねえ……

押井あのころ敏ちゃんが言ってたけど、アニメーションって、「地球を救う」話ばっかりだったじゃん。みんな地球か人類を救う話ばっかり（笑）。アニメの『ナウシカ』は、それのハシリみたいなものじゃない？

鈴木その前にあったのがね、「悪い奴が世界征服」なんですよ。世界征服してどうするんだろう、って（笑）

川上ぼくが子供ながらに思っていたのは、『（宇宙戦艦）ヤマト』の〝愛のスケール〟が、地球愛、宇宙愛と、だんだん大きくなっていく。あれは、子供ながらについていけなかったですよね（笑）。「大っきいほうがいいんだ」って……「容積の問題なのか？」みたいな。

鈴木中身は軽くなったから（笑）

押井（スケールの）インフレだよ。あと、「終末もの」っていうか、あのころ、そればっかりだったじゃん。

鈴木まあね、流行っていたんですよ。

押井核戦争後の廃墟が出てきて、「終末から再出発する」みたいな話ばっかり。私もやったけど、あれって全部、冷戦映画なんだよ。つくづく思うけど、あのころの漫画とかアニメとかは、ほとんどが米ソ冷戦の産物だよね。で、私がそういうのをやったのは、冷戦じゃなくて、昔から「世界が滅んでゆく話」が好きだったから。廃墟願望みたいなのがあって、滅びゆく世界、滅びゆく集団とかが、昔から大好きで。

川上それは、「滅びたくない」という恐れからじゃなくて、「滅びたい」っていう？

押井滅びたいんだよね。別に、救ってほしくないわけ。いや、本当に（笑）。「いいじゃん滅んで。何が悪いの？」ってさ。

川上　その考え、よくわからないんですけど（笑）。なんで滅んでほしいんですか？

押井　たぶん、子供のころから「現実なんてろくなもんじゃない」と思ってたんじゃない？　「なくなっても全然いいや」って。滅んでいくものって、わりとこう、綺麗だったりするじゃん。美しいというか。

昔から、綺麗なものが好きなんだよ。「映画は、綺麗だったら何でもいい」と思ってるから。だから、いつも言ってるのは、「どんなに残酷な話でも、救いのない話でもかまわないけど、映画って、それを綺麗に描かなきゃダメなんだ」「汚いものを汚いものとして描いたって、それは全然映画じゃないよ」と。

『ガルム（・ウォーズ）』も同じ。恥ずかしいくらいに「そういう映画」なんだよ（笑）。自分で作ってて、そう思った。恥ずかしいくらいに、当たり前のものを作っちゃった。なんの屈折もなく。

鈴木　正攻法だよね。

押井　正攻法。ウソいつわりもないし、謎もへちまもない。極端に言うと、シンボルすらない。1本ぐらい、そういうものをやってみたかったんだろうね。だから、難解とか言われるのは、『ガルム』という映画が難解なんじゃなくて、今の人たちにとって「ファンタジー」というジャンル自体が難解になっちゃったんだよ。現実じゃないものは、みんな難解なわけ。でも、私に言わせれば、現実が一番難解なんだよね。

日常・現実・ファンタジー

鈴木　たしかに、現実って、わけわかんないよねえ……

押井　わけわかんないよ。みんな、それが嫌だから、エンタメとか作りもののほうに行くわけでしょ？　「現実がわけわかんないから、作りものぐらいスッキリ観たいんだ」と。だったら、同じことじゃない。現実は難解だと認めてるわけでしょ？　嫌なわけでしょ？

鈴木　みんな、現実に囚われて生きるのが好きなのかな？

押井　好きっていうか……それ（好きなもの）は、「現実」じゃなくて、自分の身の回りの「日常」のことだよね。で、日常の先にあるものを考えると、「現実」になってくるんだけど、そこから先は、つらいから考えたくないんだよ。たぶん。

川上　そういう意味では、今の人って、ファンタジーとかを現実だと思って観たがる傾向が強い気がして。だから、そこにウソとかを入れると、怒り出すんですよね。「あからさまなウソなんだから、ウソに決まってるだろ」みたいなことに対して、最近の子たちって、怒り出す。それ（好きなもの）が現実だと思いたがるっていうか。

鈴木　うーん……

押井　だからたぶん、ハリウッド映画みたいなのが一番いいんだよ。日常から出発して、日常に帰ってくるんだから。多少飛躍しても、飛躍するためのスロープ（斜面）がちゃんと用意されてる。でも、いきなりボーンと飛躍しちゃうと、怒るんだよ。

鈴木　だから、ピクサーの映画は当たるんだね？

押井　ピクサーは、あんまり観たことないからわからないけど。

鈴木　ピクサーは、そのあたりの作りが丁寧なのよ。

押井　『シュレック』（01）って、ピクサーだったっけ？

石井　あれは、ドリームワークスです。

押井　あ、違うんだ。ピクサーは『トイ・ストーリー』（95）？

鈴木　そう。『ファインディング・ニモ』（03）とか。

押井　あー……1本も観てません。

鈴木　1本も!?　すごいねえ。

押井　ああいうカートゥーンみたいなの、基本的に観ない。嫌いだから。可愛いかもしれないけど、美しくないじゃん。

鈴木　うーん……でも、好きな人は多いよね？

押井　多いと思うよ。だからさ、（ソファーに置いてあるLINEのキャラクター、「ムーン」のぬいぐるみを持って）こういうことでしょ？（笑）

川上　「こういうこと」……ですか（笑）

押井　なぜかみんな、「こういうもの」をほしがるじゃん。

鈴木　それは、なんで？

押井　（ぬいぐるみを抱いて）わかんないよ。

鈴木　でも、押井さんとぬいぐるみって……なんか似合うね（笑）

押井　何言ってんだよ！

鈴木　抱っこしちゃってさあ（笑）

押井　こういうのをさわってる感触は大好き。だからそれは、普遍的なものなんだよ。たぶんね。

「わかるもの」しか観たくない時代

川上　ピクサーに限らず、ディズニー作品が好きな人も多いじゃないですか。普段は映画を観ないけど、ディズニー作品だけは観る。ジブリもその中に入ったりするんですけど、そういう人の特徴って、同じものを何べんも観るんですよね。何べんも観て、その世界に浸ってて。

鈴木　すでに「わかってる」からでしょ？　安心感がある。

押井　そうだよね、たぶん。

川上　その感覚、ぼくは、よくわからなくて。

押井　安心できるから観に行く。そういう動機もあると思う。「わけわかんないもの、嫌だっ！」っていう。実際、学生に言われたことあるもん。面とむかって。

鈴木　なんて？

押井　「アタマから5、6分観てヤバそうだったら、もう観ない」って。「ヤバそうって、どういうことなの？」って聞いたら、「そっちに行くような気配がすること」だと。「そっちって、どっちなの？」と聞いたら、「アートっぽい匂いがするのは嫌なんですよ。自分が観てわからなかったら不愉快だから。わかるものしか観たくない」ってさ。

川上　自分の価値観の範囲でしか知りたくないと。

押井　そうそうそう。

川上　「安心したい」ってことですよねえ。

押井　何をか言わんや、だけどさ。

鈴木　みんな、映画に何を求めてるの？

押井　何だろう……ヒマつぶし？

鈴木　今はそうなの？　じゃあ、作りにくいじゃん。

押井　共通の話題がほしいとかさ。ネット的に言うなら、悪口のネタがほしいとか。

鈴木　「わかってるもの」だけほしいの？

押井　たぶん。

鈴木　作りにくいよねえ（笑）

押井　作りにくいよ。さっきから言ってるじゃん、作りにくいって！　だから作れなかったんじゃん、17年間も‼

鈴木　そこだよね、たぶん。

川上　でも、「わかってるもの」って、みんなが作るから、たくさんありますよね。たくさんある所で、たくさんあるものを作らなきゃならないのは、つらいですよね。

押井　今は、漫画原作ばっかりじゃん。日本映画って、半分くらいは漫画原作じゃないの？

鈴木　(原作から）飛躍しちゃいけないんでしょ？

押井　そう。飛躍しちゃいけないし、変えちゃいけないんだって。

鈴木　はあー……(嘆息)。「観たことがないものを観る」っていうのは、もうダメなんだ？

押井　そう。

鈴木　『ロード・オブ・ザ・リング』って映画を観て、びっくりしたんだよね。最初から最後まで、どっかで観たやつ（映像）ばっかり（笑)。何が面白いんだかわからない。

押井　あれを楽しめないっていうのは、ちょっと不幸かもしれないけど（笑）

鈴木　ダメなんだ？（笑）　だって、新しいものを観たいじゃない。映像の驚きがほしいじゃない。いっぱいお金使ってそうだし、「観たことないものを見せてよ」と感じた。

押井　かつて見たファンタジーっぽいイラストの世界を、見事に、忠実に映像にした。それがすごいって言えばすごいわけ。

川上　あれ、小学生のころから大好きで。映画館では観てなくて、DVDセット、ブルーレイセットで、3、4回買ってるんですよ。丸1日予定を空けて「さあ、一気に観るぞ！」っていうのを、今まで2、3回試みてるんですけど、だいたい第1話の途中で寝ちゃうんですよ。長くて、3時間ぐらいあるし。それで、まだ1本も観られてない。

鈴木　それ、例の3部作でしょ？

川上　そう。3部作を、「通し」で観ようと思って。

鈴木　わかりますよ（笑)。ぼくも観られなかったもん。

川上　何でなんですかね……？

鈴木　知ってる世界だから。驚きがないから。たぶん、そういうことなんですよ。

押井　だってさ、絵に描いたような魔法使いが出てくる。とんがり帽子で、杖持って、ひげ伸ばして。それを、わりとまともに忠実に描いて、しかも、アホっぽくなってない。「だからすごいな」っていう話なんだよ。でも、「だからなんだ？」って言われると、それだけなんだよね。

鈴木　そうか……

押井　「だからなんだ？」っていう人には、ただただ面白くない。「すごいな」って思える人には、やっぱりすごい。その二つしかないわけ。

サプリメント的映画？

鈴木　ぼくらの世代が子供のとき、ディズニー映画が「文部省特選」だったんですよ。当然、学校やその他で観なきゃいけない。ぼくも、いっぱい観てるはずなんですよ。でも、なんにも覚えてない……

川上　覚えてないですよね。

鈴木　抵抗があったんですよ。で、東映動画のほうが、まだ安心する（笑）。あの安心感って、何だろう？　ようするに、「ディズニーじゃないから」でしょ？

押井　だって、ディズニーはバタ臭いじゃん。東映動画って、言ってみれば泥くさいから、わりと観やすい。

鈴木　なんか、ホッとしたんだよね（笑）

押井　それはあると思う。昔さ、学校で映画観なかった？講堂とかで上映して。

鈴木　だから、それで観たのよ。

押井　うちの小学校はちょっと変わってて、月に2回くらい上映会がある。最初はディズニーだったりするわけ。たしかにディズニーはいっぱい観てるはずなんだけど、何も覚えていない。でも、東映動画はけっこう覚えてるんですよ。『少年猿飛佐助』（59）とかね。

鈴木　そう！　あれなんか、面白かったのよ（笑）

押井　あと、もちろんほら、例の、大塚（康生）さんが作画をやった『わんぱく王子（の大蛇(おろち)退治）』（63）……

鈴木　そう！　ものすごく覚えてる。なんか変な映画だったんですよ（笑）、簡単に言うと。

押井　それよりもさ、うちの小学校が変わっていたのが、選んでる先生の趣味だと思うんだけど、黒澤（明）の映画をやったんですよ。

鈴木　黒澤!?　何をやったの？

押井　『七人の侍』（54）とかさ、『用心棒』（61）とか、『椿三十郎』（62）とか。

鈴木　……それ、ちょっとごまかしてない？　中学生ぐらいになってない？（笑）　おれだって、観たのは中学だよ？

押井　いや、小学生だよ。講堂で観て、みんなもう大熱狂。

鈴木　そりゃそうよ。わかります。

押井　それで刷り込まれちゃったの。もちろん、合戦シーンやチャンバラのシーンが「すげー！」っていう感じで。『用心棒』のラストの対決とか、みんな真似したもん。

鈴木　真似したよねえ（笑）

押井　出刃包丁を投げる練習とかさ。今思うと不思議なんだけど、なぜあんなものを小学校の講堂で観せたんだろう？

鈴木　まあ、先生の意図があったんだろうねえ。教育的効果というか。

川上　自分が観たかったんじゃないですか？

鈴木　たぶん、そうでしょうね（笑）

押井　先生の趣味だと思うけどさ。たしかに、ディズニーは記憶に残らない。「ディズニーっぽいもの」としての、トータルのイメージしか残らない。

鈴木　そうなんですよ。

押井　だから、ジブリと一緒だよ。

鈴木　……何が言いたいのよ？（苦笑）

押井　いやいやいや。

川上　ジブリとディズニーは全然違いますけどね。全然違うのに、同じような消費のしかたをしてる人たちがいるっていうのが、ぼくにとっては、むしろ謎なんですけど（笑）

押井　作りづらくなった、本当に。

鈴木　うーん……「わかってるものしか観たくない」っていうのは、困るね。

押井　困るよ。立つ瀬がないじゃん。観たことないものを観せようと思って、一所懸命がんばってるのにさ（苦笑）。デラックスな画(え)を観たいとか、綺麗な女優さんが観たいとか、そういう普遍的な欲求はあるんだろうけど、お話において「意外性が嫌い」って言われちゃうとさ。

鈴木　意外性が嫌い……。（川上氏に）どうしたらいいんですか？　だって、予定調和でなきゃ困るわけでしょ？

川上　まあでも、そういう人はね、癒やしというかサプリメント的な何かを求めてるわけですよね。そしたら、意外なサプリメントを飲ますしかない（笑）。一見、同じ種類の、自分のほしいものだと思わせといて……

鈴木　それをやってるのが、宮さん（宮﨑駿）ですよ。

川上　あー……まあ、そうですよね。

押井　サプリメントなの？

鈴木　だって、予定調和だと思わせておいて、そうじゃないことをやるもん。

押井　ああ、そういう意味ね。

川上　そういう意味では、ぼくはやっぱり、『風立ちぬ』のときが衝撃的で。（企画時に）「本当にこういうテーマで大丈夫か?」と思ったけど、ポスターの絵一枚ができた瞬間に、「あ！　大丈夫だ」って（笑）。そういう雰囲気を、あの絵一枚だけで感じさせるのはすごいなと。みんなそれまで信じてなかったのに。心の奥では……（笑）

どこかに吹っ飛ぶ構想

押井　宮さんって、「こういう映画作ろうと思うんだけど」とか、最初の企画段階では、いろいろヤバいことを考えてるじゃない？

鈴木　そう。

押井　「そんなことやっていいんですか？」って。で、出来上がってみると……

鈴木　収まるところに収まるんだよねえ。

押井　あのバランス感覚って……

鈴木　だから、バランスの人なのよ。『（となりの）トトロ』だってね、一番最初にぼくが聞いた話では、「かつて、〝トトロ族〟っていうのがいた」と。

一同　あはははは！（大爆笑）

押井　ははは……（涙をぬぐう）

川上　それ、全然……全然……（笑）

鈴木　それでね、太古の昔に、人間とトトロ族が戦うんですよ（笑）

川上　そんな殺伐とした話だったんですね？

鈴木　それで、人間のほうが優れてたのか、トトロ族、やっつけられちゃうわけ。その中に、生き残りがいたんですよ。それが、時代時代の中でヒョコッと顔を出す。あるときは「もののけ」と呼ばれたり、あるときは「お化け」と思われたり、そういう話だったんですよ。

石井　すごいなあ……

川上　全然違いますね（笑）

押井　最初考えるときは、わりと壮大なところから始まる。

鈴木　夢が広がっていくんだよ。

押井　で、いざ作り始めると、キャラクターの周りだけになっちゃうんだよ。

鈴木　それでね、「現代においては、所沢にトトロ族の末裔がヒョコッと顔を出した、っていう話なんだ」と言い出すわけですよ。ぼく、「トトロ族と人間の戦いは、いったいどこに行ったの？」と……

一同　あははは（笑）

鈴木　その「トトロ族と人間の戦い」を、宮さんは絵にしてるのよ。イメージボードの中にある。

川上　それを聞くと、本来の『トトロ』は、むしろ『（平成狸合戦）ぽんぽこ』に近いってことですよね？

鈴木　「人間に滅ぼされたものたち」なんですよ、トトロ族というのは。宮さんて、その一点だけを捉えると、ちょっと押井さんと同じことを考えてるのよ。

押井　実は、わりと似てたりするんだよ。でも、やってることは全然違う。

鈴木　で、いざとなると、「裏切り御免！　さよならー」っていう人だから（笑）

押井　あっさりと。「ちょっと、そこおいといて」と（笑）

鈴木　そう！（笑）

押井　あれって、何なんだろうな……

鈴木　『千と千尋（の神隠し）』のときだって――石井、覚えてない？――さんざんっぱら千尋の話、つまり、彼女がどういう子なのかを延々としゃべっていた。それがさ、（本編では）冒頭の5分で終わっちゃうんだもん。

石井　湯婆婆のあとに、二人ぐらい強い婆婆がいましたもんね、最初。それと戦う話だったんですよね。

鈴木　銭婆って出てくるじゃない？　宮さん、一所懸命キャラクター案を描いてたの、内緒で。

石井　金婆婆もいましたよね。

鈴木　内緒でキャラクター描いてて、「うまくいかないから双子にしよう」って。

一同　あははは！（爆笑）

押井　ははは（手を打つ）

鈴木　ここがね、宮さんのすごいとこなのよ。

川上　ああ、キャラクターを作れなかったから、やむなく双子になったんですね？（笑）

鈴木　そう！　あれ、すごいですよね。だって普通できないもん、そんなこと。

押井　ああいう思考回路ってさ、どうなってるんだろう？

鈴木　わかんない……でも、行き詰まると、パッとつじつまを合わせるよね。

それで言ったら、『紅の豚』で、ジーナのお店に写真が飾ってあるの覚えてます？　昔、オーストリア＝ハンガリー帝国は中央ヨーロッパにある一つの国で、いろんな若者が集まって、飛行機クラブを作っていた。ところが、戦争の波が押し寄せてきて、イタリアとハンガリーに分かれ、友だち同士が敵対しなきゃいけなくなった。そういう前提があって、ジーナは時代に翻弄されて、この人と結婚しては戦死、この人と結婚しては戦死……。だから、ジーナがポルコに言う「あなただけになっちゃったわね」ってセリフが出てくるわけ。でもねえ、そんなこといきなり言われたって、わかんないですよ！（一同笑）

川上 えぇー……？ そういう話なんですか、あれ？

鈴木 そう！（笑）

押井 （劇中で）なんにも説明してないんだもん。

川上 ちょっと待って下さい！ いや、それね……「みんな死んじゃった」くらいは想像できるんですけど、ジーナは、その人たち全員と結婚してたんですか？

鈴木 そう（笑）。で、あの映画を担当していた徳山（雅也）さんていう宣伝プロデューサーがね——この人、見た目は荒っぽそうな男なんだけど、心は純な人でね——「三回も結婚をした女を、おれはヒロインとして認めない」とか、わけのわからないこと言ってたんですよ（笑）

川上 でも、そうなると、だいぶ意味あいが変わってくるじゃないですか。ようするに、主人公（ポルコ）は、その中で最も結婚する優先順位が低かった、つまり、ジーナが相手にしてなかった男だけが生き残った……という話なんですね？

鈴木 そう！ そういうことなんですよ。宮さんの中には、常にそういう設定がある。

押井 ……

鈴木 だからここでも、元のオーストリア＝ハンガリー帝国の話が、どっかに吹っ飛んじゃってる（笑）。あれ、ちゃんと追求していけば、本当は面白いんですよ。

押井 そっちのほうが面白いと思うけどね。

鈴木 「なんでそれ、ちゃんとやらないのかな？」って、ぼくはいつも思うの。やって、多少史実に反してたって問題ないでしょ。そういうところ、宮さんて、面白いですよねえ。

押井 観てる間はさ、なんとなく、「ああ、そうか」と思っちゃうじゃん。

鈴木 そうそう！

押井 だけどさ、あとで「あれっ？」て。考えてみたら絶対変じゃんって。

鈴木 （構想が）どっかに吹っ飛んで行っちゃうんだよね……なぜなんだろうな、あれ？

押井　そのときそのときの自分の思考に、逆に支配されているのかな？

鈴木　まあねえ……いろんな事情があるんだろうけど。

押井　脈絡がどうなってるのか、全然わからないよね。

「二馬力」居候の日々

鈴木　押井さん、（ヒエロニムス・）ボッシュの絵を一緒に見に行ったの覚えてる？

　宮さん、一枚の絵が気に入って。その絵に、お城のうしろのほうで燃えている火がある。おれ、『ハウルの動く城』で、あそこを切りとって、映画の中で描いたらどうだろうと思った。「戦火の中をハウルの動く城が走りまわる。そういう映画が観たいですよね？」って宮さんに言うと、「そうだねえ」って（笑）。これ、いいシーンになったはずなんですよ。頭の中でイメージが浮かぶでしょ？　ハウルの動く城が、業火の中を走り回るという。

川上　戦争の業火が、あんなかわいいカルシファーになっちゃったんですか？

鈴木　いや、カルシファーじゃないんですけどね。で、『ハウル』の制作が進んで、「そろそろ、そのシーンですね」と宮さんに言ったら、「いや、やりたいけどさ。鈴木さん、時間がないんだよ」って（一同笑）

押井　その前に、よけいなことといっぱいやってるからじゃん！（笑）

鈴木　それで、ジブリのぼくの部屋に、ねじ回しで動くおもちゃが置いてあったんですよ。「鈴木さん、これもらっていいかな？　ちょっと使いたいことがある」って、持っていっちゃった。それが、絵コンテに登場するんですよ。何かというと、ハウルの動く城のいろんな部分が全部吹っ飛んじゃって、躯体（くたい）しか残らない。それが戦火の中を動き回る、っていう設定に変わった。「こうすれば描けるから」って（笑）

川上　ようするに、あの城が吹っ飛ぶのは、「描くのが楽だから」というだけのために、ああなったんですね？

鈴木　そうそうそう！（笑）「動かす身にもなれよ！」って、宮さん、怒ってたんですよ。

＊

鈴木　押井さん、いっとき、宮さんの事務所（二馬力）に居候してたもんね。

川上　居候って、何ですか？

押井　行くところがなくて。スタジオぴえろを辞めてフリーになったのはいいけど、仕事場がない。「自宅だとつい遊んじゃうんで」って話をしたら、「じゃあ、うちにおいでよ」って。

鈴木　ぼく、宮さんに押井さんを紹介して、「居場所がないから、ちょっとここで」って。「下男」として……

押井　下男じゃない！（一同笑）

　ちょうどあのとき、二人とも、「アニメージュ」に載せる漫画をやってたんだよ。机を並べて、宮さんは「ナウシカ」を描いて、私は私で、敏ちゃんが担当の「とどのつまり…」（の原作）を一所懸命やってたわけ。で、とにかく、しゃべりかけてくるから、全然仕事にならないんだよ！（笑）ずーっと、しゃべってるんだから。途中で飯を食って、またしゃべり始めてさ。

鈴木　「ちょっと散歩に行こうか」とかね（笑）

押井　半年以上いた気がするけど。

鈴木　もっといたんじゃない？

押井　一年ぐらいいたかな。

鈴木　で、ボッシュの絵も一緒に見に行った。

押井　いろんな人間が（事務所に）出たり入ったりするから、仕事なんか全然できやしないよ。

鈴木　でも、あの絵を見に行ったの、楽しかったよね。

押井　あのころが、一番面白かったといえば面白かった。

鈴木　うん、うん。

小さな、小さな世界

鈴木　（石井氏に）大変だったよね、今回。おれが『ガルム』に関わったっていうと……

石井　そうなんですよ。宮﨑さん、嫉妬したんですよ（笑）

押井　機嫌、悪いの？

鈴木　「機嫌悪い」なんてものじゃないよね。

石井　「鈴木さんは、まだ（『ガルム』を）やるとは決めていない」

押井　……（苦笑）

鈴木　だから、おれ、内緒でやらなきゃいけないんだよね（笑）。大変なのよ！　大変なんだよ、本当に！

押井　小学生じゃん。

鈴木　で、「鈴木さん！」て言うから、「何すか？」って答えたら、「ちゃんとした映画をやるべきだよ！」

一同　あはははは！（爆笑）

川上　あーっ、なんかもう……

鈴木　『イノセンス』のときも、大変だったよねぇ。今だから言うけれど。

押井　何がどう大変だったのよ？

鈴木　まあこれは、ぼく、そこへ誘導したっていうのもあるんだけど、宮さんから言われたんですよ。「押井さんも大変だろうから、鈴木さん、『イノセンス』手伝ってあげなよ」って。ぼくはね、甘い言葉、誘惑がこわいから、「そうですかね？　でも大変ですからね」「いや、そう言わないでさ。手伝ってあげなよ」って。で、手伝い始めるでしょ。そのとたん、「何やってんだ、鈴木さんは！」……（笑）

押井　あのころ、毎週、ジブリに会議に行ってたじゃん。会議が終わったら、速攻で帰ることにしてたんですよ。宮さんに会いたくないから。敏ちゃん、何とか私を引き留めようとしてたじゃない？

鈴木　宮さんが、相手してくれないんだもん。ぼくは一所懸命やってるのに。今回もすごかったよね？『ガルム』のこと、目の敵にしてたよね（笑）

川上　なんか、思うんですけど……よく〝世界系〟のお話とかで、主人公がすごくプライベートなことをやってるのに（結果として）世界を救うパターンって、さっきも批判されてたじゃないですか。でも、世界を救うっていう規模じゃないけど、少なくともジブリの中での「大きな方向性」って、ものすごい小さいところで決まってますよね？構造としては同じじゃないですか（笑）。ほぼ、意思決定がそれで決まっていますよね？

鈴木　まあね。……まあ、そうです（笑）

ヨーロッパ珍道中

石井　ネットで話題になったという写真、出ますかね？

（2ショット写真が画面に映る。＝図版参照）

川上　……何ですか、これ？（笑）

押井　イギリスとアイルランドに行ったときの写真。

石井　このとき、宮﨑さんも一緒だったんですね？

押井　一緒だよ。

上＝英国とアイルランド旅行中の、鈴木敏夫・押井守の両氏（1988 年）。
下＝同旅行中、宮﨑駿監督をまじえて。

川上　昔の鈴木さんって、ルパンっぽいですよね？

鈴木　ぼく、〝ルパン三世〟って言われてたんですよ（笑）

押井　ロンドンブリッジに行ったときにさ、夜、宮さんと三人で散歩に行ったの。敏ちゃんが、橋を渡ってタバコを吸っていたら、宮さんが話しかけてきて、「押井さん、見て下さいよ、あのガニ股。脚のあいだからロンドン塔が見えますよ」（一同笑）。「まるっきりルパンですよね」って。今思えば、無邪気といえば無邪気だったけど……若かったね、みんな。

鈴木　若いよ。

押井　何年前だろう、30年くらい前？

鈴木　80年代のどこかだよね。（注・１９８８年）

押井　『トトロ』のあとでしょ？

＊

押井　最初は、ラグビーを観に行こうって話だった。

鈴木　なんだっけ、あの街は？　ラクビー発祥の地。

押井　ウェールズの……

鈴木　そう。そこのラグビーを観に、みんなで行った。ぼく、そのラグビー場が忘れられない。お客がぎっしり、ぎゅう詰めで、通路がないんですよ。おしっこをどうしようって周りを見たら、みんな、その場でするんだよね（笑）

押井　あれ、びっくりした。おしっこがこっちに流れてくるのよ。

鈴木　びっくりしたよね！

川上　……い、嫌すぎる！

押井　突然、人垣がワーッと割れて、ジャバジャバやってる。

鈴木　みんな、ここでおしっこしなきゃいけないんだなと。

押井　縮み上がったよ。巨人の国じゃない。みんなでかいんだよ。１８０センチが当たり前の国だもん。

鈴木　おしっこの量も半端じゃないのよ。

押井　馬みたいだった。ラグビー観るどころじゃなくてさ。

川上　嫌すぎますよ。

妖しきロンドン郊外の一夜

鈴木　ロンドン郊外の連れ込み宿にも行ったね。

川上　連れ込み宿って？

押井　「秘密の花園」でしょ？

鈴木　泊まるところがなくなっちゃって、ガイドさんが見つけてきたのが、いわゆるラブホテル。そこに、男が何人も泊まることになったわけ。

石井 宮﨑さんもいたんですか?

鈴木 そう。宮さん、押井さん、おれと、「アニメージュ」編集部の亀山(修)の4人。で、その亀山が、赤い照明に照らされたダブルベッドを見て興奮して、いきなり押井さんを押し倒したんですよ(笑)。いやがる押井さんを羽交い締めにして、おっぱいを一所懸命さわってたよね。押井さんが「やめろ! やめろ!」って言ったら、亀山が「そのうちに気持ちよくなるから我慢しろ」って(笑)。押井さんって、可愛かったんだよ。さっきの写真見ると、そう思うでしょ?

石井 美少年ですよね?

鈴木 美少年とは言わないけど、可愛かったんだよ。

押井 あれは、ロンドンの社長族が秘書を連れて週末に来るところなんだよ。全部ピンクでさ。本物のメイドが、並んで客を待ってる。「あ、本物のメイドだ!」って。水道の蛇口とかドアのノブが、全部、金メッキでさ。天蓋付きのベッドで。

鈴木 そう。あれは印象的だった。

押井 宮さんと寝たんだよ。ステテコでさ(笑)

鈴木 大変だったのよ、もう!(笑)

押井 朝、目が覚めたら、異様な雰囲気だったよ。

川上 それは、一晩だけ?

鈴木 一晩だけ。

押井 日本人の男が4人連れで転がり込んだから、みんな面白がっちゃってさ。

鈴木 おじさんばかりで、何話してるんだろう、と(笑)

廃墟にて

押井 あの旅行では、いろいろあったよ。アイルランドのアラン島に行ったとき、宮さん、例によって廃墟の中に入り込んじゃってさ。「憑いてきた」って。

鈴木 知ってるよ。もう、大変よ。

石井 憑いてきたって、幽霊的なものが?

押井 そう。宮さん、すぐ「連れてくる」んだよ。

鈴木 連れてくるっていうか、まだ来ないうちから「来てる」って言うんだよ(笑)

押井 そのラブホテルでも、夜中にみんな起きて、大騒ぎをやらかして……。私はベッドに入ると、3分以内に必ず寝ちゃう人間だから、「なんか騒いでるな」と2、3分思って、そのまま寝ちゃったけど。

鈴木 おれと宮さんが、同じ部屋だった。真夜中に、いきなり宮さんが、電気を全部つけるんだよ。「なんだ⁉」って起きると、「起きてたんですか、鈴木さんも？」って。自分が起こしたくせにね！（一同爆笑）

石井 幽霊がいるって言ってたんですか？

押井 朝まで騒いでたみたいよ。

鈴木 騒いでた。大変だったのよ。

押井 ベッドが湿っぽかったよね。たしかに「出そうな場所」ではあった。

鈴木 まあね。でも、アイルランドのケルト探訪は、素晴らしかったんですよ。

押井 あれには、とても感謝してる。珍しく。あの旅行がなかったら、一生行かなかったよね。

鈴木 押井さん、もう1回行くんだもんね？

押井 あのあと、3回ぐらい行ってる。アラン島の遺跡が、すごいインパクトがあったから。

鈴木 アラン島って、もともと岩だらけの島。いわゆる「土」がない。「こんなところに、なんで人が住んでるんだろう？」っていうところ。岩だらけのところに、砂と海藻を絡めて土を作って、その土でジャガイモを作って育てるんですよ。のちにジャガイモの名産地になるんだけど。

川上 生きていけなさそうなところですね。

鈴木 すごい土地なんですよ。

川上 ジャガイモって、コロンブスのあとの時代に入ってきたもので、その前は、本当に食べるものがなかったということですね。

押井 ジャガイモが入って、アイルランドの人口が3、4倍に膨れ上がったらしい。

鈴木 アラン島は、アランセーター発祥の地で、当時で人口８００人とか９００人くらいの島。で、ある年齢になると、みんなロンドンとかに出て行っちゃう。何とも言えない島でね、本当に印象深い。

押井 今は、普通に観光地になってる。

鈴木 えっ？ なんで⁉

押井 なんでって、そうなってるんだよ！ 当時は、たしか民宿しかなかったじゃない？ 今はホテルもある。

鈴木 ウソだ……

押井 ほんとだってば！ あのあと、3回ぐらい行ってるんだから。ケルトの砦があったじゃない、断崖絶壁のところに。あそこ、昔は何もなかったのに、ネットが張ってあったのでびっくりした。

鈴木　崖を覗きに行ったじゃない、あそこで。

押井　そうそう。

鈴木　歴史的にいうと、何とかっていう戦いの場で、大変なところだったんですよ。

川上　そこは、遺跡なんですか？

鈴木　4、5世紀のいろんな遺跡が、崩れたままほったらかしになってたんですよ。昔の教会とか、すごかった。そこで宮さんがまた、「あっ、（霊が）来た！」って。それはよく覚えているんですよ。

押井　セブン・チャーチズ（5世紀ごろの複合遺跡）ってやつだよね。

鈴木　そこに行ったのが、のちの作品に影響が出ちゃって。

川上　よくわからないんですが……ケルトの民族衣裳や音楽はありますけど、ケルトの人は生きてるんですか？

鈴木　うーん、だから……イギリスが支配した国の中で、アイルランドと、イギリス本土のウェールズと、スコットランドに、ケルトの人の生き残りがいる。C・W・ニコルさんもそうですよね。あの人はウェールズの出身だから。で、ケルトのものの考えかたと、日本人の考えかたが、ちょっと似てるんですよね。

川上　じゃあ、（民族も）残ってはいるんですね？

鈴木　残ってる。ケルト語っていうのが、まだ生きているんですよ。

押井　アイルランドで使われてるのは「ゲール語」っていうんだけど、発音から何から、英語と全然違うんですよ。イギリス人が聞いても、全然わからない。

川上　「ドルイド僧」とか……

押井　「ドルイド僧」っていうのは、ケルトの坊さんで、宗教的権威なんだけど。

鈴木　ポルトガルと、スペインの北のほうと、フランスのブルターニュ、そこらへんがケルトの文化圏。

押井　「大陸ケルト」と「島ケルト」と二つあって。フランスのブルターニュも、かつてのケルト文化圏。キリスト教が入る前のね。

鈴木　ケルト時代のお墓が、面白かったんですよ。いわゆるキリスト教のお墓と違ってて。そこにキリスト教が押し寄せてくるわけ。

押井　キリスト教が、ケルトの文化の上に乗っかっちゃった。で、ケルトの古い神々とかが悪魔になっちゃうわけ。
川上　日本での、「国津神（くにつかみ）」みたいなもんですかね。
鈴木　だって、ファンタジーのもとは、全部ケルトですよ。児童文学のもとになるものも。
押井　もともと「妖精」って、ケルトのものなんで、土地についてる。あと、「あの世」という概念があった。ケルトでは、あの世とこの世がくっついてる。そういう、日本人的なところがあるんですよ。
鈴木　「森と妖精の国」ですよ。
川上　日本と、ほんとに似てますね。
鈴木　あそこは、ユーラシア大陸の西の果てでしょ。日本は東の果て。なぜかそこに、共通のものがある。で、押井さんもそうだけど、宮さんの中にも、そういうものに惹かれてるところがある……ということだよね。
押井　宮さんも、けっこう興奮してたもんね。
鈴木　ほんとに、観光地化されたの？
押井　そう。残念ながら。
鈴木　川上さんに勧めようと思ってたのに……
押井　今、普通に行けるよ。
鈴木　つまんないじゃん！
押井　つまんないっていうか……
鈴木　アイルランドのゴールウェイという港町から、８人乗りくらいの小さな飛行機に乗って。途中で、操縦士が聞いてきたんですよ。「島に着いたら、車はほしいのか？」と。「先に頼んでおかないと」とか言われて。で、こっちも、「民宿まで車で行きたいよね」と。夜、島に着いて待っていたら、車が来たんですけど、よーく見たら、その操縦士が単に運転してただけなの（一同爆笑）。あれは忘れられない。ようするに、一人で全部やってるんだよ。
押井　滑走路がものすごく短いんだよ。副操縦士席に座ってたんだけど、着陸態勢になって滑走路を見たら、長さが極端に足りないわけ。最初に接地するとこだけは、いちおう舗装されてるんだけど、あとは、草っぱらをゴロゴロゴロゴロ走る。……すごいところだなあと。犬がワンワン吠えて追っかけてきてさ。
川上　飛行機を、犬が追いかけてくるんですか？　すごくのどかですね。
押井　プレハブみたいな変な小屋が一軒あるだけで、そこがいわゆる「空港」なんですよ。

鈴木　島一周がすごく短かったよね？

押井　歩いて、2時間もかからないでしょ。夜、パブに飲みに行くのが、歩いて40～50分くらい。ぼくは、めんどくさいから行かなかったんだけど。

鈴木　あれ、行かなかったんだっけ？　6月ごろで白夜だから、夜の11時になってもまだ明るい。タクシーもないから、民宿まで歩いて帰らなきゃいけない。そしたら民宿の上に、カラスがワーッと飛び立って、それを見た宮さんが感動して。そのまんま『魔女の宅急便』に出てくるんですよ。

押井　ベロンベロンに酔っぱらった亀さんが、私の部屋になだれ込んできた（笑）。「うっせーな、このオヤジ！」って思ったよ。

鈴木　亀山っていうのは、押井さんのことが好きだったんですよ。

押井　何言ってんだよ！　敏ちゃんだって、さんざんしがみつかれてたじゃない。

鈴木　でもね、押井さんには負けるの（笑）

石井　宮﨑さんはそれを、どんな顔して見てるんですか？

鈴木　ニコニコしながら（笑）

押井　今思うと、おっさん4人で、よくあんな旅行に行ったよね。

鈴木　そうそう。あれ、いくつぐらい？

押井　よく覚えていないけど、たぶん30代……

鈴木　30いくつだよね。宮さんだって40代。きっかけは押井さんなの。『アラン』っていうドキュメンタリー映画があるんだって。

押井　あれ、宮さんが言い出したんだよ。「ここに行きましょう」って。前にも話したじゃん。

鈴木　おれ、押井さんだとばかり思ってた。

押井　宮さんがそういう話をして、私がビデオを探し出してきて、みんなで観たんだよ。

鈴木　そうだ。みんなで観たのを覚えてる。

押井　宮さんが「昔、観たんだ」っていう記憶を語ったわけ。

鈴木　ああ、そっか、そういうことね。

押井　ハンマーで岩を砕いて、畑を作るシーンとかさ。ああいう機会がなかったら、一生行ってなかったね。

鈴木　で、押井さんも取り憑かれて。

石井　『ガルム・ウォーズ』は、完全にその影響下にありますよね。

押井　完璧にそう。岩と、強風。

鈴木　押井さんの元ネタって、あそこだけだよね？（笑）
石井　『スカイ・クロラ』もそうですもんね。
鈴木　やっぱりね、近代を作ったキリスト教文化に、ひどいめに遭わされた地域でしょ。押井さん、そういうのが好きなんですよ。すぐ、「滅びゆく何々」とか……バカじゃないかなって思う（笑）

憧れのストーンヘンジ

押井　あそこ（アラン島）だけっていうけど、ストーンヘンジ（＊8）も見に行ったじゃない。そっちは英国。
鈴木　ストーンヘンジもね、今回の映画にまた出てきたけど（笑）、もうすでに観光地化されていたよね。押井さんはひとりだけ興奮して、一所懸命見てるんだもん。みんなで、「よくあんなの見るなあ」って言ってたんだよ。
押井　ストーンヘンジを見に行くのが、ずっと願望としてあった。古代遺跡みたいなのが好きなのよ。でも、行ったら、小学生の女の子たちがワラワラ走り回ってて、羊のウンコだらけでさ。
鈴木　ちょっと、あれはねえ……
押井　遠くに見えてきたときは、ほんとに感動した。
鈴木　遠目にはかっこ良かったけど、近くで見たら……「ここから先は入っちゃいけない」とかね。
押井　小学生が社会見学に来てて。
鈴木　まあ、そういうバカなことをして遊んでたんですよ。
押井　行ってる間じゅうはうんざりしてて、「なんでこんなおっさんたちと旅行してるんだろう？」って思ってた。
鈴木　亀ちゃんが、こんなでっかいカバン持ってきたんだけど、開けたら、パンツしか入ってない。で、みんながお腹をこわしてパンツが足りなくなって、「パンツを貸してくれ」って頼むと、「やだ」って（笑）。しょうがないから、亀ちゃんと二人でパンツを買いに行ったのよ。
押井　サイズ合わないんじゃない？　巨人の国だし。
鈴木　店で、女ものを出されたりして、大変だったのよ。拙い英語でやりとりするから。
押井　どっかの町のレストランで食事して、敏ちゃん、間違えて酒飲んじゃったじゃん。
石井　鈴木さんは、お酒飲めないですよね？
押井　エビのカクテルに、ウオッカが入っていたんだよね。
鈴木　そう。おいしくて、一気に全部飲んじゃったら、手が動かなくなって（笑）。ああいうとき、宮さんて、いい人だったたね。おれのこと抱きかかえて、ホテルのベッドまで運んでくれた。

押井　それは私です！（一同爆笑）

鈴木　え、ほんと……？　ありがとうございました！　それで亀山がね、おれの食べてた料理を全部食っちゃったんだよね。

押井　「敏ちゃん、大丈夫？」とか言いながら、料理を自分の皿に移し取ってた。宮さんはそれを見て、怒ってた。「日本人の恥だ！」って。しょうがないから、敏ちゃんをホテルまで担いでいって、看病してレストランに戻ったら、まだ怒ってたもん（笑）

石井　青春ですね……

押井　ひと通りのことはあった。まあ、珍道中だよね。でも、いいものをいっぱい見せてもらった。

鈴木　あの旅は、収穫が多かったよね。

写真を撮るな

石井　宮﨑さんが、写真撮ると怒ったというのも、このときですか？

鈴木　そう。さっきのカラスが飛び立つところも、おれが写真に撮ろうとしたら怒るし、もう、いろいろ怒ったのよ。

押井　しょっちゅう怒ってたよね。

川上　なんで、写真撮ると怒るんですか？

鈴木　その風景を、自分の眼に焼きつけたいんですよ。写真を撮ると、カチッて音がするでしょ。そうすると、集中力が途切れるから。

川上　写真を撮ることじゃなくて、シャッター音に怒ってるんですか？

鈴木　そう。アラン島で泊まった民宿が、『魔女の宅急便』で、キキがジジの人形を届ける家のモデル。日本に帰って、『魔女の宅急便』をやらなきゃいけなかったから、宮さん、それを思い出しながら描くんですよ。で、いきなりぼくのところに来て、「鈴木さん、あのとき写真撮ってたよね。ちょっと見せてよ」って。

川上　見るんですか（笑）

鈴木　見て、「あっ、そうかあ。ここはこうなってたんだ」って。でも、ほとんど記憶してるんですよ。屋根は何形式とか、窓は何形式とか、全部覚えてた。部屋の間どりも全部記憶に入っていたし、「この人、映像的記憶力がすごいんだな」と思いましたね。

押井　脳に、風景をそのまま転写しちゃうんだよね。あれはね、なるほどと思ったんだよ。あれ以来、私もロケハンに行くとき、カメラをいっさい持っていかないもん。一緒に行くカメラマンにバシャバシャ山ほど撮ってもらい、帰ってから見る。

鈴木　宮さんも、おれにはね、「おれにわからないように写真撮っておいて」って頼むの（笑）

押井　建物といえば、貴族が住んでた家とかも見に行ったじゃない？

鈴木　覚えてない……

押井　そっちは、『スカイ・クロラ』で、男の子たちが住んでいるパイロットの宿舎に使った。

引用映えする言葉

石井　今、視聴者が60万人を超えたそうです。

鈴木　え？　そんなに観てくれてるんだ。

押井　こんなバカ話ばかりやっていていいわけ？

鈴木　話をもとに戻して、いずまいを正しましょう。

あれっ⁉　押井さん、〈ガルム、良かったですよ〉っていうコメントが。なかなかそういう人いないもんね（笑）

川上　なに言ってるんですか！（笑）

石井　押井さんに質問したい人がいたら、コメントを書いて下さい。

では、『ガルム・ウォーズ』に話を戻すと——押井さんは、なぜ今、ＳＦをやろうとしたんですか？

押井　私が作ってきたものは、全部ＳＦだから。普通の日常とかって、映画でやったこと一回もないよ。

鈴木　さしさわりがあるだろうから、しゃべろうか悩んでたんだけど……押井さんて、ゴーギャンが好きなの？

押井　ゴーギャン？　普通に好きだけど。

鈴木　『ガルム』のラストシーンの、じいさんが死ぬところって、それだよね？

押井　知らない。

鈴木　ウソ？

押井　ほんとだってば！

鈴木　ゴーギャンっていう人はね、いろいろあったんですけど、世間に受け入れられず、タヒチで晩年を過ごしたんですね。最後に描いた一枚の大作がある。《我々はどこから来たのか、我々は何者か、我々はどこへ行くのか》っていうタイトルの絵なんですよ。

川上　ＮＨＫの本の題名とかで、いっぱい出てきそうなやつですね。元ネタはそれなんですか？

鈴木　そう。ゴーギャンは、タヒチで描いた40点ほどの絵を持ってパリに戻って、個展を開く。それがほとんど無視されて、しかたなく、もう一回タヒチに戻る。お金もない。その絵は、既成の画材に描いていないんですよ。こんなにでっかい布（粗製麻布）に描いた。それで、そういうタイトルをつけて、死んでいった。その絵が、押井さんの今度の映画で、そのままレイアウトされてるように思った。

石井　押井さん、心当たりがあるんですか？

押井　ないね、別に。

鈴木　え、偶然……？　じゃ、言わなきゃよかった。

石井　もういちど観て、確かめてみたいですね。

押井　たぶん、絵を見たことはあるとは思うけど……

川上　でも、なんか、『パトレイバー』劇場版（第1作）でも引用されてましたね、みたいな……（一同笑）

押井　セリフとしては、何度も引用してる。

鈴木　あれ、いい言葉なのよ。

押井　だって、有名だもん。

鈴木　関係ないけど、白土三平の「忍者武芸帳」（＊9）のセリフもそれなのかね？

押井　あー、あったね、そういうの。「われらは遠くから来た」ってやつでしょ？

鈴木　そう。主人公の影丸が言う言葉。「そして、遠くまで行くのだ」と。

押井　あれも、たしか、出典があるんですよ。誰かは忘れちゃったけど。

鈴木　誰？　ゴーギャンだとばかり思っていた。

押井　ゴーギャンは、それを引用しただけだと思うよ。

鈴木　いい言葉でしょ？　「我々はどこから来たのか、我々は何者か、我々はどこへ行くのか」。今回の映画の内容も、まさにそうじゃない。

押井　『パトレイバー』でも使ったよ。

鈴木　そうなんだけど、今回の映画は、（メインのテーマとして）それをやろうとしたんでしょ？

押井　まさにそれ。

石井　テーマはそうですよね。

鈴木　なんだ、そのまま真似したのかと思ったのに……。「くどいな」と思ってたの。絵のレイアウトをそのまま使って、「苦労したんだろうな」って（笑）

石井　潜在的に、そう作っちゃったのかもしれませんね。

押井　あれはさ、どちらかというと、（マティアス・）グリューネヴァルトっていうドイツの宗教画の大家がいるんだけど、「キリストの磔刑」（《イーゼンハイム祭壇画》）という有名な絵があって、それはちょっと参考にした。

鈴木　ゴーギャンもね、キリストに相当する人を、すごい絵で描いているわけ。それかなって思ってた。

押井　世が世なら、（画家は）火あぶりにされてますよ。

鈴木　そうだよねえ。そういうやつなのよ。

ジブリ〝最高傑作〟？

石井　ジブリの新作のコピーも、そういうのですもんね？

鈴木　そう。だから、言い出しづらかったんだよ。

川上　『レッドタートル（ある島の物語）』（16）。

石井　押井さん、知ってます？　ジブリの最新作。

押井　カンヌ映画祭のニュースで、2カットぐらい観た。とっさに思ったのは、たぶん、ジブリの最高傑作になるかもしれないと（笑）

鈴木　……！（扇子でテーブルを叩く）

石井　それ、悪意があります（笑）

押井　良さそうな匂いがした。

鈴木　最高かどうかはともかく、向こうで観た記者の感想の中で、「生涯、自分の中に残る映画です」っていうのが、一人や二人じゃなかった。それぐらいインパクトを与えたみたいです。

押井　これ、何年ぐらいかかったの？

鈴木　監督に声をかけたときから10年だけど、実際の制作はそんなにかかってない。でも、ホン作りは時間かかった。

押井 どこで（監督を）見つけたの？

鈴木 短編を観たの。『Father and Daughter（岸辺のふたり）』（00）っていう作品があって。ある女性の一生を、たった8分間で描ききっていたのよ。それに感動して、「この人、こういうもの作らせたらすごいな」と思って。今度の作品は、男の一生を描いた映画です。でも、押井さん、すごいこと言うね。

押井 なにが？

鈴木 たしかに、今までのジブリ作品に負けず劣らず、勝るとも劣らない、そういう作品ですよ。

押井 とっさに思い浮かんだの。もしコメントを求められたら、そう答えようと思って。

石井 〝スタジオジブリ最高傑作〟。

一同 あはははは！

鈴木 憎ったらしいな、もう……（笑）

押井 宮さんが気に入って、ジブリが配給した、戦闘機の映画があるじゃん（チェコ＝英合作『ダーク・ブルー』01）。あれ観たとき、ひどい映画だなって思ったからさ。出てくるスピットファイアーが良かっただけで。

鈴木 ま、それはおいといて。今度のは、こっちで主導権を握って作った映画だから。

押井 そういう話を伝え聞いて、「へえー」と思って。単に、洋画を買いつけただけかと思ってた。

鈴木 違う違う。作ったのよ。

川上 〈高畑（勲）さんとこの作品の関わりを教えてください〉というコメントが……

鈴木 マイケル・デュドク・ドゥ・ヴィット監督、この人はオランダ人で、短編の名手。あるときはディズニーで『ファンタジア2000』（99）のワンパートを作ったり、いろいろやってきた人なんだけど、基本的には短編の人。ぼくらが「長編を一本作ってくれませんか」と依頼したら、「自分は長編をやったことがない。誰かサゼッションを与えてくれる人がほしい」と。「ジブリの協力が得られるなら」というのが条件だったんですよ。

で、マイケルと親しい高畑さんにお願いした。だからといって高畑さんは、彼の作品をある方向に導くんじゃなくて、「あなたが作りたいものを実現するなら、こういうことをやったほうがいい」っていう助言を与えたんですよ。だから高畑さん、ずいぶん彼と関わりました。

いい映画なんですよ！

押井　そういう匂いがした。

鈴木　なかなかの映画なんですよ。……『ガルム』よりは面白いね。

押井　（苦笑）

石井　仕返しが……

押井　ジブリの最高傑作です。観なくてもわかる（一同笑）

鈴木　そういう憎らしいこと言うから、（世間に）誤解を与えるのよ、いろいろと！

川上　また「まとめサイト」に掲載されて炎上しちゃったり。

鈴木　そうだよ。もう！（笑）

押井　「観なくてもわかる」って、宮さんの得意なセリフだよ？（笑）

いつも応援している

川上　コメントが来ています。

〈ガルムの創造主は、ガルムと同じ姿をしているのでしょうか？　ガルムの何を妬んでいるのでしょうか？〉

石井　あ、これはかなり深いですね。

鈴木　これ、面白いね。質問がいいね。

押井　「ジェラス」っていう、嫉妬する神。昔から、なんとなく気に入ってる言葉だったの。引用といえば引用なんだけど。神の名前が意味するところが、ジェラス（嫉妬）なんだと。

石井　〈『ガルム』の男と女は、創造主の似姿でしょうか？〉

押井　たぶん。ものを作るときに自分の似姿にするっていうのは、一番ありそうな話じゃん。

鈴木　〈（LINE LIVEを）途中から観たので、押井さんの映画の宣伝して下さい〉だって。

押井　はい。「とてもいい映画です」……っていうわけじゃないんだよね（微笑）。観る人によっては、すごくいい映画だと思う。うん……

鈴木　あのねえ、本人が言うのはつらいだろうから、ぼくが言いますけど、押井さんは、今までごまんと映画を作ってきたけど、面白さでは今回がベストワンだよね。

石井　そうですね。

川上　とてもわかりやすい。

鈴木　今までのは、つまらないんだもん。

押井　褒めてんだか、けなしてんだか、どっちだよ！

鈴木　褒めてるじゃない。今回のは、ものすごくわかりやすい映画。

石井　川上さんも、一貫してそうおっしゃっていますよね。

鈴木　あるところでこういう言いかたをしたら、「ぜひ、それを宣伝で」って言われたんだけど……「押井守がナウシカを作ると、こうなる」

石井　ああ、そうですね！

押井　言っちゃえば、そう言うことだよね。うん。さすがに、宣伝がうまいね。

鈴木　だって本当のことだもん（笑）……でしょ？

押井　恥ずかしいくらいシンプルになっちゃったんですよ。

鈴木　恥ずかしいよねえ、あれ。

押井　今まで、こんなにストレートな映画は作ったことないよ。どこか、ひねったりするじゃん。

鈴木　性格がひねくれてるから。でも今回は、本当に素直な映画。

押井　なぜか、そうなっちゃったのよ。

石井　〈アニメーションは、まだやる予定はないですか？〉

押井　アニメの監督を辞めた気は毛頭ないので。ただ、誰もやらせてくれないだけ。

鈴木　〈興味わきました、観てみます〉だって。

こうやって、質問を見てると面白いね。

石井　岩井俊二監督も、アメリカで観てるらしいですよ。LINEが届きました。

鈴木　そうなんだ。――岩井さん、ごぶさたしてます。

押井　なに言ってんだよ！（苦笑）

石井　『ガルム』は、字幕版も公開しています。

鈴木　日本語版のほうが、面白いですからね！

押井　英語版も、ぜひ観てほしいんですけど。雰囲気は、そっちのほうがあると思う。

鈴木　実はね……英語版を、LINE LIVEで先に公開しちゃおうかと思ったんですよ。

押井　まあ別に、私は困らないけど。

鈴木　いや、劇場公開前に。でも残念ながら、映画業界のいろんなルールで。東宝さんの偉い人たちにも検討してもらったんですけど、「ノー」が出て……

押井　そりゃ、ダメでしょ！（笑）

鈴木　だって、スマホで観るわけでしょう？　どうせ最後までは観ない。そしたら、続きを観に、みんな映画館へ行ってくれるだろうと。

川上　途中で、電池が切れますからね。

鈴木　そう。それとね、スマホの小さな画面で字幕スーパーを読むのは大変なはず。そういうことも、ちょっと考えた上でね。

川上　ああ、英語版なら、字幕だから？

鈴木　そう。

押井　いろいろ考えるね……

鈴木　いろいろ考えたのよ。これでもね、押井さんの映画をいつも応援してるんですよ（笑）

わかってくれてるのかなあ……？

２０１６年５月30日（月）
東京・恵比寿「れんが屋」にて。
出席＝川上量生、
石井朋彦

第10章・注

＊1＝「幼年期の終わり」：アーサー・C・クラークによるSF小説の古典。52年発表。宇宙から来た生命体と、〝幼年期〟を終えて成長を促される地球人類の葛藤を描く。福島正実による邦訳が、64年に早川書房から刊行された。別邦題＝「地球幼年期の終わり」。

＊2＝狩猟仮説：人類学上の仮説の一つで、狩猟本能、戦闘性、暴力性などを踏まえて人間の進歩を考察するというもの。

＊3＝アーサー・C・クラーク：前述の「幼年期の終わり」、「宇宙のオデッセイ2001（2001年宇宙の旅）」などで知られる英国のSF作家。草創期のSFに、豊富な科学的知識と哲学的命題を持ち込んだ巨匠として、世界中で高く評価されている。08年逝去。

＊4＝『2001年宇宙の旅』の終盤、白い部屋で年老いたボーマン船長が食べているのは、ヨーロッパ風のフルコースで、スクランブルエッグにも見える黄色い料理は、ステーキの付け合わせのベイクドポテトである。

＊5＝シェイクスピアの「マクベス」には「人生は歩き回る影法師」という無常観に満ちたセリフがあり、ウディ・アレン監督作『恋のロンドン狂騒曲』（10）の中には「人生は無意味なから騒ぎ」の警句があり、鈴木敏夫の著書には「人生は単なる空騒ぎ—言葉の魔法—」（17）がある。

＊6＝『宇宙家族ロビンソン』：SFものやパニック大作で知られるアーウィン・アレンの製作による米・TVシリーズ（65－68）。宇宙を漂流する一家の物語で、可憐な次女役アンジェラ・カートライトがアイドル的人気を得た。

＊7＝スペキュレイティヴ・フィクション：現実とは異なる世界を仮定・推測して書かれたフィクションのことで、日本語では「思弁小説」と訳される。英語で「S・F」と略称された場合、サイエンス・フィクション（科学小説）と混同されることもある。

＊8＝ストーンヘンジ：イギリス南部・ソールズベリー近郊の台地にある紀元前の遺跡（世界文化遺産）。平たい巨石が円陣状に立ち並んでいることから、ストーンサークルとも呼ばれる。押井監督が敬うロマン・ポランスキー監督の『テス』（79）でロケ撮影され、押井作品にも、それを模した岩板群がしばしば登場する。

＊9＝「忍者武芸帳」：「カムイ伝」「サスケ」などと共に、白土三平の代表作と言われる大河忍者劇画（59－62）。「われらは遠くから来た。そして遠くまで行くのだ」は、主人公の〝影丸〟ら忍者の存在と宿命を表したキーワード。67年、大島渚監督が、原画（原稿）をそのまま接写し、リズミカルに編集するという大胆な手法で映画化した。

EXTRA

真・みかん対談

40余年をふりかえって

世界を覆うコロナ禍。鈴木・押井両氏の対談は途絶えたが、２０２１年、押井氏の単行本内の「往復書簡」（＊１）で、次のようなやりとりが交わされた。

鈴木「押井さんとは公開の場で何度も話した。誰か、それをまとめてくれないものか。通しで一度、読んでみたい」

押井「そんなに読みたいなら、編集者なんだからあんたが出しなさい」「コロナが落ち着いたらまた何処かで会いましょう」

そして、２０２３年10月。
本書のために、リアルに向き合っての対談が、７年半ぶりに実現。
長い交友の中、お互いに、どう敬い、諍い、赦しあってきたのか――
40余年を、心おきなく、ノン・ジャンルでふりかえっていただいた。

司会＝森 遊机（本書編集者）

鈴木　お久しぶりです。気がつけば、おれ、後期高齢者なんだよね。押井さんもそうじゃない？

押井　私は、まだ前期。

鈴木　ま、多少の歳の差はともかく、やっぱりお互いに敬意があるからね。こうして話していくと、皆さんにもわかってもらえると思いますけど（笑）

――お二人の交流は、指がまっ黄色になるまでみかんを食べながら、幾晩も徹夜で語りあってから、というのが伝説化しています。

今日は押井さんが、早稲（わせ）摘（づ）みのみかんを、ご自宅の熱海から持参して下さいました。

押井　これね、まだ3週間くらいは市場に出ない。（鈴木氏に）冷蔵庫に入れるなってば！　みかんがしおれるから。今朝、ばあさんが摘んできたやつなんだからさ。

――当時は、みかん以外に、夜食は食べなかったんですか？

鈴木　いやいや、そんな時間帯じゃない。仕事が終わって行くから、みかんだけ。

押井　深夜、勝手に押しかけてくるんだよ（苦笑）

――鈴木さんが副編集長時代の「アニメージュ」（81年11月号）で、押井さんが、TV『うる星やつら』の演出について、こう語っておられます。

「従来のギャグアニメのように、人間の感覚で見せるのではなく、人間と人間の関係で見せるギャグを作りたいですね。当人たちにしてみればまじめにしているふつうのことが、人と人とのちょっとしたすれちがいで、とてもコッケイに見えてしまうことがありますよね。そんなところを徹底して追求し、人間というものをとらえてみたいですね」――と。

鈴木　意欲はいいけど、それ……空振りなんだよね（笑）

――いえ、今のお二人の関係そのものに思えますが？　以来、そういう間柄が続くことを、この時点で押井さんは予言している……42年も前に。

押井　『うる星』を始めたとき、私は30歳。最初は編集部の女性が取材に来て、あるとき、副編の敏ちゃんが来た。

鈴木　最初は、スタジオぴえろで会ったんだよね。

――押井さんの第一印象は？

鈴木　かわいかったよ、あのころは。なんか、「こけし」みたいだった（笑）。髪も黒かったし。

――押井さんから見て、鈴木さんの印象は？

押井　汚かった、格好が。当時、「トップ屋」という言葉があって。昭和の週刊誌記者とかルポライターのことだけど、ショルダーバッグに丸めたスポーツ新聞を突っ込んでさ、よれよれのジャンパーを着て、当時でも20年くらいズレてる感じ（笑）。あとで、「アサ芸」（徳間書店「週刊アサヒ芸能」）出身だとわかったんだけどさ。

やたらタバコを吸って、ショートホープをカートンで持ち歩いてた。そこは宮さん（宮崎駿）と同じ。私もけっこう吸ってたから、別にいいんだけど。敏ちゃんは酒を飲まないから、お茶飲んでタバコ吸いながら、初対面から、けっこう長時間しゃべったような気がする。

とにかく、やたらとうち（自宅）に来るんですよ。夜中の12時過ぎに、いきなりピンポンピンポン鳴らして、ドアの外に立ってるわけ。みかんを2袋くらい両手にさげて。当時は貧乏で、普通のアパート住まいですよ。襖（ふすま）を外してひと間しかないから、朝までいられると、奥さんが全然寝られないわけ。

鈴木　違うよ。奥さんは、「みかんをいただいて、ほんとにどうも」って喜んでた。

押井　みかん、一人で全部食ってたんだからね！　朝、大量のみかんの皮と、タバコの吸い殻を残して帰るわけ。奥さん、怒ってたからね。「何、あの人？」って。

鈴木　いつも、歓待を受けていたんですよ。

押井　全部ウソ！　そうやって、すぐ捏造するからさ。

鈴木　最初は、環八と早稲田通りの交差点のところに住んでいたんだよね。

押井　そう。で、引っ越すたびに追跡してくるわけ。徳間書店（新橋）に行ってひと仕事終えると、「タクシー出しますから」って、自分も乗って来るんだよ。私がどこで降りるか確認しようとする。だから、はるか手前で降りて、わざと反対側に歩いたりして。あれ、絶対、ヤサ（住み家）を探ろうとしてるわけ（笑）。まさにトップ屋なんだよ。

鈴木　それ、違う。「家まで送っていく」と言ってるのに、「いや、ここでいい」って、むやみに降りようとしてたから、何かあるのかな？　と。

――その「対談」は、通算で10回は超えていますか？

鈴木　そんな程度じゃないよ。もっと、ずっと多い。なにしろ、毎週土曜日の夜だった。

押井　毎回、朝までしゃべってた。話題は、宮さんに関するグチか、半分以上は映画の話ばかりでね。

＊

鈴木　ところで押井さん、今、仕事やってるの？

押井　アニメをやってるよ。

鈴木　だって、石川（光久）さん、アニメにはもうお金出さないって言ってたじゃない？

押井　いや、石川のところ（Production I.G）じゃなくて。久しぶりに、別のスタジオで仕事をしてる。

鈴木　まだ、引退しないの？

押井　しないってば！

——そうした新作の一方で、近年、映画関連本をたくさん出しておられる。かたや鈴木さんも、「映画道楽」という最初の本（05年・ぴあ、12年・角川文庫）を読んで初めてお話ししたときに、ジブリアニメよりも、『バリー・リンドン』（75）、ヘイリー・ミルズ、荒木一郎の話とかが、とても貴重で面白くて。そのお二人が、みかんを食べつつ延々と映画話をしたというのは、すごく納得できるんです。

映画好きになった理由

押井　映画に関しては、世代的に、ほぼ同じものを観てきたんですよ。だけど、そのころの映画の話をする相手が、お互いにいないわけ。ヘイリー・ミルズだって、誰も知らないよ（笑）。それはまだしも、渡哲也主演の『無頼』シリーズ（68—69）とか、日活だの、東映だの、大映だのからフランスのヌーヴェル・ヴァーグまで、けっこう幅がある。それをオールラウンドで話せる人間って、なかなかいなかった。

——映画以外にも、山田太一さん脚本のTV『木下恵介アワー』とかの話を鈴木さんにうかがうと、当時の空気や評判まで教えてもらえるんですよ。

押井　敏ちゃんは、あのへんが好きなんだよね。基本的に、邦画の人間なんですよ。だから、話を聞いててイライラするときもある。私、邦画はあんまり好きじゃないんですよ。今でもそこの棚に、いっぱいソフトがあるじゃん。あれ、ほとんどやくざ映画だからね。大好きなんだから（笑）

私も学生のとき、やくざ映画ばっかり観てた時期があった。でも、そういう話をできる人って、周りにはほぼいない。そこは、二人とも同じなの。

鈴木　押井さんは、そもそも、なぜ映画が好きになったの？

押井　子供のころ、親父が連れてってくれたから。うちの親父は、私立探偵というか興信所をやっていて、依頼がないからヒマなんだけど、昼間ゴロゴロしてるとおふくろの機嫌が悪いわけ。洋装店をやって働いてたから。末っ子の私は、学年が低いから小学校から帰ってくるのが早いので、私を連れて映画館に行って、帰ると、ちょうど夕飯の時間。当時は大森（大田区）だけで8館もあったんですよ。

親父が連れて行くのは、チャンバラ映画、ギャング映画、あと、新東宝のちょっとエロくて妖しいやつ……（笑）。それで映画を観る習慣がついちゃった。中学と高校の途中までは全然観なかったの。柔道やってて、忙しくて。

高校に入って学生運動を始めて、ほとんど学校に行かなくなると、必然的にまた映画館通いになる。（ロマン・ポランスキーの『袋小路』（65）とか、アートシアター系の映画は、高校生になってから観た。ATGの会員だったんですよ。新宿文化や、その地下の蠍座（さそりざ）、池袋の文芸坐、渋谷の全線座とか、主に安い3番館で観まくってた。

――鈴木さんは、慶應大に入る前、高校までは名古屋ですよね？

鈴木　そう。うちもね、親父とおふくろが映画ばっかり。ただ、趣味が完全に分かれていた。親父が日本映画、おふくろが洋画。親父がジョン・ウェイン好きだったりもするけど、おふくろは、ほとんどフランスかイタリアの映画。で、自分にも、その影響が強いのよ。ピエトロ・ジェルミの『刑事』（59）とか、リアルタイムで観て、歌まで覚えてる。「♪アモーレ、アモーレ、アモーレ〜、アモレミーオ」

押井　いい。歌わなくていいから。うるさいよ！（苦笑）

あのね、この世代……団塊のオヤジたちって、基本的にイタリア映画なんですよ。ようするに「戦後映画」。敗戦国同士で、貧しくて社会状況とかが似てるから、だいたい同じようなものができる。

鈴木　カメラが、スタジオから街に出た時代だよね。

押井　日本映画もさ、かつてはすべて戦後映画で、今村昌平にしても、大島渚にしても、みんな、戦後の日本を描くことをテーマにしていた。

『立喰師列伝』（06）でヴェネチア映画祭に招待されて行ったとき、集まってきた海外のジャーナリストがみんな言ってたよ。「最近の日本映画はどうなってるんだ？　戦後映画が全然ない。歴史的なテーマをまったく持ってないじゃないか」ってね。

鈴木　やっぱり、あの時代の映画を、しかも映画館で観ていたというのが大きいんだね。キスシーンになると、おふくろに目を覆われて、「ここから先はダメよ」って。で、キスシーンが終わるとまた観てもいい（笑）

押井　親父とは毎日のように行くけど、おふくろも、映画に連れてってくれたんですよ。昔の女の人だからさ、親父とちょっとケンカすると、子供3人連れて家出するわけ。昔は、女の人の行く場所がなかったじゃない。

――まさに、イタリア映画の世界ですね。

押井　そうそう。で、そういうとき、おふくろは、自分が観たい映画しか観ない。親父も、自分が観たい映画だけ。おふくろが観たい映画は、だいたい鶴田浩二主演の、メロドラマっぽい映画。美空ひばりのミュージカルとかね。

今でも覚えてるのが『鹿島灘の女』（59）。小学生3年くらいで観て、全然わからなかった。「このお兄さんとお姉さんは、なぜ一緒にならないの？」って。彼女が崖から飛び降りたりする。そういう不思議な映画を観て育った。わけのわからないまんま、「映画って、そういうものなんだ」と思った。

それと、映画を通じて、いろんな大人たちを見てきた。自分が間近に見てる大人って、親父とおふくろ、あとは学校の先生くらい。で、親ふたりは毎日毎日ケンカしてる。結局、「理想的な大人」って、映画の中にしかいなかった。

鈴木　今聞いてると、うちと似たような環境だね。うちも、夫婦でケンカばっかりだった。ただ、親の年齢差によって、海外ものに対しての強い弱いは、少し違ってくるよね。

――両家で、2＋2の4人も映画好きがいらした。そういう、新旧・邦洋ごた混ぜの中で、鈴木さんが、当時の洋画の最先鋭『太陽はひとりぼっち』（62）の、ジョヴァンニ・フスコのテーマ曲をお好きなのは嬉しかったです。

押井　あの、「♪ジャンジャジャン……」ってやつ？

鈴木　そこらはもう、中学か高校のころだよね。

――ずいぶんませてますよね。（ミケランジェロ・）アントニオーニの「愛の不毛」三部作。

鈴木　そう。だって当時は、そういうのを観なきゃいけないんだもん。

押井　昔はね、みんな背伸びして、自分が見知らない映画を観てたの。

鈴木　背伸びしてた。『女と男のいる舗道』(62)も好きだった。(ジャン＝リュック・) ゴダールの。映画の内容はともかく、音楽が頭に入っちゃった。「♪ダンダダダ、ダンダンダ……」今でも、身体に染みついてるんだよね。

押井　昔の親ってさ、子供のために映画を選んで観せたりしないじゃん？

鈴木　しない！

押井　自分が観たいものしか観ない。

鈴木　そう。だから子供も、必然的に、そういう未知の映画に出逢うことになる。

学校で観た映画

――東映動画の長編アニメとか、ゴジラとか、いわゆる〝子供向け〟映画に家族で行くことは？

鈴木　一度もない。

押井　基本的に、ない。そういうのは学校で観ただけ。あのころは、生徒にやたら映画を観せたんだよ。月に2回くらいかな、講堂に学年ごとに生徒を集めて、16㎜で映写会をやる。

――月2回は多くないですか？　私のころもギリギリありましたけど、年に1、2回程度でした。

押井　いや。月に2回くらいはあった。

鈴木　好きな先生がいるかどうかだよね。おれの場合、中学の先生に映画好きがいて、のちに本を書いてるから、それを読めば、当時自分が何を観たか、全部わかる（笑）

押井　たぶん先生の趣味で選んでて、黒澤明の『七人の侍』(54)『用心棒』(61) とかを小学校の講堂で観た。いわゆる児童映画、『黄色いからす』(57)『にあんちゃん』(59) とかもね。東映動画の長編アニメも、第1作の『白蛇伝』(58) から始まって、ひととおり観た。

鈴木　『白蛇伝』は、小学校のとき。面白くなかったなあ。

押井　あれはね、子供は喜ばないよ。

鈴木　中学になって、無理やり観せられた今村昌平の『にあんちゃん』とかのほうが、よっぽど面白いわけ（笑）

押井　あんなの、よく学校でやったね。

鈴木　しょうがないじゃん、先生が好きなんだから（笑）……で、観る前に、その先生が言うわけ。「誰々が演じる女性を見ろ。これがポイントなんだ。役者は変わるけど、同じ監督の別の映画で、この女の意志を引き継いだ人物がまた出てくるから」

つまり、たとえば、同じ今村監督の『にあんちゃん』での松尾嘉代の役どころが、『豚と軍艦』（61）では吉村実子だとか、そういうことを教えてくれた。

「なるほどな」と思った。それが、本格的に映画を好きになるきっかけだったんだよね。

映画は、語られてこそ

押井　あのさ……単にいっぱい観るだけじゃなくて、映画について語る誰かと出会えたかどうかが大事なんだよ。話して、「なるほどね」という相手がね。

――ということは、鈴木さんが大学を出て徳間に入り、押井さんはタツノコプロからスタジオぴえろにいく。それぞれのところで、新旧・邦洋、がっちり語れる人が、周りにいなかったと？

押井　意外にいないんだよね。

鈴木　みんな、そこまで観てないのよ。でも、押井さんは、そんなのばっか観てたんだもん（笑）

押井　あと、細かいことをよく覚えてるわけ。いつも言ってるけど、映画ってディテールで観るものであって、お話とかを忘れちゃっても、ディテールを覚えていればいい。

鈴木　お話なんか、どうでもいいよねえ……実は今、今村昌平の監督作を最初から観直してるんだけど、細かいとこまでよく覚えてるよ。ほんとに好きだった。さっきの先生の影響だね。

押井　映画ってさ、「観た」で終わっちゃうか、「語る」こともえるか。語ると、もっとずっと楽しくなるわけ。

鈴木　そうそうそう！

押井　語られて、初めて「映画」になる。そういう相手が間近にいるかどうかなんだね。

鈴木　詳しくは知らないけど、たぶん、映画に対する「考察」って、あのころにいろいろ出てきた。同じころ、すごい評論家も、世界中で出てきたんだろうと思う。

映画を作るためのツール？

——評論家といえば、ゴダールも、（フランソワ・）トリュフォーも、監督としてデビューする前は「カイエ・デュ・シネマ」の評論家でしたよね。

押井　ゴダールが晩年、どっかに書いたかインタビューだったかな、自分たちは映画評論家になりたかったわけじゃない、そもそも「カイエ」という雑誌自体、映画を撮るための方便だったんだ、と言ってた。どういうことかというと、そもそもフランスって、資格がないと映画が撮れないって知ってた？

——かつてだと、イデック（ＩＤＨＥＣ／高等映画学院）を出ているとか？

押井　案外知られていないけど、フィルムも売ってくれないし、現像所も扱ってくれない。フランスって資格制なんですよ。今でも芸術家は登録するくらいだから。

鈴木　世界中で、自由に映画を撮れる国って、日本くらいでしょ？（笑）

押井　そう。で、彼らは映画監督になるために、とりあえず雑誌の編集者から始めた。往年の巨匠たちをこきおろし、アメリカ映画を評価して注目を集めた。それも、彼らが映画を撮るための方便だった。撮りたいと思っても撮れない間は、「語る」しかない。だから、盛大に語ったんだよ。

鈴木　おれも大学生のとき、アンドレ・バザンの「映画とは何か」（＊2）っていう有名な研究書を読んで、内容を覚えたよね。

押井　今、バザンを読んでる人は、ほとんどいないと思うけど（笑）

鈴木　でも、あれを読んでいたのが、高畑（勲）さんと仲良くなるきっかけだったのよ。「禁じられたモンタージュ」がどうした、とか話してさ。

押井　あのころは、映画に関する本がたくさん出回っていた。最近は、映画雑誌も壊滅状態だけど、驚くべきことに、「映画芸術」は、リニューアルしてまだ続いているんだよ。何度か頼まれて原稿書いたけど。

——荒井晴彦さんが編集長で。

鈴木　荒井さんて、脚本家の？　実はおれ、誰にも頼まれてないけど、荒井晴彦の再評価をやってたんだよ（「日刊ゲンダイ」の連載）。今、誰も語らないから、自分でやるしかない。彼がどういう映画を作ってきたかを、一所懸命追いかけて。

――脚本家についてだと、大御所の橋本忍さんや菊島隆三さん、水木洋子さんはもちろん、鈴木さんのお好きな任侠・やくざ映画だと笠原和夫さん、高田宏治さんとか、世間で名前が挙がる方々のトレンドや傾向って、ほぼ決まっているじゃないですか。でも鈴木さんは、井手俊郎さん（＊3）の作品をきちんと観て、褒めてくれるから、非常にうれしいんですよ。あと、山田信夫さんの脚本作（＊4）には「典子（のりこ／てんこ）」というヒロインが綿々と出てくる、とかも教わって……。それは、さっきの、今村作品での女性像の変遷と同じことですよね。

鈴木　なぜかと言ったら、当時、お客がいなかったから。映画館に行くとね、井手俊郎の映画にはお客が3人くらいしかいない（笑）

――「3人」て、また、オーバーな……古くは『青い山脈』（49）から、『めし』（51）『警察日記』（55）『江分利満氏の優雅な生活』（63）『赤頭巾ちゃん気をつけて』（70）とか、名作やヒット作がいっぱいあるじゃないですか。

鈴木　それもそうだけど、息子さん（井手峻）が、プロ野球選手として中日ドラゴンズに貢献したことも大きい。

押井　この男は、ドラゴンズのことになると、人格が変わるからね（笑）

たしかに、昔、映画を脚本家で観ていた時代があった。今の日本映画って、宣伝とかでも、脚本家どころか監督の名前すら探さないとわからないじゃない。脚本家でも監督でもなく、役者で観てるだけなんだよね。それも、〝ある世代限定〟で。

鈴木　そうだよねえ……

押井　私なんか、誰が誰だか、若い人を誰も知らないからさ（苦笑）

――でも押井さんは、『花束みたいな恋をした』（21）で、明大前の、深夜営業の飲み屋の客で出演されていましたよね？

鈴木　あれはね、キッチャ店（喫茶店）！

押井　いや、カフェ。

鈴木　キッチャ店だよ（笑）

押井　カフェだってば！　一応、酒飲んでるんだからさ。

怪獣映画は、欠かさず観た

押井　そんなふうに、親父やおふくろの趣味につき合って、大人の映画でわけわかんなくても、観てる間は非日常を楽しめるわけ。ＴＶもなかったし。ただ、自分自身で映画にのめり込んでいったのは、やっぱり、怪獣映画だと思う。

鈴木　押井さん、怪獣映画のどれが好きなの？

押井　一番好きだったのは『(空の大怪獣）ラドン』（56）だけど、怪獣映画だけは、ずーっと一貫して観てるわけ。ほかの映画を観ない時期があっても、特撮映画だけは必ず観に行ってた。

でも、伊藤（和典）くんやシンちゃん（樋口真嗣）みたいな特撮マニア、怪獣マニアとは、どうも話が合わないんだよ。思うに、怪獣映画で一所懸命観ていたのは、たぶん自衛隊だったんだね。自衛隊の出場シーンになると燃えるわけ（笑）。昔からミリタリー少年だったし、日本映画に出てくる〝軍事〟って、怪獣映画しかなかったんだよ。

――では、『(フランケンシュタインの怪獣）サンダ対ガイラ』（66）の、有名なメーサー砲とかも……

押井　「メーサー殺獣光線車」っていうの。メーサー・殺獣・光線車！（笑）　ああいう兵器類は大好きで、怪獣には、実はあんまり興味がなかった。

鈴木　世代が少し違うんだよね。おれが最初に観て怖かったのは、『宇宙人東京に現わる』（56、＊5）……

押井　大映ね（笑）

――パイラ人。怖いんですか？

鈴木　（真顔で）ほんとに怖かったよ。信じられないでしょ？　でも、年端のいかない子供だもん。

押井　ヒトデ型宇宙人が、女のところに出没する話だからね。けっこうエロい映画なんですよ（笑）。『大アマゾンの半魚人』（54）とか、ああいうのって、必ずエロティシズムとセットになってる。

鈴木　怖かったよ。ほんとうに怖かった……

宮さんの弟さんがね、リアルタイムで『ゴジラ』（54）を永福町（杉並区）の地球座に観に行って、あの「♪ジャジャジャジャン」の音楽を聴いただけで怖くなって、出てきちゃったんだって（笑）。タイトルバックで流れるから、何も観てない。その後も、怪獣映画が観れなくなったんだって。

押井　トラウマになる映画ってあるよね。私は、怪人二十

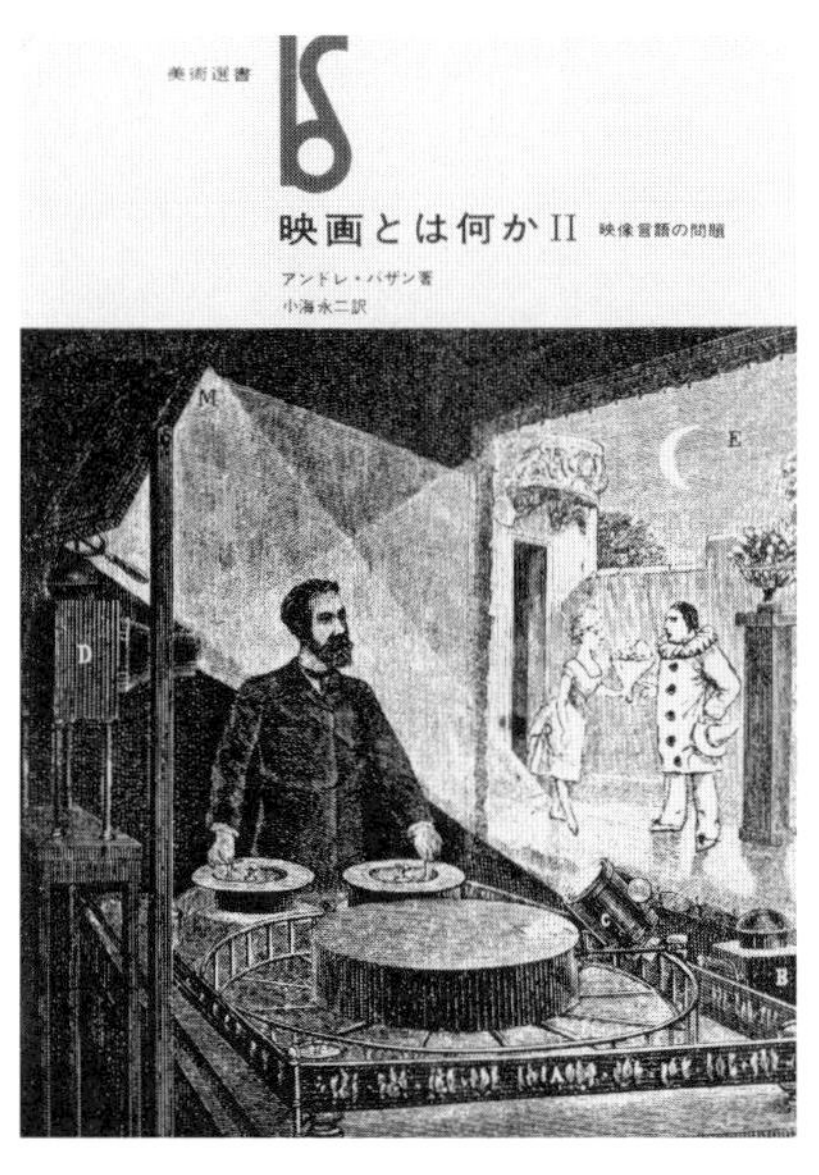

上右＝「カイエ・デュ・シネマ」1961年8月号・表紙。絵柄は、J－L・ゴダール監督作品『女は女である』。

上左＝鈴木氏が愛読した、アンドレ・バザン著「映画とは何か」第Ⅱ巻・函。

下右＝大映映画『宇宙人東京に現わる』（併映『豹（ジャガー）の眼』）プログラム・表紙。

中央に写っているのがパイラ人。

下左＝今村昌平監督による日活映画『豚と軍艦』ポスター。

面相ものの『青銅の魔人』(54)。甲冑の魔人が、夜中にガシャガシャ歩いてくる。大泣きに泣いて、泣きやまずに場外に連れ出された。夜中にも悪夢を見て、親父にしがみついて寝た記憶がある。

――では、それが、のちのプロテクトギア(＊6)の発想に?

押井　それはまた別だけどさ(笑)。あとは、入江たか子主演の化け猫映画。流行ったのよ。メチャクチャ怖かった。怪談映画やホラー映画は、今でも観ない。怖がりなんだよ。

鈴木　おれも、ホラーはダメ。でも、『モスラ』(61)は好きだったなあ……。「中学時代一年生」の付録に、ノベライズ(「大怪獣モスラ」)が付いたんだよ。大事に持ってたもん。挿絵が、映画のスチール写真でね。

押井　『モスラ』ってさ、いわゆる怪獣映画とは微妙に違うんだよね。

――モスラ(Mothra)という名前自体、もちろん蛾のモス(Moth)ですけど、それとマザー(Mother)との綴り替えだそうですね。

押井　『ゴジラ』と違って、母性の映画だからね。

鈴木　心に残ったよね。……ま、そのあとは、キングギドラなんですけどね(笑)

――けっこう観ているじゃないですか。怪獣映画は観てないようなふりをしながら。

鈴木　毎回観たよ。毎回!(笑)

――『怪獣大戦争』(65)を封切りで観ると、同時に『エレキの若大将』(同)も観てるということじゃないですか。

鈴木　そうそう!　いまだにパンフレットを持ってるもん。

押井　怪獣映画って、若大将やクレージー・キャッツの映画とかと必ずセット(併映)になってたから。私が覚えてるのは、ザ・ピーナッツの誕生物語(『私と私』62)。なんてこともない映画だけど、いまだに、ほとんどのディテールを覚えてる。本編の怪獣映画(『キングコング対ゴジラ』同)は思い出せなくてもね。

そういうことが、映画館で観ることの良さなんだよね。目的意識的に観に行ってないから、「やってたから観た」という、偶然の出会いがある。

――目的意識的に観るほうでは、たとえば『2001年宇宙の旅』(68)は、初公開時に、本物のシネラマでご覧になっていますか?

押井　テアトル東京で観て、圧倒されたよね。中学生のころSF小僧だったから、完全に洗脳されて、翌日、となり町のレコード屋でサントラ盤を買った。『ミクロの決死圏』（66）『猿の惑星』（68）『アンドロメダ…』（71）とか、SF映画はなんでも観た。

鈴木　おれ、日本の特撮映画で一番印象に残ってるのは『大魔神』（66）。なぜかというと、子供が観に来ていない。大人の映画として作られてるから、ものすごく怖かった。大人の観客が、なぜこんなに一所懸命に観てるんだろう、という場内の光景が忘れられない。

——「映画道楽」で驚いたのは、鈴木さんが徳間時代、入院していた病院を抜け出して、梶芽衣子さんの『女囚701号　さそり』（72）を観に行ったくだりです。

押井　あれは、病気じゃなくて盲腸。痛いのに薬でごまかしてて、医者が開腹したら、全部腐りかけていたんだよ。

鈴木　腐るんじゃなくて、破裂してたの！（笑）……失礼な。あと2時間手術が遅れたら死んでたって、医者に言われた。

——あと2時間で、あわや、『（風の谷の）ナウシカ』（84）も『天使のたまご』（85）もなかったんですね。

押井　昔はさ、入院先から抜け出して映画を観に行くとか、けっこう普通だったから。

鈴木　たぶんね……そういうことも含めて、いい時代だったのよ。こっちが映画を観る年齢と、映画界の状況の両方が。なんか「得してる」気がする。押井さんも、そうだろ？

押井　うん。

鈴木　それ、どうやら音楽についても、そうみたいですね。

押井　音楽は、その典型だよね。ロックにしてもジャズにしても、あの時代の音楽以外、いまだに頭に入らない。あの時代で、表現と聴き手がピークに達しちゃった……。もしかしたら、映画もそうなんじゃないかな、と思うときがある。

鈴木　そう思う。あらゆる映画が作られたんですよ。それを、観た。

押井　今は、なんかリッチになってるけど、中身的には昔のほうが面白いなって。物語もそうだし、描かれてる人間が面白い。今は、そういうのがすっぽり抜けちゃってる感じがする。

鈴木　まあ、しょうがないよねえ……

唐十郎と寺山修司

鈴木　映画は、ほんとに面白いもんね。

押井　やっぱり、「芸術」じゃないからさ。「芸能」だから、それぞれの時代のものなんですよ。時代が盛り上がってると全部がピークになるけど、今みたいにダメダメな時代だと、大衆文化というか芸能は、ダメにしかならないよ。その点、今の若い子はかわいそうだと思うけど、めぐり合わせが悪いとしか言いようがない。

　私らが学生のころは、何でも面白かった。映画も、芝居も、落語も、漫画もね。

鈴木　そうだよねえ。

押井　赤テント、黒テント、天井桟敷という時代（＊7）だから、何をやっても面白いわけ。で、そういうことをやってる人間が一番かっこいいって、素直に思える時代だった。

鈴木　しかも、そういうものが、自分たちの身近にあった。バイトに行って、いきなり「人形劇やるから手伝え」と言われて、そのときの演出家が誰かというと、寺山修司。もちろんこっちは、（本人を）知らない。でも、「ああ、この人が寺山修司なんだ」ということで、ひとつ〝身近〟になる。そういう機会があったんだよね。

押井　同時代での唐十郎と、今の唐十郎って、やっぱり微妙に違うんだよ。同時代に生きてると、受けとめかたも微妙に違ったりする。山ほど語られたあとの唐十郎って、どこか別人だから。

鈴木　昔、宮さんの山小屋で、みんなで唐十郎が演出したNHKの2時間ドラマを観たんだよね。

押井　『安寿子の靴』（84）。

鈴木　傑作だよねえ。

押井　あれで、私、高畑さんと大ゲンカしたからね（笑）。映画に関してしゃべってて、あそこまでムキになるオヤジって、あんまりいないよね。作品評価の違いをめぐって、高畑さんが激昂したんですよ。

　『安寿子の靴』ってさ、不思議な話なんだけど、基本的には「安寿と厨子王」。行き別れになった姉と弟の話なんですよ。で、高畑さんが言うには、「唐十郎はすごい。日常的な道具立てだけで、ファンタジーを作り上げた」と。でもそれは真っ赤なウソで、私は「そんなことない」と反論した（笑）

じゃあ、なんで警察官が白塗りで出てくるんだ、鞄から米粒を落としてあとをつけさせるとか、神話的な構造でやってるのに、どこが日常なんだ、と。

で、高畑さんは、自説を絶対に曲げない人だから、怒鳴り合いになって、罵声を浴びせあった。せっかく、一緒に仕事しようって話だったのに。

――それは、『アンカー』という企画（＊8）のことですか？

押井　そう。『アンカー』の参考用に、私がビデオを持っていったの。高畑さん、宮さん、敏ちゃん、私、それから大学生だった（宮崎）吾朗くんも一緒だった。

鈴木　実を言うと、おれ、そのあと唐さんに会いに行ってるのよ。シナリオを書いてくれって。ところが、彼にとって、アニメーションは芝居の敵だったんだね。

押井　うちの師匠（鳥海永行）も、唐十郎にホンを頼みに行ったことがある。西武の堤（清二）さんの原作で、アニメ化の演出を頼まれて、唐十郎にホンを書かせてみたいと会いに行った。そしたら、唐さんが原作を読んで、「いくら何でも、何にもなさすぎる」と断ったんだって。

それはともかく、唐さんには、同時代感があるんだよね。

鈴木　唐十郎と寺山修司は、当時、やっぱり面白いもん。二人は、ライバルであり、友人でもあった。

押井　生で芝居を3回くらい観てるから、記憶が生々しいわけ。で、のちに唐さんについて書かれたものを読むと、ちょっと違うんだよ。

鈴木　唐さんのところ（状況劇場）で主演をやってた役者さん……早くに亡くなっちゃったよね。

押井　根津甚八。2回、声をやってもらった。『天使のたまご』と『パト2』（『機動警察パトレイバー2 the Movie』93）。交通事故を起こしてから、鬱っぽくなっちゃって。

――根津さんは、山田太一さんのTVドラマ『想い出づくり。』（81）で、田中裕子さんの恋人役、「根津甚八そっくりの別人」として突然出てくるという、不思議な使われかたをしていました。

鈴木　山田太一さんも、芝居が好きだったからね。寺山修司の親友だったし。実現はしなかったけど、ジブリでも山田さんに青春もののシナリオを依頼したことがあった。

――寺山さんが最晩年に、秘蔵っ子の高橋ひとみさんを『ふぞろいの林檎たち』（83）で使ってほしいと山田さんに託した、という感動的な逸話もあります。

鈴木　（しみじみと）そうなんですよ……

押井　唐十郎の息子の大鶴義丹には、2、3回会ってる。

鈴木　彼もいいよね。実は、シナリオを頼みに行ったとき、お茶を運んでくれたのが大鶴義丹。「ここの家、どうなってるんだろう?」と思ったよ（笑）

押井　『安寿子の靴』でも主役だもんね。

――お話を聞いていて思うんですが――お二人とも、基本的にはアニメーションを作ってこられて、そのバックボーンに実写映画があることは知っていましたが、それ以外にも、演劇やTVドラマの世界が深くあるんですね。で、そういう興味や交流を、本来は畑違いの作品づくりに活かそうとしている点、驚いてしまいます。

鈴木　時代がね、面白かったのよ。ジャンルにかかわらず、作られたもの自体が。別に、アニメーションに限らずね。

押井　敏ちゃんとは、アニメーションの話とか、ほとんどしたことないよ。

――ですが、TVの『うる星やつら』が評判になったころ、鈴木さんは、押井さんの作品をどう思っていたんですか?

鈴木　「ああ、いろんなものの影響を受けてるな」と思ったよね。今、そのことをあれこれ言ってもしょうがないけど、こちらは歳上だから、わかっちゃうんだよね。

押井　TVの『うる星やつら』って、半分以上が映画ネタだったんですよ(笑)。ロマン・ポランスキーとか、アンジェイ・ワイダとか。みんな元を知らないから、引用してもわかんないわけ。でも、敏ちゃんにはわかっちゃった。

鈴木　だって、アラン・レネの『二十四時間の情事』（59）が好きだとか、歴然と表れてるんだもの（笑）。『（うる星やつら2）ビューティフル・ドリーマー』（84）も、観る前に、話の発端を人から聞いて、「そのあとの展開は、こうなるんじゃないの?」って言えたもん。

押井　「映画のきっかけ」って、映画なんですよ。言い換えれば、映画って、「映画の記憶」で作るものなんだよ。それは、パロディーかどうかなんていうことの、ずっと以前の話だよ。

――そのあと、押井さんは、世界初のOVA『ダロス』（83‐84）を作り、それも「アニメージュ」が記事にしています。

鈴木　それはまあ、アニメ雑誌だから、「じゃあ、押井さん推していこう」みたいなことよ。「どうなるかわかんないけど、やってみよう」と。そういう押井さんへのバックアップというか応援は、ずっとしてきたんじゃない？　でもね、そこを細かく話すよりも、たとえば、おれが漫画誌の編集をやっていたことのほうが、これまでの話と関係がある。

徳間では、「アニメージュ」の創刊前に、劇画誌の「コミック&コミック」と、子供誌の「テレビランド」の編集をやっていた。で、おおかたの漫画家って、絵は描けるけど、お話を作るのがヘタ。そこで、自分が観てきたいろんな映画を引き合いに出して、その人たちに、「こういうのを描け」ってアドバイスしていた。そしたら、どんどんお話ができちゃうわけ。

そんなことをやってるうち、あるとき、親しかった漫画家のすがやみつるに相談された。自分たち漫画家で会社を作るから、社長になってくれないかと。「ぼくら漫画家がいくら集まっても、うまくいくとは思えない。でも、鈴木さんがやれば経営がうまくいく気がする」と。「それはいいけど、おれ、具体的には何やるの？」って聞いたら、「みんなの原作をどんどん書いてほしい」「冗談じゃないよ！」って（笑）

映画をいっぱい観てたから、そういうことはいくらでもできた。でも、それをやっていっても、どうしようもないじゃない。

チャンスは、いつも一瞬

――鈴木さんは、「アニメージュ」時代に、『ルパン三世』劇場版の新作（＊9）に押井さんを推挙したり、それが実現しなかったあとも、ＯＶＡの『天使のたまご』を企画したり……

鈴木　面白いことがなかったから。だからといって、「押井守監督にこういうのを作ってほしい」とかじゃない。……わかる？　「なんか面白いことやろうぜ」っていう気分。その一つが『ルパン三世』だった、ということ。『天使のたまご』もそう。

押井　「何かをやらかしたかった」んだよね。

鈴木　そういうこと。その気分。

押井　お互いにそういう時期だったし、「アニメージュ」という雑誌は、そのための方便だったという側面もある。

あと、漫画の連載（「とどのつまり…」84－85）も一緒

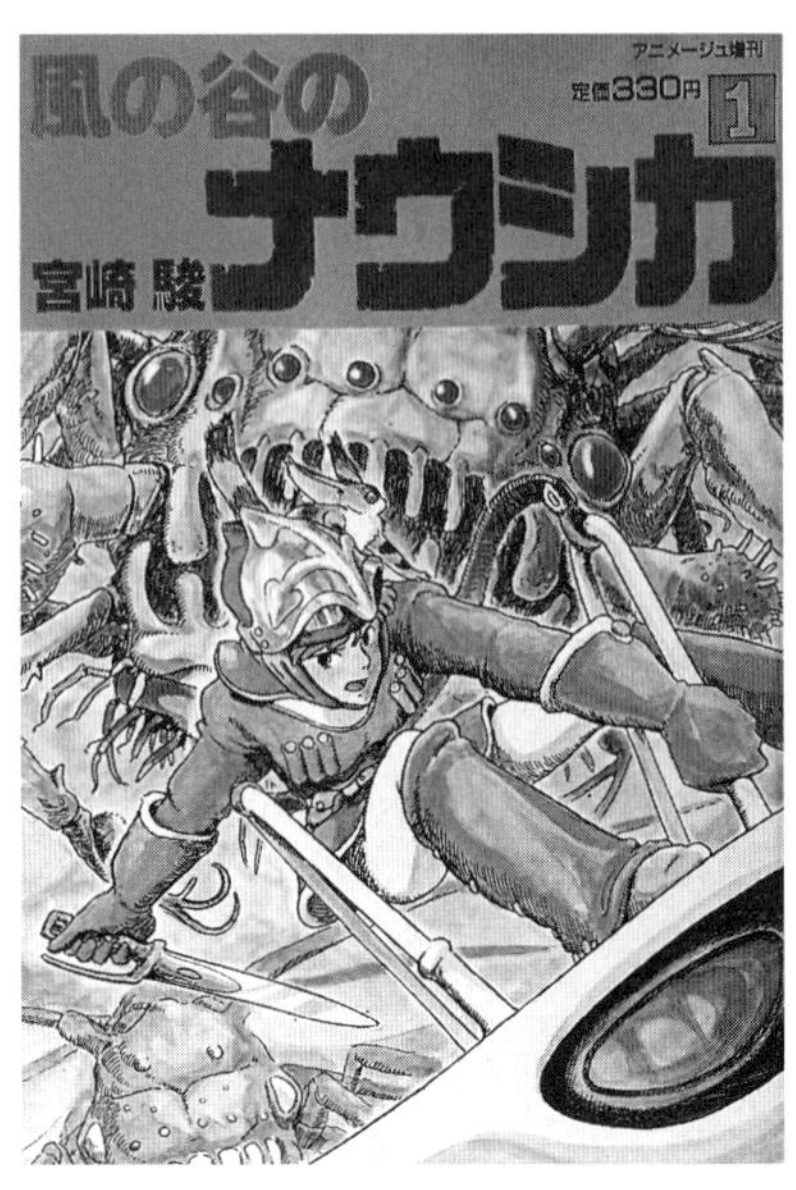

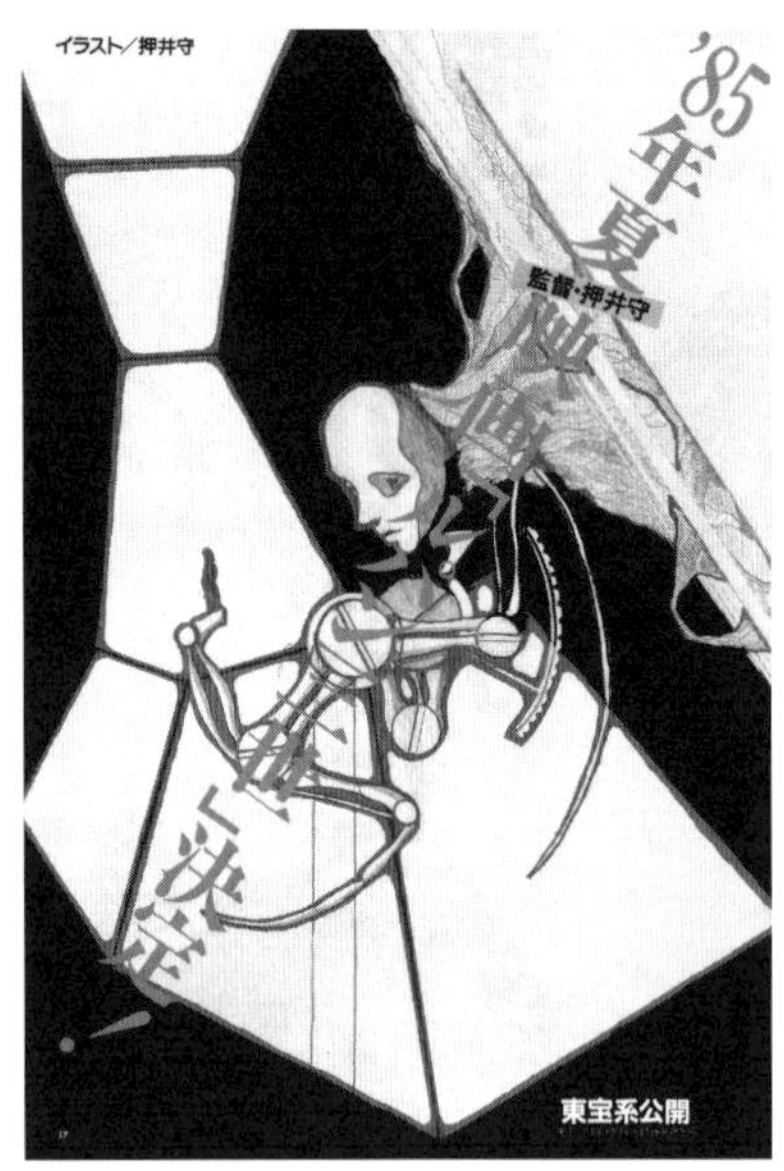

上右＝宮崎駿氏によるコミック版「風の谷のナウシカ」第１巻・初版。

上左＝押井守原作・森山ゆうじ作画「とどのつまり…」単行本・初版。

下右＝『うる星やつら』を大特集した「アニメージュ」1982年10月号。

下左＝「アニメージュ」84年10月号より、幻の押井版『ルパン三世』紹介ページ・扉。イラストは押井守氏。

（すべて徳間書店・刊）

にやったじゃん。毎回、森山（ゆうじ）が一晩で作画して、スクリーントーンを貼ってたのは、原作者の私だからね（笑）

――白味（空間の空き）が多い漫画ですね。

押井　細かく背景を描いてる時間もなかったし、当時は大友克洋とか、白味の多い画風が流行ったから、それに便乗したわけ。

　そういうことも含めて、当時は、新しい何かを具体化するために、「アニメージュ」という雑誌や、徳間書店という会社が必要だったんだよ。

鈴木　これは、いろんなところで言ってきたけど――なにしろ、アンドレ・バザンを読んで、「カイエ」を知ってたじゃない。すると、「雑誌から映画を作れるんだ」ってことが、頭の中にあるわけ。名前は「アニメージュ」だけど、「この雑誌をもとに、映画の企画ができるな」と思ったんだよ。

――面白いというか、恐ろしい企みというか……（笑）

鈴木　だって、そういうものじゃん。

押井　ぼくらが観てたころ、映画っていうのは、撮影所で、映画の制作会社が作るものだった。でも、雑誌から映画を作ることもできるし、ラジオから作ることも可能。そういうことをやれた一時期があった。

鈴木　それもね、一瞬なのよ。だいたいそういうことって、いつも一瞬だけだから。

　だってさ……これ、ちょっと露骨に話しちゃうけど、『（ルパン三世）カリオストロの城』（79）は、公開時に一部で評判になったけど、あくまで一部なんですよ。興行では、まったくお客さんが来ない。あげくの果てに何がおきたかというと、宮さん、アニメーションをやめようとしちゃうんだよ。見てると、いろんな仲間たちがみんな去っていく。そんなとき、たまたまそばにいたのが、おれなんですよ（笑）

　宮さん本人は、アニメーションから足を洗うとまで言った。誰も観てくれなかったんだから、しょうがない。映画の世界って厳しくて、一回でもダメだと、二度と作れないから。

　で、何がおきたかというと、「相談に乗ってくれ」と。「アニメをやめたのはいいけど、飯食わなきゃいけない」「何かやりたいことがあるんですか？　それを手伝うんですか？」って言ったら、「絵本を描きたい」。おれの答えは簡単だよね。「絵本じゃ食えないですよ」「え!?」って。それが、漫画「ナウシカ」のスタート。

押井　あの人、若いときに漫画を描いてたからね。

——あ……！

鈴木　それをちょっと知ってたし、漫画描かないかって誘ったの。そしたら本人は、ものすごくためらった。ためらったんだけど、「何描けばいいの？」って言い出したわけ（笑）

当時は、あだち充さんの「タッチ」の全盛期。いわゆるラブコメでしょ。だから、逆をやればいいんですよ、と。「逆って、何？」と言うから、大河ドラマ、つまり、大きな話だと。「大きな話って何？」。それでこれ、ほんとに偶然に、単なる思いつきで言ったんだけど、「たとえば、ギリシャ神話みたいな」……って（笑）

そしたらいきなり、ナウシカになるんですよ。こっちは知らないじゃない、ナウシカなんて。「それ、何ですか？」「いや、『蟲愛づる姫君』ってのがどうこうで……」と。それで漫画の連載をやることになるんだけど。

押井　ホメロスだよね。「オデッセイ」に、〝ナウシカ〟って女性が出てくる。ただ、描き始めたら、ギリシャでもローマでもなくて、「デューン／砂の惑星」（小説・映画）になっちゃったけど。

鈴木　そういうのって、偶然のタイミングじゃない？「苦しまぎれにやってたら、そうなった」というだけのことで。

宮﨑監督からの戦訓

押井　昔、宮さんの事務所（二馬力）が鷺ノ宮あたりのマンションにあって、スタジオぴえろをやめたあと、一年弱ほど居候したの。この男の引きで「とどのつまり…」の連載を始めたものの、ほかに仕事がない。どうしようかと思ってたら、宮さんが、「うちに来ません？」って。

——すごいご厚意じゃないですか。

押井　というか、話し相手がほしかったんだね。

鈴木　お互いに、必要としてたのよ。宮さんも、話し相手がいないとつまらないじゃない。

押井　机をかついで行ったわけ。机を並べて、向こうは「ナウシカ」、私は「とどのつまり…」のコマ割りをやった。ところが、30分もしないうちに話しかけてきて、夕方まで、ずーっとしゃべって、お互い、まったく仕事にならないわけ（笑）

鈴木　これ、わかる……？　ようするにね、前向きに「こういうことをやろう」って始めたわけじゃない、ってことを言いたいの。偶然の産物なんだよ。

――わかってきました。

鈴木　わかってきた？　だって、しゃべってるだけじゃ、お互いどうしようもないじゃない。とにかく、やらなきゃ、食わなきゃいけない。そっちなんだよ。

押井　あのときは、たまたま二人とも漫画の仕事をしたわけだよね。映画をやる時期じゃなかった。

それで、けっこう話し込んだのが「ゲド戦記」。あの小説がアニメになるかどうか、宮さんと二人で、延々とシミュレーションをやったわけ。で、「映像化は不可能だ」という結論が出た。なのに、のちに、しゃあしゃあとやったわけじゃない。

鈴木　あははは！（笑）

押井　何なんだよ！　って（笑）。そういうことを、毎日毎日話してた。昼になると、宮さん、カツ丼の出前をとる。あの人、カツ丼しか食わないからさ。

鈴木　カツ丼が好きなんだよ。だからね、追い詰められると、人って、何かやるのよ。

押井　カツ丼食いながら、ずーっと、ずーっと、しゃべってる。そこにさ、ひょっこり来るわけだよね、この男が（笑）。で、話に入ってくるから、よけいに話が膨らむ。結局、一年近くしゃべり倒したってことだよね。

――宮﨑さんと押井さんが話す話題は、鈴木さんとは違うわけですよね？

押井　違うね。映画の話はしない。あの人、映画を観てないから。というより、映画が好きじゃないんだよ。

けっこういろんな話をしたよ。戦争の話もしたけど、政治的な話題は必ずケンカになるから、それ以外。半分くらいはアニメーションの話だったかな。人の作品の悪口とかも含めてね。

鈴木　宮さん、アニメーションの話はするよね。

押井　ちょっと感謝してるのは、監督をやっていく上での〝戦術〟を、二つ教えてもらった。

まず、「資料は自分で買え」「スタジオの金や作品の経費で買うな、自分でものにしろ」って。ローンを組んででも、資料は自分で買えと。で、本屋を紹介してもらって、建築関係の本とか、ローンでずいぶん買った。建築に関しては、あの人にそうとう影響されたよ。「建物をどううまく使うかが、アニメーションの肝だ」ってね。
もう一つは、「半年食えるだけの貯金は、必ずしておけ」と。その半年が食えなくて、適当に仕事を選ぶと、次のチャンスを逸しちゃう。だから、半年粘るだけの貯金は必ず必要だと。

鈴木 この二つ。感心した。大変、役に立った。

押井 正しいよね。今聞いても、そう思う。

鈴木 基本的に、〝戦訓〟なんですよ。実体験を持ってる宮さんだからこその。

押井 苦労してるのよ。

鈴木 うちの師匠が言ってたのは、「監督は、とにかく質問に答えるな。何回訊かれても答えず、腕組んで、むずかしい顔してればいいんだ。答えるとボロが出るぞ」って(笑)。あと、「仕事から逃げるのは簡単だ。机をひっくり返せばいい」って。
そういうことを教えてくれる人って、今、いないじゃん。「教えてくれ」っていう若い監督もいない。でも、それって、現場で一番大事なことなんですよ。私らは、そういうことだけでやってきた時代の人間なんだよ。

押井 ま、そういうことですよね。ムダがいっぱいないとダメなのよ。……ね?

鈴木 とにかく、どんだけしゃべったかわかんないよ。旅行もずいぶん一緒に行ったけど、このおじさんや亀さん(亀山修)たちとスキーにも行った。行きも帰りも、宿で寝るときも、滑ってるとき以外、ずーっとしゃべってるわけ(笑)

――ゲレンデはどちらですか?

押井 石打丸山とか、上越のほう。クルマでね。誰が運転してたかな……

鈴木 おれが運転したよ!(笑)

押井 そうだっけ? 全然覚えてない(笑)。スキーにハマってた時期が数年あった。徳間の編集部が、丸ごとスキーにハマってたの。

鈴木 古林(英明、編集部員・当時)もいたしね。テニスをやったり。よく遊び、よく学び、よく仕事した。

押井 よけいなことを、いっぱいやってた(笑)

鈴木 でも、それが全部、あとで役に立つんだよ。

押井 やってないのは、酒だけ。この人、飲めないからさ。酒を一緒に飲む経験はゼロなわけだ。私も、今はたまにしか飲まないけど、昔は朝まで飲んでた。酒飲んで、よくしゃべってた。

鈴木　それが、丸ごと面白かったのよ。

押井　おしゃべり好きのオヤジが、いっぱいいた。

鈴木　だけどね、しゃべるためには、自分でいろんなことを仕入れなきゃダメじゃん。それも勉強になるんだよ。亀ちゃんも古林も、死んじゃったけどね。

押井　しゃべってると、何か出てきたりするわけ。一人でウンウン唸ってても何も出てこないけど、バカ話だろうが、冗談だろうが、人の悪口だろうが、しゃべってると何かが出てくる。

——インプットしないとアウトプットできないと、いろんな方が言いますよね。子供時代や若いころ、いろんなものを見聞きして、「知」や「感覚」のストックを作るというか。

押井　しゃべりたいことが山ほどあって——もちろん、映画に限らず、何でもいいんだけどさ——（頭が）パンパンになってる人間に何か言ってあげることはできても、パンパンになってない人間に、こっちは何も言うことはできないんだよ。その人の中に元ネタがないと。で、それは、ある時期に、集中的に詰め込まないとダメなんだよね。

やくざ映画の効用？

鈴木　こんな経験もあった。さっき、押井さんにああ言われたけど——実を言うと、おれ、やくざ映画ってほとんど観ていなかった。会社に入ってから観た。なぜかというと、会社に入ったら、世界や文化がまるで違うわけ。「義理と人情」の世界を、自分は理解できない。で、それを勉強するとき、やくざ映画って、ものすごく勉強になった（笑）

押井　それ、徳間だからだよ（笑）

鈴木　（登場人物が）「なぜこういうときに、こういうバカな行動を選ぶのかな？　こうやれば、普通に、スムーズにいくのに」みたいな映画ばっかりだった。

押井　そりゃ、この男は、就職して「アサ芸」に入る前は、子ども調査研究所でアルバイトしてたんだからさ。

鈴木　特に、鶴田浩二の映画は勉強になる。「ここであんたが騒ぐから、いろんな事件が起きちゃうんだよ」と。

——名作と言われる『博奕打ち 総長賭博』（68）とかでも、主人公が、状況を引っかきまわしていますよね。

押井　あれってさ、ギリシャ悲劇じゃない。お話の構造が同じなんだよ。

鈴木　完全に同じ。義理と人情は、そこで学んだ。「こういうときは、こうしなきゃいけない」とかね。

――鶴田さんて、そういう役回りが多いですよね。ちょっと身体を病んで、咳とかしてて、人情で絡んでくるけど、よけいに状況がややこしくなり、最後には惜しまれつつ去っていく……みたいな。任侠ものに限らず、岡本喜八監督の『暗黒街』シリーズや、佐藤純彌監督の『組織暴力』（67）とかの現代劇でも。

鈴木　それを言い出したらキリがないんだけど、鶴田浩二は、ものすごくいろんな役をやってる。

押井　普通のアクションもののヒーローや、メロドラマ、特攻隊なんかもやってたしね。

――晩年、TVの『シャツの店』（86、山田太一脚本）とかもあります。

押井　二枚目から出発した人。あのころの役者って、基本的に、みんな二枚目から出発した。高倉健や菅原文太も二枚目の青春スターだったんだから、信じられないでしょ？

市川右太衛門とか、それまでの時代劇スターは、顔が大きくて、なで肩で、脚が短く、重心が低い。で、新しい世代のスターは、タッパ（上背）があって、脚が長く、ジーンズや革ジャンが似合う。そのかわり和服が似合わないから、時代劇はダメ。戦後のある時期からそうなった。たぶん、今から60年くらい前……

鈴木　高度経済成長のころ。

押井　あのころは、オヤジがオヤジをいじって面白がっていたんだよね。

鈴木　みんな、面白いことが好きだったから。

――今もお二人は、いじりあっているじゃないですか。

押井　ほかに、いじれる人がいないじゃん！（笑）

鈴木　今はみんな、面白いことがあまりないんじゃないのかな？

押井　なんかね……最近つくづく思うんだけど、自分も歳をとったなと。周りを見ると、同世代の人間が半分もいないんだよ。死んじゃったか、あるいは仕事をやめちゃったか。

鈴木　こないだ、ゆかりさん（田居因〔たいゆかり〕、スタジオジブリ出版部、元・「アニメージュ」編集部員）と二人で、「テレビランド」時代の編集部員が8人くらいいたのを、一人ひとりチェックしたら、ほとんど死んでるんだよね。おれと、ゆかりさんと、「あと誰だっけ？　残ってるのは」みたいな感じだった。

――新藤兼人監督は享年100で、亡くなる前年まで新作（『一枚のハガキ』11）を撮っていました。

鈴木　まあ、でも、長く現役でいればいいってものでもないし。

押井　面白おかしくやってるかどうか、そういう気分が残ってるかどうかが大事なんであって……。長くやるだけなら、誰にもできると思う。

『君たち』はどう映ったか

――現代に話を移しまして、今年（2023年）は、宮崎駿監督の新作『君たちはどう生きるか』が公開されましたが、鈴木さんは、「宣伝なき宣伝」「無宣伝」という大胆な策を打ち出されたわけですが。

鈴木　それは、『ナウシカ』からこれまでの積み重ねがあったからできたのよ。

押井　いや……全然、意外でも何でもなかった。無宣伝というのも「どうせ、いつかやるだろうな」と思っていたし、もう、それ以外にやれることがないし。「ついに最後のカードを切ったな」って感じ。

しかも、失うものが何もない（笑）。作品内容が、あのとおりだからさ。もう、やぶれかぶれ以前で、誰のことも考えてない。お客にもいっさい忖度してない。そういう作品に前情報を出したって、全部ウソになるだけだもん。

鈴木　押井さんは、どうやって死ぬんだろうねえ……

押井　何も言わないに限るんだよ。あのパンフレットを見ればわかるじゃない？　で、放っておけば、みんながしゃべり始めるから（笑）。YouTubeで、あの映画についてしゃべる人がいっぱいいる。人間って、わけわからないものを観ると、黙っていられないんだよ。どっかに気持ちを落ち着かせたいわけ。

――それを触発し、誘発する、稀有な映画体験だったんじゃないでしょうか。私もそうでした。

鈴木　みんな、ドキドキしてたよね。

押井　宮さんのことを知らない人はそうなんですよ。私は、宮さんの人間性も知ってるから、あの映画に意外性なんか一つもないよ。

鈴木　よく言うよ（笑）。ひどいこと言うなあ……

押井　こないだ、本田の師匠（本田雄、作画監督）と飲んだとき、面白い話をしてくれたんだよ。あの、ぐらぐら揺れてる積み木を積むでしょ。原画を修正するとき、あれを一個減らしたんだって。そしたら宮さんが、また一つ増す。「なぜだかわかります？　あれ、何個あるか勘定したことあります？」と。つまり、宮さんの作品数と同じなんだよ。ぐらぐらしてる上に、もう一個、載っけようとする。

ようするに、そういう心境なんだよ。いつ崩れるかわかんない。宮さんのこと知っていれば、あの映画に意外性なんかゼロなんだよ。

鈴木　（くぐもった声で）押井さんねぇ……あれだよ、甘く見ちゃいけないよ。

押井　何が？

鈴木　いくよー、あの男は……

押井　あははは！（爆笑）

鈴木　おれ、今、実感してるんだから！

――「いく」というのは？

鈴木　死なない。

――次の作品も撮ると？

鈴木　撮るよ……もう！

押井　いやー……私はさ、今回、途中で死ぬだろうと思ってたの、実は。五分五分で死ぬだろうと。それが、完成しちゃったからさ（笑）。「これはたぶん、あと1、2本はやるな」と思った。

鈴木　すごいよね。

押井　冗談じゃなくて。

鈴木　……元気だよ。ほんっとうに元気なの。

押井　うん。なんか、歳はとったけど、くたばる感じは全然しない。

――『君たち』は、あまりにも事前情報がゼロなので、どんな映画か、さんざん考えたんですよ。まず、〝先付け〟の東宝マーク。次に、ブルーのトトロのジブリ先付け。その次にどんなカットが来るのか……皆目わからない。いきなり鳥のアップはないだろうし、とか考えて観たら、火災警報のスピーカーから始まった。あれ、予想できるわけないです。

鈴木　なんで、そんなこと考えるの？

――情報が何もないんですから。現代劇か時代劇か、舞台がどこか、主人公は誰かすらわからない。そんな映画体験って、空前ですよ（笑）

押井　あれはね、一から十まで、あの人の体験に基づく妄想なんですよ。映画って、本来そういうものだから。

鈴木　じゃあね、ぼくが、秘密を明らかにしましょう。……宮さんて、映画を観ないんだよ。ほんっとうに、観ない人だからね。

実は、『君たち』が公開されたあと、みんなで温泉に行ったの。宮さんに、「ちょっと映画でも観ますか?」って言ったら、「映画なんか観たくないよ」と言う。で、しらーんく顔して、ある映画を用意しておいた。無理に誘うこともなく始めようとしたら、聞こえてくるんだよね、足音が。「映画部屋はどこですかー、映画部屋はどこですかー?」（笑）

押井　あははは!（笑）

——すごいですね。妄執というか……

鈴木　何を観せたかというと、（フェデリコ・）フェリーニ。観始めて2時間強、瞬きもせず、最後まで観た。で、観終わった感想が、「これ、誰が作ったの?　おれじゃないよね?」

その映画こそが、『(フェリーニの）アマルコルド』(73)。

押井　『アマルコルド』か……

——「私は覚えている」というのが、原題の意味でしたよね。フェリーニがまだ晩年に入る前の、自伝的なノスタルジー映画。

鈴木　宮さんにとって映画を観るのは、たぶん、20〜30年ぶりぐらい。それが強み。観てないから、映画が作れるのよ。いろんなものを観てる人は、かえって作れない。

押井　そうそう。私も、監督になってからあんまり観なくなった。特に制作中は、ほとんど観ない。

鈴木　で、フェリーニの気持ちや考えを、宮さん、全部わかっていた。やっぱり、どこか似てるのよ。

押井　映画監督って、結局、ああいう映画を撮るんだよ（笑）

——鈴木さんは近年、ウディ・アレン監督作に興味が再燃したそうですが、都会派コメディーが多い一方で、『インテリア』(78) のような沈鬱な心理劇は（イングマール・）ベルイマンっぽいですよね。

押井　あれはさ、「おれ、ベルイマンみたいな芸術的映画も撮れるよ」っていうエクスキューズだよ。

鈴木　違うと思う。あれはね、ニヒリズム。監督になって、作りたいと思った映画はもう世の中に全部存在することがわかっちゃって、しかたなく名作のリメイクをやってる。あきらめが前提にある。そういう意味では、「映画の時代」

は終わったんですよ。

押井　基本的にオマージュばっかりでしょ？

鈴木　そうだけど、元になった映画を思い浮かべながら観ると、面白いよ。

――アレンの出世作『アニー・ホール』（77）は、フェリーニの影響下にあると言われていますよね。で、フェリーニ映画には、お祭りや、小さな女の子が象徴的に出てきますが、押井さんの『ビューティフル・ドリーマー』にも、白い服の女の子の幻影が登場する。そういう映画的アイコンの継承って、昔からあるわけですが、宮崎監督も、無意識ながらどこかフェリーニ的という話は面白いですね。

鈴木　ただねえ……『アマルコルド』は、お金のかけかたが違うのよ（笑）。ロケもすごいけど、巨大なセットを組んで。ちょっとやそっとの製作費じゃないもんね、あれ。

好きなアイドルと女優

押井　製作費といえば、昔の映画ってさ、「なんでこんなにたくさんセットを作れるの？」ってことが多い。ほんのちょっとしか画面に出ないのに、わざわざセットを組んだりする。

鈴木　『豚と軍艦』も、どこまでがロケで、どこがセットなのか。

押井　今村昌平とか、あの世代の監督って、基本的に予算がないから、カメラが街に出るでしょ。のちの『楢山節考』（83）とかは、〝作り過ぎ〟でつまらないけど。

鈴木　あの人は、やっぱり本物（実景）を撮ったほうがいいよね。

押井　『赤い殺意』（64）の何がいいかと言うと、ほとんどが東北ロケ。線路や駅が、まるっきり本物だからね。

――北国の駅のロケは、『非行少女』（63、浦山桐郎監督）でもありますね。寒々とした砂浜、最後に駅と線路が出てきて。

鈴木　あれは金沢じゃない？　最初のシーンを覚えてる？　和泉雅子がアップで、タバコを吸うんだよ。煙がヒューッと流れたところに『非行少女』ってタイトルが出る。そういうの、忘れないんですよ（笑）

――モスクワ国際映画祭で金賞をとっていますが、そこで、和泉さんの演技が、かの名優ジャン・ギャバンに褒められたという逸話が……

鈴木　それは知らないけど（笑）、彼女、ほんとに良かった。

押井　和泉雅子って、この年代のアイドル。当時の若手日活女優（三人娘）の中でも、吉永小百合、松原智恵子じゃなくて「和泉雅子派」って、わりと多いんだよね。

鈴木　ダントツに和泉雅子が好きだった。

押井　私は、青春スターは誰も好きじゃなかった。中学のとき一番好きだった女優は、池内淳子。

――中学生が好きな女優さんでしょうか？（笑）　池内さんて、『女と味噌汁』『駅前』シリーズとか、のちのＴＶＣＭとか、割烹着を着てるイメージが強いですが、『花影(かえい)』（61、川島雄三監督）は、儚(はかな)くて良かったです。

押井　なんとなく「おかみさん風」なイメージがあるじゃない？　でも、違うんだよ。けっこう妖しい人だった。

鈴木　あれなんかも、すごいよ。児玉誉士夫をモデルにした映画……『けものみち』（65）。陰のボスと言われた児玉誉士夫が一番力を持ってた時代に作ったんだから。

――大きな屋敷に老人がいて、若い池内さんが召し抱えられる。あれ、児玉さんがモデルなんですか？

鈴木　そう。それを頭に入れて観なきゃ、あの映画を全部わかったことにならないよ。一番力を持ってる時代に映画にするとは、東宝も大したもんだった。

――でも、松本清張の原作があるでしょう？

鈴木　あるけど、そんなの関係ない。その時代に映画化するかどうか。映画は、文字よりも影響力があるからね。

東京五輪'64と、大阪万博'70

押井　１９７０年の大阪万博のとき、何してた？　観に行ったの？

鈴木　行かないよ。逆立ちしたって行かない。

押井　私は、反万博闘争をやってたから、もちろん行かないけど、まさか自分が将来、愛・地球博の仕事（『めざめの方舟』05）をやるとは思わなかった（笑）。いや、ゴダールだってさ、トリュフォーたちと一緒にカンヌ映画祭をボイコットしたじゃん、68年に。でもそのあと、しれっと来てたからね、新作を持って（笑）

鈴木　万博は、行く気ゼロだったね。むしろマイナスっていうか、ものすごい抵抗があった。そういう世代なんですよ。森さんは、ＥＸＰＯが好きなんだよね？

――当時、行けなかったんですよ。親が連れていかないと、神奈川から大阪まで小学生が行くのは無理で。ただ、展示映像やパビリオンの建築には興味があったし、のちに公式記録映画のソフト化（ＤＶＤ『日本万国博』シリーズ）を手がけたり、思い入れはあります。

鈴木　やっぱり、あれは象徴だから。みんながそれを喜んでた時代だった。でも、当時、万博に行くやつが許せなかった（笑）。そういう気分だったのよ。これ、しょうがないんだよね。世代差は、どうしてもある。

押井　大阪万博は、当時の私らにとって、明らかにそういうものだった。「これから浮かれた時代が始まるんだ」「本当らしい歴史は、ここでおしまい」っていう感じが、プンプンしてた。

鈴木　「これから先はウソ」って感じ。……で、まさにそうなったし。

押井　東京オリンピックと大阪万博、この二つは、日本の戦後史の大きなヤマだったんですよ。そのあと、歴史的、象徴的なイベントはなくなった。万博が最後だよね？

鈴木　そう、あれが最後。それ以降もいろいろやってたけど、全部インチキだもん。新しい東京オリンピック（21年）も、ちゃんちゃらおかしかったよね。

押井　まるっきり茶番というか、デジャ・ヴュ（既視感）にもなってない。

鈴木　もう時効だと思うから言うけど……こないだのオリンピックでは、5回も協力を頼まれたんですよ。でも、首を縦にふる気はなかった。絶対に嫌だって断った。その気分をね、頼んでくる側が、なぜわからないんだろうと思ったな。昔の大会にしても、東京都民があんなに反対してたとはびっくりしたね。賛成の人がほとんどいない。

――オリンピック当時は4歳で、そういう空気は、後追いで知るしかなくて。

鈴木　そりゃ、子供に解れというのは無理がある。そこは、世代差だよね。

押井　オリンピックのときは中学生で、けっこうその気になってたけど（笑）、万博のときは半分大人になってたから、もう、正体が見えていた。

――押井さんが初演出した舞台「鉄人28号」（09）は、オリンピックの裏面史で、夜、埋立地で野犬狩りのシーンがあったり、滅びゆくものへのエレジー（挽歌）でしたね。

押井　ああいうのをやるときは、基本的にうしろ向きなんですよ。浪花節になるしかないから。

ＳＦ的ムードとタイムスリップ

――ＥＸＰＯ'70の前後は、ハヤカワＳＦ文庫や、創元推理文庫のＳＦシリーズが町の小さな書店にも置いてあり、ＳＦ的ムードのある時代でした。

ＮＨＫの『少年ドラマシリーズ』で筒井康隆さんの「時をかける少女」の映像化（『タイム・トラベラー』72）とか良かったんですが、押井さんは年齢的に、もうご覧になっていないですか？

押井　いや、観てましたよ。小松左京さんや、光瀬龍さん、眉村卓さんが原作のもあったし、あの前後は、日本のＳＦ作家が一斉に活躍した時代だよね。少し前だと、平井和正さんや半村良さんが『エイトマン』（63－64）の脚本を書いたりして。

鈴木　『スーパージェッター』（65－66）を作ってた人たちでしょ？（笑）

押井　そういうＴＶアニメや『少年ドラマシリーズ』に関わった人は多いけど、みんな死んじゃったよね。筒井さんくらいしか残っていない。日本のＳＦって、「第１世代」と呼ばれるあの世代で生まれて、あの世代で終わっちゃったんですよ。

――かんべむさしさんは？

押井　もうちょっとあと。「第2世代」。

鈴木　懐かしい名前だねえ……

――早逝された広瀬正さんのタイムスリップＳＦ「マイナス・ゼロ」が文庫で復刊されて読んだとき、一瞬……１秒よりも短く、記憶の隙き間がパッと開いたんですよ。「いつだかわからないけど、昔、こういう感覚あったな」と。

実は、『君たちはどう生きるか』を観たときも、一瞬、その感覚に襲われました。甘く懐かしいというよりは、鋭いショックが割り込んでくる感じで。無宣伝、情報ゼロとともに、非常に稀有な映画体験でした。

押井　あれにはさ……宮さんの少年時代の体験の、一番生々しい部分が匂うんだよ。私にとってはね。今まで宮さんが作った中で、一番気持ち悪い映画だった。なんでこんな気持ち悪いもの作るんだと。

鈴木　今までに、やったことないんだもん。

――ストーリーテリングで補強しようとかは、全然していないでしょう？

鈴木　してないよ。

押井　してない。明らかに意図的にやってるんだけど、アニメーションだから観れちゃう。もしあれを実写でやったら、とんでもないことになるけど（笑）

鈴木　充分、嫌な感じだよ。それは悪意なんですよ。作った本人が、一番困ってたんだから。

押井　第一印象は、とにかく生々しくて、気持ち悪いなと。

鈴木　そう思うのは、ごくごく自然なのよ。

――あの映画を、雄弁に褒める方、手きびしく批判する方、さまざまあって全然いいんですが、「これは、こういう手続きで、こう作られたものなんだ」という大前提を抜きに、エンタメじゃないからダメという短絡的な評にはがっかりしますよね。娯楽、芸術、その中間と、いろんな映画が豊かにあっていいわけで、そこをいったん咀嚼してから評するのは普通のことだと思いますが、アニメーションって、いまだに逆差別されているのか、好き嫌いだけが万能で、アニメに奥ゆきや横幅はいらない、ついでに批評もいらない、という狭苦しさを、今回感じました。

鈴木　アニメに限らず、今はそういう時代なんだよ。「こう作ったなら、こう観る」っていう受けとめかたが昔は当たり前だったけど、今は、あらゆるものを拒絶する時代なの。

アニメに言論を持ち込んだ男

押井　アニメって、たしかに逆差別されててさ、誰も真剣に語らなかった。つまり、言説空間が存在しなかった。アニメの世界に言論を持ち込んだのが、この男ですよ。ロッキング・オンの渋谷陽一が、ポピュラー音楽に評論を持ち込んだのと同じ。この二人は、昔、ゴロゴロつるんでたからさ（笑）、やることも似てるんだよ。

鈴木　なんで⁉　ひと括りにしないでよ（笑）。バイト先が一緒で、彼が高校生のときから知ってるんですよ。ロッキング・オンができる前。彼が17か18で、おれが大学生。

それでね……ひどいんだよ。ある日、電話がかかってきて、相談があると。「おれはもうじき死ぬ」って言うわけ。「ついては、どうしてもやっておきたい仕事が三つあって、そのうちの一つがお前なんだ」と。しょうがないから インタビュー本（『風に吹かれて』13）に協力したんだけど、どうも話が違ってるのよ（笑）

押井　あの人、突然、そういう仕事を始めたよね。吉本隆明についても、〝自分語り〟みたいな本（『吉本隆明　自著を語る』07）を出したじゃない？

本質的にそういうことが好きなんだろうね。私も一回出たけど、「Ｃｕｔ」（現在は「ＣＵＴ」と表記）っていうインタビュー雑誌、自分で取材して、写真も撮って……

鈴木　彼は、写真が大好きなんだよ。

押井　本質的にインタビュアーなんですよ。誰かと会って話して、そこから何かを作り出す。この男と似てるんだよ。必ず、誰かに会いに行くんだもん。

鈴木　なんで？　おれ、あそこまでのまじめさはない。渋谷陽一は、もっとまじめだもん。

押井　たしかに、彼には明らかに「文化」っていう志向があるけど、敏ちゃんにはない。

鈴木　そういうのに、興味ないから。

――いやー……目下の者が言うのもなんですが、鈴木さんは、十二分にカルチュラル・スタディーズ的（＊10）な方だと思いますよ。純文学から漫画まで硬軟合わせて読んで、映画を観て、音楽も聴いて、考えかたが常に〝横断的〟で。だからこそ、本来は見知らないアニメ界にたまたま入っても、長く居続けられるのでは？

押井　昔、小川徹っていう人がいてさ。かつての「映画芸術」の編集長で、私の映画批評の原点にある人。

鈴木　あ、懐かしい名前だね。

押井　シニカルな「裏目読み批評」で一世を風靡したんだけど、『パリは燃えているか』（66）という映画が来たとき、いいこと言ったんですよ。「文化を守るために国を売り渡す人は屑だ」って。そのことを思い出すんだよ。敏ちゃんも、文化ってものに価値を置かないからね。

鈴木　そんなことないよ。

押井　そうなんだよ！　少なくとも、文化の達成ということに関しては、価値観を持っていないわけだ。オマケとか副産物に過ぎないと思ってる。

鈴木　文化は大事ですよ。

押井　あのさ……こういう言いかた自体が、ウソくさいでしょ？（苦笑）

小川徹によく似てるなと思うのは、結局、人間にしか興味がないところなんだよ。文化とか芸術って、どこか、人間を離れたところで成立するもの。ところがこの男は、人間にしか興味がないから、作品とか文化は、人間を知るための〝ツール〟だと思ってる。

——それは、ある意味、正しいのでは？

鈴木　いや。ある意味で、押井さんの過大評価なのよ。おれ、そんなに人間に興味がないもん。

——そんなことはないでしょう（笑）

鈴木　人がいて、その人の作ったものがあるとするじゃない？　おれはやっぱり、作られたものには興味があるけど、「その人がどういう人か」には興味がない。これはね、ずっと自分の中で一貫しています。

押井　ウソです！（笑）

——作ったものを追っていくと、「その人」が見えてくるんじゃないでしょうか？

鈴木　たとえばね……読んで面白いと思った作家がいるとするでしょ。その人には会いたくなかった。なぜかと言うと、夢が壊れるから。

押井　いやー、ウソウソウソウソ！　結局、会いに行ってるんだもん。

鈴木　違うよ。それは、しかたなく……（苦笑）

押井　会いに行ってんじゃないの！（笑）

——人物観がそこまで真逆なのは、お二人のどちらかが間違っているか、どちらかが「装って」いるからでしょう。

押井　敏ちゃんはね、本質的にエディターで、なおかつインタビュアーなんですよ。

鈴木　（つぶやく）そうかなあ……？

捨てられない自分の「しっぽ」

——スタジオジブリはアニメーションの制作会社なのに出版部があって、書籍や、無料の月刊誌（「熱風」）を出していますが、鈴木さんの印刷物への愛着が感じられますね。

鈴木　徳間で長年雑誌を作ってきたから、印刷についてはけっこう詳しいと思う。『コクリコ坂から』（11）の宮さんのカラーイラスト、あれ、普通の4色印刷だと「あさぎ色」の微妙な色あいが出ないから、ポスターは6色刷りにしたんですよ。

——ジブリの出版目録がすごく小さな〝豆本〟だったり、昔、「アニメージュ」の付録に『未来少年コナン』第1話の絵コンテ帳が付いたり……。そういうものから影響を受けて、今「熱風」で、〝小冊子礼賛〟の連載（「映画プログラムという迷宮」）をさせていただいています。

鈴木　森さんは、映画のプログラム（パンフレット）が、本当に好きじゃない？　心の底から。おれは、印刷物にそこまでの愛着はないし、本にせよ雑誌にせよ、体系的に何かを集めたことはない。丸ごと取っておくという几帳面さはないな。

――集めること自体が目的じゃなくて、書誌を調べたり、ときにはプログラムを作る側に回ってみたり、冊子って、愉しいと思いますよ。

押井　敏ちゃんは、映画プログラム、今でも持ってる？

鈴木　印象に残るやつだけとっておいて、「これはもういいや」というのは捨てちゃう。

押井　私はこないだ、全部まとめて捨てた。7、8回引っ越しても持ち歩いてたけど、あるとき、思ったの。「プログラムを抱えてる限り、〝映画〟と出会えない」「捨てるしかないんだ」と。

映画は、山ほど観た。一生ぶんどころか、その数倍も観た。で、今いちばん興味があるのは、「自分が理解できない映画と出会いたい」っていうこと。「うまく語れない映画」。そんなの、10年に1本くらいしかないんだよ。映画を語ることと、小冊子を抱え込むことはどうも一致しないし、映画と出会おうとする自分を、かえって縛る場合もある。

――それは、よくわかります。

押井　冊子と言えば、「タミヤニュース」ってあるじゃん。田宮模型が出してる月刊情報誌。私はある時期タミヤ少年だったから、しこたま溜め込んでいたけど、模型作りをやめたとき、全部捨てた。ちょっともったいなかったけど、そういうことって必要だと思うんだよ。

鈴木　でもそれ、自分の〝証し〟だよねえ。一気に捨てるっていうのは……

押井　それを抱え込むことに、良さも悪さもある。私にとって最後まで残るのは……「ＳＦマガジン」と「映画芸術」。特に「ＳＦマガジン」のバックナンバーは、後生大事に、コンテナに入れて抱え込んでる。それを捨てるときは、もしかしたら、自分が死ぬときかもしれない。うちの奥さんに言わせると、「あんたの〝しっぽ〟なんだ」ってさ。

だけど、創刊号（１９６０年2月号）だけは、金に困ったときに売っちゃったの。もともと１００円で買ったんだよ。古本屋のオヤジが無知で、そんな値付けをした。１００円払って、震える手で買って、ダッシュで逃げたからね（笑）。追っかけてくるんじゃないかと思って。

古本屋ってさ、普通の書店と違って、本を売ったり買ったりのドラマがある。そういうの、今はもうないじゃん。学生のころ、週に2、3回は古本屋に通っていたし、日常の一つだった。

――五木寛之さんのエッセイ（『古本名勝負物語』）、紀田順一郎さんの古書ミステリー（『古本屋探偵の事件簿』）とか、古書にまつわる面白い本は多いですよね。

押井　ほら、国分寺に、有名なばあさんがいたじゃない？　椎名誠がエッセイ（『さらば国分寺書店のオババ』）のモデルにした、おばあさん姉妹。

鈴木　椎名さんて、おれの四つ上（44年生）なんだよね。

押井　あのばあさんに、私、学生のとき、こっぴどくやられたからね。『美術手帖』かなんかを売りに行ったら、「まったく、こんなもの！」とか、さんざんこきおろされて。文芸の中で最高のジャンルは、戯曲なんだって。次が詩歌で、三番目が小説だったかな？　そういう信念がある。一生を本に捧げちゃった姉妹なんだよね。

鈴木　押井さんも、好きだよねえ……本から、ビデオから。

押井　今、古本屋なんて、若い人はたぶん知らないし、行ったこともないと思うよ。

鈴木　三鷹にあったでかい古本屋、どうなっただろう？　そこのおやじと仲が良くて、しょっちゅうしゃべってた。「時代劇の本は高く売れるんですよ。そういうのないですか？」なんて言われたりして。

押井　古本屋って、店主が死ぬと、そこでおしまい。年寄りしか営んでないもんね。

鈴木　そうなんだよねえ……

押井　でさ、何を最後まで抱え込むかって、その人の「人となり」というか、ある種のバロメーターになるじゃない。この男の、やくざ映画のＤＶＤは、青春のしっぽとは言えないけどさ（笑）

私の場合、たしかに「ＳＦマガジン」って、中学生のとき出会って、いまだに引きずってるしっぽなんだよ。それが切れたことは一度もないし、考えてみたら、ＳＦ以外の仕事をしたことない。『うる星やつら』だってＳＦと言えばＳＦだし、いわゆる〝非日常系〟以外の、リアルな映画を作ったことが一度もない……。そういう自分のしっぽと縁を切るって、たぶん、できないんだよ。

鈴木　何か一つに徹底できるって、いいよね。おれなんか、何もないもん。

押井　この男に、捨てるべきしっぽがあるかというと、た

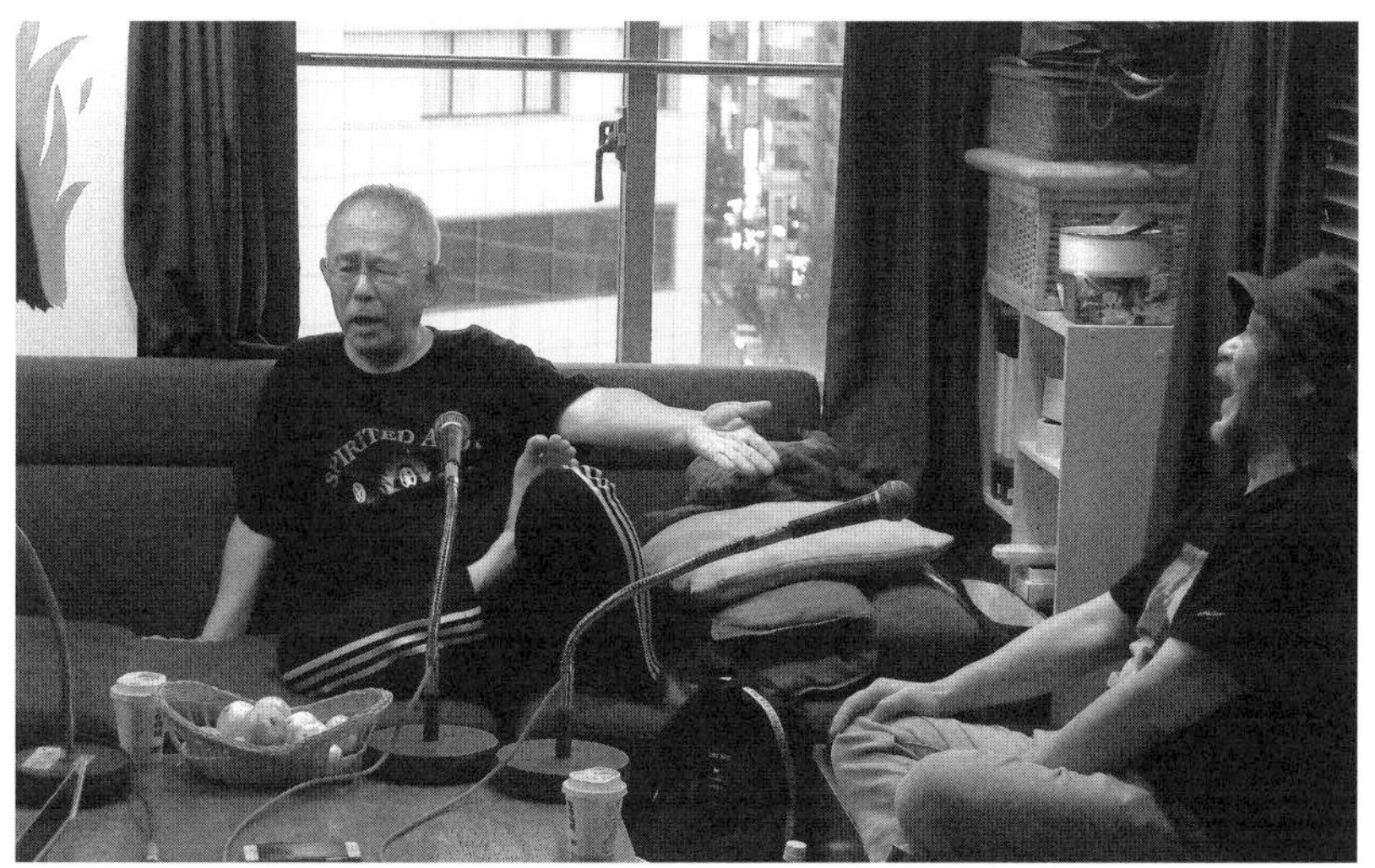

2023年10月、恵比寿「れんが屋」で行われた新規対談収録時のスナップ。押井氏を指して、「困った人なんですよ、ほんとにもう……」と鈴木氏。

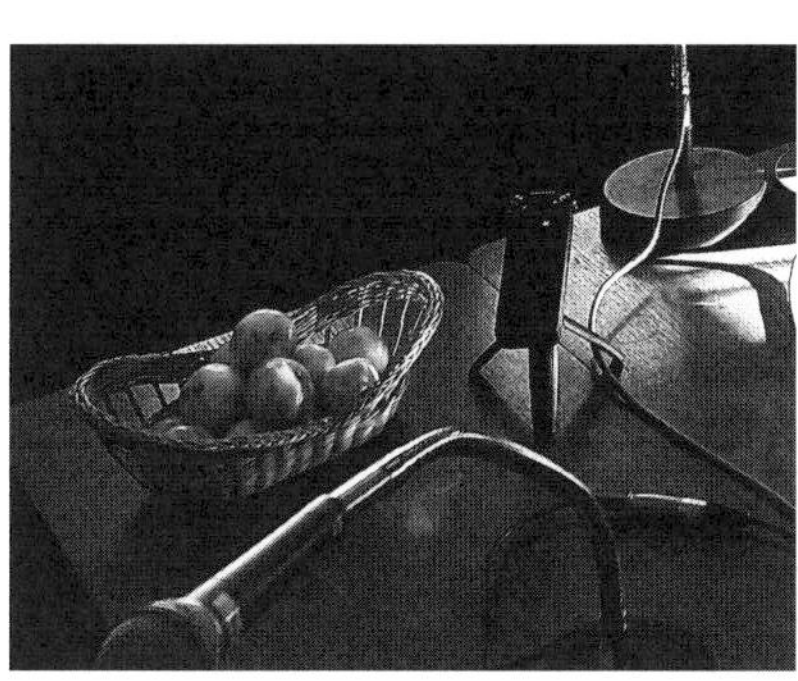

押井氏の手みやげ、熱海産の早稲摘みみかん

終始リラックスムードでの対談は、ゆうに3時間を超えた。

（撮影：稲葉将樹）

しかにない。いつも考えてみるんだけど、本当にないんだよ。

——うーん……一つじゃなくて、いろんな畑があるんじゃないでしょうか。山ぎわには段々畑、海ぎわには塩田とか、たくさんあって、それぞれが豊饒なのでは？

鈴木　「これに関しては、こう」みたいなものは何もない。それは、自分でもわかってる。

押井　それこそ、しっぽをつかもうとしてもムダなわけ（笑）

「何もない」世代

——たとえば、こんなことがあったんですよ。

以前、「ジブリ汗まみれ」の単行本シリーズを編集したとき、歌手の森山良子さんがゲストの回（第3巻に収録）がありました。森山さんがまだカレッジフォークをやっていたころ、目黒でコンサートがあったと。慶大生の鈴木さんと友人が、女の子をサーチしながら目黒の街をブラブラ歩いていて、森山さんにバッタリ出くわすというエピソード。

鈴木　おれたち、クルマの中にいたんだけどね（笑）

——その回の脚注を作ろうと、森山さんのコンサート歴を調べたら、会場はどこそこ、何年何月何日、たしか土曜日と書いてあった。

鈴木　杉野講堂だよね。「スチューデント・フェスティバル」……

——それです！（笑）　60年代の終わりか、70年代のはじめ、ある土曜日の午後の情景が浮かんでくる。聴く人に何らかのイメージを湧かせるようなフックが、鈴木さんのお話の中にはある。そういう日常の1コマを、作家は小説やエッセイに書くのだろうし、鈴木さんはラジオやトークライヴで語る。それだけの違いだと思いますが。

鈴木　うーん……「そんなのない」と、自分では思ってる。たとえばね、出版社に入ったけど、別に出版をやりたくもなかったし。「何かやりたい」なんて、なかった。そういう時代だった。……わかります？

——デラシネ（根なし草、はぐれびと）的な時代の気分が当時あったというのは、わかります。

鈴木　時代の痕跡っていうけど、少しだけ覚えてることを、自分の言葉で語ってるだけなのよ。

最近、「日刊ゲンダイ」に日本映画の女優のことを連載

（「新・映画道楽　体験的女優論」）してるんだけど、これにしても、ある人から、「昭和の日本映画、１９６０年代を同時代的に書く人は、もう誰もいない。ぜひやってくれ」って頼まれたの。頼まれたからやる、それだけ。

押井　それって、本になるの？　たぶん今まで作った本の中で、一番まともなものになる（笑）

鈴木　まじめにやってるんだよ。

押井　さっきの、「まだらに覚えてるだけ」っていうのは、そのとおりだと思う。それ、しっぽでも何でもないもんね。しっぽがないから手におえない。なぜしっぽがないかというと、「文化」というものに価値観を置かないからだよ。

鈴木　そうじゃないよ。

押井　そうなんだよ！

鈴木　また、決めつけてる（苦笑）

押井　あのさ……このおっさんて、基本的に、言ってることはウソじゃないんだよ。「やりたいことが何もなかった」というのも、たぶん、そうなんだろう。そういう価値観の中に生きていない。だから、目の前の人間にしか興味がないんであって、誰かと会わないと何にもならない男なんだよ。

――すると、押井さんは、ご自身でものごとをどんどん発信するけれども、一方で鈴木さんは、何かのリフレクション（反射）でものごとや人との距離を測る、ということでしょうか？　潜水艦のソナーみたいに。

押井　たとえばさ、宮さんとか高畑さんって、根っからのマルキスト（マルクス主義者）じゃない？　でも、鈴木敏夫は……

鈴木　マルキストは、高畑さんだけよ？　宮さんはそうでもない。

押井　宮さん、自分ではそう思ってる。実際は違うよ。本質は、むしろ逆だよ。

鈴木　そこはもう、しょうがないのよ。そういう世代なんだから。

押井　だけど、この男には、そういう思想的な根っこもしっぽもない。実存主義でもなければ、マルキシズムでもない。何もないんだから。アプレゲール（戦後派）の変種みたいなものだよ。

鈴木　けど、「何々主義」っていうのが、そもそも偉いとも思わないしねえ……

――虚無、空洞、「ない」とは、押井さんがずっと追求してきたテーマの一つですよね？

押井　「ない」っていうのが、団塊の全体とは思わないけど、団塊のしっぽみたいなこの世代の、最大の特徴なんだよ。

鈴木　特徴、なのかねえ……？

カメラと、音楽と、フェティシズム

押井　いつか、監督の吉田喜重（＊11）が、「自分というのは空っぽなんだ」と言ってた。自分の映画、自分という人間の中は、いつも空っぽ。それが目標なんだって。

鈴木　吉田喜重、好きだったじゃない？

押井　昔、大好きだった。今はちょっと違う。

――あの、異様に透明感のある映像。『樹氷のよろめき』（68）の北海道ロケとか、すごかったです。

押井　モノクロの魔術だよね。カラーではできない。でも、画風とか色調とかは、監督じゃなくてカメラマンのものだから。

鈴木　日本のカメラマンって、やっぱりすごいよねえ。今村作品を観直してて、何に感心するかというと、実は、姫田（真佐久）さんのカメラ。「なんでこんなふうに撮れるんだろう？」って。

押井　たしかに映画は、カラーになって変わったんですよ。モノクロ映画が持っていた、ある種の〝神話性〟、私に言わせれば幻想なんだけど、それが失われたことは間違いない。

――吉田監督のカラー作品『秋津温泉』（62）、その林光（はやしひかる）さんの音楽――押井さんのお好みかどうか？――は、情感があって素晴らしかったです。

押井　いや。『秋津温泉』の音楽はいいと思う。

鈴木　おれ、持ってるよ、林光の映画音楽が全部入ったLPを。『秋津温泉』はいいよ。

押井　昔、サントラ集めに奔走した時期があったの。ほら、渋谷に、サントラレコード専門の店があったじゃない？

――「すみや」ですか？　東邦生命ビル（現・渋谷クロスタワー）にあった。

押井　そう。あそこに週に2、3回通った時期があって、ずいぶん集めたの。監督になったばかりのころ、映画音楽をどう考えたらいいか考えて、ハマっちゃったんですよ。でも、あるとき、そのレコードを全部捨てた。

鈴木　え!?　そうなんだ？　何でも捨てるね。

押井　結局、映画って、映画の記憶で作るものには違いないけど、それだけじゃダメなんだよ。言葉は悪いけど、一人で、自慰的に作り上げるものがないと成立しない。それが何かと言うと、フェティッシュ（偏愛の対象物）。映画の場合は、色彩だったり、構図だったり、女優でもいいし、アニメだったら絵柄でもなんでもいいんだけど。フェティッシュがない監督って、ありえない。

……でも、世の中にはいるんだよね、フェティッシュ抜きで映画を作る人が。びっくりしちゃうけど。たとえば、誰あろう、宮崎吾朗くん。親父があれだけフェティッシュの塊なのにさ、ものの見事にそれが「ない」じゃない？

鈴木　ない。そのとおり。

押井　で、ものを集めるのも、フェティッシュの典型的な行動の一つなんだよ。

鈴木　ふつう、みんなそうだよね。

――コレクションやフェチって、人から評価されたくてやってるわけじゃないところに意義があると思いますが。

押井　一つわかったんだけど、私が川井憲次くんと延々とつき合ってるのは、音楽って、人間そのものなんだよ。映画をやる以上、川井くんとやるしかない。自分にとってはそう。そりゃ、良いときも悪いときもあるよ、はっきり言って。「今回の音楽は、ちょっとどうかな？」ってことも、たしかにある。でも、何本かに1本、自分の想像とまったく違うものが出てくるんだよ。それは、一人の人間と長くつき合わないと、永遠に出てこない。毎回毎回、人選に目先を変えていたら、何も出てこないよ。

――それで言うと、アメリカ映画の『夜の大捜査線』（67）……

鈴木　ノーマン・ジュイソン監督だよね？

――はい。昔観て、あまり面白くなかったんですが、40年ぶりぐらいに観たら、お話はともかく、カメラ（ハスケル・ウェクスラー）と音楽がすごく良くて、「ああ、こんなにいい映画だったんだ！」と驚きました。テーマは社会派なんですが、映像と音楽は、きわめてフェティッシュで。

押井　あの映画の良さの半分以上は、音楽ですよ。

――クインシー・ジョーンズの。

鈴木　久石譲さんは、それをやりたかったのよ。名前を見てよ。ペンネームをローマ字読みすると、どうなる？

――Ku、ishi、Joe……クインシー・ジョーンズ？

鈴木　そう。久石さんは彼の大ファンで、そういうペンネームにしたんだよ。

押井　ああ、川井くんにとっての、バート・バカラックみたいなものだよね。

――バカラックと川井さん？　作風は全然違いますが……

押井　似てるか似てないかの問題じゃないの。最初に「いいな」「痺れた」って感じた原点が、ずーっと同じように続く。実際に作る音楽の傾向は違ったとしてもね。

鈴木　今回の、『君たち』の音楽はどうだったの？

――映像に対して、音楽が2歩も3歩も引いた感じがすごかったですね。メロディアスじゃないこともありますが、徹底的に画（え）を尊重して、ぐーっと下がっていますよね。

鈴木　全部、〝ミニマル〟。『君たち』は、〝ミニマル・ミュージック〟だけで映画音楽をやった、世界で初めての作品。誰も言わないから、サウンドトラックＣＤに、そうコメントを書いたの。久石さんが今回チャレンジしたのはそれだよ、と。

あの音楽があることで、今までの宮さんの映画とは違って見える。久石さんは、基本的にはメロディアスにやってきた人だからね。今回はそれが、全部ない。

――実は、武満徹さんが晩年に手がけた『写楽』（95、篠田正浩監督）の音楽。あれも、〝武満メロディー〟、〝武満調〟ではなく、ぐーっと下がって、いわゆる和楽、邦楽を新規のスコアで書いていた。映像に対する謙譲のしかたがすごいと感動したんですが、『君たち』の音楽では、それを思い出しました。

鈴木　でもねえ……情緒がいっさいないんだよ？　それが、どう良かったのかな？

――いいと思いますよ、映画全体のためには。というのは、久石さんは以前、ニーノ・ロータにちなんだＣＤ（白石光隆「ニーノ・ロータと久石譲　ピアノ作品集」21）も出しているくらいだし、それこそロータの『アマルコルド』ふうの、甘くやさしい曲を書くこともできたはずです。そこを、あえてミニマル一本でいくのは大きな挑戦だし、宮﨑監督が創った映像への強い敬意を感じました。

押井　なんかね……〝艶（つや）〟がないんだよ。やってることは、いつもの宮さんと同じなんだけど。

鈴木　それって、たぶんメロディーがないから。いつものように音楽をつけるなら、たとえば青サギの登場シーンで、もっと不安感を駆りたてるよ。それによって、艶が出る。「不安」というエモーションが生まれるわけだから。

押井　そう。それがないから、パサパサしてるの。

いろんな考えかたがあるんだろうけど……理想的なサントラに近いのは、『DUNE／デューン 砂の惑星』（21）だよね。効果音と音楽の区別がない。ある意味で、ナレーションやセリフも溶け込んでいる。〝音楽〟っていう印象がなくて、映画全体の印象だけが残る。

——たしか、佐藤勝さんでしたか……「映像を引き立てるために映画音楽はあるべき」と、自戒をこめて語っていらした覚えがあります。

鈴木　佐藤勝さんは、映画音楽をやるときには、そこを徹底した人だったからね。

押井　メロディーで場面を支えるって、実は簡単なんですよ。で、それをやるとどうなるかというと、その場その場の情緒を表現するだけで、全体としてはブツ切りになっちゃう。映画全体をすっぽり包みこめる音楽は何かといったら、メロディーではないんだよ。

たとえばさ、『(天空の城) ラピュタ』（86）にしても、シークエンスごとに、それぞれ違う音楽を使ってる。民族音楽調だったり、クラシック調だったり。その場その場を支えてるけど、全体としての一貫性はない。作品全体の音楽としての印象は、ゼロに近い。

そういう意味で、今回の音楽は、結果的にはあれで良かったんだよ。そう思う。変に情緒的な音楽を付けたら、もっと気持ち悪い映画になる。だってさ……近親相姦の匂いがプンプンするじゃない？

鈴木　それをやってるんだもん（笑）

押井　そうだけどさ（笑）。で、なぜそれが通用するかというと、アニメだからだよ。

鈴木　それは違うんじゃない？（笑）　そういうことに興味があるかないかだと思うよ。

おれはね、久石さんにそういう音楽をやりたいと言われて、大きな賭けだったけれども、次の作品があるかどうかわからなかったから、じゃあ、とにかくやってもらおうと。当初は、そういう気分だったよね。

押井　まあ、映画と同じくらい、映画音楽を聴いてきたけど、そもそも「映画音楽」って必要なのかどうか。つまり、「映画音楽という特殊なジャンルがある」という考えかた自体が違うんじゃないかと思うわけ。だって、〝ありもの〟の曲を流したって成立するんだから。私も一回だけ、『東京無国籍少女』（15）っていうアクション映画で、全編モーツァルトだけを使ったら、ちゃんと成立したからね。

鈴木　そりゃそうだよね。

押井　で、成立するとなれば、映画音楽っていうジャンルは特に要らない。アニメーションが音楽を多用するのは、（画面が）持たないから使うだけでさ（笑）。ほんとに良い実写映画で、「音楽なし」の作品は、けっこうあるからね。

――ルイス・ブニュエル監督作なんか、そうですね。でも一方で、『未来少年コナン』（78）にしても、池辺晋一郎さんの音楽があって、あそこまで昇華したように思うんです。

押井　もちろん。アニメーションの場合、音楽なしには成立しないから。私も何度かやろうとしたけど、ついに「できない」と痛感した。音楽なしのアニメーションって、ありえないよ（笑）

――ともあれ、今年、宮﨑監督の新作公開は大きなできごとでした。スタジオジブリが日本テレビの傘下に入ったことも、ニュースになりましたが。

鈴木　それについては、記者会見で話したとおり。経営のお手伝いをお願いしたわけで、制作会社としてのジブリは、何も変わらない。

――何かが変わるかも、と心配するファンもいるのでは？

鈴木　いやいや。何かが変わるくらいなら、もうスタジオを続けない。その二択。現に、経営面での負荷が減って、このところ、おれ、少し気が楽になってるもんね。

押井　変に干渉すると、ジブリの機能や価値そのものがなくなるって、日テレもちゃんとわかってるでしょ（笑）

鈴木敏夫＝出演遍歴

――今回の本のカバー、富士山の前にお二人が立っている写真の由来を教えて下さい。

押井　これは、『血ぃともだち』（22、＊12）の撮影現場でのオフショット。御殿場の近くの、廃校になった短大の校舎をロケに使ったの。持ってる紙は、セリフを書いたカンニングペーパー。女子高の教頭役で出てもらったんだけど、セリフを覚える以前に、台本を読んでこないから、カンペを現場のあちこちに貼りまくったわけ。

鈴木　女の先生としゃべるシーン、今までにない長ゼリフで大変だったんですよ。

押井　彼女が、目の前で大きく脚を組み直して、それに見とれる芝居をさせた。何かやらせなきゃ持たないからね。

鈴木　いい感じで、二人でやってたの。その女優さんが、

「お上手ですね」って（笑）

押井　お世辞だよ。「くれぐれも、カバーしてあげてね」って、事前に頼んでおいたんだよ。いいじゃん、綺麗な脚を見れたんだからさ！

鈴木　そんな……（苦笑）

――それにしても、鈴木さんは、出演のオファーを一回ぐらい断ろうと思ったことはないんですか？

押井　断るわけないじゃん！

鈴木　だってさ……断ったら、かわいそうじゃん。

押井　よく言ってるよ。かまってあげないと、ほんとに拗ねるからさ。海外でも、恥をさらしてるんだよ。『立喰師列伝』のとき、招待されたヴェネチア映画祭でこの男とばったり会って、記者会見に出してあげたんだよ。

鈴木　そう！　押井さんが監督。その隣りで、なんとおれが、〝役者〟としていっぱい質問を受けるという（笑）

押井　役者とは言えないけど、一応出てるし、たまたまそこにいたから。

鈴木　あれは楽しかったね。ヴェネチアに行ったのは、ジブリの要件があったからだけど、そっちはよく覚えてない。

押井　一緒にレッドカーペットまで踏んだんだよ。赤絨毯を雪駄で歩いた。私はスニーカー。でさ、翌日の新聞で、「日本から来た二人のオヤジが、スニーカーと雪駄で赤絨毯を歩いた」っていう記事になっちゃった。ホテルでも偉そうにしてて、大理石のロビーの床を裸足で歩いて、足跡がはっきりついてるんだよ！

もっとひどいこともした。ヴェネチア映画祭のシンボルのライオン（金獅子）像、初めて触ったんだけど、あれ、FRPのハリボテなんだよね。そしたらこの男が『ローマの休日』（53）の真似してさ、ライオンの口に手を突っ込んで「ああっ、抜けない！」って、古いギャグをやったわけ（笑）。周りはみんな、写真に撮ってる。恥ずかしいよね。宮さんがその場にいたら、「日本人の恥だ！」って激怒したに決まってるよ。

鈴木　うるさいなあ……もう！（笑）

押井　とにかく、自分は名演技をしたのに、監督の私が認めないって言いたがるんだけど、実際はその逆なのは、ラッシュを観ればすぐわかるよ。カンペを求めて目が泳いでるんだもん。使えるわけないじゃん。まったく、なんでこんな苦労してまで、こいつを出すかって話だよ。

鈴木　おれが出るとさ、映画に〝厚み〟が出るんだよね。

押井　よく言ってるよ！

——進行上、この話をせざるを得ないんですが……押井さんの監督作『真・女立喰師列伝』（07）は、前にいた会社（ジェネオン エンタテインメント）で私がプロデュースさせていただいて、以来、お二人とは不思議なご縁ですが、あの映画での鈴木さんのナレーション、雰囲気がありました。

鈴木　あれ、ほとんど一発録りだからね。

押井　ウソ。けっこう（音源を）編集してる。

鈴木　押井さん、録音現場に来なかった。東京テレビセンター（中央区浜町）で待機してて、「押井さん来ないけど、どうする？　もうやろうよ」と言ったら、そこにいた神山健治監督が「じゃあ、やりますか」と言って、録り始めたのよ。押井さんがその場にいないから良かったんだよ。

押井　いたよ、ちゃんと。話、作んないでよ！　何度もダメ出ししたじゃない。

鈴木　録りが終わって、帰るときにバッタリ会って、「おう！」って。

押井　ちゃんとモニタールームにいたの。あんたがブースの中にいて、気がつかなかっただけ！

まあでも、ナレーションってさ、それなりの歳の人間が訥々（とつとつ）と語れば、「人となり」が出るから成立するんだよ。年輪みたいなものは、必ず出る。

——当時、「石坂浩二さんを超えた」と言われるほど好評だったと、鈴木さんからうかがいました。

押井　（絶句）言うにことかいて、石坂……そんなこと、あるわけないじゃないの！

鈴木　ちなみに、押井さんからの要求は一つだけ。本番のあとで聞いたんだけど、「芥川隆行調に」だって。「それ、今ごろ言われたって、もう録音終わっちゃったよ」って答えたけどね。

押井　そんな無謀なこと、言うわけないでしょ！

鈴木　評判、良かったんだよねえ。

押井　そりゃ、本格的にやるなら、宇野重吉とか、芥川隆行とかになるよ。そんな予算、最初からないじゃん。

鈴木　評判が良かった。観たでしょ？

——ええ。……というか私、あの映画のプロデューサーでしたから。

鈴木　ああ、そうかあ！（笑）

押井　当たり前じゃないの！

鈴木　……で、どうだった？

——自分がお願いした側で、感想を言うんですか？……いや、良かったですよ。芥川さん風というのか、ナレーションの節目節目に、一拍か、半拍くらいポーズ（休止）を置いて、「露店が軒を並べ……何々の世界の面影を今に伝える縁日に、その女は、現れた」あの柔らかいトーンが、独特の〝鈴木さん節〟でした。

鈴木　ねえ。あの映画、おれがナレーションやらなければ、持たないよね？

押井　……まあ、いいよ。何を言ってもいい。あのときは、「ナレーションを使った日本映画」という仕掛け（話法）を試してみたかっただけ。冒頭だけだから持つので、全編通してなんて、絶対に無理。

鈴木　（小声で）録ったナレーションを聴いてないんだよ。で、出来たやつも観てないから……

押井　何を、こここそ言ってるんだよ！

鈴木　（小声で）出来た作品すら、観てない。当然、ラッシュにも立ち会わない……「すごい監督だな」と思ったよねえ。

押井　（失笑）あのさ……こういう駄ボラを含めて、この男とつき合うってことなんだよね。今さら何とも思わないよ。今のうちに、言いたいこと言っとけば？　どうせ、いつかは死ぬんだからさ。

出演の、真の理由

押井　実写映画をやるときは、いつも出してたのよ、この男を。一つには、どうせろくな死にかたしないだろうから、メモリアルというか、その時代時代の鈴木敏夫を、ちょっとずつ映像に残しておこうと思ったわけ。

——なるほど、そういう意味があったんですね。

鈴木　おれには、そうは言わなかったよ。出演料がかからなくて、ちょっと有名だからと。「タダで存在感が出せる」とか言っちゃってね（笑）

——鈴木さんという被写体に対しての、押井監督の執着、愛憎の変遷は、観ているとわかるんですよ。

最初の『KILLERS』（03）では、カメラをうんと引いて、TV画面内にバストアップが出て、あとはドキュメンタリーっぽく、それこそ、ロベルト・ロッセリーニの『無防備都市』（45）とかのイタリアン・ネオレアリスモ風にというか、射殺されるのを、〝遠景〟で、冷徹に撮っている。

次の『立喰師列伝』では、スチール写真での死体の役ながら、アップも出てくる。

続く『真・女立喰師列伝』では、ジブリ社内や蕎麦屋のシーンに映ってもいますが、肉声をナレーションで使い、鈴木さんがご自分のラジオ番組（『鈴木敏夫のジブリ汗まみれ』）で好評なように、「声がいい」という点に絞っていく。『THE NEXT GENERATION　機動警察パトレイバー』（15）では、怪しげな映像プロデューサー役で、俳優さんたちと絡む……と、だんだん役割が立体的になっていきますよね？

押井　『血ぃともだち』では、教頭先生役。そのときどきで、役柄を考えてる。

あとさ、以前の対談でも話したけど、この男、友だちがいないじゃない？　全然いないんだよ。人を利用することしか考えてないから、友だちができない（笑）。私も友だちいないけど、それは、そういう主義だから。「友だちはいらない。」（15）っていう本を出して、けっこう売れたんですよ。

でもやっぱり、寂しそうだったりするわけ。ちょっとはかまってあげないと、かわいそうじゃない？　昔、ピンポンピンポン深夜に押しかけて来るのは本当に迷惑だったけど、それからずいぶん時間が経って、お互いに歳をとってさ……

鈴木　呼ぶのよ、押井さんが。電話かかってくるのよ（笑）

押井　年に一回くらいかまってあげないと、拗ねるんだよ（笑）。つまり、偉くなりすぎちゃって、鈴木敏夫を「いじる」人間がいないわけ。私がいじってあげないと、もう誰もいない。

敏ちゃんのことを、私なりに言うと——「もう少し、見ていたい他人だったから」。唐十郎の舞台「ジャガーの眼」（＊13）に出てくる有名なセリフなんだけど、唐十郎が亡くなった寺山修司のことを言った言葉。そういう感じだよ、まさに。

——かつてと今とでは、何か変化していますか？

押井　何も変わってない。ますます面倒くさい人間になってるけど（笑）、それはたぶん、お互いさまだから。歳とって、くどくなってるし、いろいろ赦せないことも増えてる。だけど、「いなくなったら、ちょっと人生がつまらなくなる」という人間。それ以上、積極的に仲良くなろうという感じではないけどね。

——今日も、わざわざ熱海からお越しいただいて……

押井　「わざわざ」じゃない！（笑）毎週、月曜から金曜の夜まで東京で仕事してるから、どっちみち来るんだよ。

鈴木　そう言って、なんか、ごまかしてるんだよねえ（笑）

Those were the days, my friend

押井　それとさ……この対談のために、私、今日一日を棒にふってるからね。だいたい、なんで夕方の4時なんてハンパな時間にやるんだよ。これが午後イチだったら、今日一日の後半戦で何か仕事ができるし、家に帰ってゲームやったり、充実した一日があるわけ。なのに、今日、これをやったばかりに疲れ果てて、帰ったらもう、風呂入って寝るしかないわけだから。

鈴木　今日は、熱海じゃなくて、明大前に帰るんでしょ？幸せな一日じゃん。

押井　何言ってんだよ。帰って、少しゲームやったら、もう寝るしかないよ！

――疲れましたか？

押井　疲れたに決まってるじゃん！　これだけしゃべればさ。でも、考えてみたら、かつてはこの数倍、１日に7、8時間しゃべる日もあったからね。そのときと比べたら、たしかに疲れてる。あのときほどタフじゃない。しゃべるって、すごいエネルギーが要るからね。

なおかつ、しゃべったあとで、強烈な自己嫌悪に襲われることもある。「ああ、おれって、なんておしゃべりな人間なんだろう」……ってさ。

――以前、押井さんのインタビュー映像（＊14）を作ったとき、「この言葉で何を連想しますか？」という問いの中に「ソフィスト（詭弁家）」という言葉を用意したら、「それは、おれのことだよ」と（笑）。本音のような気もするし、押井さんはそれを、鈴木さんにも被せようとしてるようにも思えます。

鈴木　ようするに、ケムに巻こうとしてるんだよね。

押井　あのさ、このおじさんと私に共通点があるとすれば、「詐欺師の才能がある」ってことだよね（笑）。しゃべってるうちに、相手をなんとなく抱き込んじゃったり、ケムに巻こうとしたりさ。それはお互いに自覚してるけど、私は、仕事以外では、それをやらない。この男は、人生全部でそれをやる。その違いがあるだけ。たぶん、家庭生活でもやってるからね。

鈴木　（スタッフ席に）レナ、聴いてて、どう？

櫻井玲菜（スタジオジブリ・プロデューサー部員）

……すごいですね、押井さんて。

鈴木　わかった？「口しかない男」なんだよね。

押井　どの口で言えんの！　それこそ、どの口で言ってんの⁉

――一方で鈴木さんは、「人の人生を編集する男」と異名をとっておられるそうですね？

鈴木　それ、押井さんが言い出したんだよ。世間でどう言われてるか知らないけど、おれ、よーく覚えてる。

あのねえ……普通、人と話すとき、いろんなことを説明しながら話さなきゃいけないじゃない？　でも、押井さんとは、その前提を抜きに話せるから、楽なんだよね。ジブリにも、そういう人はなかなかいない。宮さんも、亡くなった高畑さんも、〝説明〟は必要だから。それ抜きで話ができる人って貴重ですよ。どんなとき、どんな話題でもＯＫ。オールマイティー。今日聴いてて、そう思うでしょ？　ほかの人だと説明不足になることでも、「われわれにはたぶん通じてるから、問題ないよね」ってなる。

押井　誰かと、何かについて「こうこうこうだよね」って話すとき、本当は、話しながらそれを検証しなきゃいけないんだよ。

鈴木　うん。その手数が要らない。やっぱり同時代を生きたことが大きいんだろうけど、だからといって、同世代なら誰とでもそうなれるわけじゃないし……そういう良さが、押井さんにはあるんじゃないでしょうか。で、そういう人には、やっぱり長生きしてほしい。

――鈴木さんが「往復書簡」で書かれた「これまでの対談を誰か本にまとめてくれないか」というご要望を受け、この本が出るわけですが、何か自薦の言葉をいただけますか？

鈴木　ぼく自身、基本的には、「今、このとき」にしか生きてない人間なんです。そうするとね、押井さんという存在を通して自分の人生を振り返るのは、ちょっと楽しみ。だから、早くゲラを読みたい。

――では、押井さんからもひとこと。

押井　そもそも、「誰か対談集を出してくれないか」って、「あんた編集者だろ、自分で出せよ！」って話だよ（笑）何ていうかな……昔の鈴木敏夫だったら、気がついたらもう本が出てるよ。やっぱりいろんなことが億劫になってる。このおっさんを見てて、最近つくづくそう思うんだよ。

――鈴木さんから企画をお預かりして、刊行まで1年半。私の責任というか機動力の問題なので、申し訳ありません。

押井　いや別に、私たち二人が生きてる間なら、いつ出てもいい本だと思う。ほかの誰よりも、この二人にとって意味がある本なのかもしれない。読んでいただいて、そこから何かを引き出すのは自由だけど。

なるほど、たしかに通して読むと、そのとき自分が何を考え、どんな生きかたをしていたかを思い出せるよね。ただ、それが、幸せなことかどうかはわからない。ろくでもないことやってた時期もあるし、やってきたこと、話してきたことの全部がいいわけじゃない。それらも同時に思い出すわけだから、恥ずかしく、辛いこともある。

まあでも、それもこれも含めて、振り返ってみると貴重な友人ですよ。

――早稲摘みのみかんは、鮮やかなオレンジ色をしています。お二人で、これからも仲良くお願いいたします。

鈴木　はい！　わかりました。

押井　何言ってんだ（苦笑）……まあいいや。もう、なんでもいいよ。早く家に帰りたい。

２０２３年10月16日（月）
東京・恵比寿「れんが屋」にて収録。

司会＝森 遊机（もり ゆうき）
映画研究家・書籍編集者・プロデューサー
１９６０年・神奈川県生まれ。
「鈴木敏夫のジブリ汗まみれ」全5巻（13－16）を編集。
押井守監督『真・女立喰師列伝』（07）などの映像作品をプロデュース。
著書に「大塚康生インタビュー アニメーション縦横無尽」（06）「完本 市川崑の映画たち」（15）ほか。

＊1＝往復書簡：「誰も語らなかったジブリを語ろう　増補版」（21、押井守・著、渡辺麻紀・構成、東京ニュース通信社）の巻末に収録された、鈴木・押井両氏によるリレースタイルのエッセイ。

＊2＝アンドレ・バザン：フランスの映画批評家、「カイエ・デュ・シネマ」誌の創刊編集長。〝作家主義〟を標榜し、のちのヌーヴェル・ヴァーグの運動に道筋をつけた。「映画とは何か」（全4巻）の邦訳は、67―77年に美術出版社より刊行。

＊3＝井手俊郎：脚本家。東宝の藤本真澄プロデューサーが率いる「藤本プロ」の一員だった。今井正、成瀬巳喜男、市川崑、川島雄三、岡本喜八、恩地日出夫、森谷司郎監督らの作品において、戦後の庶民、中流市民の生活譜を、ユーモラスに慈愛を込めて描いた佳品が多い。

＊4＝若く美しいヒロインの内的自立を描く、山田信夫脚本＝蔵原惟繕監督＝浅丘ルリ子主演による3作品（『憎いあンちくしょう』62『何か面白(おもろ)いことないか』63『夜明けのうた』65）は、「典子三部作」と称される。「のりこ」は、劇中で「てんこ」と呼ばれることもある。山田脚本＝恩地日出夫監督作『めぐりあい』（68）で酒井和歌子が演じた〝典子〟も、その発展形と言える。

＊5＝『宇宙人東京に現わる』：56年・大映製作、島耕二監督による、日本初のカラー長編特撮映画。一つ目のヒトデ型宇宙人「パイラ人」（デザインは岡本太郎）が地球の危機を救う。

＊6＝プロテクトギア：『紅い眼鏡』（87）『ケルベロス　地獄の番犬』（91）などの押井作品に登場する、ロボット的外観の強化装甲服。

＊7＝赤テント、黒テント、天井桟敷：60年代後半より盛んになったアングラ演劇の中心的劇団。赤テントは、唐十郎率いる「状況劇場」の移動式テントの色から生まれた通称。黒テントは、やはりテントの色に由来する「劇団黒テント」（旧・演劇センター68）の略称。佐藤信が主宰。天井桟敷は寺山修司が主宰し、渋谷の「天井桟敷館」を本拠に、海外公演も盛んに行った。

＊8＝『アンカー』：80年代後半、押井守監督が参加予定だった、スタジオジブリの未製作アニメ映画企画。現代の東京を舞台に、追われる少女を安全な場所に送り届けるリレーの中で、アンカー（最終走者）を担うことになった少年の話。

＊9＝押井版『ルパン三世』：『カリオストロの城』に続く劇場版ルパン第3作（85年夏公開予定）の監督に、宮﨑駿、大塚康生、鈴木敏夫らの各氏が押井氏を推挙。「ルパンが時代そのものを盗む」という奇抜なテーマ設定、脚本：伊藤和典・押井守、アートディレクション：天野喜孝、画面構成：金田伊功、原画：森山ゆうじ、森本晃司、庵野秀明ほか異色のスタッフ陣など、未製作が惜しまれる企画。

＊10＝カルチュラル・スタディーズ：第2次大戦後に英国で発祥し、アメリカや世界に広がった文化研究の思潮。政治、経済、人類学など旧来のカテゴリーに限らず、音楽、映画、漫画といったサブカルチャーを含めて、多元的に研究するのが特徴。

＊11＝吉田喜重：映画監督。60年デビュー、大島渚、篠田正浩とともに「松竹ヌーヴェル・ヴァーグ」の一翼を担う。『秋津温泉』（62）『エロス＋虐殺』（69）『煉獄エロイカ』（70）など、観念的なテーマと透徹した映像美で知られる鬼才。

＊12＝『血ぃともだち』：私立女子高の献血部に集う少女たちと女ヴァンパイアを描いた実写映画。20年公開予定だったが、公開延期を重ね、22年2月、一夜だけイベント上映された。

＊13＝「ジャガーの眼」：寺山修司の没後2年目の85年に初演された、唐十郎の舞台作品。〝ジャガーの眼〟と呼ばれる眼球を探す私立探偵と奇妙な人々の物語。その後、数多く再演されている。

＊14＝『押井守　１００問１００答』：連想・即答形式による押井監督への撮り下ろしインタビュー映像。08年発売のＤＶＤ『真・女立喰師列伝　コレクターズＢＯＸ』の特典ディスクに収録。

■初出・既出一覧

●第1章：「読売新聞」２００４年1月1日・第2部「新春アニメ対談」
書籍「イノセンス創作ノート　－人形・建築・身体の旅＋対談－」　押井守・著／徳間書店・２００４年3月31日発行
ＤＶＤ『イノセンス』映像特典「押井守×鈴木敏夫対談」／ブエナ ビスタ ホーム エンターテイメント・２００４年発売

●第2章：書籍「立喰師、かく語りき。」　押井守・著／徳間書店・２００６年４月30日発行

●第3章：雑誌「アニメーションノート　no.8」／誠文堂新光社・２００８年1月1日発行
Ｂｌｕ-ｒａｙ『スカイ・クロラ コレクターズ・エディション』映像特典（ＤＶＤ）／ＶＡＰ・２００９年発売

●第4章：ラジオ番組『鈴木敏夫のジブリ汗まみれ』２００８年８月10日放送分／ＴＯＫＹＯ ＦＭ ほかＪＦＮ38局全国ネット
雑誌「ぴあ」２００８年7月17日号／ぴあ発行
ＤＶＤ『鈴木敏夫のジブリ汗まみれ　九十九の言葉』／ウォルト ディズニー スタジオ ホーム エンターテイメント・２００９年発売

●第5章：書籍「勝つために戦え！ 監督篇」　押井守・著／徳間書店・２０１０年2月28日発行
ラジオ番組『鈴木敏夫のジブリ汗まみれ』２０１０年3月7日、3月14日放送分／ＴＯＫＹＯ ＦＭほか

●第6章：ニコニコ生放送『世界の半分を怒らせる生放送　押井守×鈴木敏夫×川上量生』・２０１２年９月17日
ラジオ番組『鈴木敏夫のジブリ汗まみれ』２０１２年10月7日放送分／ＴＯＫＹＯ ＦＭほか
書籍「鈴木敏夫のジブリ汗まみれ ２」　鈴木敏夫・著／復刊ドットコム・２０１３年7月31日発行

●第7章：『THE NEXT GENERATION パトレイバー』トークイベント「第4回 マモルの部屋」・２０１４年９月11日
ラジオ番組『鈴木敏夫のジブリ汗まみれ』２０１４年11月9日放送分／ＴＯＫＹＯ ＦＭほか
Ｂｌｕ-ｒａｙ／ＤＶＤ『THE NEXT GENERATION パトレイバー　シリーズ全7章 ＢＯＸ』映像特典／Happinet・２０１６年発売

●第8章：ＬＩＮＥ ＬＩＶＥ『押井守×鈴木敏夫×虚淵玄「ガルム・ウォーズ」公開特番を生配信』・２０１６年3月10日
ラジオ番組『鈴木敏夫のジブリ汗まみれ』２０１６年5月15日、5月22日放送分／ＴＯＫＹＯ ＦＭほか

●第9章：ＬＩＮＥ ＬＩＶＥ『「ガルム・ウォーズ」押井守&鈴木敏夫 vs 早大生 90分勝負』・２０１６年４月16日
書籍「映画の言葉を聞く　早稲田大学『マスターズ・オブ・シネマ』講義録」／フィルムアート社・２０１８年3月24日発行

●第10章：LINE LIVE『押井守×鈴木敏夫×川上量生「タイトル未定」』・2016年5月30日
ラジオ番組『鈴木敏夫のジブリ汗まみれ』2016年6月5日放送分／TOKYO FMほか
●EXTRA 真・みかん対談：本書録り下ろし・2023年10月16日収録

■協力

川上量生／虚淵 玄／高橋 望／石井朋彦／川井久恵／大野修一／内山一樹／金田益実／治郎丸慎也／ほか
(株)読売新聞／(株)徳間書店／(株)エフエム東京／(株)誠文堂新光社／
(株)ドワンゴ／LINEヤフー(株)／(株)ニトロプラス／ほか
鈴木麻実子／「鈴木Pファミリー」メンバー：竹森 郁／畑 祐太朗／溝尻法崇／小崎真寛／藤田康平／
新井美穂／佐藤裕子／山下瑞季／沖田知也／中郷 智

■参考資料

書籍「鈴木敏夫と押井守」(私家版・非売品)／鈴木Pファミリー編・2022年12月4日発行
書籍「誰も語らなかったジブリを語ろう 増補版」押井守・著／東京ニュース通信社・2021年8月18日発行
雑誌「アニメージュ」1980年代・各号／徳間書店

編集協力：田村智恵子(スタジオジブリ)／井上亜希／田宮宣保
サゼッション：田居 因(スタジオジブリ)
カメラマン：唯野周平(カバー表)／
石川 登(巻頭口絵＝誠文堂新光社「アニメーションノート」より)
レイアウト協力：小林聡美(Kプラスアートワークス)

鈴木敏夫（すずき としお）
スタジオジブリ代表取締役プロデューサー。1948年、愛知県名古屋市生まれ。
徳間書店で「アニメージュ」の編集に携わるかたわら、1985年にスタジオジブリの設立に参加、1989年からスタジオジブリ専従。以後、ほぼすべての劇場作品をプロデュースする。宮﨑駿監督による最新作『君たちはどう生きるか』（23）が、米・ゴールデン・グローブ賞のアニメーション映画賞を受賞した。
「仕事道楽 新版――スタジオジブリの現場」「歳月」（ともに岩波書店）、「スタジオジブリ物語」（集英社）など、著書多数。2021年、ウィンザー・マッケイ賞を受賞。

押井守（おしい まもる）
映画監督、作家。1951年、東京都大田区生まれ。
竜の子プロダクション、スタジオぴえろを経てフリーに。主な監督作品に『うる星やつら2 ビューティフル・ドリーマー』（84）『天使のたまご』（85）『機動警察パトレイバー the Movie』（89）『機動警察パトレイバー2 the Movie』（93）『GHOST IN THE SHELL／攻殻機動隊』（95）。『イノセンス』（04）がカンヌ国際映画祭、『スカイ・クロラ The Sky Crawlers』（08）がヴェネチア国際映画祭のコンペティション部門に出品。実写映画も多数監督し、著書多数。2016年、ウィンザー・マッケイ賞を受賞。

●本書は、鈴木敏夫・押井守両氏による対談をまとめた書籍で、第1章（2003年）から第10章（2016年）までの公式の場で行われた各対談に、新規対談（2023年）を加えたものです。

●各対談における、初出と既出の一覧（2つ以上の媒体のために対談が行われた場合や、対談後に内容が単行本に転載された場合もあり）を、P388－389に掲載しました。
基本的に、最長の素材をベースにするか、あるいは2つ以上の素材を照合して、できるだけ長い形でテキストを作成していますが、繰り返しの多い話題や表現などを、最小限カットした箇所もあります。

●原則として、「話し言葉」のトーンをできるだけ活かすように努めましたが、文字で読むと意味の通じにくい箇所などは、適宜、補筆・整理し、各章ごとに「注」を加えました。
また、両著者および関係各位による加筆・修正も反映しています。

●なお、鈴木麻実子氏が主宰するオンラインサロン「鈴木Pファミリー」が、私家版として制作した対談集「鈴木敏夫と押井守」（２０２２年・非売品）のテキストデータをお借りした上で、あらためて各初出媒体にあたり、全体を新規構成・制作しています。
ご協力いただいた各位、各媒体、鈴木Pファミリーの皆さまに、厚く御礼申し上げます。

鈴木敏夫×押井守 対談集

されどわれらが日々(ひび)

2024年3月3日　初版発行

著　　者　鈴木敏夫(すずきとしお)　押井 守(おしいまもる)

編　　集　森 遊机
デザイン　小林博明（Kプラスアートワークス）
制　　作　稲葉将樹（DU BOOKS）
発 行 者　広畑雅彦
発 行 元　DU BOOKS
発 売 元　株式会社ディスクユニオン
東京都千代田区九段南3-9-14
［編集］TEL.03.3511.9970　FAX.03.3511.9938
［営業］TEL.03.3511.2722　FAX.03.3511.9941
https://diskunion.net/dubooks/

印刷・製本　図書印刷株式会社

ISBN 978-4-86647-211-9
Printed in Japan

本書の感想をメールにてお聞かせください。
dubooks@diskunion.co.jp